辽宁经济普查年鉴

Liaoning Economic Census Yearbook

第三产业卷

辽宁省人民政府第二次全国
经济普查领导小组办公室 编
辽 宁 省 统 计 局

中国统计出版社
China Statistics Press

(京)新登字041号

图书在版编目（CIP）数据

辽宁经济普查年鉴. 2008/辽宁省第二次全国经济普查领导小组办公室，辽宁省统计局编
—北京：中国统计出版社，2010.11

ISBN 978-7-5037-6148-5

Ⅰ.①辽… Ⅱ.①辽… ②辽… Ⅲ.①经济-普查-辽宁省-2008-年鉴 Ⅳ.①F127.31-54

中国版本图书馆CIP数据核字（2010）第228139号

辽宁经济普查年鉴—2008（第三产业卷）

作　　者/辽宁省第二次全国经济普查领导小组办公室　辽宁省统计局
责任编辑/申明九
E-mail/cbsebs@gj.stats.cn
封面设计/黄俊杰　李雪燕
出版发行/中国统计出版社
通信地址/北京市西城区月坛南街57号
邮政编码/100826
办公地址/北京市丰台区西三环南路甲6号
网　　址/www.stats.gov.cn/tjshujia
电　　话/邮购（010）63376907　书店（010）68783172
印　　刷/河北天普润印刷厂
经　　销/新华书店
开　　本/880×1230毫米　1/16
字　　数/900千字
印　　张/29
版　　别/2011年3月第1版
版　　次/2011年3月第1次印刷
书　　号/ISBN 978-7-5037-6148-5/F·2976
定　　价/1080.00元（全四册附光盘）

辽宁经济普查年鉴－2008

辽宁经济普查年鉴-2008/第三产业卷
编辑委员会

第一篇

主　　编　张建华　马建伟
副 主 编　巩士宏　张　杰
编辑人员　（以姓氏笔画为序）
　　　　　惠秀丽　潘贵良
数据处理　张　杰
校　　对　张　杰

第二篇、第三篇

主　　编　付成忠
副 主 编　魏静艳
编辑人员　（以姓氏笔画为序）
　　　　　许　尉　张文友　李晓棠　陈允萍　侯明昆　赵一新　徐　凡
数据处理　魏静艳
校　　对　魏静艳

第四篇

主　　编　杨万波
副 主 编　金　萍 王雪峰
编辑人员　（以姓氏笔画为序）
　　　　　王艳云　刘伟　杨威　沈静伟
数据处理　沈静伟　刘伟
校　　对　沈静伟　刘伟

第五篇、第六篇

主　　编　马建伟
副 主 编　李秀萍　惠秀丽
编辑人员　（以姓氏笔画为序）
　　　　　文素萍　安　娜　李相岩　李鸿斌　周军军
　　　　　姜　滨　宫云凤　荀艳辉　韩　平
数据处理　惠秀丽　李秀萍
校　　对　惠秀丽　李秀萍

第三产业卷　目录

第一篇　交通运输、仓储和邮政业生产经营及财务状况

A．综合

B．交通运输业

C．仓储业

D．邮政业

第二篇 批发和零售业商品销售和财务状况

A．批发和零售业法人单位商品销售情况

B．批发和零售业法人单位主要财务状况

C．其他行业法人单位附属的批发和零售业产业活动单位商品销售情况

第三篇　住宿和餐饮业经营及财务状况

A．住宿和餐饮业法人单位经营情况

B．住宿和餐饮业法人单位主要财务状况

C．其他行业法人单位附属的住宿和餐饮业产业活动单位经营情况

第四篇　房地产业生产经营及财务状况

A.综合

B.房地产开发企业

C.物业、中介和其它房地产企业

D.物业管理企业

E.中介服务企业

F.其他房地产企业

第五篇 其他服务业企业生产经营及财务状况

第六篇 行政事业单位财务状况

第 1 篇

交通运输、仓储和邮政业生产经营及财务状况

1-A-1　分行业交通运输、仓储和邮政业资产情况

单位：千元

行业中类	固定资产原价	本年折旧	所有者权益
总　计	**181928451**	**11656813**	**135174658**
铁路运输业	62647984	2681855	27614780
道路运输业	19846398	2414649	14414643
公路旅客运输	3861679	363717	1540259
道路货物运输	11851068	1436425	6823518
道路运输辅助活动	4133651	614507	6050866
城市公共交通业	9464027	992117	6250746
公共电汽车客运	7268774	687703	4699593
轨道交通	25944	5203	18596
出租车客运	2166765	298316	1531478
其他城市公共交通	2544	895	1079
水上运输业	59878953	3159106	55439350
水上旅客运输	2013543	231513	1209778
水上货物运输	7919515	832543	5535748
水上运输辅助活动	49945895	2095050	48693824
航空运输业	3855958	303506	3348697
航空客货运输	702933	110980	552196
通用航空服务	480723	38539	523072
航空运输辅助活动	2672302	153987	2273429
管道运输业	1445521	24375	590322
管道运输业	1445521	24375	590322
装卸搬运和其他运输服务业	10085004	863636	13848229
装卸搬运	2942956	185659	2149188
运输代理服务	7142048	677977	11699041
仓储业	11316868	911645	11804763
谷物、棉花等农产品仓储	4768940	294987	3104240
其他仓储	6547928	616658	8700523
邮政业	3387738	305924	1863128
国家邮政	3271256	293831	1731825
其他寄递服务	116482	12093	131303

1-A-2 分行业交通运输、仓储和邮政业实收资本

单位：千元

行业中类	实收资本	国家资本	集体资本	法人资本	个人资本	港澳台资本	外商资本
总　计	**93554656**	**52686216**	**1157794**	**21315605**	**12130772**	**677981**	**5586288**
铁路运输业	32048293	31932398	2277	56500	57118		
道路运输业	10141428	1901390	656197	4156312	3160665	55632	211232
公路旅客运输	1260553	391347	80027	468460	314405	5500	814
道路货物运输	6142283	446072	499924	2307288	2643132	50132	195735
道路运输辅助活动	2738592	1063971	76246	1380564	203128		14683
城市公共交通业	5656998	3549274	109764	583706	579655	93366	741233
公共电汽车客运	4412459	3431121		152671	167286	72386	588995
轨道交通	16200	15200			1000		
出租车客运	1227263	101953	109738	430985	411369	20980	152238
其他城市公共交通	1076	1000	26	50			
水上运输业	18576176	5893607	54361	8984560	1306657	4247	2332744
水上旅客运输	693409	12000	22664	621743	37002		
水上货物运输	4063666	418662	9137	3118795	508147	247	8678
水上运输辅助活动	13819101	5462945	22560	5244022	761508	4000	2324066
航空运输业	3196978	2156326		516200	523452		1000
航空客货运输	709140	531500		160800	15840		1000
通用航空服务	510530			3030	507500		
航空运输辅助活动	1977308	1624826		352370	112		
管道运输业	563644	519270		1096	43274		4
管道运输业	563644	519270		1096	43274		4
装卸搬运和其他运输服务业	12721370	1205551	169836	5101894	5052197	145187	1046705
装卸搬运	2053620	253963	32374	903958	98241		765084
运输代理服务	10667750	951588	137462	4197936	4953956	145187	281621
仓储业	9881405	4849224	144759	1891257	1363946	378849	1253370
谷物、棉花等农产品仓储	2701516	1771006	53565	605671	236527	9000	25747
其他仓储	7179889	3078218	91194	1285586	1127419	369849	1227623
邮政业	768364	679176	20600	24080	43808	700	
国家邮政	676124	676124					
其他寄递服务	92240	3052	20600	24080	43808	700	

1-A-3 分行业交通运输、仓储和邮政业营业状况

单位：千元

行业中类	营业收入合计	主营业务收入	主营业务成本	主营业务税金及附加	费用合计	营业利润	全部从业人员年平均人数（人）
总计	**119602749**	**110146787**	**86789588**	**3834204**	**17532812**	**12304131**	**475552**
铁路运输业	22068367	14242519	18767066	687118	3436743	-925826	157510
道路运输业	28943588	28858621	18593182	1244991	3619307	5507394	115251
公路旅客运输	2717666	2674512	1805235	115458	471739	317923	16848
道路货物运输	22034809	22002968	13895577	960782	2698222	4499191	76879
道路运输辅助活动	4191113	4181141	2892370	168751	449346	690280	21524
城市公共交通业	4319582	4210651	3237131	184470	1036808	109208	49483
公共电汽车客运	3080435	2979420	2636674	121134	716705	-151184	41055
轨道交通	60290	60290	117	2580	15763	41830	1200
出租车客运	1177636	1169720	599920	60694	303669	218494	7210
城市轮渡							
其他城市公共交通	1221	1221	420	62	671	68	18
水上运输业	23070928	21976983	15136776	585860	3281186	4039346	39001
水上旅客运输	1027582	995462	678171	38190	153472	132444	3194
水上货物运输	8959983	8902863	6848030	92307	561827	1496770	6696
水上运输辅助活动	13083363	12078658	7610575	455363	2565887	2410132	29111
航空运输业	7078608	6996438	6317064	208589	999026	-466795	9337
航空客货运输	5818350	5793100	5443402	156208	762538	-561260	5211
通用航空服务	159186	159186	151204	8895	4333	-4862	187
航空运输辅助活动	1101072	1044152	722458	43486	232155	99327	3939
管道运输业	508143	508143	387758	21429	69820	25686	1451
管道运输业	508143	508143	387758	21429	69820	25686	1451
装卸搬运和其他运输服务业	16509699	16356115	11934535	463633	2266982	2040465	60786
装卸搬运	2175883	2147885	1300838	78605	339874	435989	26829
运输代理服务	14333816	14208230	10633697	385028	1927108	1604476	33957
仓储业	14684642	14606750	10403535	404690	2283080	2154604	19377
谷物、棉花等农产品仓储	10327729	10267545	7604770	186697	1415278	1685186	6964
其他仓储	4356913	4339205	2798765	217993	867802	469418	12413
邮政业	2419192	2390567	2012541	33424	539860	-179951	23356
国家邮政	2199871	2171413	1896498	24497	481318	-216111	20657
其他寄递服务	219321	219154	116043	8927	58542	36160	2699

1-A-4 按登记注册类型分组的交通运输、仓储和邮政业资产情况

单位：千元

登记注册类型	资产总计	固定资产原价	本年折旧	所有者权益
总　计	**306414198**	**181928451**	**11656813**	**135174658**
内资企业	**270238285**	**167079439**	**10341803**	**113773918**
国有企业	162873486	95742072	4954885	59591186
集体企业	1852272	1371418	128483	659653
股份合作企业	991190	507820	61796	469848
联营企业	195221	45573	10527	139112
国有联营企业	76336	34855	9282	50164
集体联营企业	14237	8335	769	9745
国有与集体联营企业				
其他联营企业	104648	2383	476	79203
有限责任公司	55688930	32832282	2045298	29742417
国有独资公司	5725174	5443606	429986	4180826
其他有限责任公司	49963756	27388676	1615312	25561591
股份有限公司	23025179	19844224	1377728	10024286
私营企业	25355387	16608520	1748368	12972387
私营独资企业	2993076	2427017	263867	1717753
私营合伙企业	390920	262747	23448	231308
私营有限责任公司	20635198	12556124	1313729	10184697
私营股份有限公司	1336193	1362632	147324	838629
其他企业	256620	127530	14718	175029
港、澳、台商投资企业	**1970432**	**1749648**	**252727**	**961581**
合资经营企业(港或澳、台资)	1244186	428907	86536	534731
合作经营企业(港或澳、台资)	340898	309582	65577	166098
港、澳、台商独资经营企业	325194	104699	10911	211888
港、澳、台商投资股份有限公司	60154	906460	89703	48864
外商投资企业	**34205481**	**13099364**	**1062283**	**20439159**
中外合资经营企业	31373109	11806307	886998	18735669
中外合作经营企业	475895	516857	82878	409907
外资企业	1369216	540572	65680	1051188
外商投资股份有限公司	987261	235628	26727	242395

1-A-5　按登记注册类型分组的交通运输、仓储和邮政业实收资本

单位：千元

登记注册类型	实收资本	国家资本	集体资本	法人资本	个人资本	港澳台资本	外商资本
总　计	**93554656**	**52686216**	**1157794**	**21315605**	**12130772**	**677981**	**5586288**
内资企业	**82337752**	**52166560**	**1140469**	**17002874**	**11741887**	**30405**	**255557**
国有企业	48373214	42102171	92835	5986517	164117	4000	23574
集体企业	648690	29396	430199	52635	136374		86
股份合作企业	369115	6326	107755	145637	109396		1
联营企业	78377	50580	4612	22803	382		
国有联营企业	41480	38580		2800	100		
集体联营企业	4897		4612	3	282		
国有与集体联营企业							
其他联营企业	32000	12000		20000			
有限责任公司	15461592	9087173	260782	4239443	1845902	6860	21432
国有独资公司	3594251	3503978	245	69695	20333		
其他有限责任公司	11867341	5583195	260537	4169748	1825569	6860	21432
股份有限公司	4985631	831205	30483	3188527	749394	150	185872
私营企业	12287349	57829	212903	3331749	8640883	19395	24590
私营独资企业	1518939	10757	18671	435855	1033994	9000	10662
私营合伙企业	228417	449	3700	57589	166679		
私营有限责任公司	9784350	31913	117602	2606468	7013025	9695	5647
私营股份有限公司	755643	14710	72930	231837	427185	700	8281
其他企业	133784	1880	900	35563	95439		2
港、澳、台商投资企业	**852288**	**65893**	**807**	**246092**	**20629**	**335754**	**183113**
合资经营企业(港或澳、台资)	466000	9256	807	233746	12789	142039	67363
合作经营企业(港或澳、台资)	135776	45070				40706	50000
港、澳、台商独资经营企业	204103			3500	5000	129853	65750
港、澳、台商投资股份有限公司	46409	11567		8846	2840	23156	
外商投资企业	**10364616**	**453763**	**16518**	**4066639**	**368256**	**311822**	**5147618**
中外合资经营企业	8848525	426448	16518	3955140	347592	24734	4078093
中外合作经营企业	361517	25665		85314		7500	243038
外资企业	925473			21094	20664	264358	619357
外商投资股份有限公司	229101	1650		5091		15230	207130

1-A-6 按登记注册类型分组的交通运输、仓储和邮政业营业状况

单位：千元

登记注册类型	营业收入合计	主营业务收入	主营业务成本	主营业务税金及附加	本年费用合计	营业利润	全部从业人员年平均人数（人）
总　计	**119602749**	**110146787**	**86789588**	**3834204**	**17532812**	**12304131**	**475552**
内资企业	**107318055**	**97935843**	**77570701**	**3455932**	**15626299**	**11420177**	**452870**
国有企业	51192660	42634570	40059047	1315133	7454405	2736007	251538
集体企业	2686501	2681272	1618725	109086	416679	542708	17838
股份合作企业	601153	596724	433683	13644	98506	54174	2752
联营企业	53040	51637	20131	2232	18545	373	338
国有联营企业	46908	45505	17713	1924	12567	13301	273
集体联营企业	6132	6132	2418	308	2028	1439	62
国有与集体联营企业							1
其他联营企业					3950	-14367	2
有限责任公司	17722150	17015483	13063240	559121	2941460	1542711	54991
国有独资公司	1515363	1473264	1319476	45825	388309	-12192	17137
其他有限责任公司	16206787	15542219	11743764	513296	2553151	1554903	37854
股份有限公司	7348670	7278020	4289320	276180	1316545	1481434	20789
私营企业	27303110	27267428	17797781	1160998	3316154	5024194	102993
私营独资企业	5727966	5720824	3369869	269092	729862	1356723	19634
私营合伙企业	527916	527816	351307	21820	78980	75829	2617
私营有限责任公司	18838454	18811245	12650434	780854	2266792	3133497	71493
私营股份有限公司	2208774	2207543	1426171	89232	240520	458145	9249
其他企业	410771	410709	288774	19538	64005	38576	1631
港、澳、台商投资企业	**1320542**	**1305883**	**1083189**	**54618**	**141169**	**48834**	**5473**
合资经营企业(港或澳、台资)	550305	549926	462130	16272	55205	22007	1394
合作经营企业(港或澳、台资)	217668	216046	178958	11258	28784	6441	3101
港、澳、台商独资经营企业	242126	240656	194785	4100	39322	3658	690
港、澳、台商投资股份有限公司	310443	299255	247316	22988	17858	16728	288
外商投资企业	**10964152**	**10905061**	**8135698**	**323654**	**1765344**	**835120**	**17209**
中外合资经营企业	5591107	5551979	3323193	181547	845998	1331796	6800
中外合作经营企业	420681	419645	352749	15413	61488	-5479	3113
外资企业	1527349	1526703	1223412	35333	204077	70772	3597
外商投资股份有限公司	3425015	3406734	3236344	91361	653781	-561969	3699

1-A-7 分地区交通运输、仓储和邮政业资产情况

单位：千元

地 区	资产总计	固定资产原价	本年折旧	所有者权益
全 省	**306414198**	**181928451**	**11656813**	**135174658**
沈阳市	40820025	11194603	1154055	12566136
大连市	114133817	66852527	5780875	61795958
鞍山市	1914822	1734968	141698	906070
抚顺市	2635138	1744603	133266	1255357
本溪市	1508376	1194825	106547	495350
丹东市	14005433	4168767	264737	8117862
锦州市	7579426	7487154	248415	3021516
营口市	48046516	18719101	635357	16404161
阜新市	854633	759855	148874	432252
辽阳市	2127438	1182281	163365	199031
盘锦市	1602113	979522	63046	809516
铁岭市	1767442	978924	68101	577325
朝阳市	2045372	858533	40651	498105
葫芦岛市	2616581	1799128	137303	772718

1-A-8 分地区交通运输、仓储和邮政业实收资本

单位：千元

地 区	实收资本						
		国家资本	集体资本	法人资本	个人资本	港澳台资本	外商资本
全 省	**93554656**	**52686216**	**1157794**	**21315605**	**12130772**	**677981**	**5586288**
沈阳市	9228128	3814032	202802	1862266	1975586	165778	1207664
大连市	39960770	13780663	480268	15341850	6293105	466177	3598707
鞍山市	752271	147676	52397	238957	313211	30	
抚顺市	1002597	426391	49515	130745	381716	14230	
本溪市	300293	107554	63259	60376	69055		49
丹东市	1783710	364700	18981	285127	772640		342262
锦州市	2284800	712681	81086	652098	643196	4100	191639
营口市	3617502	686235	9847	2182199	686152	27569	25500
阜新市	241365	104364	14673	44348	77480		500
辽阳市	391449	83599	59123	74543	174184		
盘锦市	617489	109005	56995	72068	378727		694
铁岭市	470934	136042	7086	72457	66636		188713
朝阳市	238763	91130	3878	70910	72845		
葫芦岛市	704354	202443	57884	207661	205709	97	30560

1-A-9　分地区交通运输、仓储和邮政业营业状况

单位：千元

地　　区	营业收入合　　计	主营业务收　　入	主营业务成　　本	主营业务税金及附加	本年费用合　　计	营业利润	全部从业人员年平均人数（人）
全　　省	**119602749**	**110146787**	**86789588**	**3834204**	**17532812**	**12304131**	**475552**
沈 阳 市	14441738	14332788	11242704	681000	2248994	814751	68465
大 连 市	55033108	54233599	36824955	1554555	7791772	9345786	114008
鞍 山 市	1904159	1898355	1438152	58491	191361	238590	15802
抚 顺 市	2467897	2447882	1664690	145244	266013	385412	13276
本 溪 市	1742762	1735374	1184331	49852	250631	260288	10298
丹 东 市	2695030	2683435	1764624	86781	484147	357322	11692
锦 州 市	3228275	3203897	2163515	121410	590098	350096	17035
营 口 市	9430475	8822990	6802107	271497	1219123	1055556	32701
阜 新 市	654470	652315	475893	21707	118558	38629	6838
辽 阳 市	2005166	1991272	1322888	76318	330651	276847	8327
盘 锦 市	1660198	1653263	1201773	46691	286118	127870	7457
铁 岭 市	555575	543938	445312	8728	93717	-1156	4173
朝 阳 市	787821	785139	652663	13835	137695	-5337	5474
葫芦岛市	1243416	1235729	1051949	22416	144074	19655	5717

1-B-1.1　分地区道路运输业资产情况

单位：千元

地　　区	资产总计	固定资产原价	本年折旧	所有者权益
全　　省	**25114397**	**19846398**	**2414649**	**14414643**
沈 阳 市	5579417	3744326	384514	5051458
大 连 市	10517371	9024970	1460162	5447970
鞍 山 市	1224267	1000319	65462	598373
抚 顺 市	1237874	973189	85602	825251
本 溪 市	636412	631085	61758	188945
丹 东 市	791353	898976	69896	333915
锦 州 市	587494	558933	39649	313924
营 口 市	1219193	856425	68932	463532
阜 新 市	396379	239275	16163	137130
辽 阳 市	1076161	658713	80447	212828
盘 锦 市	649455	395463	27198	376634
铁 岭 市	421653	248206	15964	103584
朝 阳 市	431766	309575	19013	140195
葫芦岛市	345602	306943	19889	220904

1-B-1.2　分地区道路运输业实收资本

单位：千元

地　区	实收资本	国家资本	集体资本	法人资本	个人资本	港澳台资本	外商资本
全　省	**10141428**	**1901390**	**656197**	**4156312**	**3160665**	**55632**	**211232**
沈阳市	2551735	720377	114907	831715	709199	44353	131184
大连市	4302267	448852	178653	2690739	905589	4200	74234
鞍山市	537978	62449	43190	193197	239142		
抚顺市	696427	276991	46215	64959	308262		
本溪市	108509	19592	22703	18716	47449		49
丹东市	240809	79745	8016	5246	147802		
锦州市	281993	39062	71936	54169	111061		5765
营口市	383610	90981	955	122976	161619	7079	
阜新市	144184	75107	7545	25768	35764		
辽阳市	217095	13014	56606	21300	126175		
盘锦市	365893	19255	55860	52372	238406		
铁岭市	79391	2262	5206	26955	44968		
朝阳市	63826	1792	2456	24050	35528		
葫芦岛市	167711	51911	41949	24150	49701		

1-B-1.3　分地区道路运输业营业状况

单位：千元

地　区	营业收入合　计	主营业务收　入	主营业务成　本	主营业务税金及附加	本年费用合　计	营业利润	全部从业人员年平均人数（人）
全　省	**28943588**	**28858621**	**18593182**	**1244991**	**3619307**	**5507394**	**115251**
沈阳市	5030261	5018774	3684312	269636	560260	515585	25130
大连市	14434724	14400504	8380900	538374	1853869	3668642	36085
鞍山市	1040064	1037484	793584	37352	98956	130640	10906
抚顺市	1359089	1348649	808001	109044	145356	292318	6869
本溪市	864486	862912	641735	38481	87422	96668	4367
丹东市	438634	436463	280965	21250	66953	70519	3076
锦州市	1099430	1098841	811075	49742	133116	105623	6237
营口市	1013385	1007867	753681	41401	86620	128482	4868
阜新市	306965	306512	231066	11009	35489	31619	1855
辽阳市	1509594	1506760	923108	64846	234747	288782	5167
盘锦市	870287	866286	520566	39751	188814	124253	3347
铁岭市	209870	201805	135626	6601	34101	25959	1810
朝阳市	236014	235999	174476	10770	40512	12456	1884
葫芦岛市	530785	529765	454087	6734	53092	15848	3650

1-B-2.1 分地区城市公共交通业资产情况

单位：千元

地　区	资产总计	固定资产原价	本年折旧	所有者权益
全　省	**9958342**	**9464027**	**992117**	**6250746**
沈阳市	2895555	2019838	224780	1789322
大连市	5674482	5860047	621270	3935968
鞍山市	140270	235546	29949	131685
抚顺市	322301	342935	28975	102518
本溪市	138957	243039	22771	30103
丹东市	123038	138262	8475	34695
锦州市	171022	197652	11597	54753
营口市	51835	44969	5755	24302
阜新市	46403	45539	16381	4918
辽阳市	101553	88971	8392	20400
盘锦市	132383	84578	6470	32740
铁岭市	34204	63718	1521	51257
朝阳市	111770	85493	4721	26832
葫芦岛市	14569	13440	1060	11253

1-B-2.2 分地区城市公共交通业实收资本

单位：千元

地　区	实收资本						
		国家资本	集体资本	法人资本	个人资本	港澳台资本	外商资本
全　省	**5656998**	**3549274**	**109764**	**583706**	**579655**	**93366**	**741233**
沈阳市	1537755	166158	12147	361309	243524	52326	702291
大连市	3579726	3154448	95346	107896	156314	26780	38942
鞍山市	71155	9505	700	34500	26420	30	
抚顺市	100375	54982	26	6932	24205	14230	
本溪市	68684	59767	500	6717	1700		
丹东市	33108	25790		2582	4736		
锦州市	44181	16593		7400	20188		
营口市	23617	2267	200	5100	16050		
阜新市	30006	19906			10100		
辽阳市	33788	15775		8450	9563		
盘锦市	49600	14700			34900		
铁岭市	51718		800	38740	12178		
朝阳市	22537	5883	30	4080	12544		
葫芦岛市	10748	3500	15		7233		

1-B-2.3　分地区城市公共交通业营业状况

单位：千元

地　区	营业收入合　计	主营业务收　入	主营业务成　本	主营业务税金及附加	本年费用合　计	营业利润	全部从业人员年平均人数（人）
全　省	**4319582**	**4210651**	**3237131**	**184470**	**1036808**	**109208**	**49483**
沈阳市	1283210	1253604	934305	68036	286106	11869	15291
大连市	1918991	1859930	1505862	76643	473775	98712	16942
鞍山市	129184	129184	88050	4535	22823	13789	928
抚顺市	240543	234087	199272	7628	50616	-17474	3527
本溪市	233863	228966	161268	6814	58039	5958	3190
丹东市	123681	122575	60478	6321	38307	18447	2022
锦州市	108909	106192	92544	4013	31758	-20034	2179
营口市	31311	31311	19201	900	5606	5604	210
阜新市	28088	26386	14742	242	12029	19	694
辽阳市	76066	74891	43204	4914	23608	3997	1293
盘锦市	62594	62594	70350	1668	10369	-19793	1439
铁岭市	23802	23802	9722	781	8148	4705	221
朝阳市	55814	53603	35527	1820	15163	3105	1392
葫芦岛市	3526	3526	2606	155	461	304	155

1-B-3.1　分地区水上运输业资产情况

单位：千元

地　区	资产总计	固定资产原价	本年折旧	所有者权益
全　省	**119551636**	**59878953**	**3159106**	**55439350**
沈阳市	5874	4060	343	3860
大连市	60518366	35810613	2364992	31879625
鞍山市				
抚顺市				
本溪市	99319	14421	607	60337
丹东市	10818080	2219668	118978	6949583
锦州市	5092096	4853961	136079	1873075
营口市	41381078	15849323	448318	14204032
阜新市				
辽阳市				
盘锦市	241270	180789	9850	181692
铁岭市				
朝阳市				
葫芦岛市	1395553	946118	79939	287146

1-B-3.2 分地区水上运输业实收资本

单位：千元

地区	实收资本	国家资本	集体资本	法人资本	个人资本	港澳台资本	外商资本
全省	**18576176**	**5893607**	**54361**	**8984560**	**1306657**	**4247**	**2332744**
沈阳市	3860	650			3010		200
大连市	14145124	5265269	49344	6483626	541977		1804908
鞍山市							
抚顺市							
本溪市	32129			24392	7737		
丹东市	865273	68600	4217	158964	291730		341762
锦州市	1390810	470988		405465	328333	150	185874
营口市	1796350	33100		1744850	14400	4000	
阜新市							
辽阳市							
盘锦市	61290	55000			6290		
铁岭市							
朝阳市							
葫芦岛市	281340		800	167263	113180	97	

1-B-3.3 分地区水上运输业营业状况

单位：千元

地区	营业收入合计	主营业务收入	主营业务成本	主营业务税金及附加	本年费用合计	营业利润	全部从业人员年平均人数（人）
全省	**23070928**	**21976983**	**15136776**	**585860**	**3281186**	**4039346**	**39001**
沈阳市	2241	2241	1326	115	384	416	38
大连市	17668477	17121312	12087987	419215	2118253	3099261	21949
鞍山市							
抚顺市							
本溪市	11263	11263		625	8529	2109	116
丹东市	743839	743577	337055	19903	178780	208096	1962
锦州市	986402	969210	498367	34474	223616	225384	2429
营口市	3326275	2797948	1931635	101049	697401	517394	11697
阜新市							
辽阳市							
盘锦市	50284	49285	38823	1672	8032	1030	337
铁岭市							
朝阳市							
葫芦岛市	282147	282147	241583	8807	46191	-14344	473

1-B-4.1　分地区装卸搬运和其他运输服务业资产情况

单位：千元

地　区	资产总计	固定资产原价	本年折旧	所有者权益
全　省	**25386403**	**10085004**	**863636**	**13848229**
沈阳市	1758221	856469	70515	1034886
大连市	20311346	7833721	686527	11073411
鞍山市	100283	62251	4206	48351
抚顺市	210939	104334	8530	129154
本溪市	41851	27022	2513	29404
丹东市	384560	313622	15900	311207
锦州市	873090	249392	22004	473695
营口市	1215915	442036	38935	565343
阜新市	20771	19114	1266	9552
辽阳市	52084	58118	6493	40410
盘锦市	133665	69358	5106	87291
铁岭市	8266	6930	105	3663
朝阳市	256427	34325	1096	31682
葫芦岛市	18985	8312	440	10180

1-B-4.2　分地区装卸搬运和其他运输服务业实收资本

单位：千元

地　区	实收资本						
		国家资本	集体资本	法人资本	个人资本	港澳台资本	外商资本
全　省	**12721370**	**1205551**	**169836**	**5101894**	**5052197**	**145187**	**1046705**
沈阳市	1010436	474032	29387	272798	173418	56569	4232
大连市	10414896	577963	109786	4401158	4195928	87838	1042223
鞍山市	45919	11406	3103	10730	20680		
抚顺市	109839	10500	700	58204	40435		
本溪市	21725	800	1400	9556	9969		
丹东市	278370	6750	5250	96045	170325		
锦州市	240081	35205	7882	157414	39580		
营口市	441530	86685	1030	78796	273989	780	250
阜新市	8541	1310	6411	180	640		
辽阳市	38256		300	2160	35796		
盘锦市	86856		1135	9796	75925		
铁岭市	3950		1080	1000	1870		
朝阳市	11545	870	1392	1050	8233		
葫芦岛市	9426	30	980	3007	5409		

1-B-4.3 分地区装卸搬运和其他运输服务业营业状况

单位：千元

地 区	营业收入合计	主营业务收入	主营业务成本	主营业务税金及附加	本年费用合计	营业利润	全部从业人员年平均人数(人)
全 省	**16509699**	**16356115**	**11934535**	**463633**	**2266982**	**2040465**	**60786**
沈阳市	1188165	1185392	797741	58058	235274	94987	13624
大连市	12930736	12836720	9531371	313990	1643727	1646130	23304
鞍山市	174080	174080	117977	8280	20624	27729	1705
抚顺市	105169	105169	73241	4034	12783	15116	754
本溪市	92260	92260	57733	897	5900	29222	693
丹东市	269691	269691	139503	13300	88079	29697	1928
锦州市	621778	620855	451693	20567	102730	46154	3031
营口市	884860	830059	589645	37981	127774	121225	12736
阜新市	20860	20860	12935	654	5730	1985	774
辽阳市	57930	57930	47092	2219	3128	5491	288
盘锦市	116062	116062	84036	1958	13352	16877	1116
铁岭市	8793	7722	4528	194	1760	1240	88
朝阳市	16584	16584	12754	389	2066	1334	450
葫芦岛市	22731	22731	14286	1112	4055	3278	295

1-C-1 分地区仓储业资产情况

单位：千元

地 区	资产总计	固定资产原价	本年折旧	所有者权益
全 省	**28327872**	**11316868**	**911645**	**11804763**
沈阳市	2693083	1715865	217658	2175785
大连市	13992354	5924559	490662	7269381
鞍山市	284596	227070	21125	12951
抚顺市	748122	175741	10036	105833
本溪市	510673	154626	8355	121950
丹东市	1667765	348551	20393	353564
锦州市	227129	128973	17967	94669
营口市	4060918	1363665	62000	1066247
阜新市	14341	11212	594	13764
辽阳市	757223	220182	10780	-162956
盘锦市	356820	163408	6791	80034
铁岭市	1203548	219260	6486	349950
朝阳市	1081998	249631	10768	152494
葫芦岛市	729302	414125	28030	171097

1-C-2 分地区仓储业实收资本

单位：千元

地 区	实收资本						
		国家资本	集体资本	法人资本	个人资本	港澳台资本	外商资本
全 省	**9881405**	**4849224**	**144759**	**1891257**	**1363946**	**378849**	**1253370**
沈 阳 市	1454491	509706	25861	204541	333600	12030	368753
大 连 市	5959056	3170455	47139	1310688	445015	347359	638400
鞍 山 市	95819	64316	5404	530	25569		
抚 顺 市	89330	78920	2574	50	7786		
本 溪 市	67846	27395	38656	995	800		
丹 东 市	276636	116548	1498	3690	154400		500
锦 州 市	142382	2894	1268	27250	107220	3750	
营 口 市	967995	473202	7662	230477	215694	15710	25250
阜 新 市	9938	7489	657	400	892		500
辽 阳 市	97393	53610		42633	1150		
盘 锦 市	48244	20000		9900	17650		694
铁 岭 市	335255	133780		5152	7610		188713
朝 阳 市	102047	43907		41710	16430		
葫芦岛市	234973	147002	14040	13241	30130		30560

1-C-3 分地区仓储业营业状况

单位：千元

地 区	营业收入合计	主营业务收入	主营业务成本	主营业务税金及附加	营业利润	全部从业人员年平均人数（人）
全 省	**14684642**	**14606750**	**10403535**	**404690**	**2154604**	**19377**
沈 阳 市	2156091	2154845	1330517	138188	996314	4018
大 连 市	4279900	4249271	2237038	107593	576823	5972
鞍 山 市	391009	390402	291749	5938	76412	938
抚 顺 市	668729	665610	537349	23296	73222	1523
本 溪 市	447476	447310	250238	2983	123670	881
丹 东 市	941820	934646	824691	22037	30561	793
锦 州 市	122015	122015	94810	5536	2318	615
营 口 市	4087463	4068624	3434208	89250	291963	2121
阜 新 市	46222	46222	33572	2350	2941	405
辽 阳 市	215148	206228	188482	970	-16841	322
盘 锦 市	439873	439506	385929	715	4745	215
铁 岭 市	221057	218904	206287	571	-18674	594
朝 阳 市	366754	366627	337521	299	-8617	494
葫芦岛市	301085	296540	251144	4964	19767	486

1-D-1 分地区邮政业资产情况

单位：千元

地 区	资产总计	固定资产原价	本年折旧	所有者权益
全 省	**5444734**	**3387738**	**305924**	**1863128**
沈阳市	3515432	846969	64332	598718
大连市	544446	548083	44607	357228
鞍山市	165406	209782	20956	114710
抚顺市	115740	147604	96	91839
本溪市	77899	123561	10437	62446
丹东市	138369	137437	24888	3717
锦州市	152429	181821	4265	108793
营口市	117577	162683	11417	80705
阜新市	98480	135037	7810	89039
辽阳市	118093	142027	55900	81370
盘锦市	78580	80021	7169	45819
铁岭市	99771	440810	44025	68871
朝阳市	109942	121713	2077	87735
葫芦岛市	112570	110190	7945	72138

1-D-2 分地区邮政业实收资本

单位：千元

地 区	实收资本					
		国家资本	集体资本	法人资本	个人资本	港澳台资本
全 省	**768364**	**679176**	**20600**	**24080**	**43808**	**700**
沈阳市	596698	548472	20500	14503	12723	500
大连市	44059	18700		7847	17512	
鞍山市	1400				1400	
抚顺市	6064	4998		100	966	
本溪市	900				900	
丹东市	3247			600	2647	
锦州市	108524	106954		400	970	200
营口市	4400				4400	
阜新市	366	52			314	
辽阳市	1500				1500	
盘锦市	300				300	
铁岭市	620			610	10	
朝阳市	130			20	110	
葫芦岛市	156		100		56	

1-D-3 分地区邮政业营业状况

单位：千元

地 区	营业收入合计	主营业务收入	主营业务成本	主营业务税金及附加	本年费用合计	营业利润	全部从业人员年平均人数（人）
全 省	**2419192**	**2390567**	**2012541**	**33424**	**539860**	**-179951**	**23356**
沈阳市	558041	558041	481449	11329	187350	-118672	5334
大连市	627655	611240	534472	10538	73409	-6563	5177
鞍山市	169822	167205	146792	2386	30336	-9980	1325
抚顺市	93767	93767	46567	1142	25316	22030	582
本溪市	82658	81907	66963	49	17225	-1597	1006
丹东市	121334	120452	75570	1631	43185	721	1327
锦州市	107997	105040	92292	1259	26310	-11772	1635
营口市	87181	87181	73737	916	21640	-9112	1069
阜新市	39667	39667	37519	682	16324	-16507	694
辽阳市	113373	112408	103487	1001	17837	-8960	1018
盘锦市	111758	110190	94582	758	16639	-221	969
铁岭市	92053	91705	89149	581	16675	-14386	1460
朝阳市	110744	110744	81719	508	28251	266	1102
葫芦岛市	103142	101020	88243	644	19363	-5198	658

第2篇

批发和零售业商品销售和财务状况

2-A-1　按登记注册类型分批发和零售业法人单位商品销售情况

单位：千元

登记注册类型	法人单位数(个)	从业人数(人)	销售合计	批发额	零售额
总　计	**72700**	**775440**	**1187173869**	**970481970**	**216691899**
内资企业	**72281**	**749336**	**1150610970**	**953093894**	**197517076**
国有企业	1923	52098	122583263	115265196	7318067
集体企业	4090	48121	18812553	14098523	4714030
股份合作企业	987	8105	4440784	3137813	1302971
联营企业	122	1374	965879	713445	252434
国有联营企业	9	166	81383	62617	18766
集体联营企业	58	616	618437	445553	172884
国有与集体联营企业	14	229	53883	40328	13555
其他联营企业	41	363	212176	164947	47229
有限责任公司	19578	204778	251746002	202161626	49584376
国有独资公司	56	3047	3926209	3819394	106815
其他有限责任公司	19522	201731	247819793	198342232	49477561
股份有限公司	980	52035	345111936	302481330	42630606
私营企业	43850	374336	401976879	311041614	90935265
私营独资企业	17069	124364	82084710	57766790	24317920
私营合伙企业	1135	10653	7619124	6510399	1108725
私营有限责任公司	24066	221967	295004081	234049523	60954558
私营股份有限公司	1580	17352	17268964	12714902	4554062
其他企业	751	8489	4973674	4194347	779327
港、澳、台商投资企业	**103**	**8363**	**15233106**	**6850960**	**8382146**
合资经营企业(港或澳、台资)	36	3986	6669055	1825003	4844052
合作经营企业(港或澳、台资)	3	157	89738	3884	85854
港、澳、台商独资经营企业	55	3849	7956046	4568701	3387345
港、澳、台商投资股份有限公司	9	371	518267	453372	64895
外商投资企业	**316**	**17741**	**21329793**	**10537116**	**10792677**
中外合资经营企业	87	7292	7439499	1599486	5840013
中外合作经营企业	7	223	255908	171243	84665
外资企业	214	6655	10770912	8701210	2069702
外商投资股份有限公司	8	3571	2863474	65177	2798297

2-A-2 按登记注册类型分批发业法人单位商品销售情况

单位：千元

登记注册类型	法人单位数(个)	从业人数(人)	销售合计	批发额	零售额
总 计	**48836**	**441224**	**981533613**	**960915233**	**20618380**
内资企业	**48546**	**434854**	**964321973**	**943780357**	**20541616**
国有企业	1313	36005	116997574	114901117	2096457
集体企业	2545	29097	14493023	13784324	708699
股份合作企业	575	4474	3199502	3090102	109400
联营企业	82	875	734029	697839	36190
国有联营企业	7	106	65617	62617	3000
集体联营企业	39	446	449202	433553	15649
国有与集体联营企业	11	93	40606	40328	278
其他联营企业	25	230	178604	161341	17263
有限责任公司	15064	124488	203888676	200392637	3496039
国有独资公司	36	911	3825353	3818215	7138
其他有限责任公司	15028	123577	200063323	196574422	3488901
股份有限公司	646	20066	305969269	298634541	7334728
私营企业	27826	213264	314766692	308098779	6667913
私营独资企业	8595	63223	58989844	57424617	1565227
私营合伙企业	817	8311	6628092	6506561	121531
私营有限责任公司	17295	133485	236307074	231539187	4767887
私营股份有限公司	1119	8245	12841682	12628414	213268
其他企业	495	6585	4273208	4181018	92190
港、澳、台商投资企业	**62**	**2543**	**6801774**	**6801768**	**6**
合资经营企业(港或澳、台资)	19	307	1819015	1819015	
合作经营企业(港或澳、台资)	2	37	3884	3884	
港、澳、台商独资经营企业	35	1972	4525497	4525497	
港、澳、台商投资股份有限公司	6	227	453378	453372	6
外商投资企业	**228**	**3827**	**10409866**	**10333108**	**76758**
中外合资经营企业	59	1032	1536538	1503892	32646
中外合作经营企业	5	111	200493	171243	29250
外资企业	159	2514	8611350	8596488	14862
外商投资股份有限公司	5	170	61485	61485	

2-A-3　按登记注册类型分零售业法人单位商品销售情况

单位：千元

登记注册类型	法人单位数(个)	从业人数(人)	销售合计	批发额	零售额
总　计	**23864**	**334216**	**205640256**	**9566737**	**196073519**
内资企业	**23735**	**314482**	**186288997**	**9313537**	**176975460**
国有企业	610	16093	5585689	364079	5221610
集体企业	1545	19024	4319530	314199	4005331
股份合作企业	412	3631	1241282	47711	1193571
联营企业	40	499	231850	15606	216244
国有联营企业	2	60	15766		15766
集体联营企业	19	170	169235	12000	157235
国有与集体联营企业	3	136	13277		13277
其他联营企业	16	133	33572	3606	29966
有限责任公司	4514	80290	47857326	1768989	46088337
国有独资公司	20	2136	100856	1179	99677
其他有限责任公司	4494	78154	47756470	1767810	45988660
股份有限公司	334	31969	39142667	3846789	35295878
私营企业	16024	161072	87210187	2942835	84267352
私营独资企业	8474	61141	23094866	342173	22752693
私营合伙企业	318	2342	991032	3838	987194
私营有限责任公司	6771	88482	58697007	2510336	56186671
私营股份有限公司	461	9107	4427282	86488	4340794
其他企业	256	1904	700466	13329	687137
港、澳、台商投资企业	**41**	**5820**	**8431332**	**49192**	**8382140**
合资经营企业(港或澳、台资)	17	3679	4850040	5988	4844052
合作经营企业(港或澳、台资)	1	120	85854		85854
港、澳、台商独资经营企业	20	1877	3430549	43204	3387345
港、澳、台商投资股份有限公司	3	144	64889		64889
外商投资企业	**88**	**13914**	**10919927**	**204008**	**10715919**
中外合资经营企业	28	6260	5902961	95594	5807367
中外合作经营企业	2	112	55415		55415
外资企业	55	4141	2159562	104722	2054840
外商投资股份有限公司	3	3401	2801989	3692	2798297

2-A-4 按行业分批发和零售业法人单位商品销售情况

单位：千元

行业小类	法人单位数(个)	从业人数(人)	销售合计	批发额	零售额
总　计	**72700**	**775440**	**1187173869**	**970481970**	**216691899**
一、批发业	**48836**	**441224**	**981533613**	**960915233**	**20618380**
农畜产品批发	2384	34280	35064595	34813965	250630
谷物、豆及薯类批发	869	17169	22561985	22429803	132182
种子、饲料批发	1000	9031	7959954	7950155	9799
棉、麻批发	32	576	326747	314670	12077
牲畜批发	171	3000	1972698	1933973	38725
其他农畜产品批发	312	4504	2243211	2185364	57847
食品、饮料及烟草制品批发	4012	54594	58187549	57290273	897276
米、面制品及食用油批发	604	8300	11116758	10842903	273855
糕点、糖果及糖批发	210	1715	1294017	1190989	103028
果品、蔬菜批发	768	12597	8345428	8250629	94799
肉、禽、蛋及水产品批发	617	7685	5622984	5596885	26099
盐及调味品批发	277	3654	1813722	1792124	21598
饮料及茶叶批发	849	8440	6684490	6451125	233365
烟草制品批发	58	7794	20485299	20466099	19200
其他食品批发	629	4409	2824851	2699519	125332
纺织、服装及日用品批发	4098	30902	31594215	31130301	463914
纺织品、针织品及原料批发	662	4838	6393117	6335810	57307
服装批发	1507	12256	14179603	14017216	162387
鞋帽批发	97	676	833251	830219	3032
厨房、卫生间用具及日用杂货批发	463	3037	1526325	1484507	41818
化妆品及卫生用品批发	427	3245	2385149	2337783	47366
其他日用品批发	942	6850	6276770	6124766	152004
文化、体育用品及器材批发	1293	9797	7428781	7214623	214158
文具用品批发	637	3625	3179581	3109833	69748
体育用品批发	91	1056	1115335	1009542	105793
图书批发	183	1645	823540	797605	25935
报刊批发	23	1237	388561	388094	467
音像制品及电子出版物批发	25	181	73576	73137	439
首饰、工艺品及收藏品批发	205	1426	1330461	1326012	4449
其他文化用品批发	129	627	517727	510400	7327
医药及医疗器材批发	1190	20427	27076480	23820728	3255752
西药批发	289	12210	16600423	14772094	1828329
中药材及中成药批发	193	3402	7420390	6073802	1346588
医疗用品及器材批发	708	4815	3055667	2974832	80835
矿产品、建材及化工产品批发	18281	160305	680393936	668408538	11985398
煤炭及制品批发	1281	13113	26567385	26138528	428857
石油及制品批发	1354	28636	346214389	337130436	9083953
非金属矿及制品批发	439	2913	4050779	4007795	42984
金属及金属矿批发	6626	48216	224210997	223898008	312989
建材批发	3633	25925	29453862	27732677	1721185
化肥批发	1431	15310	13888395	13655082	233313
农药批发	435	3524	1779829	1770573	9256
农用薄膜批发	59	535	536729	535485	1244
其他化工产品批发	3023	22133	33691571	33539954	151617
机械设备、五金交电及电子产品批发	14945	105363	125237600	122377411	2860189
农业机械批发	256	2312	3308446	3225837	82609
汽车、摩托车及零配件批发	983	9808	20438093	19814776	623317
五金、交电批发	3246	20631	17310391	16627203	683188
家用电器批发	575	5701	7788730	7647415	141315
计算机、软件及辅助设备批发	851	6712	9848469	9469411	379058
通讯及广播电视设备批发	474	3884	5604991	5402792	202199
其他机械设备及电子产品批发	8560	56315	60938480	60189977	748503
贸易经纪与代理	794	8571	4230256	3872612	357644
贸易经纪与代理	794	8571	4230256	3872612	357644

2-A-4　续表　　　　单位：千元

行业小类	法人单位数(个)	从业人数(人)	销售合计	批发额	零售额
其他批发	1839	16985	12320201	11986782	333419
再生物资回收与批发	1595	14979	11054925	10748299	306626
其他未列明的批发	244	2006	1265276	1238483	26793
二、零售业	**23864**	**334216**	**205640256**	**9566737**	**196073519**
综合零售	2348	126926	59260140	1692969	57567171
百货零售	640	80037	42255290	1451939	40803351
超级市场零售	399	31224	13178952	14121	13164831
其他综合零售	1309	15665	3825898	226909	3598989
食品、饮料及烟草制品专门零售	2016	19388	5270561	118242	5152319
粮油零售	325	3257	1226211	49473	1176738
糕点、面包零售	123	2737	547936	707	547229
果品、蔬菜零售	157	1327	452638	6640	445998
肉、禽、蛋及水产品零售	379	2874	799501	39694	759807
饮料及茶叶零售	389	3099	725913	11287	714626
烟草制品零售	95	711	459330	1066	458264
其他食品零售	548	5383	1059032	9375	1049657
纺织、服装及日用品专门零售	3283	30352	12555413	924348	11631065
纺织品及针织品零售	447	3043	1075474	5026	1070448
服装零售	1390	15141	6883609	824018	6059591
鞋帽零售	137	2237	1122153		1122153
钟表、眼镜零售	233	2643	1071786	76122	995664
化妆品及卫生用品零售	304	2602	959025	2009	957016
其他日用品零售	772	4686	1443366	17173	1426193
文化、体育用品及器材专门零售	1429	16336	6468544	503128	5965416
文具用品零售	483	3355	1446591	8273	1438318
体育用品零售	133	1277	519523	451	519072
图书零售	221	6342	1468460	134600	1333860
报刊零售	21	371	194066	688	193378
音像制品及电子出版物零售	29	129	29517		29517
珠宝首饰零售	200	2401	1857671	343950	1513721
工艺美术品及收藏品零售	201	1498	506831	2209	504622
照相器材零售	47	382	227372	700	226672
其他文化用品零售	94	581	218513	12257	206256
医药及医疗器材专门零售	2087	31750	8529736	272464	8257272
药品零售	1649	29077	7520249	251409	7268840
医疗用品及器材零售	438	2673	1009487	21055	988432
汽车、摩托车、燃料及零配件专门零售	4223	48499	80787007	5393433	75393574
汽车零售	891	18587	45502860	2615123	42887737
汽车零配件零售	985	6377	2474643	43818	2430825
摩托车及零配件零售	405	3058	1635488	17780	1617708
机动车燃料零售	1942	20477	31174016	2716712	28457304
家用电器及电子产品专门零售	3687	29638	19388793	571291	18817502
家用电器零售	889	11955	10214004	234948	9979056
计算机、软件及辅助设备零售	1630	9704	6066282	291079	5775203
通信设备零售	618	5135	1981930	33990	1947940
其他电子产品零售	550	2844	1126577	11274	1115303
五金、家具及室内装修材料专门零售	3445	21464	9052364	56663	8995701
五金零售	1808	10434	4071373	23459	4047914
家具零售	425	3276	1257310	2852	1254458
涂料零售	130	640	167611	7007	160604
其他室内装修材料零售	1082	7114	3556070	23345	3532725
无店铺及其他零售	1346	9863	4327698	34199	4293499
流动货摊零售	4	12	1617		1617
邮购及电子销售	9	486	279310		279310
生活用燃料零售	848	6187	2859244	31952	2827292
花卉零售	91	619	111679	53	111626
旧货零售	71	399	80576		80576
其他未列明的零售	323	2160	995272	2194	993078

2-A-5 按行业分批发和零售业法人单位商品销售情况（按登记注册类型分）

单位：千元

行业中类	内资企业				
	法人单位数(个)	从业人数(人)	销售合计	批发额	零售额
总　计	**72281**	**749336**	**1150610970**	**953093894**	**197517076**
一、批发业	48546	434854	964321973	943780357	20541616
农畜产品批发	2374	34195	34862158	34611528	250630
食品、饮料及烟草制品批发	3977	53682	57305874	56408598	897276
纺织、服装及日用品批发	4047	29898	30139888	29689904	449984
文化、体育用品及器材批发	1282	9725	7280623	7066465	214158
医药及医疗器材批发	1181	20299	26540791	23285039	3255752
矿产品、建材及化工产品批发	18222	159525	675152749	663206331	11946418
机械设备、五金交电及电子产品批发	14842	103244	116957075	114120734	2836341
贸易经纪与代理	786	7335	3849178	3491540	357638
其他批发	1835	16951	12233637	11900218	333419
二、零售业	23735	314482	186288997	9313537	176975460
综合零售	2321	110301	45624686	1689277	43935409
食品、饮料及烟草制品专门零售	2009	19288	5262375	118242	5144133
纺织、服装及日用品专门零售	3251	29521	11863579	832869	11030710
文化、体育用品及器材专门零售	1419	16200	6435944	502793	5933151
医药及医疗器材专门零售	2083	31718	8522370	272464	8249906
汽车、摩托车、燃料及零配件专门零售	4198	47039	76060747	5235739	70825008
家用电器及电子产品专门零售	3677	29461	19315767	571291	18744476
五金、家具及室内装修材料专门零售	3437	21202	8904154	56663	8847491
无店铺及其他零售	1340	9752	4299375	34199	4265176

2-A-5 续表 1

单位：千元

行业中类	国有企业				
	法人单位数(个)	从业人数(人)	销售合计	批发额	零售额
总　计	**1923**	**52098**	**122583263**	**115265196**	**7318067**
一、批发业	1313	36005	116997574	114901117	2096457
农畜产品批发	267	7541	7899939	7813627	86312
食品、饮料及烟草制品批发	203	12217	20674456	20548774	125682
纺织、服装及日用品批发	50	707	216225	206235	9990
文化、体育用品及器材批发	46	1216	892466	870544	21922
医药及医疗器材批发	38	1416	3509738	3260362	249376
矿产品、建材及化工产品批发	361	8997	77407561	75901886	1505675
机械设备、五金交电及电子产品批发	279	2957	5857572	5762522	95050
贸易经纪与代理	19	137	109693	109693	
其他批发	50	817	429924	427474	2450
二、零售业	610	16093	5585689	364079	5221610
综合零售	121	3682	1068772	13235	1055537
食品、饮料及烟草制品专门零售	98	1735	439099	27235	411864
纺织、服装及日用品专门零售	58	1344	354677	2769	351908
文化、体育用品及器材专门零售	102	4196	1004034	82081	921953
医药及医疗器材专门零售	68	2631	559273	19381	539892
汽车、摩托车、燃料及零配件专门零售	70	1054	1656454	218314	1438140
家用电器及电子产品专门零售	25	163	32546		32546
五金、家具及室内装修材料专门零售	35	627	137358	1064	136294
无店铺及其他零售	33	661	333476		333476

2-A-5　续表 2

单位：千元

行业中类	集体企业				
	法人单位数(个)	从业人数(人)	销售合计	批发额	零售额
总　　计	**4090**	**48121**	**18812553**	**14098523**	**4714030**
一、批发业	2545	29097	14493023	13784324	708699
农畜产品批发	245	2972	1464962	1440667	24295
食品、饮料及烟草制品批发	109	1937	623942	608673	15269
纺织、服装及日用品批发	77	908	244013	195099	48914
文化、体育用品及器材批发	38	312	46914	46744	170
医药及医疗器材批发	22	292	158007	138645	19362
矿产品、建材及化工产品批发	1197	14924	8252022	7798484	453538
机械设备、五金交电及电子产品批发	512	3885	2079511	1962321	117190
贸易经纪与代理	6	37	34961	26461	8500
其他批发	339	3830	1588691	1567230	21461
二、零售业	1545	19024	4319530	314199	4005331
综合零售	562	8288	1407627	192788	1214839
食品、饮料及烟草制品专门零售	93	2505	211237	828	210409
纺织、服装及日用品专门零售	137	1445	271233	10138	261095
文化、体育用品及器材专门零售	83	1772	199032		199032
医药及医疗器材专门零售	76	581	130643	645	129998
汽车、摩托车、燃料及零配件专门零售	288	2154	1403146	102359	1300787
家用电器及电子产品专门零售	57	357	117516	2173	115343
五金、家具及室内装修材料专门零售	140	1033	213197	1268	211929
无店铺及其他零售	109	889	365899	4000	361899

2-A-5　续表 3

单位：千元

行业中类	股份合作企业				
	法人单位数(个)	从业人数(人)	销售合计	批发额	零售额
总　　计	**987**	**8105**	**4440784**	**3137813**	**1302971**
一、批发业	575	4474	3199502	3090102	109400
农畜产品批发	13	397	90097	90097	
食品、饮料及烟草制品批发	51	810	457224	453224	4000
纺织、服装及日用品批发	35	230	118525	118525	
文化、体育用品及器材批发	14	78	65920	65190	730
医药及医疗器材批发	17	129	98791	98791	
矿产品、建材及化工产品批发	193	1286	1417742	1360648	57094
机械设备、五金交电及电子产品批发	224	1329	867491	824140	43351
贸易经纪与代理	4	39	2075	2075	
其他批发	24	176	81637	77412	4225
二、零售业	412	3631	1241282	47711	1193571
综合零售	38	558	47262	280	46982
食品、饮料及烟草制品专门零售	30	326	56971	3100	53871
纺织、服装及日用品专门零售	60	480	78014	320	77694
文化、体育用品及器材专门零售	33	559	417344	200	417144
医药及医疗器材专门零售	78	474	60128	121	60007
汽车、摩托车、燃料及零配件专门零售	63	544	387185	42427	344758
家用电器及电子产品专门零售	29	217	36177	912	35265
五金、家具及室内装修材料专门零售	69	381	119813	351	119462
无店铺及其他零售	12	92	38388		38388

2-A-5 续表 4 单位：千元

行业中类	联营企业				
	法人单位数(个)	从业人数(人)	销售合计	批发额	零售额
总 计	**122**	**1374**	**965879**	**713445**	**252434**
一、批发业	82	875	734029	697839	36190
农畜产品批发	4	71	45896	36321	9575
食品、饮料及烟草制品批发	9	88	103129	103129	
纺织、服装及日用品批发	4	32	6617	6617	
文化、体育用品及器材批发	1	6	140	140	
医药及医疗器材批发	1	3	747	747	
矿产品、建材及化工产品批发	33	458	427387	401050	26337
机械设备、五金交电及电子产品批发	22	139	127882	127604	278
贸易经纪与代理	3	53	18909	18909	
其他批发	5	25	3322	3322	
二、零售业	40	499	231850	15606	216244
综合零售	7	172	23173	1100	22073
食品、饮料及烟草制品专门零售	4	61	14508		14508
纺织、服装及日用品专门零售	3	15	123801	10000	113801
文化、体育用品及器材专门零售					
医药及医疗器材专门零售	15	117	23355		23355
汽车、摩托车、燃料及零配件专门零售	6	45	31013	4506	26507
家用电器及电子产品专门零售	2	55	6480		6480
五金、家具及室内装修材料专门零售	2	16	4176		4176
无店铺及其他零售	1	18	5344		5344

2-A-5 续表 5 单位：千元

行业中类	国有联营企业				
	法人单位数(个)	从业人数(人)	销售合计	批发额	零售额
总 计	**9**	**166**	**81383**	**62617**	**18766**
一、批发业	7	106	65617	62617	3000
农畜产品批发					
食品、饮料及烟草制品批发					
纺织、服装及日用品批发					
文化、体育用品及器材批发					
医药及医疗器材批发					
矿产品、建材及化工产品批发	2	47	9789	6789	3000
机械设备、五金交电及电子产品批发	3	52	55461	55461	
贸易经纪与代理	1	5	234	234	
其他批发	1	2	133	133	
二、零售业	2	60	15766		15766
综合零售					
食品、饮料及烟草制品专门零售					
纺织、服装及日用品专门零售					
文化、体育用品及器材专门零售					
医药及医疗器材专门零售					
汽车、摩托车、燃料及零配件专门零售	1	10	9496		9496
家用电器及电子产品专门零售	1	50	6270		6270
五金、家具及室内装修材料专门零售					
无店铺及其他零售					

2-A-5 续表 6

单位：千元

行业中类	集体联营企业				
	法人单位数(个)	从业人数(人)	销售合计	批发额	零售额
总 计	**58**	**616**	**618437**	**445553**	**172884**
一、批发业	39	446	449202	433553	15649
农畜产品批发	1	10	3680	3680	
食品、饮料及烟草制品批发	5	40	70289	70289	
纺织、服装及日用品批发	3	27	6032	6032	
文化、体育用品及器材批发					
医药及医疗器材批发	1	3	747	747	
矿产品、建材及化工产品批发	17	303	338910	323261	15649
机械设备、五金交电及电子产品批发	10	46	27525	27525	
贸易经纪与代理					
其他批发	2	17	2019	2019	
二、零售业	19	170	169235	12000	157235
综合零售	3	22	8612		8612
食品、饮料及烟草制品专门零售	3	55	14008		14008
纺织、服装及日用品专门零售	3	15	123801	10000	113801
文化、体育用品及器材专门零售					
医药及医疗器材专门零售	7	56	9199		9199
汽车、摩托车、燃料及零配件专门零售	3	22	13615	2000	11615
家用电器及电子产品专门零售					
五金、家具及室内装修材料专门零售					
无店铺及其他零售					

2-A-5 续表 7

单位：千元

行业中类	国有与集体联营企业				
	法人单位数(个)	从业人数(人)	销售合计	批发额	零售额
总 计	**14**	**229**	**53883**	**40328**	**13555**
一、批发业	11	93	40606	40328	278
农畜产品批发	2	41	22641	22641	
食品、饮料及烟草制品批发					
纺织、服装及日用品批发					
文化、体育用品及器材批发					
医药及医疗器材批发					
矿产品、建材及化工产品批发	1	9	5100	5100	
机械设备、五金交电及电子产品批发	6	27	11398	11120	278
贸易经纪与代理	1	13	597	597	
其他批发	1	3	870	870	
二、零售业	3	136	13277		13277
综合零售	2	133	8777		8777
食品、饮料及烟草制品专门零售					
纺织、服装及日用品专门零售					
文化、体育用品及器材专门零售					
医药及医疗器材专门零售	1	3	4500		4500
汽车、摩托车、燃料及零配件专门零售					
家用电器及电子产品专门零售					
五金、家具及室内装修材料专门零售					
无店铺及其他零售					

2-A-5 续表 8 单位：千元

行业中类	其他联营企业				
	法人单位数(个)	从业人数(人)	销售合计	批发额	零售额
总　计	**41**	**363**	**212176**	**164947**	**47229**
一、批发业	25	230	178604	161341	17263
农畜产品批发	1	20	19575	10000	9575
食品、饮料及烟草制品批发	4	48	32840	32840	
纺织、服装及日用品批发	1	5	585	585	
文化、体育用品及器材批发	1	6	140	140	
医药及医疗器材批发					
矿产品、建材及化工产品批发	13	99	73588	65900	7688
机械设备、五金交电及电子产品批发	3	14	33498	33498	
贸易经纪与代理	1	35	18078	18078	
其他批发	1	3	300	300	
二、零售业	16	133	33572	3606	29966
综合零售	2	17	5784	1100	4684
食品、饮料及烟草制品专门零售	1	6	500		500
纺织、服装及日用品专门零售					
文化、体育用品及器材专门零售					
医药及医疗器材专门零售	7	58	9656		9656
汽车、摩托车、燃料及零配件专门零售	2	13	7902	2506	5396
家用电器及电子产品专门零售	1	5	210		210
五金、家具及室内装修材料专门零售	2	16	4176		4176
无店铺及其他零售	1	18	5344		5344

2-A-5 续表 9 单位：千元

行业中类	有限责任公司				
	法人单位数(个)	从业人数(人)	销售合计	批发额	零售额
总　计	**19578**	**204778**	**251746002**	**202161626**	**49584376**
一、批发业	15064	124488	203888676	200392637	3496039
农畜产品批发	512	5131	6893458	6871482	21976
食品、饮料及烟草制品批发	1434	14581	16168976	15976894	192082
纺织、服装及日用品批发	1758	13387	9366046	9267656	98390
文化、体育用品及器材批发	460	2925	1849716	1832404	17312
医药及医疗器材批发	376	6093	10348071	8703889	1644182
矿产品、建材及化工产品批发	4697	38680	111909157	110964071	945086
机械设备、五金交电及电子产品批发	5338	38545	44000592	43562066	438526
贸易经纪与代理	217	1592	1146106	1131610	14496
其他批发	272	3554	2206554	2082565	123989
二、零售业	4514	80290	47857326	1768989	46088337
综合零售	327	34983	14792987	18393	14774594
食品、饮料及烟草制品专门零售	404	3551	1156699	10033	1146666
纺织、服装及日用品专门零售	650	7069	4437286	688807	3748479
文化、体育用品及器材专门零售	339	3050	1233145	54167	1178978
医药及医疗器材专门零售	326	9967	2782191	35794	2746397
汽车、摩托车、燃料及零配件专门零售	617	7823	15412870	765144	14647726
家用电器及电子产品专门零售	861	7274	4686644	171671	4514973
五金、家具及室内装修材料专门零售	809	4991	2674968	7987	2666981
无店铺及其他零售	181	1582	680536	16993	663543

2-A-5　续表 10　　单位：千元

行业中类	国有独资公司				
	法人单位数(个)	从业人数(人)	销售合计	批发额	零售额
总　计	**56**	**3047**	**3926209**	**3819394**	**106815**
一、批发业	36	911	3825353	3818215	7138
农畜产品批发	7	100	35360	35360	
食品、饮料及烟草制品批发	4	278	266173	266173	
纺织、服装及日用品批发					
文化、体育用品及器材批发	1	5	4484	4484	
医药及医疗器材批发					
矿产品、建材及化工产品批发	15	156	2636862	2636862	
机械设备、五金交电及电子产品批发	6	203	863660	863660	
贸易经纪与代理	2	155	17885	10747	7138
其他批发	1	14	929	929	
二、零售业	20	2136	100856	1179	99677
综合零售	1	1750	17130		17130
食品、饮料及烟草制品专门零售	5	57	21090		21090
纺织、服装及日用品专门零售	2	22	1056		1056
文化、体育用品及器材专门零售					
医药及医疗器材专门零售	3	198	35103		35103
汽车、摩托车、燃料及零配件专门零售	3	58	9679	1179	8500
家用电器及电子产品专门零售	2	24	7191		7191
五金、家具及室内装修材料专门零售	3	14	6650		6650
无店铺及其他零售	1	13	2957		2957

2-A-5　续表 11　　单位：千元

行业中类	其他有限责任公司				
	法人单位数(个)	从业人数(人)	销售合计	批发额	零售额
总　计	**19522**	**201731**	**247819793**	**198342232**	**49477561**
一、批发业	15028	123577	200063323	196574422	3488901
农畜产品批发	505	5031	6858098	6836122	21976
食品、饮料及烟草制品批发	1430	14303	15902803	15710721	192082
纺织、服装及日用品批发	1758	13387	9366046	9267656	98390
文化、体育用品及器材批发	459	2920	1845232	1827920	17312
医药及医疗器材批发	376	6093	10348071	8703889	1644182
矿产品、建材及化工产品批发	4682	38524	109272295	108327209	945086
机械设备、五金交电及电子产品批发	5332	38342	43136932	42698406	438526
贸易经纪与代理	215	1437	1128221	1120863	7358
其他批发	271	3540	2205625	2081636	123989
二、零售业	4494	78154	47756470	1767810	45988660
综合零售	326	33233	14775857	18393	14757464
食品、饮料及烟草制品专门零售	399	3494	1135609	10033	1125576
纺织、服装及日用品专门零售	648	7047	4436230	688807	3747423
文化、体育用品及器材专门零售	339	3050	1233145	54167	1178978
医药及医疗器材专门零售	323	9769	2747088	35794	2711294
汽车、摩托车、燃料及零配件专门零售	614	7765	15403191	763965	14639226
家用电器及电子产品专门零售	859	7250	4679453	171671	4507782
五金、家具及室内装修材料专门零售	806	4977	2668318	7987	2660331
无店铺及其他零售	180	1569	677579	16993	660586

2-A-5 续表 12 单位：千元

行业中类	股份有限公司				
	法人单位数(个)	从业人数(人)	销售合计	批发额	零售额
总　计	**980**	**52035**	**345111936**	**302481330**	**42630606**
一、批发业	646	20066	305969269	298634541	7334728
农畜产品批发	17	408	482118	482118	
食品、饮料及烟草制品批发	37	438	237462	230099	7363
纺织、服装及日用品批发	53	921	3145661	3113757	31904
文化、体育用品及器材批发	29	178	211757	185400	26357
医药及医疗器材批发	29	2091	2051834	1449094	602740
矿产品、建材及化工产品批发	240	13913	296397584	289816927	6580657
机械设备、五金交电及电子产品批发	208	1861	3053232	2968595	84637
贸易经纪与代理	15	114	92511	92011	500
其他批发	18	142	297110	296540	570
二、零售业	334	31969	39142667	3846789	35295878
综合零售	38	22319	13998787	1417762	12581025
食品、饮料及烟草制品专门零售	21	462	82828		82828
纺织、服装及日用品专门零售	34	250	105486	60	105426
文化、体育用品及器材专门零售	21	323	315976		315976
医药及医疗器材专门零售	33	218	63351		63351
汽车、摩托车、燃料及零配件专门零售	66	7110	23952182	2422093	21530089
家用电器及电子产品专门零售	62	853	479019	6874	472145
五金、家具及室内装修材料专门零售	45	290	102745		102745
无店铺及其他零售	14	144	42293		42293

2-A-5 续表 13 单位：千元

行业中类	私营企业				
	法人单位数(个)	从业人数(人)	销售合计	批发额	零售额
总　计	**43850**	**374336**	**401976879**	**311041614**	**90935265**
一、批发业	27826	213264	314766692	308098779	6667913
农畜产品批发	1230	16072	16995517	16896619	98898
食品、饮料及烟草制品批发	2035	21914	18077743	17534193	543550
纺织、服装及日用品批发	2045	13539	16762644	16506413	256231
文化、体育用品及器材批发	688	4487	4191200	4043533	147667
医药及医疗器材批发	687	10079	10251896	9511804	740092
矿产品、建材及化工产品批发	11409	80703	178354398	175976865	2377533
机械设备、五金交电及电子产品批发	8196	54107	60708253	58666597	2041656
贸易经纪与代理	431	4064	1987339	1705777	281562
其他批发	1105	8299	7437702	7256978	180724
二、零售业	16024	161072	87210187	2942835	84267352
综合零售	1190	40002	14181898	43619	14138279
食品、饮料及烟草制品专门零售	1330	10298	3220406	76746	3143660
纺织、服装及日用品专门零售	2272	18663	6409157	120725	6288432
文化、体育用品及器材专门零售	831	6230	3241550	366345	2875205
医药及医疗器材专门零售	1456	17541	4837197	216523	4620674
汽车、摩托车、燃料及零配件专门零售	3049	28074	33082458	1671017	31411441
家用电器及电子产品专门零售	2618	20398	13898864	389661	13509203
五金、家具及室内装修材料专门零售	2320	13784	5633704	44993	5588711
无店铺及其他零售	958	6082	2704953	13206	2691747

2-A-5　续表 14　　单位：千元

行业中类	私营独资企业				
	法人单位数(个)	从业人数(人)	销售合计	批发额	零售额
总　计	**17069**	**124364**	**82084710**	**57766790**	**24317920**
一、批发业	8595	63223	58989844	57424617	1565227
农畜产品批发	552	6871	4230934	4181761	49173
食品、饮料及烟草制品批发	685	6493	4121094	3996521	124573
纺织、服装及日用品批发	579	3243	5347341	5328938	18403
文化、体育用品及器材批发	132	1046	764530	759463	5067
医药及医疗器材批发	114	874	789447	764712	24735
矿产品、建材及化工产品批发	3930	27916	31740194	30938659	801535
机械设备、五金交电及电子产品批发	1838	10522	7964089	7708327	255762
贸易经纪与代理	144	1907	980821	751308	229513
其他批发	621	4351	3051394	2994928	56466
二、零售业	8474	61141	23094866	342173	22752693
综合零售	789	11679	3129576	36597	3092979
食品、饮料及烟草制品专门零售	795	4369	1206777	23551	1183226
纺织、服装及日用品专门零售	1333	8719	2925532	1597	2923935
文化、体育用品及器材专门零售	380	2590	975550	4127	971423
医药及医疗器材专门零售	733	5503	1480539	8049	1472490
汽车、摩托车、燃料及零配件专门零售	1909	13253	7464108	246576	7217532
家用电器及电子产品专门零售	617	4335	1573351	2340	1571011
五金、家具及室内装修材料专门零售	1278	6751	2671281	17075	2654206
无店铺及其他零售	640	3942	1668152	2261	1665891

2-A-5　续表 15　　单位：千元

行业中类	私营合伙企业				
	法人单位数(个)	从业人数(人)	销售合计	批发额	零售额
总　计	**1135**	**10653**	**7619124**	**6510399**	**1108725**
一、批发业	817	8311	6628092	6506561	121531
农畜产品批发	77	1983	770416	766416	4000
食品、饮料及烟草制品批发	159	2435	1430915	1420025	10890
纺织、服装及日用品批发	52	299	215959	214006	1953
文化、体育用品及器材批发	12	69	77180	77110	70
医药及医疗器材批发	19	150	145768	145768	
矿产品、建材及化工产品批发	250	1556	2187700	2155700	32000
机械设备、五金交电及电子产品批发	178	1180	1127641	1092633	35008
贸易经纪与代理	39	376	183402	145792	37610
其他批发	31	263	489111	489111	
二、零售业	318	2342	991032	3838	987194
综合零售	29	425	246441		246441
食品、饮料及烟草制品专门零售	24	148	29672	503	29169
纺织、服装及日用品专门零售	46	359	160595		160595
文化、体育用品及器材专门零售	19	74	13434		13434
医药及医疗器材专门零售	32	243	45459		45459
汽车、摩托车、燃料及零配件专门零售	54	411	213612	1995	211617
家用电器及电子产品专门零售	41	249	93535		93535
五金、家具及室内装修材料专门零售	48	281	117510	1340	116170
无店铺及其他零售	25	152	70774		70774

2-A-5 续表 16　　单位：千元

行业中类	私营有限责任公司				
	法人单位数(个)	从业人数(人)	销售合计	批发额	零售额
总　计	**24066**	**221967**	**295004081**	**234049523**	**60954558**
一、批发业	17295	133485	236307074	231539187	4767887
农畜产品批发	568	6858	11848190	11806465	41725
食品、饮料及烟草制品批发	1137	12438	12200723	11814570	386153
纺织、服装及日用品批发	1354	9665	10910949	10677774	233175
文化、体育用品及器材批发	515	3118	3215190	3080937	134253
医药及医疗器材批发	521	8719	9031129	8317948	713181
矿产品、建材及化工产品批发	6704	47814	135567548	134104565	1462983
机械设备、五金交电及电子产品批发	5832	39742	49044204	47364514	1679690
贸易经纪与代理	237	1696	795218	783229	11989
其他批发	427	3435	3693923	3589185	104738
二、零售业	6771	88482	58697007	2510336	56186671
综合零售	350	23652	10061709	7022	10054687
食品、饮料及烟草制品专门零售	481	5494	1909661	50971	1858690
纺织、服装及日用品专门零售	840	9093	3195214	118849	3076365
文化、体育用品及器材专门零售	407	3335	2159109	362193	1796916
医药及医疗器材专门零售	634	10920	3043319	148926	2894393
汽车、摩托车、燃料及零配件专门零售	998	13762	24551506	1410731	23140775
家用电器及电子产品专门零售	1874	14229	10141327	376241	9765086
五金、家具及室内装修材料专门零售	913	6131	2712808	26458	2686350
无店铺及其他零售	274	1866	922354	8945	913409

2-A-5 续表 17　　单位：千元

行业中类	私营股份有限公司				
	法人单位数(个)	从业人数(人)	销售合计	批发额	零售额
总　计	**1580**	**17352**	**17268964**	**12714902**	**4554062**
一、批发业	1119	8245	12841682	12628414	213268
农畜产品批发	33	360	145977	141977	4000
食品、饮料及烟草制品批发	54	548	325011	303077	21934
纺织、服装及日用品批发	60	332	288395	285695	2700
文化、体育用品及器材批发	29	254	134300	126023	8277
医药及医疗器材批发	33	336	285552	283376	2176
矿产品、建材及化工产品批发	525	3417	8858956	8777941	81015
机械设备、五金交电及电子产品批发	348	2663	2572319	2501123	71196
贸易经纪与代理	11	85	27898	25448	2450
其他批发	26	250	203274	183754	19520
二、零售业	461	9107	4427282	86488	4340794
综合零售	22	4246	744172		744172
食品、饮料及烟草制品专门零售	30	287	74296	1721	72575
纺织、服装及日用品专门零售	53	492	127816	279	127537
文化、体育用品及器材专门零售	25	231	93457	25	93432
医药及医疗器材专门零售	57	875	267880	59548	208332
汽车、摩托车、燃料及零配件专门零售	88	648	853232	11715	841517
家用电器及电子产品专门零售	86	1585	2090651	11080	2079571
五金、家具及室内装修材料专门零售	81	621	132105	120	131985
无店铺及其他零售	19	122	43673	2000	41673

2-A-5　续表 18　　单位：千元

行业中类	其他企业				
	法人单位数(个)	从业人数(人)	销售合计	批发额	零售额
总　计	**751**	**8489**	**4973674**	**4194347**	**779327**
一、批发业	495	6585	4273208	4181018	92190
农畜产品批发	86	1603	990171	980597	9574
食品、饮料及烟草制品批发	99	1697	962942	953612	9330
纺织、服装及日用品批发	25	174	280157	275602	4555
文化、体育用品及器材批发	6	523	22510	22510	
医药及医疗器材批发	11	196	121707	121707	
矿产品、建材及化工产品批发	92	564	986898	986400	498
机械设备、五金交电及电子产品批发	63	421	262542	246889	15653
贸易经纪与代理	91	1299	457584	405004	52580
其他批发	22	108	188697	188697	
二、零售业	256	1904	700466	13329	687137
综合零售	38	297	104180	2100	102080
食品、饮料及烟草制品专门零售	29	350	80627	300	80327
纺织、服装及日用品专门零售	37	255	83925	50	83875
文化、体育用品及器材专门零售	10	70	24863		24863
医药及医疗器材专门零售	31	189	66232		66232
汽车、摩托车、燃料及零配件专门零售	39	235	135439	9879	125560
家用电器及电子产品专门零售	23	144	58521		58521
五金、家具及室内装修材料专门零售	17	80	18193	1000	17193
无店铺及其他零售	32	284	128486		128486

2-A-5　续表 19　　单位：千元

行业中类	港、澳、台商投资企业				
	法人单位数(个)	从业人数(人)	销售合计	批发额	零售额
总　计	**103**	**8363**	**15233106**	**6850960**	**8382146**
一、批发业	62	2543	6801774	6801768	6
农畜产品批发					
食品、饮料及烟草制品批发	8	129	268924	268924	
纺织、服装及日用品批发	15	297	907893	907893	
文化、体育用品及器材批发	2	19	37045	37045	
医药及医疗器材批发	4	43	109810	109810	
矿产品、建材及化工产品批发	13	254	1824103	1824103	
机械设备、五金交电及电子产品批发	17	590	3274620	3274620	
贸易经纪与代理	3	1211	379379	379373	6
其他批发					
二、零售业	41	5820	8431332	49192	8382140
综合零售	8	4364	4793465		4793465
食品、饮料及烟草制品专门零售	1	40	4031		4031
纺织、服装及日用品专门零售	15	519	393750	5712	388038
文化、体育用品及器材专门零售	4	31	19807		19807
医药及医疗器材专门零售					
汽车、摩托车、燃料及零配件专门零售	10	766	3155155	43480	3111675
家用电器及电子产品专门零售	2	96	60184		60184
五金、家具及室内装修材料专门零售					
无店铺及其他零售	1	4	4940		4940

2-A-5 续表 20

单位：千元

行业中类	合资经营企业(港或澳、台资)				
	法人单位数(个)	从业人数(人)	销售合计	批发额	零售额
总　计	**36**	**3986**	**6669055**	**1825003**	**4844052**
一、批发业	19	307	1819015	1819015	
农畜产品批发					
食品、饮料及烟草制品批发	4	80	218120	218120	
纺织、服装及日用品批发	3	46	32340	32340	
文化、体育用品及器材批发					
医药及医疗器材批发	3	24	35500	35500	
矿产品、建材及化工产品批发	5	77	198837	198837	
机械设备、五金交电及电子产品批发	4	80	1334218	1334218	
贸易经纪与代理					
其他批发					
二、零售业	17	3679	4850040	5988	4844052
综合零售	3	3119	2856547		2856547
食品、饮料及烟草制品专门零售					
纺织、服装及日用品专门零售	5	134	179936		179936
文化、体育用品及器材专门零售	3	16	5203		5203
医药及医疗器材专门零售					
汽车、摩托车、燃料及零配件专门零售	5	406	1803414	5988	1797426
家用电器及电子产品专门零售					
五金、家具及室内装修材料专门零售					
无店铺及其他零售	1	4	4940		4940

2-A-5 续表 21

单位：千元

行业中类	合作经营企业(港或澳、台资)				
	法人单位数(个)	从业人数(人)	销售合计	批发额	零售额
总　计	**3**	**157**	**89738**	**3884**	**85854**
一、批发业	2	37	3884	3884	
农畜产品批发					
食品、饮料及烟草制品批发					
纺织、服装及日用品批发	1	27	3159	3159	
文化、体育用品及器材批发					
医药及医疗器材批发					
矿产品、建材及化工产品批发					
机械设备、五金交电及电子产品批发	1	10	725	725	
贸易经纪与代理					
其他批发					
二、零售业	1	120	85854		85854
综合零售					
食品、饮料及烟草制品专门零售					
纺织、服装及日用品专门零售	1	120	85854		85854
文化、体育用品及器材专门零售					
医药及医疗器材专门零售					
汽车、摩托车、燃料及零配件专门零售					
家用电器及电子产品专门零售					
五金、家具及室内装修材料专门零售					
无店铺及其他零售					

2-A-5　续表 22　　　　单位：千元

行业中类	港、澳、台商独资经营企业				
	法人单位数(个)	从业人数(人)	销售合计	批发额	零售额
总　计	**55**	**3849**	**7956046**	**4568701**	**3387345**
一、批发业	35	1972	4525497	4525497	
农畜产品批发					
食品、饮料及烟草制品批发	3	44	48987	48987	
纺织、服装及日用品批发	10	182	766761	766761	
文化、体育用品及器材批发	2	19	37045	37045	
医药及医疗器材批发	1	19	74310	74310	
矿产品、建材及化工产品批发	8	177	1625266	1625266	
机械设备、五金交电及电子产品批发	9	325	1593838	1593838	
贸易经纪与代理	2	1206	379290	379290	
其他批发					
二、零售业	20	1877	3430549	43204	3387345
综合零售	5	1245	1936918		1936918
食品、饮料及烟草制品专门零售					
纺织、服装及日用品专门零售	9	265	127960	5712	122248
文化、体育用品及器材专门零售	1	15	14604		14604
医药及医疗器材专门零售					
汽车、摩托车、燃料及零配件专门零售	4	350	1350541	37492	1313049
家用电器及电子产品专门零售	1	2	526		526
五金、家具及室内装修材料专门零售					
无店铺及其他零售					

2-A-5　续表 23　　　　单位：千元

行业中类	港、澳、台商投资股份有限公司				
	法人单位数(个)	从业人数(人)	销售合计	批发额	零售额
总　计	**9**	**371**	**518267**	**453372**	**64895**
一、批发业	6	227	453378	453372	6
农畜产品批发					
食品、饮料及烟草制品批发	1	5	1817	1817	
纺织、服装及日用品批发	1	42	105633	105633	
文化、体育用品及器材批发					
医药及医疗器材批发					
矿产品、建材及化工产品批发					
机械设备、五金交电及电子产品批发	3	175	345839	345839	
贸易经纪与代理	1	5	89	83	6
其他批发					
二、零售业	3	144	64889		64889
综合零售					
食品、饮料及烟草制品专门零售	1	40	4031		4031
纺织、服装及日用品专门零售					
文化、体育用品及器材专门零售					
医药及医疗器材专门零售					
汽车、摩托车、燃料及零配件专门零售	1	10	1200		1200
家用电器及电子产品专门零售	1	94	59658		59658
五金、家具及室内装修材料专门零售					
无店铺及其他零售					

2-A-5 续表 24

单位：千元

行业中类	外商投资企业				
	法人单位数(个)	从业人数(人)	销售合计	批发额	零售额
总　计	**316**	**17741**	**21329793**	**10537116**	**10792677**
一、批发业	228	3827	10409866	10333108	76758
农畜产品批发	10	85	202437	202437	
食品、饮料及烟草制品批发	27	783	612751	612751	
纺织、服装及日用品批发	36	707	546434	532504	13930
文化、体育用品及器材批发	9	53	111113	111113	
医药及医疗器材批发	5	85	425879	425879	
矿产品、建材及化工产品批发	46	526	3417084	3378104	38980
机械设备、五金交电及电子产品批发	86	1529	5005905	4982057	23848
贸易经纪与代理	5	25	1699	1699	
其他批发	4	34	86564	86564	
二、零售业	88	13914	10919927	204008	10715919
综合零售	19	12261	8841989	3692	8838297
食品、饮料及烟草制品专门零售	6	60	4155		4155
纺织、服装及日用品专门零售	17	312	298084	85767	212317
文化、体育用品及器材专门零售	6	105	12793	335	12458
医药及医疗器材专门零售	4	32	7366		7366
汽车、摩托车、燃料及零配件专门零售	15	694	1571105	114214	1456891
家用电器及电子产品专门零售	8	81	12842		12842
五金、家具及室内装修材料专门零售	8	262	148210		148210
无店铺及其他零售	5	107	23383		23383

2-A-5 续表 25

单位：千元

行业中类	中外合资经营企业				
	法人单位数(个)	从业人数(人)	销售合计	批发额	零售额
总　计	**87**	**7292**	**7439499**	**1599486**	**5840013**
一、批发业	59	1032	1536538	1503892	32646
农畜产品批发	5	52	63762	63762	
食品、饮料及烟草制品批发	7	215	163520	163520	
纺织、服装及日用品批发	11	159	105602	105602	
文化、体育用品及器材批发	3	29	9035	9035	
医药及医疗器材批发	1	46	18194	18194	
矿产品、建材及化工产品批发	9	118	183864	175066	8798
机械设备、五金交电及电子产品批发	21	405	991985	968137	23848
贸易经纪与代理	1	4	471	471	
其他批发	1	4	105	105	
二、零售业	28	6260	5902961	95594	5807367
综合零售	5	5510	4395552		4395552
食品、饮料及烟草制品专门零售	1	17	1564		1564
纺织、服装及日用品专门零售	4	26	3280		3280
文化、体育用品及器材专门零售	1	9	843		843
医药及医疗器材专门零售	2	19	5570		5570
汽车、摩托车、燃料及零配件专门零售	8	514	1408704	95594	1313110
家用电器及电子产品专门零售	1	3	5		5
五金、家具及室内装修材料专门零售	2	92	68762		68762
无店铺及其他零售	4	70	18681		18681

2-A-5　续表 26　　单位：千元

行业中类	中外合作经营企业				
	法人单位数(个)	从业人数(人)	销售合计	批发额	零售额
总　计	**7**	**223**	**255908**	**171243**	**84665**
一、批发业	5	111	200493	171243	29250
农畜产品批发					
食品、饮料及烟草制品批发					
纺织、服装及日用品批发					
文化、体育用品及器材批发					
医药及医疗器材批发					
矿产品、建材及化工产品批发	2	66	72067	42817	29250
机械设备、五金交电及电子产品批发	2	33	127596	127596	
贸易经纪与代理	1	12	830	830	
其他批发					
二、零售业	2	112	55415		55415
综合零售	2	112	55415		55415
食品、饮料及烟草制品专门零售					
纺织、服装及日用品专门零售					
文化、体育用品及器材专门零售					
医药及医疗器材专门零售					
汽车、摩托车、燃料及零配件专门零售					
家用电器及电子产品专门零售					
五金、家具及室内装修材料专门零售					
无店铺及其他零售					

2-A-5　续表 27　　单位：千元

行业中类	外资企业				
	法人单位数(个)	从业人数(人)	销售合计	批发额	零售额
总　计	**214**	**6655**	**10770912**	**8701210**	**2069702**
一、批发业	159	2514	8611350	8596488	14862
农畜产品批发	5	33	138675	138675	
食品、饮料及烟草制品批发	20	568	449231	449231	
纺织、服装及日用品批发	24	538	439031	425101	13930
文化、体育用品及器材批发	6	24	102078	102078	
医药及医疗器材批发	4	39	407685	407685	
矿产品、建材及化工产品批发	35	342	3161153	3160221	932
机械设备、五金交电及电子产品批发	59	931	3826640	3826640	
贸易经纪与代理	3	9	398	398	
其他批发	3	30	86459	86459	
二、零售业	55	4141	2159562	104722	2054840
综合零售	11	3252	1591204		1591204
食品、饮料及烟草制品专门零售	4	39	2546		2546
纺织、服装及日用品专门零售	13	286	294804	85767	209037
文化、体育用品及器材专门零售	5	96	11950	335	11615
医药及医疗器材专门零售	2	13	1796		1796
汽车、摩托车、燃料及零配件专门零售	6	170	160275	18620	141655
家用电器及电子产品专门零售	7	78	12837		12837
五金、家具及室内装修材料专门零售	6	170	79448		79448
无店铺及其他零售	1	37	4702		4702

2-A-5 续表 28

单位：千元

行业中类	外商投资股份有限公司				
	法人单位数(个)	从业人数(人)	销售合计	批发额	零售额
总　计	**8**	**3571**	**2863474**	**65177**	**2798297**
一、批发业	5	170	61485	61485	
农畜产品批发					
食品、饮料及烟草制品批发					
纺织、服装及日用品批发	1	10	1801	1801	
文化、体育用品及器材批发					
医药及医疗器材批发					
矿产品、建材及化工产品批发					
机械设备、五金交电及电子产品批发	4	160	59684	59684	
贸易经纪与代理					
其他批发					
二、零售业	3	3401	2801989	3692	2798297
综合零售	1	3387	2799818	3692	2796126
食品、饮料及烟草制品专门零售	1	4	45		45
纺织、服装及日用品专门零售					
文化、体育用品及器材专门零售					
医药及医疗器材专门零售					
汽车、摩托车、燃料及零配件专门零售	1	10	2126		2126
家用电器及电子产品专门零售					
五金、家具及室内装修材料专门零售					
无店铺及其他零售					

2-A-6 各地区批发和零售业法人单位商品销售情况

单位：千元

分 组	法人单位数（个）	从业人数(人)	销售合计	批发额	零售额
总 计	**72700**	**775440**	**1187173869**	**970481970**	**216691899**
沈 阳 市	22065	210455	540023584	457424099	82599485
大 连 市	19270	203148	305703312	257929879	47773433
鞍 山 市	7152	59629	128071552	108143632	19927920
抚 顺 市	3687	39100	30582320	21415971	9166349
本 溪 市	2084	27764	23738940	16402959	7335981
丹 东 市	2376	23248	17354179	11921824	5432355
锦 州 市	2627	36773	23998597	15720287	8278310
营 口 市	3838	36321	19889149	11714138	8175011
阜 新 市	1514	28701	17518688	13036172	4482516
辽 阳 市	1485	15612	12885101	8255674	4629427
盘 锦 市	2332	31271	27697325	20153594	7543731
铁 岭 市	1136	16794	10278969	5471072	4807897
朝 阳 市	1409	26038	16692411	13739470	2952941
葫芦岛市	1725	20586	12739742	9153199	3586543
批发业	**48836**	**441224**	**981533613**	**960915233**	**20618380**
沈 阳 市	16200	122249	458050031	453639283	4410748
大 连 市	14983	135038	260449471	255692667	4756804
鞍 山 市	4049	29474	108777366	107711145	1066221
抚 顺 市	2744	24320	23682919	21379626	2303293
本 溪 市	1349	16891	19334506	16364460	2970046
丹 东 市	1436	13079	11628284	11451685	176599
锦 州 市	1432	16356	15390030	15296471	93559
营 口 市	1478	15448	10027693	9988324	39369
阜 新 市	820	18423	13891606	12978709	912897
辽 阳 市	772	8783	9804296	8229507	1574789
盘 锦 市	1047	11290	21019061	20091840	927221
铁 岭 市	656	8064	5563013	5421308	141705
朝 阳 市	903	11761	14122077	13581909	540168
葫芦岛市	967	10048	9793260	9088299	704961
零售业	**23864**	**334216**	**205640256**	**9566737**	**196073519**
沈 阳 市	5865	88206	81973553	3784816	78188737
大 连 市	4287	68110	45253841	2237212	43016629
鞍 山 市	3103	30155	19294186	432487	18861699
抚 顺 市	943	14780	6899401	36345	6863056
本 溪 市	735	10873	4404434	38499	4365935
丹 东 市	940	10169	5725895	470139	5255756
锦 州 市	1195	20417	8608567	423816	8184751
营 口 市	2360	20873	9861456	1725814	8135642
阜 新 市	694	10278	3627082	57463	3569619
辽 阳 市	713	6829	3080805	26167	3054638
盘 锦 市	1285	19981	6678264	61754	6616510
铁 岭 市	480	8730	4715956	49764	4666192
朝 阳 市	506	14277	2570334	157561	2412773
葫芦岛市	758	10538	2946482	64900	2881582

2-A-7 批发和零售业法人单位分类商品销售情况

单位：千元

指标名称	销售合计	批发额	零售额
总　计	**1187173869**	**970481970**	**216691899**
1.粮油、食品、饮料、烟酒类	105692910	82983774	22708753
(1)粮油、食品类	72467307	55499526	16966973
其中：粮油类	32517599	28005248	4513072
肉禽蛋类	6631804	4155341	2476592
水产品类	4107191	3112455	992008
蔬菜类	4278310	3264064	1014883
干鲜果品类	6713569	5400728	1319106
(2)饮料类	4977617	2671497	2306014
(3)烟酒类	28247986	24812751	3435766
2.服装、鞋帽、针纺织品类	50839697	22218350	28621767
(1)服装类	36795496	16542887	20252492
(2)鞋帽类	6399933	1444170	4954443
(3)针纺织品类	7644268	4231293	3414832
3.化妆品类	4226492	794117	3432385
4.金银珠宝类	5847491	954738	4890456
5.日用品类	20659085	12234387	8469393
其中：洗涤用品类	3316515	1668790	1647313
儿童玩具类	407425	79528	326447
6.五金、电料类	10624620	6084798	4533282
7.体育、娱乐用品类	1996358	673290	1323058
8.书报杂志类	2624384	1174540	4347470
9.电子出版物及音像制品类	1336673	1038900	297725
10.家用电器和音像器材类	27229069	11240243	15991276
11.中西药品类	34493926	23028787	33444424
其中：西药类	23399274	15538709	7860845
中草药及中成药类	4497354	2829955	1667286
12.文化办公用品类	21905224	13359180	8546318
13.家具类	1909043	293897	1615396
14.通讯器材类	11907181	7133465	4771828
15.煤炭及制品类	29992866	28261845	1738109
16.木材及制品类	1486416	1486426	
17.石油及制品类	385548227	346352479	39196506
18.化工材料及制品类	47218017	47186527	
其中：化肥类	14512053	14506749	
19.金属材料类	207502890	207466296	
20.建筑及装潢材料类	28447678	22658730	5780148
21.机电产品及设备类	70688446	67886712	2802031
其中：农机类	3748335	3735210	
22.汽车类	67450426	21352794	46097503
23.种子饲料类	7931346	7922688	
24.棉麻类	858954	835688	24017
25.其他类	38756450	35859319	2915091

2-A-8　批发业法人单位分类商品销售情况

单位：千元

指标名称	销售合计	批发额	零售额
总　计	**981533613**	**960915233**	**20618380**
1.粮油、食品、饮料、烟酒类	84058881	82597318	1461685
(1)粮油、食品类	56336625	55266280	1069907
其中：粮油类	28268447	27921151	347355
肉禽蛋类	4270422	4146798	123678
水产品类	3028723	3005236	21749
蔬菜类	3413918	3259913	152905
干鲜果品类	5503395	5398498	112899
(2)饮料类	2721517	2611682	109730
(3)烟酒类	25000739	24719356	282048
2.服装、鞋帽、针纺织品类	21651493	21381012	270332
(1)服装类	16247385	16052865	194520
(2)鞋帽类	1135230	1109705	23909
(3)针纺织品类	4268878	4218442	51903
3.化妆品类	821733	790892	30841
4.金银珠宝类	609996	609037	962
5.日用品类	12418145	12083704	365118
其中：洗涤用品类	1699501	1646597	52564
儿童玩具类	85020	78609	4511
6.五金、电料类	6344768	6065928	272756
7.体育、娱乐用品类	743991	654362	89619
8.书报杂志类	1066196	1039432	26764
9.电子出版物及音像制品类	1067510	1038007	29555
10.家用电器和音像器材类	10088933	9889764	199281
11.中西药品类	25980143	22755112	3224954
其中：西药类	17889008	15315192	2574124
中草药及中成药类	3308214	2811854	496375
12.文化办公用品类	13476734	13044113	432651
13.家具类	294548	291133	3415
14.通讯器材类	7354202	7099070	255154
15.煤炭及制品类	28762399	28246535	523072
16.木材及制品类	1484871	1484881	
17.石油及制品类	352724493	343617668	9113077
18.化工材料及制品类	47015890	47010193	
其中：化肥类	14341053	14342226	
19.金属材料类	207466189	207464296	
20.建筑及装潢材料类	24531760	22628717	1895358
21.机电产品及设备类	68942995	67870235	1073348
其中：农机类	3735506	3733370	
22.汽车类	19337528	18689000	648599
23.种子饲料类	7916176	7913832	
24.棉麻类	847563	835295	12568
25.其他类	36526476	35815697	718770

2-A-9 零售业法人单位分类商品销售情况

单位：千元

指标名称	销售合计	批发额	零售额
总 计	**205640256**	**9566737**	**196073519**
1.粮油、食品、饮料、烟酒类	21634029	386456	21247068
(1)粮油、食品类	16130682	233246	15897066
其中：粮油类	4249152	84097	4165717
肉禽蛋类	2361382	8543	2352914
水产品类	1078468	107219	970259
蔬菜类	864392	4151	861978
干鲜果品类	1210174	2230	1206207
(2)饮料类	2256100	59815	2196284
(3)烟酒类	3247247	93395	3153718
2.服装、鞋帽、针纺织品类	29188204	837338	28351435
(1)服装类	20548111	490022	20057972
(2)鞋帽类	5264703	334465	4930534
(3)针纺织品类	3375390	12851	3362929
3.化妆品类	3404759	3225	3401544
4.金银珠宝类	5237495	345701	4889494
5.日用品类	8240940	150683	8104275
其中：洗涤用品类	1617014	22193	1594749
儿童玩具类	322405	919	321936
6.五金、电料类	4279852	18870	4260526
7.体育、娱乐用品类	1252367	18928	1233439
8.书报杂志类	1558188	135108	4320706
9.电子出版物及音像制品类	269163	893	268170
10.家用电器和音像器材类	17140136	1350479	15791995
11.中西药品类	8513783	273675	30219470
其中：西药类	5510266	223517	5286721
中草药及中成药类	1189140	18101	1170911
12.文化办公用品类	8428490	315067	8113667
13.家具类	1614495	2764	1611981
14.通讯器材类	4552979	34395	4516674
15.煤炭及制品类	1230467	15310	1215037
16.木材及制品类	1545	1545	
17.石油及制品类	32823734	2734811	30083429
18.化工材料及制品类	202127	176334	
其中：化肥类	171000	164523	
19.金属材料类	36701	2000	
20.建筑及装潢材料类	3915918	30013	3884790
21.机电产品及设备类	1745451	16477	1728683
其中：农机类	12829	1840	
22.汽车类	48112898	2663794	45448904
23.种子饲料类	15170	8856	
24.棉麻类	11391	393	11449
25.其他类	2229974	43622	2196321

2-A-10　批发和零售业法人单位分类商品销售情况（按登记注册类型分）

单位：千元

指标名称	内资企业			国有企业		
	销售合计	批发额	零售额	销售合计	批发额	零售额
总　　计	**1150610970**	**953093894**	**197517076**	**122583263**	**115265196**	**7318067**
1.粮油、食品、饮料、烟酒类	100699999	81705720	18993896	29112127	27895634	1216493
(1)粮油、食品类	68402243	54473956	13927479	12359349	11353307	1006042
其中：粮油类	31172619	27621179	3552161	10182418	9640420	541998
肉禽蛋类	6084048	4154239	1929938	99156	20989	78167
水产品类	3845951	2961477	881746	45980	24178	21712
蔬菜类	4206582	3264064	943155	153631	116511	37120
干鲜果品类	6513481	5382717	1137029	169177	62910	106267
(2)饮料类	4398733	2441425	1957202	117097	54473	62624
(3)烟酒类	27899023	24790339	3109215	16635681	16487854	147827
2.服装、鞋帽、针纺织品类	44123343	21354755	22769008	634628	218773	415855
(1)服装类	32064505	16086029	15978359	444354	169806	274548
(2)鞋帽类	4989225	1118593	3869312	65450	20	65430
(3)针纺织品类	7069613	4150133	2921337	124824	48947	75877
3.化妆品类	2973219	647236	2325993	51085		51085
4.金银珠宝类	4970962	953896	4014769	9656	1220	8436
5.日用品类	18540909	11316716	7268888	402017	49020	352997
其中：洗涤用品类	2690757	1336707	1353638	93628	16243	77385
儿童玩具类	353522	79528	272544	10953	234	10719
6.五金、电料类	10165915	5641587	4517788	215357	134121	81226
7.体育、娱乐用品类	1802716	672370	1130336	19254	402	18852
8.书报杂志类	2598402	1168988	4327040	1617756	775876	841880
9.电子出版物及音像制品类	1302453	1020062	282343	115138	38048	77090
10.家用电器和音像器材类	26110436	10867387	15245499	105670	61521	44209
11.中西药品类	33952989	22496481	33435793	4062980	3277113	785867
其中：西药类	23394880	15537515	7857645	3791652	3108917	682835
中草药及中成药类	4476819	2812955	1663751	176725	112405	64320
12.文化办公用品类	18808099	10399616	8408757	340587	240069	100518
13.家具类	1783072	257071	1526251	25660		25660
14.通讯器材类	11400005	6912052	4486065	1328784	1242321	86463
15.煤炭及制品类	29945731	28229894	1722925	2688286	2647869	40417
16.木材及制品类	1483031	1483041		40533	40533	
17.石油及制品类	385144758	346097066	39048450	21110316	18959033	2151283
18.化工材料及制品类	44989650	44958160		825408	824813	
其中：化肥类	14482453	14477149		175018	174423	
19.金属材料类	205541704	205505110		36507166	36507166	
20.建筑及装潢材料类	28039443	22404608	5626035	644807	518986	125821
21.机电产品及设备类	66908184	64132232	2776249	2391087	2339107	51981
其中：农机类	3711715	3698590		662261	656533	
22.汽车类	62066849	20427735	41638985	2763773	2007333	756440
23.种子饲料类	7929346	7920688		279882	279370	
24.棉麻类	807487	784221	24017	8412	5277	3135
25.其他类	38522268	35737202	2803026	17282894	17201591	81303

2-A-10 续表 1

单位：千元

指标名称	集体企业			股份合作企业		
	销售合计	批发额	零售额	销售合计	批发额	零售额
总　计	**18812553**	**14098523**	**4714030**	**4440784**	**3137813**	**1302971**
1.粮油、食品、饮料、烟酒类	1912231	1010890	901008	606093	528566	77527
(1)粮油、食品类	1440556	857213	583030	579171	514318	64853
其中：粮油类	555307	271996	282998	60936	59217	1719
肉禽蛋类	69852	37343	32563	70266	65568	4698
水产品类	46928	24282	22646	33256	23942	9314
蔬菜类	161502	127058	32444	126464	115643	10821
干鲜果品类	234858	200178	34680	188540	186900	1640
(2)饮料类	120254	22146	98105	16466	11898	4568
(3)烟酒类	351421	131531	219873	10456	2350	8106
2.服装、鞋帽、针纺织品类	338803	31789	307614	142159	54080	88079
(1)服装类	147284	9193	138094	95170	36411	58759
(2)鞋帽类	45118	3760	41574	16790	5837	10953
(3)针纺织品类	146401	18836	127946	30199	11832	18367
3.化妆品类	39063	6973	32100	21734	20463	1271
4.金银珠宝类	37244	2896	34351	377599	200	377399
5.日用品类	730531	263096	480250	103839	87271	16568
其中：洗涤用品类	148604	31382	116882	11965	9132	2833
儿童玩具类	15468	1898	13470	132		132
6.五金、电料类	436478	188566	248891	167845	66028	101817
7.体育、娱乐用品类	23675	803	22872	1136		1136
8.书报杂志类	88800	12839	2973587	7831	2627	5204
9.电子出版物及音像制品类	37373	34305	3068	6364	3038	3326
10.家用电器和音像器材类	115908	66318	49690	33261	12177	21084
11.中西药品类	305980	134775	171128	144832	84615	60117
其中：西药类	161059	71431	89560	99880	70112	29640
中草药及中成药类	65757	30552	35196	24115	8361	15730
12.文化办公用品类	160138	33361	126787	79351	55989	23362
13.家具类	12918	4	12914	6620	1500	5120
14.通讯器材类	112386	50084	62302	23810	10277	13533
15.煤炭及制品类	1289906	1163798	126467	218582	206976	11606
16.木材及制品类	52670	52680		16799	16799	
17.石油及制品类	1880323	501078	1379258	326904	100535	226369
18.化工材料及制品类	4686565	4684373		252199	251201	
其中：化肥类	3169956	3168903		99882	98884	
19.金属材料类	1082883	1082858		719188	719188	
20.建筑及装潢材料类	675544	486225	189134	89262	66243	23019
21.机电产品及设备类	1543496	1410228	133268	704422	659401	45021
其中：农机类	59434	59434		995	995	
22.汽车类	287531	173469	114062	261941	75308	186633
23.种子饲料类	844298	844054		13900	13900	
24.棉麻类	58093	56770	1623	2		2
25.其他类	2059716	1806291	254965	115111	101431	16110

2-A-10　续表 2

单位：千元

指标名称	联营企业			国有联营企业		
	销售合计	批发额	零售额	销售合计	批发额	零售额
总　计	**965879**	**713445**	**252434**	**81383**	**62617**	**18766**
1.粮油、食品、饮料、烟酒类	146745	114346	32399			
(1)粮油、食品类	138989	114346	24643			
其中：粮油类	44005	28117	15888			
肉禽蛋类	70		70			
水产品类	450	450				
蔬菜类	400	400				
干鲜果品类	65510	65460	50			
(2)饮料类	5657		5657			
(3)烟酒类	2099		2099			
2.服装、鞋帽、针纺织品类	125510	10436	115074			
(1)服装类	79049	6436	72613			
(2)鞋帽类	36863	2000	34863			
(3)针纺织品类	9598	2000	7598			
3.化妆品类	195		195			
4.金银珠宝类						
5.日用品类	11874	6064	5810			
其中：洗涤用品类	3756	1896	1860			
儿童玩具类	569		569			
6.五金、电料类	1607		1607			
7.体育、娱乐用品类	10		10			
8.书报杂志类	145	140	5			
9.电子出版物及音像制品类	2892		2892			
10.家用电器和音像器材类	7958	1200	6758	6270		6270
11.中西药品类	24102	747	23355			
其中：西药类	9277		9277			
中草药及中成药类	1892	747	1145			
12.文化办公用品类	1596	234	1362	234	234	
13.家具类	2576		2576			
14.通讯器材类						
15.煤炭及制品类	10926	10926				
16.木材及制品类	18320	18320				
17.石油及制品类	49181	24825	24356	9496		9496
18.化工材料及制品类	48817	48817				
其中：化肥类	43857	43857				
19.金属材料类	81748	81748		1716	1716	
20.建筑及装潢材料类	237305	218932	18373	8073	5073	3000
21.机电产品及设备类	100789	100789		55461	55461	
其中：农机类						
22.汽车类	33110	25615	7495			
23.种子饲料类	26346	26346				
24.棉麻类						
25.其他类	34127	23960	10167	133	133	

2-A-10 续表 3

单位：千元

指标名称	集体联营企业			国有与集体联营企业		
	销售合计	批发额	零售额	销售合计	批发额	零售额
总　计	**618437**	**445553**	**172884**	**53883**	**40328**	**13555**
1.粮油、食品、饮料、烟酒类	88046	70406	17640			
(1)粮油、食品类	80434	70406	10028			
其中：粮油类	23930	18117	5813			
肉禽蛋类	70		70			
水产品类						
蔬菜类	400	400				
干鲜果品类	34150	34100	50			
(2)饮料类	5612		5612			
(3)烟酒类	2000		2000			
2.服装、鞋帽、针纺织品类	123296	10436	112860	2214		2214
(1)服装类	77915	6436	71479	1134		1134
(2)鞋帽类	36326	2000	34326	537		537
(3)针纺织品类	9055	2000	7055	543		543
3.化妆品类	195		195			
4.金银珠宝类						
5.日用品类	8967	5479	3488	2322		2322
其中：洗涤用品类	1996	1896	100	1760		1760
儿童玩具类	7		7	562		562
6.五金、电料类	7		7			
7.体育、娱乐用品类	10		10			
8.书报杂志类	5		5			
9.电子出版物及音像制品类				2892		2892
10.家用电器和音像器材类				1478	1200	278
11.中西药品类	9946	747	9199	4500		4500
其中：西药类	1720		1720			
中草药及中成药类	1392	747	645			
12.文化办公用品类	13		13	1349		1349
13.家具类						
14.通讯器材类						
15.煤炭及制品类	5826	5826		5100	5100	
16.木材及制品类	15100	15100				
17.石油及制品类	21057	16937	4120			
18.化工材料及制品类	41314	41314				
其中：化肥类	37727	37727				
19.金属材料类	42674	42674				
20.建筑及装潢材料类	209107	201422	7685			
21.机电产品及设备类	27525	27525		9920	9920	
其中：农机类						
22.汽车类	7495		7495			
23.种子饲料类	3705	3705		22641	22641	
24.棉麻类						
25.其他类	14149	3982	10167	1467	1467	

2-A-10 续表 4

单位：千元

指标名称	其他联营企业			有限责任公司		
	销售合计	批发额	零售额	销售合计	批发额	零售额
总 计	**212176**	**164947**	**47229**	**251746002**	**202161626**	**49584376**
1.粮油、食品、饮料、烟酒类	58699	43940	14759	25205841	20401209	4804632
(1)粮油、食品类	58555	43940	14615	16771379	13362327	3409052
其中：粮油类	20075	10000	10075	6261236	5485679	775617
肉禽蛋类				1394990	923740	471250
水产品类	450	450		1729036	1554699	172699
蔬菜类				884930	737667	149000
干鲜果品类	31360	31360		1579426	1439585	138106
(2)饮料类	45		45	1225784	683335	542449
(3)烟酒类	99		99	7208678	6355547	853131
2.服装、鞋帽、针纺织品类				16707130	7729518	8977612
(1)服装类				11562148	5012308	6549840
(2)鞋帽类				2082374	506232	1574526
(3)针纺织品类				3062608	2210978	853246
3.化妆品类				739178	135437	603741
4.金银珠宝类				1372315	110675	1261640
5.日用品类	585	585		5281014	3383483	1897531
其中：洗涤用品类				750506	367515	382988
儿童玩具类				146631	33122	113509
6.五金、电料类	1600		1600	2878735	1692817	1176908
7.体育、娱乐用品类				419096	127052	292044
8.书报杂志类	140	140		501600	196326	305274
9.电子出版物及音像制品类				362766	307194	55572
10.家用电器和音像器材类	210		210	9808473	5022354	4787842
11.中西药品类	9656		9656	12631822	8322624	26288666
其中：西药类	7557		7557	8491332	5234051	3257557
中草药及中成药类	500		500	1975547	1289112	686459
12.文化办公用品类				3209565	2014121	1195774
13.家具类	2576		2576	610200	118668	491532
14.通讯器材类				3275843	2004783	1271060
15.煤炭及制品类				6566448	6214408	358770
16.木材及制品类	3220	3220		572215	572215	
17.石油及制品类	18628	7888	10740	16487412	14757181	1727683
18.化工材料及制品类	7503	7503		14747349	14742207	
其中：化肥类	6130	6130		4370870	4370758	
19.金属材料类	37358	37358		66703955	66703666	
20.建筑及装潢材料类	20125	12437	7688	9021175	7639060	1381115
21.机电产品及设备类	7883	7883		27575637	27095022	481243
其中：农机类				454772	449850	
22.汽车类	25615	25615		20141667	6580329	13561338
23.种子饲料类				2475431	2469804	
24.棉麻类				168705	164604	4101
25.其他类	18378	18378		4282430	3656869	631491

2-A-10 续表 5 单位：千元

指标名称	国有独资公司			其他有限责任公司		
	销售合计	批发额	零售额	销售合计	批发额	零售额
总　计	**3926209**	**3819394**	**106815**	**247819793**	**198342232**	**49477561**
1.粮油、食品、饮料、烟酒类	323505	300423	23082	24882336	20100786	4781550
(1)粮油、食品类	141933	118981	22952	16629446	13243346	3386100
其中：粮油类	37535	29621	7914	6223701	5456058	767703
肉禽蛋类	244		244	1394746	923740	471006
水产品类	62		62	1728974	1554699	172637
蔬菜类	114		114	884816	737667	148886
干鲜果品类	154		154	1579272	1439585	137952
(2)饮料类	59		59	1225725	683335	542390
(3)烟酒类	181513	181442	71	7027165	6174105	853060
2.服装、鞋帽、针纺织品类	4022		4022	16703108	7729518	8973590
(1)服装类	3068		3068	11559080	5012308	6546772
(2)鞋帽类	592		592	2081782	506232	1573934
(3)针纺织品类	362		362	3062246	2210978	852884
3.化妆品类	391		391	738787	135437	603350
4.金银珠宝类	1158		1158	1371157	110675	1260482
5.日用品类	1251		1251	5279763	3383483	1896280
其中：洗涤用品类	109		109	750397	367515	382879
儿童玩具类				146631	33122	113509
6.五金、电料类	5312	1582	3730	2873423	1691235	1173178
7.体育、娱乐用品类	89		89	419007	127052	291955
8.书报杂志类	4484	4484		497116	191842	305274
9.电子出版物及音像制品类				362766	307194	55572
10.家用电器和音像器材类	9176		9176	9799297	5022354	4778666
11.中西药品类	35103		35103	12596719	8322624	26253563
其中：西药类	32989		32989	8458343	5234051	3224568
中草药及中成药类	2114		2114	1973433	1289112	684345
12.文化办公用品类	13		13	3209552	2014121	1195761
13.家具类				610200	118668	491532
14.通讯器材类	10500	258	10242	3265343	2004525	1260818
15.煤炭及制品类	45623	45623		6520825	6168785	358770
16.木材及制品类	5478	5478		566737	566737	
17.石油及制品类	27529	19029	8500	16459883	14738152	1719183
18.化工材料及制品类	42239	42239		14705110	14699968	
其中：化肥类				4370870	4370758	
19.金属材料类	2521172	2521172		64182783	64182494	
20.建筑及装潢材料类	7420	4500	2920	9013755	7634560	1378195
21.机电产品及设备类	861820	861820		26713817	26233202	481243
其中：农机类				454772	449850	
22.汽车类				20141667	6580329	13561338
23.种子饲料类	1110	1110		2474321	2468694	
24.棉麻类				168705	164604	4101
25.其他类	18814	11676	7138	4263616	3645193	624353

2-A-10 续表 6 单位：千元

指标名称	股份有限公司			私营企业		
	销售合计	批发额	零售额	销售合计	批发额	零售额
总　计	**345111936**	**302481330**	**42630606**	**401976879**	**311041614**	**90935265**
1.粮油、食品、饮料、烟酒类	3887265	976969	2910296	37853822	29000080	8853692
(1)粮油、食品类	3121902	826035	2295867	32163767	25782429	6380843
其中：粮油类	594606	358293	236313	13341317	11663565	1678726
肉禽蛋类	407053	260	406793	3546430	2642301	904204
水产品类	409072	103233	305839	1473325	1128249	344076
蔬菜类	321932	117	321815	2120014	1760034	360880
干鲜果品类	379726	48718	331008	3620981	3129938	499043
(2)饮料类	286338	62387	223951	2568506	1565996	1002407
(3)烟酒类	479025	88547	390478	3121549	1651655	1470442
2.服装、鞋帽、针纺织品类	7524397	3043255	4481142	18413710	10071781	8341749
(1)服装类	6323578	2838891	3484687	13216235	7842449	5373666
(2)鞋帽类	830978	44732	786246	1899165	554732	1344513
(3)针纺织品类	369841	159632	210209	3298310	1674600	1623570
3.化妆品类	425007	3034	421973	1615125	441573	1173552
4.金银珠宝类	760238	6360	753878	2409053	832545	1574208
5.日用品类	1294513	246002	1048511	10627986	7239934	3419932
其中：洗涤用品类	287258	111464	175794	1366639	779416	587154
儿童玩具类	21824	3670	18154	154774	40604	112820
6.五金、电料类	188593	113407	75186	6217073	3404511	2814063
7.体育、娱乐用品类	196230	19984	176246	1143235	524129	619096
8.书报杂志类	23108	7393	15715	342770	157954	184816
9.电子出版物及音像制品类	51512	21894	29618	726208	615583	110577
10.家用电器和音像器材类	3333393	1183220	2150688	12648009	4494857	8153204
11.中西药品类	2155913	1438738	717175	14434936	9113762	5321168
其中：西药类	1787856	1210156	577700	8987800	5803504	3184396
中草药及中成药类	256699	165639	91060	1904949	1141837	763008
12.文化办公用品类	1391233	682238	708995	13596333	7366085	6230182
13.家具类	20028	7369	12659	1085590	111730	974110
14.通讯器材类	726147	194987	531160	5907376	3408074	2497414
15.煤炭及制品类	170525	147491	23034	18856216	17700739	1155476
16.木材及制品类	20302	20302		740307	740307	
17.石油及制品类	315073448	288626320	26447128	29927089	22940954	6989428
18.化工材料及制品类	1589336	1589336		22665263	22643300	
其中：化肥类	940555	940555		5561314	5559268	
19.金属材料类	1462479	1462479		98551320	98515040	
20.建筑及装潢材料类	533691	474681	59010	16747963	12925912	3814526
21.机电产品及设备类	1587733	1543071	44662	32809208	30859153	1949723
其中：农机类	92216	92216		2438805	2436330	
22.汽车类	1932327	268178	1664149	36560718	11245298	25315291
23.种子饲料类	58619	58619		4045766	4043491	
24.棉麻类				553239	538534	15156
25.其他类	705899	346003	359896	13498564	12106288	1400336

2-A-10 续表 7 单位：千元

指标名称	私营独资企业			私营合伙企业		
	销售合计	批发额	零售额	销售合计	批发额	零售额
总　计	**82084710**	**57766790**	**24317920**	**7619124**	**6510399**	**1108725**
1.粮油、食品、饮料、烟酒类	9227992	6300999	2926925	2067928	1938873	129055
(1)粮油、食品类	7531114	5411328	2119311	1820648	1717779	102869
其中：粮油类	2116460	1485818	630639	181862	163679	18183
肉禽蛋类	944321	682687	261734	259763	251386	8377
水产品类	285235	176488	107747	49143	45122	4021
蔬菜类	709790	529095	181595	527304	513869	13435
干鲜果品类	1249370	1050591	206789	576671	558327	18344
(2)饮料类	661208	347854	313199	235945	219354	16591
(3)烟酒类	1035670	541817	494415	11335	1740	9595
2.服装、鞋帽、针纺织品类	4886025	2221958	2664007	273953	103283	170670
(1)服装类	3304691	1756297	1548374	165541	66078	99463
(2)鞋帽类	519688	232242	287426	49403	137	49266
(3)针纺织品类	1061646	233419	828207	59009	37068	21941
3.化妆品类	469987	9417	460570	7814	466	7348
4.金银珠宝类	572760	120063	450397	14486	5336	9150
5.日用品类	4356504	3351608	1023533	269391	209552	71668
其中：洗涤用品类	316773	155599	161135	36513	32119	4394
儿童玩具类	36544	5467	29267	4676	207	4469
6.五金、电料类	1660646	635501	1026655	121132	51768	69364
7.体育、娱乐用品类	245135	162310	82825	8621		8621
8.书报杂志类	120932	47896	73036	5312	4777	535
9.电子出版物及音像制品类	115434	75510	39824	32646	29883	2763
10.家用电器和音像器材类	1502497	442314	1060183	228256	97025	131231
11.中西药品类	2197496	708234	1489262	185827	142360	43467
其中：西药类	1205841	371623	833247	76973	51263	25710
中草药及中成药类	407767	167603	240377	65881	61054	4827
12.文化办公用品类	866188	267174	599024	90573	47330	43243
13.家具类	605009	82405	522854	15936		15936
14.通讯器材类	825038	294898	528230	40838	26642	14196
15.煤炭及制品类	5557246	5010259	546987	163797	144333	19464
16.木材及制品类	408561	408561		4286	4286	
17.石油及制品类	7195695	2388389	4807599	278637	123775	154862
18.化工材料及制品类	5866718	5855665		321497	320397	
其中：化肥类	2640094	2638278		36430	35330	
19.金属材料类	12829803	12821443		1173873	1173873	
20.建筑及装潢材料类	6559952	4651609	1907328	527492	468902	58590
21.机电产品及设备类	5714341	4934676	779323	563629	532671	30958
其中：农机类	313371	311736		30240	30240	
22.汽车类	3935037	1135374	2799663	303360	195359	108001
23.种子饲料类	1299421	1297566		261646	261646	
24.棉麻类	62503	59375	3579	1687	1687	
25.其他类	5003790	4483586	520102	656507	626175	30332

2-A-10　续表 8　　单位：千元

指标名称	私营有限责任公司			私营股份有限公司		
	销售合计	批发额	零售额	销售合计	批发额	零售额
总　计	**295004081**	**234049523**	**60954558**	**17268964**	**12714902**	**4554062**
1.粮油、食品、饮料、烟酒类	25942524	20409422	5532985	615378	350786	264727
(1)粮油、食品类	22378500	18392347	3986093	433505	260975	172570
其中：粮油类	10859232	9925587	934622	183763	88481	95282
肉禽蛋类	2289079	1683440	605614	53267	24788	28479
水产品类	1134482	905299	229183	4465	1340	3125
蔬菜类	858177	693383	164794	24743	23687	1056
干鲜果品类	1770615	1507965	262640	24325	13055	11270
(2)饮料类	1643538	996492	647048	27815	2296	25569
(3)烟酒类	1920486	1020583	899844	154058	87515	66588
2.服装、鞋帽、针纺织品类	12748479	7526261	5222098	505253	220279	284974
(1)服装类	9365611	5820043	3545468	380392	200031	180361
(2)鞋帽类	1266391	317464	949027	63683	4889	58794
(3)针纺织品类	2116477	1388754	727603	61178	15359	45819
3.化妆品类	1050294	427769	622525	87030	3921	83109
4.金银珠宝类	1716231	686159	1030072	105576	20987	84589
5.日用品类	5700136	3464818	2236632	301955	213956	88099
其中：洗涤用品类	948301	557266	391005	65052	34432	30620
儿童玩具类	109668	34930	75198	3886		3886
6.五金、电料类	4289403	2655229	1634165	145892	62013	83879
7.体育、娱乐用品类	862861	350851	512000	26618	10968	15650
8.书报杂志类	188380	97191	91189	28146	8090	20056
9.电子出版物及音像制品类	554289	486512	67779	23839	23678	211
10.家用电器和音像器材类	8632401	3736299	4896104	2284855	219219	2065686
11.中西药品类	11507583	7928502	3579075	544030	334666	209364
其中：西药类	7289314	5109930	2180455	415672	270688	144984
中草药及中成药类	1366621	878604	487700	64680	34576	30104
12.文化办公用品类	12341283	6903131	5438056	298289	148450	149859
13.家具类	445475	29325	416150	19170		19170
14.通讯器材类	4876231	2999315	1876918	165269	87219	78070
15.煤炭及制品类	12346501	11776408	570092	788672	769739	18933
16.木材及制品类	292581	292581		34879	34879	
17.石油及制品类	22101046	20230231	1872815	351711	198559	154152
18.化工材料及制品类	15659297	15650478		817751	816760	
其中：化肥类	2475555	2476425		409235	409235	
19.金属材料类	79089079	79061169		5458565	5458555	
20.建筑及装潢材料类	8814889	7065203	1743176	845630	740198	105432
21.机电产品及设备类	24763575	23664607	1098958	1767663	1727199	40484
其中：农机类	1162077	1161237		933117	933117	
22.汽车类	31435186	9725339	21709678	887135	189226	697949
23.种子饲料类	2402105	2401685		82594	82594	
24.棉麻类	489049	477472	11577			
25.其他类	6755203	6003566	760408	1083064	992961	89494

2-A-10 续表 9

单位：千元

指标名称	其他企业			港、澳、台商投资企业		
	销售合计	批发额	零售额	销售合计	批发额	零售额
总　计	**4973674**	**4194347**	**779327**	**15233106**	**6850960**	**8382146**
1.粮油、食品、饮料、烟酒类	1975875	1778026	197849	520076	268924	251152
(1)粮油、食品类	1827130	1663981	163149	449126	248284	200842
其中：粮油类	132794	113892	18902	213396	199297	14099
肉禽蛋类	496231	464038	32193	30706		30706
水产品类	107904	102444	5460	26504		26504
蔬菜类	437709	406634	31075	9311		9311
干鲜果品类	275263	249028	26235	58165		58165
(2)饮料类	58631	41190	17441	20406	3033	17373
(3)烟酒类	90114	72855	17259	50544	17607	32937
2.服装、鞋帽、针纺织品类	237006	195123	41883	3918985	542962	3376023
(1)服装类	196687	170535	26152	2707342	265355	2441987
(2)鞋帽类	12487	1280	11207	900632	271493	629139
(3)针纺织品类	27832	23308	4524	311011	6114	304897
3.化妆品类	81832	39756	42076	448093		448093
4.金银珠宝类	4857		4857	495001		495001
5.日用品类	89135	41846	47289	1055195	738935	316260
其中：洗涤用品类	28401	19659	8742	320799	295264	25535
儿童玩具类	3171		3171	19972		19972
6.五金、电料类	60227	42137	18090	81138	81138	
7.体育、娱乐用品类	80		80	54945	785	54160
8.书报杂志类	16392	15833	559			
9.电子出版物及音像制品类	200		200	2333		2333
10.家用电器和音像器材类	57764	25740	32024	512915	317608	195307
11.中西药品类	192424	124107	68317	109810	109810	
其中：西药类	66024	39344	26680			
中草药及中成药类	71135	64302	6833			
12.文化办公用品类	29296	7519	21777	2860106	2828492	31614
13.家具类	19480	17800	1680	10847		10847
14.通讯器材类	25659	1526	24133	32794		32794
15.煤炭及制品类	144842	137687	7155	4940		4940
16.木材及制品类	21885	21885				
17.石油及制品类	290085	187140	102945	207826	206626	1200
18.化工材料及制品类	174713	174113		1253962	1253962	
其中：化肥类	121001	120501				
19.金属材料类	432965	432965		170319	170319	
20.建筑及装潢材料类	89696	74569	15037	193196	193196	
21.机电产品及设备类	195812	125461	70351	77573	77573	
其中：农机类	3232	3232				
22.汽车类	85782	52205	33577	3158755	48280	3110475
23.种子饲料类	185104	185104				
24.棉麻类	19036	19036				
25.其他类	543527	494769	48758	64297	12350	51947

2-A-10　续表 10　　　　单位：千元

指标名称	合资经营企业(港或澳、台资)			合作经营企业(港或澳、台资)		
	销售合计	批发额	零售额	销售合计	批发额	零售额
总　计	**6669055**	**1825003**	**4844052**	**89738**	**3884**	**85854**
1.粮油、食品、饮料、烟酒类	465078	218120	246958			
(1)粮油、食品类	396108	199297	196811			
其中：粮油类	213396	199297	14099			
肉禽蛋类	30706		30706			
水产品类	26504		26504			
蔬菜类	9311		9311			
干鲜果品类	58165		58165			
(2)饮料类	18589	1216	17373			
(3)烟酒类	50381	17607	32774			
2.服装、鞋帽、针纺织品类	1780137	32340	1747797	75909	3159	72750
(1)服装类	1381988	32340	1349648	66585	3159	63426
(2)鞋帽类	251388		251388	6327		6327
(3)针纺织品类	146761		146761	2997		2997
3.化妆品类	210056		210056	4334		4334
4.金银珠宝类	255785		255785	5286		5286
5.日用品类	305717		305717	430		430
其中：洗涤用品类	25535		25535			
儿童玩具类	16000		16000			
6.五金、电料类						
7.体育、娱乐用品类	39811		39811	3054		3054
8.书报杂志类						
9.电子出版物及音像制品类	2333		2333			
10.家用电器和音像器材类	133992		133992			
11.中西药品类	35500	35500				
其中：西药类						
中草药及中成药类						
12.文化办公用品类	1357223	1328968	28255			
13.家具类	7502		7502			
14.通讯器材类	19909		19909			
15.煤炭及制品类	4940		4940			
16.木材及制品类						
17.石油及制品类						
18.化工材料及制品类	28401	28401				
其中：化肥类						
19.金属材料类	170319	170319				
20.建筑及装潢材料类	117	117				
21.机电产品及设备类	5250	5250		725	725	
其中：农机类						
22.汽车类	1803414	5988	1797426			
23.种子饲料类						
24.棉麻类						
25.其他类	43571		43571			

2-A-10 续表 11

单位：千元

指标名称	港、澳、台商独资经营企业			港、澳、台商投资股份有限公司		
	销售合计	批发额	零售额	销售合计	批发额	零售额
总　计	**7956046**	**4568701**	**3387345**	**518267**	**453372**	**64895**
1.粮油、食品、饮料、烟酒类	49150	48987	163	5848	1817	4031
(1)粮油、食品类	48987	48987		4031		4031
其中：粮油类						
肉禽蛋类						
水产品类						
蔬菜类						
干鲜果品类						
(2)饮料类				1817	1817	
(3)烟酒类	163		163			
2.服装、鞋帽、针纺织品类	1957306	401830	1555476	105633	105633	
(1)服装类	1258769	229856	1028913			
(2)鞋帽类	537284	165860	371424	105633	105633	
(3)针纺织品类	161253	6114	155139			
3.化妆品类	233703		233703			
4.金银珠宝类	233930		233930			
5.日用品类	749048	738935	10113			
其中：洗涤用品类	295264	295264				
儿童玩具类	3972		3972			
6.五金、电料类	81138	81138				
7.体育、娱乐用品类	11991	702	11289	89	83	6
8.书报杂志类						
9.电子出版物及音像制品类						
10.家用电器和音像器材类	1657		1657	377266	317608	59658
11.中西药品类	74310	74310				
其中：西药类						
中草药及中成药类						
12.文化办公用品类	1502883	1499524	3359			
13.家具类	3345		3345			
14.通讯器材类	12885		12885			
15.煤炭及制品类						
16.木材及制品类						
17.石油及制品类	206626	206626		1200		1200
18.化工材料及制品类	1225561	1225561				
其中：化肥类						
19.金属材料类						
20.建筑及装潢材料类	193079	193079				
21.机电产品及设备类	43367	43367		28231	28231	
其中：农机类						
22.汽车类	1355341	42292	1313049			
23.种子饲料类						
24.棉麻类						
25.其他类	20726	12350	8376			

2-A-10 续表 12

单位：千元

指标名称	外商投资企业			中外合资经营企业		
	销售合计	批发额	零售额	销售合计	批发额	零售额
总 计	**21329793**	**10537116**	**10792677**	**7439499**	**1599486**	**5840013**
1.粮油、食品、饮料、烟酒类	4472835	1009130	3463705	2378931	155529	2223402
(1)粮油、食品类	3615938	777286	2838652	1933684	125094	1808590
其中：粮油类	1131584	184772	946812	594760	8739	586021
肉禽蛋类	517050	1102	515948	275359	663	274696
水产品类	234736	150978	83758	97498	56398	41100
蔬菜类	62417		62417	7700		7700
干鲜果品类	141923	18011	123912	86319	18011	68308
(2)饮料类	558478	227039	331439	238399	29925	208474
(3)烟酒类	298419	4805	293614	206848	510	206338
2.服装、鞋帽、针纺织品类	2797369	320633	2476736	772069	31525	740544
(1)服装类	2023649	191503	1832146	538275	1618	536657
(2)鞋帽类	510076	54084	455992	111156		111156
(3)针纺织品类	263644	75046	188598	122638	29907	92731
3.化妆品类	805180	146881	658299	403011		403011
4.金银珠宝类	381528	842	380686	29869	842	29027
5.日用品类	1062981	178736	884245	354352	64845	289507
其中：洗涤用品类	304959	36819	268140	211705	30830	180875
儿童玩具类	33931		33931	20363		20363
6.五金、电料类	377567	362073	15494	155995	144844	11151
7.体育、娱乐用品类	138697	135	138562	86999		86999
8.书报杂志类	25982	5552	20430	22149	5552	16597
9.电子出版物及音像制品类	31887	18838	13049	10455		10455
10.家用电器和音像器材类	605718	55248	550470	411586		411586
11.中西药品类	431127	422496	8631	25029	18194	6835
其中：西药类	4394	1194	3200	4394	1194	3200
中草药及中成药类	20535	17000	3535	20535	17000	3535
12.文化办公用品类	237019	131072	105947	99783	27215	72568
13.家具类	115124	36826	78298	103885	31268	72617
14.通讯器材类	474382	221413	252969	23477	2062	21415
15.煤炭及制品类	42195	31951	10244	42195	31951	10244
16.木材及制品类	3385	3385		1279	1279	
17.石油及制品类	195643	48787	146856	49151		49151
18.化工材料及制品类	974405	974405		92834	92834	
其中：化肥类	29600	29600		2632	2632	
19.金属材料类	1790867	1790867				
20.建筑及装潢材料类	215039	60926	154113	125631	48071	77560
21.机电产品及设备类	3702689	3676907	25782	769838	744056	25782
其中：农机类	36620	36620				
22.汽车类	2224822	876779	1348043	1413293	145554	1267739
23.种子饲料类	2000	2000		2000	2000	
24.棉麻类	51467	51467		51289	51289	
25.其他类	169885	109767	60118	14399	576	13823

2-A-10 续表 13

单位：千元

指标名称	中外合作经营企业			外资企业			外商投资股份有限公司		
	销售合计	批发额	零售额	销售合计	批发额	零售额	销售合计	批发额	零售额
总　计	**255908**	**171243**	**84665**	**10770912**	**8701210**	**2069702**	**2863474**	**65177**	**2798297**
1.粮油、食品、饮料、烟酒类	43329		43329	1712565	851247	861318	338010	2354	335656
(1)粮油、食品类	34182		34182	1360443	650118	710325	287629	2074	285555
其中：粮油类	10214		10214	439644	176033	263611	86966		86966
肉禽蛋类	3111		3111	182102	439	181663	56478		56478
水产品类				127161	94580	32581	10077		10077
蔬菜类				51663		51663	3054		3054
干鲜果品类				45985		45985	9619		9619
(2)饮料类	4283		4283	294893	196899	97994	20903	215	20688
(3)烟酒类	4864		4864	57229	4230	52999	29478	65	29413
2.服装、鞋帽、针纺织品类				759253	289081	470172	1266047	27	1266020
(1)服装类				507772	189885	317887	977602		977602
(2)鞋帽类				155129	54084	101045	243791		243791
(3)针纺织品类				96352	45112	51240	44654	27	44627
3.化妆品类	4543		4543	209338	146880	62458	188288	1	188287
4.金银珠宝类				20941		20941	330718		330718
5.日用品类	5490		5490	349506	110780	238726	353633	3111	350522
其中：洗涤用品类	3403		3403	66843	5972	60871	23008	17	22991
儿童玩具类				4408		4408	9160		9160
6.五金、电料类				221538	217229	4309	34		34
7.体育、娱乐用品类				29962	135	29827	21736		21736
8.书报杂志类				3833		3833			
9.电子出版物及音像制品类				4290	1697	2593	17142	17141	1
10.家用电器和音像器材类	173		173	120453	54019	66434	73506	1229	72277
11.中西药品类				406098	404302	1796			
其中：西药类									
中草药及中成药类									
12.文化办公用品类	90		90	97310	87543	9767	39836	16314	23522
13.家具类				11013	5558	5455	226		226
14.通讯器材类	123664	123664		120069	95687	24382	207172		207172
15.煤炭及制品类									
16.木材及制品类				2106	2106				
17.石油及制品类	63370	34120	29250	83122	14667	68455			
18.化工材料及制品类	8697	8697		872874	872874				
其中：化肥类				26968	26968				
19.金属材料类	830	830		1790037	1790037				
20.建筑及装潢材料类				89408	12855	76553			
21.机电产品及设备类	3932	3932		2903919	2903919		25000	25000	
其中：农机类				36620	36620				
22.汽车类				809403	731225	78178	2126		2126
23.种子饲料类									
24.棉麻类				178	178				
25.其他类	1790		1790	153696	109191	44505			

2-A-11　限额以上批发和零售业法人单位按登记注册类型分商品销售情况

单位：千元

登记注册类型	法人单位数(个)	从业人数(人)	销售合计	批发额	零售额
总　计	**4809**	**268376**	**892443354**	**726232730**	**166210624**
内资企业	**4647**	**246017**	**857884505**	**710653538**	**147230967**
国有企业	300	29257	115449935	109542537	5907398
集体企业	125	5321	4398073	3093078	1304995
股份合作企业	43	625	1429037	1091810	337227
联营企业	9	262	459787	318958	140829
国有联营企业	3	90	69775	54009	15766
集体联营企业	3	39	345345	232585	112760
国有与集体联营企业	1	125	8543		8543
其他联营企业	2	8	36124	32364	3760
有限责任公司	938	69837	164038701	123527450	40511251
国有独资公司	10	2293	3723073	3686742	36331
其他有限责任公司	928	67544	160315628	119840708	40474920
股份有限公司	138	44585	340792906	299288279	41504627
私营企业	3080	95924	230729925	173366584	57363341
私营独资企业	451	11625	16407297	9880471	6526826
私营合伙企业	29	886	1672090	1285438	386652
私营有限责任公司	2488	76332	201716584	154852251	46864333
私营股份有限公司	112	7081	10933954	7348424	3585530
其他企业	14	206	586141	424842	161299
港、澳、台商投资企业	**45**	**7536**	**14448686**	**6148315**	**8300371**
合资经营企业(港或澳、台资)	14	3765	6535002	1702489	4832513
合作经营企业(港或澳、台资)	1	120	85854		85854
港、澳、台商独资经营企业	28	3482	7484288	4102284	3382004
港、澳、台商投资股份有限公司	2	169	343542	343542	
外商投资企业	**117**	**14823**	**20110163**	**9430877**	**10679286**
中外合资经营企业	32	6633	7203476	1401793	5801683
中外合作经营企业	2	140	177289	123664	53625
外资企业	81	4640	9904580	7876728	2027852
外商投资股份有限公司	2	3410	2824818	28692	2796126

2-A-12 限额以上批发业法人单位按登记注册类型分商品销售情况

单位：千元

登记注册类型	法人单位数(个)	从业人数(人)	销售合计	批发额	零售额
总　计	**2833**	**93048**	**730878801**	**717224833**	**13653968**
内资企业	**2735**	**89458**	**715517218**	**701898841**	**13618377**
国有企业	176	19596	110878880	109192367	1686513
集体企业	52	1959	3037377	2976448	60929
股份合作企业	27	343	1086924	1049383	37541
联营企业	4	64	306452	306452	
国有联营企业	1	30	54009	54009	
集体联营企业	2	29	222585	222585	
国有与集体联营企业					
其他联营企业	1	5	29858	29858	
有限责任公司	512	19261	124301322	121821638	2479684
国有独资公司	8	397	3686742	3686742	
其他有限责任公司	504	18864	120614580	118134896	2479684
股份有限公司	78	15666	302687035	295443723	7243312
私营企业	1880	32501	172801625	170693367	2108258
私营独资企业	146	1817	9756820	9711909	44911
私营合伙企业	15	444	1285438	1285438	
私营有限责任公司	1647	29095	154475951	152426650	2049301
私营股份有限公司	72	1145	7283416	7269370	14046
其他企业	6	68	417603	415463	2140
港、澳、台商投资企业	**19**	**1928**	**6099123**	**6099123**	
合资经营企业(港或澳、台资)	4	120	1696501	1696501	
合作经营企业(港或澳、台资)					
港、澳、台商独资经营企业	13	1639	4059080	4059080	
港、澳、台商投资股份有限公司	2	169	343542	343542	
外商投资企业	**79**	**1662**	**9262460**	**9226869**	**35591**
中外合资经营企业	18	512	1330047	1306199	23848
中外合作经营企业	1	30	123664	123664	
外资企业	59	1097	7783749	7772006	11743
外商投资股份有限公司	1	23	25000	25000	

2-A-13　限额以上零售业法人单位按登记注册类型分商品销售情况

单位：千元

登记注册类型	法人单位数(个)	从业人数(人)	销售合计	批发额	零售额
总　计	**1976**	**175328**	**161564553**	**9007897**	**152556656**
内资企业	**1912**	**156559**	**142367287**	**8754697**	**133612590**
国有企业	124	9661	4571055	350170	4220885
集体企业	73	3362	1360696	116630	1244066
股份合作企业	16	282	342113	42427	299686
联营企业	5	198	153335	12506	140829
国有联营企业	2	60	15766		15766
集体联营企业	1	10	122760	10000	112760
国有与集体联营企业	1	125	8543		8543
其他联营企业	1	3	6266	2506	3760
有限责任公司	426	50576	39737379	1705812	38031567
国有独资公司	2	1896	36331		36331
其他有限责任公司	424	48680	39701048	1705812	37995236
股份有限公司	60	28919	38105871	3844556	34261315
私营企业	1200	63423	57928300	2673217	55255083
私营独资企业	305	9808	6650477	168562	6481915
私营合伙企业	14	442	386652		386652
私营有限责任公司	841	47237	47240633	2425601	44815032
私营股份有限公司	40	5936	3650538	79054	3571484
其他企业	8	138	168538	9379	159159
港、澳、台商投资企业	**26**	**5608**	**8349563**	**49192**	**8300371**
合资经营企业(港或澳、台资)	10	3645	4838501	5988	4832513
合作经营企业(港或澳、台资)	1	120	85854		85854
港、澳、台商独资经营企业	15	1843	3425208	43204	3382004
港、澳、台商投资股份有限公司					
外商投资企业	**38**	**13161**	**10847703**	**204008**	**10643695**
中外合资经营企业	14	6121	5873429	95594	5777835
中外合作经营企业	1	110	53625		53625
外资企业	22	3543	2120831	104722	2016109
外商投资股份有限公司	1	3387	2799818	3692	2796126

2-A-14 限额以上批发和零售业法人单位按行业分商品销售情况

单位：千元

行业小类	法人单位数(个)	从业人数(人)	销售合计	批发额	零售额
总　计	**4809**	**268376**	**892443354**	**726232730**	**166210624**
一、批发业	**2833**	**93048**	**730878801**	**717224833**	**13653968**
农畜产品批发	170	5165	20004375	20003725	650
谷物、豆及薯类批发	141	3937	16182571	16181921	650
种子、饲料批发	19	813	3082079	3082079	
棉、麻批发	5	114	190594	190594	
牲畜批发					
其他农畜产品批发	5	301	549131	549131	
食品、饮料及烟草制品批发	194	14873	37012031	36691049	320982
米、面制品及食用油批发	64	3093	7966023	7795588	170435
糕点、糖果及糖批发	4	130	171439	167471	3968
果品、蔬菜批发	21	639	1402500	1395964	6536
肉、禽、蛋及水产品批发	33	1209	2375341	2368079	7262
盐及调味品批发	13	408	727889	721097	6792
饮料及茶叶批发	30	1956	3525804	3432626	93178
烟草制品批发	16	7142	20252507	20251627	880
其他食品批发	13	296	590528	558597	31931
纺织、服装及日用品批发	128	3619	12718011	12588268	129743
纺织品、针织品及原料批发	26	779	2986151	2980701	5450
服装批发	66	1657	6796810	6728283	68527
鞋帽批发	4	87	417172	417172	
厨房、卫生间用具及日用杂货批发	4	65	162350	162350	
化妆品及卫生用品批发	12	338	845678	838578	7100
其他日用品批发	16	693	1509850	1461184	48666
文化、体育用品及器材批发	42	1392	2872510	2752492	120018
文具用品批发	21	304	1109746	1068774	40972
体育用品批发	7	236	586324	520118	66206
图书批发	2	541	467566	455426	12140
报刊批发	1	109	260413	260413	
音像制品及电子出版物批发					
首饰、工艺品及收藏品批发	10	182	415737	415037	700
其他文化用品批发	1	20	32724	32724	
医药及医疗器材批发	140	11242	22167878	19107699	3060179
西药批发	86	9392	14912933	13167170	1745763
中药材及中成药批发	40	1649	6353311	5058877	1294434
医疗用品及器材批发	14	201	901634	881652	19982
矿产品、建材及化工产品批发	1527	38722	565453413	556561415	8891998
煤炭及制品批发	129	3110	16483248	16428556	54692
石油及制品批发	206	18363	337769863	329089377	8680486
非金属矿及制品批发	15	147	1119608	1119608	
金属及金属矿批发	850	10522	174064117	174046521	17596
建材批发	99	1411	9822640	9739971	82669
化肥批发	32	1900	5950377	5948243	2134
农药批发	3	46	140770	140770	
农用薄膜批发	3	33	150856	150856	
其他化工产品批发	190	3190	19951934	19897513	54421
机械设备、五金交电及电子产品批发	566	15071	65996537	64866139	1130398
农业机械批发	11	257	1809432	1763383	46049
汽车、摩托车及零配件批发	113	3731	15794140	15395666	398474
五金、交电批发	67	1212	3487962	3393720	94242
家用电器批发	39	1930	5698080	5629162	68918
计算机、软件及辅助设备批发	50	1385	5934699	5660129	274570
通讯及广播电视设备批发	24	776	3572943	3456398	116545
其他机械设备及电子产品批发	262	5780	29699281	29567681	131600
贸易经纪与代理	9	1323	732561	732561	
贸易经纪与代理	9	1323	732561	732561	

2-A-14　续表　　单位：千元

行业小类	法人单位数(个)	从业人数(人)	销售合计	批发额	零售额
其他批发	57	1641	3921485	3921485	
再生物资回收与批发	52	1594	3772035	3772035	
其他未列明的批发	5	47	149450	149450	
二、零售业	**1976**	**175328**	**161564553**	**9007897**	**152556656**
综合零售	278	101492	54247141	1479643	52767498
百货零售	145	72011	40950401	1433713	39516688
超级市场零售	108	26457	12297958	9473	12288485
其他综合零售	25	3024	998782	36457	962325
食品、饮料及烟草制品专门零售	81	3478	2158523	83171	2075352
粮油零售	15	275	533215	39108	494107
糕点、面包零售	6	1629	320943		320943
果品、蔬菜零售	7	75	134981		134981
肉、禽、蛋及水产品零售	11	555	275310	31864	243446
饮料及茶叶零售	15	306	195383	6710	188673
烟草制品零售	11	226	306276		306276
其他食品零售	16	412	392415	5489	386926
纺织、服装及日用品专门零售	156	8100	6942833	893012	6049821
纺织品及针织品零售	4	77	40726	1719	39007
服装零售	78	4916	4396661	811152	3585509
鞋帽零售	18	1245	924676		924676
钟表、眼镜零售	17	952	717338	76012	641326
化妆品及卫生用品零售	19	520	512162	844	511318
其他日用品零售	20	390	351270	3285	347985
文化、体育用品及器材专门零售	135	7048	3735966	497119	3238847
文具用品零售	23	539	574823	6077	568746
体育用品零售	10	311	300081	335	299746
图书零售	59	4944	1206342	134200	1072142
报刊零售	4	228	171470		171470
音像制品及电子出版物零售					
珠宝首饰零售	14	534	1032122	343750	688372
工艺美术品及收藏品零售	11	289	219770	1400	218370
照相器材零售	7	87	122851		122851
其他文化用品零售	7	116	108507	11357	97150
医药及医疗器材专门零售	136	17322	5471420	249003	5222417
药品零售	120	17081	5065886	229494	4836392
医疗用品及器材零售	16	241	405534	19509	386025
汽车、摩托车、燃料及零配件专门零售	737	24732	71553335	5218862	66334473
汽车零售	417	14454	43861102	2608723	41252379
汽车零配件零售	54	615	680784	18337	662447
摩托车及零配件零售	35	582	503088	14644	488444
机动车燃料零售	231	9081	26508361	2577158	23931203
家用电器及电子产品专门零售	254	9071	13077302	551278	12526024
家用电器零售	91	5869	8599217	229568	8369649
计算机、软件及辅助设备零售	118	2088	3333426	285951	3047475
通信设备零售	26	867	844078	28422	815656
其他电子产品零售	19	247	300581	7337	293244
五金、家具及室内装修材料专门零售	120	2678	3056005	13775	3042230
五金零售	55	666	1081204	4193	1077011
家具零售	27	738	501317	2434	498883
涂料零售	1	6	5547		5547
其他室内装修材料零售	37	1268	1467937	7148	1460789
无店铺及其他零售	79	1407	1322028	22034	1299994
流动货摊零售					
邮购及电子销售	3	442	268139		268139
生活用燃料零售	60	731	769766	22034	747732
花卉零售					
旧货零售	1	57	13256		13256
其他未列明的零售	15	177	270867		270867

2-A-15 限额以上批发和零售业法人单位分类商品销售情况

单位：千元

指标名称	销售合计	批发额	零售额
总　计	**892443354**	**726232730**	**166210624**
1.粮油、食品、饮料、烟酒类	70374843	54047733	16327110
(1)粮油、食品类	42473761	30166715	12307046
其中：粮油类	24162762	21071922	3090840
肉禽蛋类	2975353	932251	2043102
水产品类	2016650	1266022	750628
蔬菜类	1152057	441485	710572
干鲜果品类	2152388	1196922	955466
(2)饮料类	2661764	1042280	1619484
(3)烟酒类	25239318	22838738	2400580
2.服装、鞋帽、针纺织品类	35315721	11324021	23991700
(1)服装类	25771741	8577182	17194559
(2)鞋帽类	5529621	939827	4589794
(3)针纺织品类	4014359	1807012	2207347
3.化妆品类	3305230	361821	2943409
4.金银珠宝类	4481728	543154	3938574
5.日用品类	8119198	2561944	5557254
其中：洗涤用品类	1723778	544211	1179567
儿童玩具类	246145		246145
6.五金、电料类	4006624	2612534	1394090
7.体育、娱乐用品类	1320799	297947	1022852
8.书报杂志类	1876075	718433	1157642
9.电子出版物及音像制品类	211461	42320	169141
10.家用电器和音像器材类	20461331	7058524	13402807
11.中西药品类	27376357	19133352	8243005
其中：西药类	20401177	14098102	6303075
中草药及中成药类	3276078	2123365	1152713
12.文化办公用品类	12677746	7525888	5151858
13.家具类	979157	38753	940404
14.通讯器材类	7142125	4195959	2946166
15.煤炭及制品类	17882743	17350252	532491
16.木材及制品类	218820	218820	
17.石油及制品类	370853941	337952103	32901838
18.化工材料及制品类	23481895	23481895	
其中：化肥类	6323915	6323915	
19.金属材料类	157696919	157696919	
20.建筑及装潢材料类	5481414	4187212	1294202
21.机电产品及设备类	32749696	32102238	647458
其中：农机类	2422766	2422766	
22.汽车类	59018393	16625408	42392985
23.种子饲料类	2977464	2977464	
24.棉麻类	603058	602211	847
25.其他类	23830616	22575825	1254791

2-A-16　限额以上批发业法人单位分类商品销售情况

单位：千元

指标名称	销售合计	批发额	零售额
总　计	**730878801**	**717224833**	**13653968**
1.粮油、食品、饮料、烟酒类	54051313	53715281	336032
(1)粮油、食品类	30150011	29974315	175696
其中：粮油类	21104170	21002723	101447
肉禽蛋类	932616	924919	7697
水产品类	1162789	1162789	
蔬菜类	448126	441485	6641
干鲜果品类	1197087	1196922	165
(2)饮料类	1018967	984965	34002
(3)烟酒类	22882335	22756001	126334
2.服装、鞋帽、针纺织品类	10582180	10507316	74864
(1)服装类	8160718	8099677	61041
(2)鞋帽类	617213	607423	9790
(3)针纺织品类	1804249	1800216	4033
3.化妆品类	373296	360692	12604
4.金银珠宝类	198353	197653	700
5.日用品类	2462058	2424529	37529
其中：洗涤用品类	528540	524688	3852
儿童玩具类			
6.五金、电料类	2688073	2609263	78810
7.体育、娱乐用品类	345431	279225	66206
8.书报杂志类	596373	584233	12140
9.电子出版物及音像制品类	46000	42320	3680
10.家用电器和音像器材类	5799275	5716459	82816
11.中西药品类	21924983	18883806	3041177
其中：西药类	16368521	13886034	2482487
中草药及中成药类	2553162	2113882	439280
12.文化办公用品类	7537063	7219740	317323
13.家具类	39171	36407	2764
14.通讯器材类	4284495	4167950	116545
15.煤炭及制品类	17412343	17341632	70711
16.木材及制品类	218820	218820	
17.石油及制品类	344027949	335361351	8666598
18.化工材料及制品类	23452439	23452439	
其中：化肥类	6295475	6295475	
19.金属材料类	157696819	157696819	
20.建筑及装潢材料类	4269835	4180064	89771
21.机电产品及设备类	32268314	32091867	176447
其中：农机类	2422166	2422166	
22.汽车类	14424772	13993475	431297
23.种子饲料类	2975820	2975820	
24.棉麻类	602171	602171	
25.其他类	22601455	22565501	35954

2-A-17 限额以上零售业法人单位分类商品销售情况

单位：千元

指标名称	销售合计	批发额	零售额
总　计	**161564553**	**9007897**	**152556656**
1.粮油、食品、饮料、烟酒类	16323530	332452	15991078
(1)粮油、食品类	12323750	192400	12131350
其中：粮油类	3058592	69199	2989393
肉禽蛋类	2042737	7332	2035405
水产品类	853861	103233	750628
蔬菜类	703931		703931
干鲜果品类	955301		955301
(2)饮料类	1642797	57315	1585482
(3)烟酒类	2356983	82737	2274246
2.服装、鞋帽、针纺织品类	24733541	816705	23916836
(1)服装类	17611023	477505	17133518
(2)鞋帽类	4912408	332404	4580004
(3)针纺织品类	2210110	6796	2203314
3.化妆品类	2931934	1129	2930805
4.金银珠宝类	4283375	345501	3937874
5.日用品类	5657140	137415	5519725
其中：洗涤用品类	1195238	19523	1175715
儿童玩具类	246145		246145
6.五金、电料类	1318551	3271	1315280
7.体育、娱乐用品类	975368	18722	956646
8.书报杂志类	1279702	134200	1145502
9.电子出版物及音像制品类	165461		165461
10.家用电器和音像器材类	14662056	1342065	13319991
11.中西药品类	5451374	249546	5201828
其中：西药类	4032656	212068	3820588
中草药及中成药类	722916	9483	713433
12.文化办公用品类	5140683	306148	4834535
13.家具类	939986	2346	937640
14.通讯器材类	2857630	28009	2829621
15.煤炭及制品类	470400	8620	461780
16.木材及制品类			
17.石油及制品类	26825992	2590752	24235240
18.化工材料及制品类	29456	29456	
其中：化肥类	28440	28440	
19.金属材料类	100	100	
20.建筑及装潢材料类	1211579	7148	1204431
21.机电产品及设备类	481382	10371	471011
其中：农机类	600	600	
22.汽车类	44593621	2631933	41961688
23.种子饲料类	1644	1644	
24.棉麻类	887	40	847
25.其他类	1229161	10324	1218837

2-B-1 按登记注册类型分批发和零售业法人单位所有者权益及损益状况

单位：千元

分组	所有者权益	主营业务收入	主营业务成本	主营业务税金及附加	利润总额
总计	**131922631**	**1085266625**	**972454397**	**8591867**	**40485753**
按登记注册类型分组					
内资企业	**124526744**	**1051986955**	**944010276**	**8410353**	**38976575**
国有企业	17536348	110572751	100713523	668544	4094491
集体企业	3643124	17621783	14187026	345139	1353492
股份合作企业	825254	4222123	3529121	73069	198278
联营企业	228145	892937	717779	7518	61733
国有联营企业	15168	79741	72833	89	-1359
集体联营企业	150755	566793	454462	3197	44795
国有与集体联营企业	8756	50815	40954	594	1743
其他联营企业	53466	195588	149530	3638	16554
有限责任公司	35915264	231556611	203455168	2023615	9762879
国有独资公司	125749	3514555	3278167	39901	32921
其他有限责任公司	35789515	228042056	200177001	1983714	9729958
股份有限公司	15492000	305814667	291448114	425511	4494879
私营企业	50153248	376513089	326057088	4780565	18624736
私营独资企业	12693550	77518141	62423343	1971382	5689719
私营合伙企业	930104	7165193	5950967	143185	487742
私营有限责任公司	34496754	275839448	243787173	2487472	11680430
私营股份有限公司	2032840	15990307	13895605	178526	766845
其他企业	733361	4792994	3902457	86392	386087
港、澳、台商投资企业	**2301436**	**13723471**	**11584427**	**48034**	**913983**
合资经营企业(港或澳、台资)	1342746	6007638	4955642	19472	660076
合作经营企业(港或澳、台资)	14125	89279	74847	304	-3766
港、澳、台商独资经营企业	688164	7171986	6169659	14179	233130
港、澳、台商投资股份有限公司	256401	454568	384279	14079	24543
外商投资企业	**5094451**	**19556199**	**16859694**	**133480**	**595195**
中外合资经营企业	1127949	6641972	5816746	87032	185503
中外合作经营企业	106891	253818	219241	6136	1826
外资企业	2966781	10449905	8996634	30493	324405
外商投资股份有限公司	892830	2210504	1827073	9819	83461
批发业	**98056780**	**898171869**	**815528156**	**6428122**	**31415695**
按登记注册类型分组					
内资企业	**94628609**	**881872923**	**801285325**	**6373246**	**30811755**
国有企业	16687815	105510334	96551315	597307	3984985
集体企业	2532638	13598372	11240405	269882	937936
股份合作企业	515078	3090844	2632438	44360	141964
联营企业	192704	669734	535304	6371	39429
国有联营企业	14079	63975	58463	36	-1689
集体联营企业	122496	405209	322789	2756	24920
国有与集体联营企业	7626	37572	30494	469	1674
其他联营企业	48503	162978	123558	3110	14524
有限责任公司	27990545	189250698	168104694	1475963	8205056
国有独资公司	104348	3422571	3206465	38320	37305
其他有限责任公司	27886197	185828127	164898229	1437643	8167751
股份有限公司	11411884	269769267	260592978	245733	2528537
私营企业	34749533	295863832	258237016	3663456	14639055

2-B-1 续表 单位：千元

分　　组	所有者权益	主营业务收　入	主营业务成　本	主营业务税金及附加	利润总额
私营独资企业	7337641	55633862	45642998	1404182	3973975
私营合伙企业	704472	6229440	5219318	127494	414928
私营有限责任公司	25301938	222029702	196907207	1981549	9608770
私营股份有限公司	1405482	11970828	10467493	150231	641382
其他企业	548412	4119842	3391175	70174	334793
港、澳、台商投资企业	**690059**	**6157312**	**5361599**	**24156**	**214837**
合资经营企业(港或澳、台资)	132546	1622725	1325486	3611	138106
合作经营企业(港或澳、台资)	710	3425	2444	150	84
港、澳、台商独资经营企业	328477	4140815	3698846	6494	52358
港、澳、台商投资股份有限公司	228326	390347	334823	13901	24289
外商投资企业	**2738112**	**10141634**	**8881232**	**30720**	**389103**
中外合资经营企业	380670	1450009	1305026	12334	26482
中外合作经营企业	86512	205942	176727	3696	3851
外资企业	2262893	8434237	7355075	13013	359482
外商投资股份有限公司	8037	51446	44404	1677	-712
零售业	**33865851**	**187094756**	**156926241**	**2163745**	**9070058**
按按登记注册类型分组					
内资企业	**29898135**	**170114032**	**142724951**	**2037107**	**8164820**
国有企业	848533	5062417	4162208	71237	109506
集体企业	1110486	4023411	2946621	75257	415556
股份合作企业	310176	1131279	896683	28709	56314
联营企业	35441	223203	182475	1147	22304
国有联营企业	1089	15766	14370	53	330
集体联营企业	28259	161584	131673	441	19875
国有与集体联营企业	1130	13243	10460	125	69
其他联营企业	4963	32610	25972	528	2030
有限责任公司	7924719	42305913	35350474	547652	1557823
国有独资公司	21401	91984	71702	1581	-4384
其他有限责任公司	7903318	42213929	35278772	546071	1562207
股份有限公司	4080116	36045400	30855136	179778	1966342
私营企业	15403715	80649257	67820072	1117109	3985681
私营独资企业	5355909	21884279	16780345	567200	1715744
私营合伙企业	225632	935753	731649	15691	72814
私营有限责任公司	9194816	53809746	46879966	505923	2071660
私营股份有限公司	627358	4019479	3428112	28295	125463
其他企业	184949	673152	511282	16218	51294
港、澳、台商投资企业	**1611377**	**7566159**	**6222828**	**23878**	**699146**
合资经营企业(港或澳、台资)	1210200	4384913	3630156	15861	521970
合作经营企业(港或澳、台资)	13415	85854	72403	154	-3850
港、澳、台商独资经营企业	359687	3031171	2470813	7685	180772
港、澳、台商投资股份有限公司	28075	64221	49456	178	254
外商投资企业	**2356339**	**9414565**	**7978462**	**102760**	**206092**
中外合资经营企业	747279	5191963	4511720	74698	159021
中外合作经营企业	20379	47876	42514	2440	-2025
外资企业	703888	2015668	1641559	17480	-35077
外商投资股份有限公司	884793	2159058	1782669	8142	84173

2-B-2　按行业分批发和零售业法人单位所有者权益及损益状况

单位：千元

行业小类	所有者权益	主营业务收入	主营业务成本	主营业务税金及附加	利润总额
总　计	**131922631**	**1085266625**	**972454397**	**8591867**	**40485753**
一、批发业	**98056780**	**898171869**	**815528156**	**6428122**	**31415695**
农畜产品批发	5681593	33942345	29384986	248719	1257690
谷物、豆及薯类批发	2865197	21827814	19817207	108977	389024
种子、饲料批发	1467725	7530961	5791934	97335	462165
棉、麻批发	367769	311740	279430	1782	6985
牲畜批发	284178	2089895	1691981	13042	241285
其他农畜产品批发	696724	2181935	1804434	27583	158231
食品、饮料及烟草制品批发	16713092	53663060	44054067	433601	4941820
米、面制品及食用油批发	1770681	10572453	9407673	72980	324688
糕点、糖果及糖批发	227315	1217445	1028030	14125	78386
果品、蔬菜批发	1221308	8037907	6714260	82231	656001
肉、禽、蛋及水产品批发	957512	5480233	4714641	37132	311242
盐及调味品批发	382323	1689524	1400541	24624	44175
饮料及茶叶批发	958043	6234556	5218583	60816	371041
烟草制品批发	10793353	17794414	13388501	96846	2972494
其他食品批发	402557	2636528	2181838	44847	183793
纺织、服装及日用品批发	9269364	30002405	25793287	451007	1854472
纺织品、针织品及原料批发	5256457	6190980	5420042	98112	922306
服装批发	2035143	13547008	11744679	158226	462402
鞋帽批发	147700	784608	680085	10541	31458
厨房、卫生间用具及日用杂货批发	275504	1411151	1191249	29142	43945
化妆品及卫生用品批发	207345	2170103	1851084	31014	59083
其他日用品批发	1347215	5898555	4906148	123972	335278
文化、体育用品及器材批发	1543544	6759014	5584554	134302	215343
文具用品批发	545133	2899213	2504620	46212	121680
体育用品批发	200474	1028801	779963	29700	48164
图书批发	358795	722646	554406	21348	13434
报刊批发	133042	372361	265798	7973	-2206
音像制品及电子出版物批发	21926	67209	55819	1273	1149
首饰、工艺品及收藏品批发	220371	1206692	1021728	19114	22889
其他文化用品批发	63803	462092	402220	8682	10233
医药及医疗器材批发	2847802	24688098	22425030	175290	636450
西药批发	1828983	15242709	14177172	107729	247269
中药材及中成药批发	350000	6603266	6024597	26838	237703
医疗用品及器材批发	668819	2842123	2223261	40723	151478
矿产品、建材及化工产品批发	39933130	616900375	573758742	3202103	16263608
煤炭及制品批发	3769933	25084133	21238549	252875	1277120
石油及制品批发	9035314	308596048	297006938	310020	2994863
非金属矿及制品批发	373882	3817283	3170122	100507	215684
金属及金属矿批发	16353758	204811673	187943504	1542687	7885481
建材批发	4353317	27413124	23062686	400249	1876887
化肥批发	1845864	13577684	11759849	236822	704189
农药批发	282997	1716062	1419904	40713	136714
农用薄膜批发	47836	520170	450464	8817	26650
其他化工产品批发	3870229	31364198	27706726	309413	1146020
机械设备、五金交电及电子产品批发	19178385	116601391	101347316	1526686	5221819
农业机械批发	399180	3272946	2896750	40788	125213
汽车、摩托车及零配件批发	2637946	19719343	17150595	292024	1156843
五金、交电批发	2805784	16121458	13157958	279253	1169003
家用电器批发	514968	7358767	6658473	77258	172572
计算机、软件及辅助设备批发	953972	8740245	8130497	34380	115907
通讯及广播电视设备批发	877632	5052469	4427090	58568	160105
其他机械设备及电子产品批发	10988903	56336163	48925953	744415	2322176
贸易经纪与代理	1594791	3995112	3322359	82564	232100
贸易经纪与代理	1594791	3995112	3322359	82564	232100

2-B-2 续表　　　　单位：千元

行业小类	所有者权益	主营业务收入	主营业务成本	主营业务税金及附加	利润总额
其他批发	1295079	11620069	9857815	173850	792393
再生物资回收与批发	1120575	10482633	8941713	142994	703724
其他未列明的批发	174504	1137436	916102	30856	88669
二、零售业	**33865851**	**187094756**	**156926241**	**2163745**	**9070058**
综合零售	10984909	53144565	43816618	566670	2233464
百货零售	8741006	37648985	31169526	334065	1657880
超级市场零售	1311320	11863079	9866999	151985	307872
其他综合零售	932583	3632501	2780093	80620	267712
食品、饮料及烟草制品专门零售	1313881	4950971	3899301	99528	311648
粮油零售	217021	1187940	950342	20042	71075
糕点、面包零售	151158	496543	347347	6955	41103
果品、蔬菜零售	120226	434172	344650	11460	33008
肉、禽、蛋及水产品零售	228517	752760	605997	14367	48322
饮料及茶叶零售	232525	684387	539672	15703	41719
烟草制品零售	71449	414073	341272	7481	21490
其他食品零售	292985	981096	770021	23520	54931
纺织、服装及日用品专门零售	2866625	11679088	9075589	198309	745046
纺织品及针织品零售	231957	1022851	749441	33682	79437
服装零售	1654383	6255738	4954367	94824	326370
鞋帽零售	162589	1131466	900508	13379	92236
钟表、眼镜零售	210880	1022782	791750	11483	74306
化妆品及卫生用品零售	229804	899422	647936	15267	72579
其他日用品零售	377012	1346829	1031587	29674	100118
文化、体育用品及器材专门零售	1497573	5838239	4470343	129854	395571
文具用品零售	250783	1337803	906483	34609	256044
体育用品零售	136675	483081	372650	8733	27101
图书零售	450573	1282604	963357	17268	10045
报刊零售	23489	190669	156712	1308	5580
音像制品及电子出版物零售	8499	26810	19762	1050	1372
珠宝首饰零售	350066	1640278	1352343	50481	47764
工艺美术品及收藏品零售	204164	470682	353770	11326	33351
照相器材零售	29012	201810	173941	2623	8414
其他文化用品零售	44312	204502	171325	2456	5900
医药及医疗器材专门零售	1762218	7981448	6447589	96432	340683
药品零售	1394710	7041500	5678345	80348	311207
医疗用品及器材零售	367508	939948	769244	16084	29476
汽车、摩托车、燃料及零配件专门零售	8667398	73358990	64291448	575530	3416727
汽车零售	5489243	41798785	37959232	317125	1225915
汽车零配件零售	706912	2336893	1842424	54795	152878
摩托车及零配件零售	351744	1544183	1229857	32328	129859
机动车燃料零售	2119499	27679129	23259935	171282	1908075
家用电器及电子产品专门零售	3264074	17568268	15140169	203032	838979
家用电器零售	1315075	9122035	7891091	92228	499253
计算机、软件及辅助设备零售	1230774	5579616	4939208	47525	188197
通信设备零售	411291	1828279	1471086	44248	100319
其他电子产品零售	306934	1038338	838784	19031	51210
五金、家具及室内装修材料专门零售	2130147	8479548	6618584	210177	500694
五金零售	1065260	3887510	3021082	78648	308809
家具零售	354145	1161252	847214	31692	42201
涂料零售	65192	155528	120474	3440	8527
其他室内装修材料零售	645550	3275258	2629814	96397	141157
无店铺及其他零售	1379026	4093639	3166600	84213	287246
流动货摊零售	428	1475	1094	31	166
邮购及电子销售	19284	254121	191728	1271	6369
生活用燃料零售	1006748	2710576	2109855	53462	204524
花卉零售	56492	108994	81771	4768	-1456
旧货零售	50711	74978	58347	1583	1940
其他未列明的零售	245363	943495	723805	23098	75703

2-B-3　按行业分批发和零售业法人单位所有者权益状况（按登记注册类型分）

单位：千元

行业中类	内资企业	国有企业	集体企业	股份合作企业	联营企业	国有联营企业	集体联营企业
总　计	**124526744**	**17536348**	**3643124**	**825254**	**228145**	**15168**	**150755**
一、批发业	94628609	16687815	2532638	515078	192704	14079	122496
农畜产品批发	5665070	619180	179648	28987	18334		1287
食品、饮料及烟草制品批发	16484882	9032298	327427	84754	11124		7660
纺织、服装及日用品批发	9119666	122922	48952	15537	1919		1397
文化、体育用品及器材批发	1495607	326814	11625	13005	120		
医药及医疗器材批发	2712914	23979	17320	7925	300		300
矿产品、建材及化工产品批发	39492010	5552903	1353206	203758	121399	3500	107623
机械设备、五金交电及电子产品批发	16912116	978645	426933	143059	28543	10379	3674
贸易经纪与代理	1459758	10260	8619	1026	10200	100	
其他批发	1286586	20814	158908	17027	765	100	555
二、零售业	29898135	848533	1110486	310176	35441	1089	28259
综合零售	8194634	171786	423059	20632	3405		2045
食品、饮料及烟草制品专门零售	1307066	105340	68006	33320	3170		3070
纺织、服装及日用品专门零售	2553276	104431	76966	26891	18210		18210
文化、体育用品及器材专门零售	1452089	294223	38817	47124			
医药及医疗器材专门零售	1757710	3783	39835	17620	1911		421
汽车、摩托车、燃料及零配件专门零售	7984917	151834	286936	92435	5603	167	4513
家用电器及电子产品专门零售	3234469	27657	30477	18386	932	922	
五金、家具及室内装修材料专门零售	2175319	-39362	57920	42777	1010		
无店铺及其他零售	1238655	28841	88470	10991	1200		

2-B-3　续表 1

单位：千元

行业中类	国有与集体联营企业	其他联营企业	有限责任公司	国有独资公司	其他有限责任公司	股份有限公司	私营企业	私营独资企业
总　计	**8756**	**53466**	**35915264**	**125749**	**35789515**	**15492000**	**50153248**	**12693550**
一、批发业	7626	48503	27990545	104348	27886197	11411884	34749533	7337641
农畜产品批发	1603	15444	2573771	28266	2545505	159026	1973757	677153
食品、饮料及烟草制品批发		3464	4849986	-19271	4869257	51182	2030711	671127
纺织、服装及日用品批发		522	1917192		1917192	5191230	1805294	396189
文化、体育用品及器材批发		120	408428	5000	403428	43553	661400	89755
医药及医疗器材批发			599227		599227	967596	1085875	90658
矿产品、建材及化工产品批发	2000	8276	11244134	95127	11149007	4274871	16671272	3543325
机械设备、五金交电及电子产品批发	3873	10617	5437167	-8632	5445799	638051	9220068	1453793
贸易经纪与代理	100	10000	544469	3196	541273	70603	659941	125971
其他批发	50	60	416171	662	415509	15772	641215	289670
二、零售业	1130	4963	7924719	21401	7903318	4080116	15403715	5355909
综合零售	780	580	1966232	-726	1966958	3675522	1888379	718782
食品、饮料及烟草制品专门零售		100	338668	10185	328483	37740	697250	311867
纺织、服装及日用品专门零售			905950	1052	904898	38538	1354471	703652
文化、体育用品及器材专门零售			337957		337957	19420	708826	271597
医药及医疗器材专门零售	350	1140	695299	169	695130	-13628	996964	343229
汽车、摩托车、燃料及零配件专门零售		923	1918858	2308	1916550	181064	5316633	1655796
家用电器及电子产品专门零售		10	785173	5875	779298	87725	2270052	379547
五金、家具及室内装修材料专门零售		1010	670284	1215	669069	41573	1396941	548046
无店铺及其他零售		1200	306298	1323	304975	12162	774199	423393

2-B-3 续表 2

单位：千元

行业中类	私营合伙企业	私营有限责任公司	私营股份有限公司	其他企业	港、澳、台商投资企业	合资经营企业（港或澳、台资）	合作经营企业（港或澳、台资）
总　计	**930104**	**34496754**	**2032840**	**733361**	**2301436**	**1342746**	**14125**
一、批发业	704472	25301938	1405482	548412	690059	132546	710
农畜产品批发	80373	1183483	32748	112367			
食品、饮料及烟草制品批发	123735	1192685	43164	97400	77591	73550	
纺织、服装及日用品批发	28349	1302623	78133	16620	62964	12604	200
文化、体育用品及器材批发	7997	537390	26258	30662	5500		
医药及医疗器材批发	15836	944234	35147	10692	7880	7531	
矿产品、建材及化工产品批发	238496	12115691	773760	70467	200384	74867	
机械设备、五金交电及电子产品批发	173013	7218033	375229	39650	202492	-36006	510
贸易经纪与代理	21076	496331	16563	154640	133248		
其他批发	15597	311468	24480	15914			
二、零售业	225632	9194816	627358	184949	1611377	1210200	13415
综合零售	30290	1168855	-29548	45619	1184562	995800	
食品、饮料及烟草制品专门零售	14649	352588	18146	23572	1426		
纺织、服装及日用品专门零售	37149	574819	38851	27819	68059	-513	13415
文化、体育用品及器材专门零售	4555	397663	35011	5722	5068	3973	
医药及医疗器材专门零售	11337	476595	165803	15926			
汽车、摩托车、燃料及零配件专门零售	72189	3478408	110240	31554	324394	208940	
家用电器及电子产品专门零售	21188	1684133	185184	14067	25868		
五金、家具及室内装修材料专门零售	22964	746125	79806	4176			
无店铺及其他零售	11311	315630	23865	16494	2000	2000	

2-B-3 续表 3

单位：千元

行业中类	港、澳、台商独资经营企业	港、澳、台商投资股份有限公司	外商投资企业	中外合资经营企业	中外合作经营企业	外资企业	外商投资股份有限公司
总　计	**688164**	**256401**	**5094451**	**1127949**	**106891**	**2966781**	**892830**
一、批发业	328477	228326	2738112	380670	86512	2262893	8037
农畜产品批发			16523	10290		6233	
食品、饮料及烟草制品批发	3041	1000	150619	69668		80951	
纺织、服装及日用品批发	35986	14174	86734	39786		46612	336
文化、体育用品及器材批发	5500		42437	31116		11321	
医药及医疗器材批发	349		127008	1590		125418	
矿产品、建材及化工产品批发	125517		240736	47954	24997	167785	
机械设备、五金交电及电子产品批发	25557	212431	2063777	179266	61050	1815760	7701
贸易经纪与代理	132527	721	1785	500	465	820	
其他批发			8493	500		7993	
二、零售业	359687	28075	2356339	747279	20379	703888	884793
综合零售	188762		1605713	534959	20379	166842	883533
食品、饮料及烟草制品专门零售		1426	5389	499		4840	50
纺织、服装及日用品专门零售	55157		245290	1696		243594	
文化、体育用品及器材专门零售	1095		40416	634		39782	
医药及医疗器材专门零售			4508	3000		1508	
汽车、摩托车、燃料及零配件专门零售	114163	1291	358087	170169		186708	1210
家用电器及电子产品专门零售	510	25358	3737	300		3437	
五金、家具及室内装修材料专门零售			-45172	-2661		-42511	
无店铺及其他零售			138371	38683		99688	

2-B-4　各地区批发和零售业法人单位所有者权益及损益状况

单位：千元

分　组	所有者权益	主营业务收入	主营业务成本	主营业务税金及附加	利润总额
批发和零售业	**131922631**	**1085266625**	**972454397**	**8591867**	**40485753**
沈阳市	44095755	475854077	443936036	3551346	5670436
大连市	47490688	293593382	262301384	877566	12286514
鞍山市	11666822	117123778	99229819	1825245	8340281
抚顺市	3929293	26728093	22639655	489079	1875781
本溪市	2642028	22151245	15869681	100730	4209156
丹东市	3454229	17034441	13756447	331714	1323703
锦州市	2991511	22639800	20117671	158541	728835
营口市	2868265	19028075	16162283	351956	1321752
阜新市	2066140	15596539	13325118	103078	575071
辽阳市	1601576	11651583	9840532	184708	800685
盘锦市	3018846	27621911	23742045	276990	1451269
铁岭市	1570611	9616013	8111420	87830	629335
朝阳市	2098513	14608089	12902279	76826	631926
葫芦岛市	2428354	12019599	10520027	176258	641009
批发业	**98056780**	**898171869**	**815528156**	**6428122**	**31415695**
沈阳市	32470165	404317420	382453140	2770662	3728809
大连市	37704715	249254832	224166231	642641	10634475
鞍山市	8203842	99216799	86011519	1375840	6477866
抚顺市	2884903	20797740	17745860	338254	1556600
本溪市	1977209	18202494	13044157	67497	3610943
丹东市	2327604	11617967	9214348	272632	986513
锦州市	2025597	15084581	13474740	111928	433630
营口市	1824585	9834793	8316423	227364	724326
阜新市	1479457	12854802	11065815	77734	416505
辽阳市	1100501	8827040	7621791	118487	579189
盘锦市	1661323	21198100	18832894	177316	890772
铁岭市	1087495	5424605	4611316	51872	267239
朝阳市	1581674	12363825	10949130	54034	557887
葫芦岛市	1727710	9176871	8020792	141861	550941
零售业	**33865851**	**187094756**	**156926241**	**2163745**	**9070058**
沈阳市	11625590	71536657	61482896	780684	1941627
大连市	9785973	44338550	38135153	234925	1652039
鞍山市	3462980	17906979	13218300	449405	1862415
抚顺市	1044390	5930353	4893795	150825	319181
本溪市	664819	3948751	2825524	33233	598213
丹东市	1126625	5416474	4542099	59082	337190
锦州市	965914	7555219	6642931	46613	295205
营口市	1043680	9193282	7845860	124592	597426
阜新市	586683	2741737	2259303	25344	158566
辽阳市	501075	2824543	2218741	66221	221496
盘锦市	1357523	6423811	4909151	99674	560497
铁岭市	483116	4191408	3500104	35958	362096
朝阳市	516839	2244264	1953149	22792	74039
葫芦岛市	700644	2842728	2499235	34397	90068

2-B-5 按行业分批发和零售业法人单位损益状况(按登记注册类型分)

单位: 千元

行业中类	内资企业			
	主营业务收入	主营业务成本	主营业务税金及附加	利润总额
总　计	**1051986955**	**944010276**	**8410353**	**38976575**
一、批发业	881872923	801285325	6373246	30811755
农畜产品批发	33740908	29189303	248433	1256865
食品、饮料及烟草制品批发	52832200	43401660	430840	4834656
纺织、服装及日用品批发	28687760	24661947	445042	1817538
文化、体育用品及器材批发	6632099	5474892	131714	211068
医药及医疗器材批发	24159420	22131077	174758	562623
矿产品、建材及化工产品批发	611715196	569108497	3191232	16121837
机械设备、五金交电及电子产品批发	108904395	94493255	1494856	4973786
贸易经纪与代理	3667417	3042187	82527	241416
其他批发	11533528	9782507	173844	791966
二、零售业	170114032	142724951	2037107	8164820
综合零售	41552464	34402552	447501	1415997
食品、饮料及烟草制品专门零售	4943841	3894040	99174	311721
纺织、服装及日用品专门零售	11027838	8577694	195161	731415
文化、体育用品及器材专门零售	5806837	4447708	129396	402138
医药及医疗器材专门零售	7974840	6442450	96376	340329
汽车、摩托车、燃料及零配件专门零售	68906378	60222547	573119	3299030
家用电器及电子产品专门零售	17495938	15084894	202394	838187
五金、家具及室内装修材料专门零售	8344176	6509251	210039	535521
无店铺及其他零售	4061720	3143815	83947	290482

2-B-5 续表 1

单位: 千元

行业中类	国有企业			
	主营业务收入	主营业务成本	主营业务税金及附加	利润总额
总　计	**110572751**	**100713523**	**668544**	**4094491**
一、批发业	105510334	96551315	597307	3984985
农畜产品批发	7825931	7275512	27597	41506
食品、饮料及烟草制品批发	18474206	14547134	123363	2215914
纺织、服装及日用品批发	205693	184011	2689	5035
文化、体育用品及器材批发	794408	579649	21998	12324
医药及医疗器材批发	3346615	3177159	24115	30884
矿产品、建材及化工产品批发	68785887	65216202	337199	1492230
机械设备、五金交电及电子产品批发	5537880	5077062	55136	172148
贸易经纪与代理	113411	98067	1389	3281
其他批发	426303	396519	3821	11663
二、零售业	5062417	4162208	71237	109506
综合零售	984378	822418	11450	14126
食品、饮料及烟草制品专门零售	427166	331010	4966	20801
纺织、服装及日用品专门零售	304846	239778	6231	10461
文化、体育用品及器材专门零售	871425	671021	10369	1396
医药及医疗器材专门零售	531131	409918	8238	18824
汽车、摩托车、燃料及零配件专门零售	1492299	1334859	24683	33071
家用电器及电子产品专门零售	30481	24712	857	954
五金、家具及室内装修材料专门零售	124462	100274	2538	1450
无店铺及其他零售	296229	228218	1905	8423

2-B-5　续表 2　　　　单位：千元

行业中类	集体企业			
	主营业务收入	主营业务成本	主营业务税金及附加	利润总额
总　计	**17621783**	**14187026**	**345139**	**1353492**
一、批发业	13598372	11240405	269882	937936
农畜产品批发	1379180	1148022	26049	85961
食品、饮料及烟草制品批发	619676	514755	13032	39509
纺织、服装及日用品批发	218528	176764	2983	17508
文化、体育用品及器材批发	43264	35578	1787	688
医药及医疗器材批发	144587	117093	4979	10873
矿产品、建材及化工产品批发	7784850	6408483	149604	588646
机械设备、五金交电及电子产品批发	1893584	1513852	43237	129970
贸易经纪与代理	34218	28825	774	1480
其他批发	1480485	1297033	27437	63301
二、零售业	4023411	2946621	75257	415556
综合零售	1320635	1010017	27836	106091
食品、饮料及烟草制品专门零售	201869	157636	3114	14510
纺织、服装及日用品专门零售	254152	191881	5715	14139
文化、体育用品及器材专门零售	182015	105439	6465	12934
医药及医疗器材专门零售	121906	83780	2884	16777
汽车、摩托车、燃料及零配件专门零售	1290588	898584	17902	190452
家用电器及电子产品专门零售	114611	87509	2771	10758
五金、家具及室内装修材料专门零售	199233	147734	3741	25738
无店铺及其他零售	338402	264041	4829	24157

2-B-5　续表 3　　　　单位：千元

行业中类	股份合作企业			
	主营业务收入	主营业务成本	主营业务税金及附加	利润总额
总　计	**4222123**	**3529121**	**73069**	**198278**
一、批发业	3090844	2632438	44360	141964
农畜产品批发	90251	76411	757	-649
食品、饮料及烟草制品批发	472769	392761	4782	41469
纺织、服装及日用品批发	109011	91609	1498	2626
文化、体育用品及器材批发	64471	56908	988	3008
医药及医疗器材批发	91007	82083	940	1916
矿产品、建材及化工产品批发	1369729	1179864	23868	49755
机械设备、五金交电及电子产品批发	813041	681490	11246	38289
贸易经纪与代理	1984	1709	24	48
其他批发	78581	69603	257	5502
二、零售业	1131279	896683	28709	56314
综合零售	45369	36805	1211	96
食品、饮料及烟草制品专门零售	41907	32689	898	1420
纺织、服装及日用品专门零售	76666	59721	1527	3151
文化、体育用品及器材专门零售	362373	295868	16159	3632
医药及医疗器材专门零售	61976	45547	1143	2660
汽车、摩托车、燃料及零配件专门零售	353683	276595	3595	38698
家用电器及电子产品专门零售	35869	29787	553	-2341
五金、家具及室内装修材料专门零售	116904	93056	2874	3649
无店铺及其他零售	36532	26615	749	5349

2-B-5 续表 4

单位：千元

行业中类	联营企业			
	主营业务收入	主营业务成本	主营业务税金及附加	利润总额
总　计	**892937**	**717779**	**7518**	**61733**
一、批发业	669734	535304	6371	39429
农畜产品批发	41926	35459	1280	1960
食品、饮料及烟草制品批发	97320	80598	392	7499
纺织、服装及日用品批发	5931	4740	225	370
文化、体育用品及器材批发	120	99	5	-56
医药及医疗器材批发	639	515	3	-4
矿产品、建材及化工产品批发	384214	303783	2753	27720
机械设备、五金交电及电子产品批发	120490	106996	785	1089
贸易经纪与代理	16161	473	884	793
其他批发	2933	2641	44	58
二、零售业	223203	182475	1147	22304
综合零售	21875	17160	195	1133
食品、饮料及烟草制品专门零售	13578	9095	29	3020
纺织、服装及日用品专门零售	118766	99699	210	14759
文化、体育用品及器材专门零售				
医药及医疗器材专门零售	23150	17055	312	1386
汽车、摩托车、燃料及零配件专门零售	30240	26957	71	696
家用电器及电子产品专门零售	6470	5577	38	430
五金、家具及室内装修材料专门零售	4176	2959	288	651
无店铺及其他零售	4948	3973	4	229

2-B-5 续表 5

单位：千元

行业中类	国有联营企业			
	主营业务收入	主营业务成本	主营业务税金及附加	利润总额
总　计	**79741**	**72833**	**89**	**-1359**
一、批发业	63975	58463	36	-1689
农畜产品批发				
食品、饮料及烟草制品批发				
纺织、服装及日用品批发				
文化、体育用品及器材批发				
医药及医疗器材批发				
矿产品、建材及化工产品批发	8367	6708	17	358
机械设备、五金交电及电子产品批发	55275	51492	7	-2062
贸易经纪与代理	200	162	11	9
其他批发	133	101	1	6
二、零售业	15766	14370	53	330
综合零售				
食品、饮料及烟草制品专门零售				
纺织、服装及日用品专门零售				
文化、体育用品及器材专门零售				
医药及医疗器材专门零售				
汽车、摩托车、燃料及零配件专门零售	9496	8953	15	-99
家用电器及电子产品专门零售	6270	5417	38	429
五金、家具及室内装修材料专门零售				
无店铺及其他零售				

2-B-5　续表 6　　单位：千元

行业中类	集体联营企业			
	主营业务收入	主营业务成本	主营业务税金及附加	利润总额
总　计	**566793**	**454462**	**3197**	**44795**
一、批发业	405209	322789	2756	24920
农畜产品批发	3680	2945	70	266
食品、饮料及烟草制品批发	64580	54348	283	2662
纺织、服装及日用品批发	5431	4330	197	380
文化、体育用品及器材批发				
医药及医疗器材批发	639	515	3	-4
矿产品、建材及化工产品批发	303649	237296	1920	20560
机械设备、五金交电及电子产品批发	25500	21695	281	1013
贸易经纪与代理				
其他批发	1730	1660	2	43
二、零售业	161584	131673	441	19875
综合零售	7681	5878	160	1000
食品、饮料及烟草制品专门零售	13078	8695	9	2950
纺织、服装及日用品专门零售	118766	99699	210	14759
文化、体育用品及器材专门零售				
医药及医疗器材专门零售	9144	6346	49	566
汽车、摩托车、燃料及零配件专门零售	12915	11055	13	600
家用电器及电子产品专门零售				
五金、家具及室内装修材料专门零售				
无店铺及其他零售				

2-B-5　续表 7　　单位：千元

行业中类	国有与集体联营企业			
	主营业务收入	主营业务成本	主营业务税金及附加	利润总额
总　计	**50815**	**40954**	**594**	**1743**
一、批发业	37572	30494	469	1674
农畜产品批发	21515	17914	10	794
食品、饮料及烟草制品批发				
纺织、服装及日用品批发				
文化、体育用品及器材批发				
医药及医疗器材批发				
矿产品、建材及化工产品批发	5000	4200	20	20
机械设备、五金交电及电子产品批发	9777	7429	392	747
贸易经纪与代理	510	311	15	110
其他批发	770	640	32	3
二、零售业	13243	10460	125	69
综合零售	8743	6900	5	-211
食品、饮料及烟草制品专门零售				
纺织、服装及日用品专门零售				
文化、体育用品及器材专门零售				
医药及医疗器材专门零售	4500	3560	120	280
汽车、摩托车、燃料及零配件专门零售				
家用电器及电子产品专门零售				
五金、家具及室内装修材料专门零售				
无店铺及其他零售				

2-B-5 续表 8

单位：千元

行业中类	其他联营企业			
	主营业务收入	主营业务成本	主营业务税金及附加	利润总额
总　计	**195588**	**149530**	**3638**	**16554**
一、批发业	162978	123558	3110	14524
农畜产品批发	16731	14600	1200	900
食品、饮料及烟草制品批发	32740	26250	109	4837
纺织、服装及日用品批发	500	410	28	-10
文化、体育用品及器材批发	120	99	5	-56
医药及医疗器材批发				
矿产品、建材及化工产品批发	67198	55579	796	6782
机械设备、五金交电及电子产品批发	29938	26380	105	1391
贸易经纪与代理	15451		858	674
其他批发	300	240	9	6
二、零售业	32610	25972	528	2030
综合零售	5451	4382	30	344
食品、饮料及烟草制品专门零售	500	400	20	70
纺织、服装及日用品专门零售				
文化、体育用品及器材专门零售				
医药及医疗器材专门零售	9506	7149	143	540
汽车、摩托车、燃料及零配件专门零售	7829	6949	43	195
家用电器及电子产品专门零售	200	160		1
五金、家具及室内装修材料专门零售	4176	2959	288	651
无店铺及其他零售	4948	3973	4	229

2-B-5 续表 9

单位：千元

行业中类	有限责任公司			
	主营业务收入	主营业务成本	主营业务税金及附加	利润总额
总　计	**231556611**	**203455168**	**2023615**	**9762879**
一、批发业	189250698	168104694	1475963	8205056
农畜产品批发	6628601	5054114	25523	436779
食品、饮料及烟草制品批发	15003934	12327785	82612	1515407
纺织、服装及日用品批发	8730466	7482426	76828	342646
文化、体育用品及器材批发	1687689	1431161	17152	75595
医药及医疗器材批发	9169726	8462768	40434	252158
矿产品、建材及化工产品批发	103981950	95294822	674730	3530906
机械设备、五金交电及电子产品批发	40937889	35571088	514678	1770736
贸易经纪与代理	1105120	902959	11686	99883
其他批发	2005323	1577571	32320	180946
二、零售业	42305913	35350474	547652	1557823
综合零售	12151586	9853676	146243	192763
食品、饮料及烟草制品专门零售	1084912	860787	27789	51760
纺织、服装及日用品专门零售	4030204	3364475	27364	191505
文化、体育用品及器材专门零售	1101314	842392	20820	70049
医药及医疗器材专门零售	2504405	2103315	16999	43249
汽车、摩托车、燃料及零配件专门零售	14024501	12306034	145723	544910
家用电器及电子产品专门零售	4271290	3455335	82944	318077
五金、家具及室内装修材料专门零售	2483141	2047708	61776	104255
无店铺及其他零售	654560	516752	17994	41255

2-B-5 续表 10

单位：千元

行业中类	国有独资公司			
	主营业务收入	主营业务成本	主营业务税金及附加	利润总额
总　计	**3514555**	**3278167**	**39901**	**32921**
一、批发业	3422571	3206465	38320	37305
农畜产品批发	34710	33057	628	-75
食品、饮料及烟草制品批发	265250	197288	513	15221
纺织、服装及日用品批发				
文化、体育用品及器材批发	3833	3067	515	13
医药及医疗器材批发				
矿产品、建材及化工产品批发	2261555	2215531	1844	24938
机械设备、五金交电及电子产品批发	839063	748302	34818	-7882
贸易经纪与代理	17366	9024	2	5072
其他批发	794	196		18
二、零售业	91984	71702	1581	-4384
综合零售	14268	14485	56	-10726
食品、饮料及烟草制品专门零售	21382	14311	533	2873
纺织、服装及日用品专门零售	1105	779	17	-1
文化、体育用品及器材专门零售				
医药及医疗器材专门零售	32793	25685	529	844
汽车、摩托车、燃料及零配件专门零售	8824	5843	15	1276
家用电器及电子产品专门零售	4959	4685	21	99
五金、家具及室内装修材料专门零售	5696	3475	263	1230
无店铺及其他零售	2957	2439	147	21

2-B-5 续表 11

单位：千元

行业中类	其他有限责任公司			
	主营业务收入	主营业务成本	主营业务税金及附加	利润总额
总　计	**228042056**	**200177001**	**1983714**	**9729958**
一、批发业	185828127	164898229	1437643	8167751
农畜产品批发	6593891	5021057	24895	436854
食品、饮料及烟草制品批发	14738684	12130497	82099	1500186
纺织、服装及日用品批发	8730466	7482426	76828	342646
文化、体育用品及器材批发	1683856	1428094	16637	75582
医药及医疗器材批发	9169726	8462768	40434	252158
矿产品、建材及化工产品批发	101720395	93079291	672886	3505968
机械设备、五金交电及电子产品批发	40098826	34822786	479860	1778618
贸易经纪与代理	1087754	893935	11684	94811
其他批发	2004529	1577375	32320	180928
二、零售业	42213929	35278772	546071	1562207
综合零售	12137318	9839191	146187	203489
食品、饮料及烟草制品专门零售	1063530	846476	27256	48887
纺织、服装及日用品专门零售	4029099	3363696	27347	191506
文化、体育用品及器材专门零售	1101314	842392	20820	70049
医药及医疗器材专门零售	2471612	2077630	16470	42405
汽车、摩托车、燃料及零配件专门零售	14015677	12300191	145708	543634
家用电器及电子产品专门零售	4266331	3450650	82923	317978
五金、家具及室内装修材料专门零售	2477445	2044233	61513	103025
无店铺及其他零售	651603	514313	17847	41234

2-B-5 续表 12

单位：千元

行业中类	股份有限公司			
	主营业务收入	主营业务成本	主营业务税金及附加	利润总额
总　计	**305814667**	**291448114**	**425511**	**4494879**
一、批发业	269769267	260592978	245733	2528537
农畜产品批发	476367	418074	1832	-10269
食品、饮料及烟草制品批发	220213	190263	3603	1986
纺织、服装及日用品批发	3494013	3199065	6725	751761
文化、体育用品及器材批发	197996	175859	1527	6061
医药及医疗器材批发	1999313	1763083	15022	49861
矿产品、建材及化工产品批发	260070473	251921424	174962	1561556
机械设备、五金交电及电子产品批发	2940894	2590805	35648	160932
贸易经纪与代理	81054	66250	4989	1495
其他批发	288944	268155	1425	5154
二、零售业	36045400	30855136	179778	1966342
综合零售	14248633	12181508	102014	499025
食品、饮料及烟草制品专门零售	75130	57151	1483	5000
纺织、服装及日用品专门零售	96182	62374	3120	7004
文化、体育用品及器材专门零售	272738	68698	13521	175063
医药及医疗器材专门零售	58536	41871	1633	5936
汽车、摩托车、燃料及零配件专门零售	20727032	17961651	51204	1249879
家用电器及电子产品专门零售	428151	370068	4566	18488
五金、家具及室内装修材料专门零售	98792	82007	1738	3593
无店铺及其他零售	40206	29808	499	2354

2-B-5 续表 13

单位：千元

行业中类	私营企业			
	主营业务收入	主营业务成本	主营业务税金及附加	利润总额
总　计	**376513089**	**326057088**	**4780565**	**18624736**
一、批发业	295863832	258237016	3663456	14639055
农畜产品批发	16337598	14417842	148969	599840
食品、饮料及烟草制品批发	16999451	14590046	187785	923535
纺织、服装及日用品批发	15657250	13313745	345173	675146
文化、体育用品及器材批发	3821176	3177225	87840	116222
医药及医疗器材批发	9289591	8434116	87729	204595
矿产品、建材及化工产品批发	168393714	147946468	1820323	8829642
机械设备、五金交电及电子产品批发	56415203	48753681	827236	2679610
贸易经纪与代理	1876876	1575829	54673	101488
其他批发	7072973	6028064	103728	508977
二、零售业	80649257	67820072	1117109	3985681
综合零售	12679705	10413599	154792	589596
食品、饮料及烟草制品专门零售	3022789	2387756	59008	210852
纺织、服装及日用品专门零售	6066431	4501446	149200	481999
文化、体育用品及器材专门零售	2993045	2448111	61222	136069
医药及医疗器材专门零售	4607841	3690047	64546	245808
汽车、摩托车、燃料及零配件专门零售	30859703	27315088	327363	1235969
家用电器及电子产品专门零售	12552476	11067334	108874	488652
五金、家具及室内装修材料专门零售	5298346	4020400	136504	395155
无店铺及其他零售	2568921	1976291	55600	201581

2-B-5　续表 14　　单位：千元

行业中类	私营独资企业			
	主营业务收入	主营业务成本	主营业务税金及附加	利润总额
总　计	**77518141**	**62423343**	**1971382**	**5689719**
一、批发业	55633862	45642998	1404182	3973975
农畜产品批发	4046806	3322959	87199	295954
食品、饮料及烟草制品批发	3885271	3183932	80997	287138
纺织、服装及日用品批发	5128239	4088556	200801	368254
文化、体育用品及器材批发	689945	473019	23612	29725
医药及医疗器材批发	732389	617883	12071	39487
矿产品、建材及化工产品批发	29882605	24616657	726832	2178738
机械设备、五金交电及电子产品批发	7451813	6176695	175817	475266
贸易经纪与代理	943869	803844	29544	56760
其他批发	2872925	2359453	67309	242653
二、零售业	21884279	16780345	567200	1715744
综合零售	2889430	2239913	77560	187697
食品、饮料及烟草制品专门零售	1144338	856332	34352	107297
纺织、服装及日用品专门零售	2816495	2016347	92972	270980
文化、体育用品及器材专门零售	928914	684061	27456	80574
医药及医疗器材专门零售	1425631	1061599	35591	141559
汽车、摩托车、燃料及零配件专门零售	7056859	5702047	140154	468829
家用电器及电子产品专门零售	1499136	1168490	39128	108929
五金、家具及室内装修材料专门零售	2518123	1818786	81075	221698
无店铺及其他零售	1605353	1232770	38912	128181

2-B-5　续表 15　　单位：千元

行业中类	私营合伙企业			
	主营业务收入	主营业务成本	主营业务税金及附加	利润总额
总　计	**7165193**	**5950967**	**143185**	**487742**
一、批发业	6229440	5219318	127494	414928
农畜产品批发	775931	652769	8956	62119
食品、饮料及烟草制品批发	1313804	1076871	20072	117864
纺织、服装及日用品批发	195271	156845	8756	11277
文化、体育用品及器材批发	71792	62260	1061	2600
医药及医疗器材批发	132128	113314	1928	8222
矿产品、建材及化工产品批发	2066517	1694039	58753	140438
机械设备、五金交电及电子产品批发	1024112	852396	23087	56466
贸易经纪与代理	169839	147923	3989	6784
其他批发	480046	462901	892	9158
二、零售业	935753	731649	15691	72814
综合零售	229195	179631	2573	13899
食品、饮料及烟草制品专门零售	27228	20782	1042	2025
纺织、服装及日用品专门零售	152000	126189	2020	11370
文化、体育用品及器材专门零售	12377	9386	123	1119
医药及医疗器材专门零售	44198	34906	1150	1526
汽车、摩托车、燃料及零配件专门零售	209084	166479	3638	16096
家用电器及电子产品专门零售	87238	63425	1810	10453
五金、家具及室内装修材料专门零售	107853	83534	2367	9641
无店铺及其他零售	66580	47317	968	6685

2-B-5 续表 16

单位：千元

行业中类	私营有限责任公司			
	主营业务收入	主营业务成本	主营业务税金及附加	利润总额
总 计	**275839448**	**243787173**	**2487472**	**11680430**
一、批发业	222029702	196907207	1981549	9608770
农畜产品批发	11364899	10323768	51141	224391
食品、饮料及烟草制品批发	11484724	10071238	83084	495297
纺织、服装及日用品批发	10065391	8845919	131194	288114
文化、体育用品及器材批发	2940534	2547093	59621	74616
医药及医疗器材批发	8165135	7478098	70274	148879
矿产品、建材及化工产品批发	128242344	114328510	976654	6072696
机械设备、五金交电及电子产品批发	45500957	39646787	556051	2042910
贸易经纪与代理	736393	602810	20226	36252
其他批发	3529325	3062984	33304	225615
二、零售业	53809746	46879966	505923	2071660
综合零售	8854318	7450018	67945	383816
食品、饮料及烟草制品专门零售	1779731	1455399	22481	96933
纺织、服装及日用品专门零售	2972367	2268902	52090	192506
文化、体育用品及器材专门零售	1959524	1679588	32683	47535
医药及医疗器材专门零售	2879116	2365750	26392	93903
汽车、摩托车、燃料及零配件专门零售	22810015	20754551	177205	725592
家用电器及电子产品专门零售	9156632	8223194	62619	308008
五金、家具及室内装修材料专门零售	2544061	2017822	50361	161110
无店铺及其他零售	853982	664742	14147	62257

2-B-5 续表 17

单位：千元

行业中类	私营股份有限公司			
	主营业务收入	主营业务成本	主营业务税金及附加	利润总额
总 计	**15990307**	**13895605**	**178526**	**766845**
一、批发业	11970828	10467493	150231	641382
农畜产品批发	149962	118346	1673	17376
食品、饮料及烟草制品批发	315652	258005	3632	23236
纺织、服装及日用品批发	268349	222425	4422	7501
文化、体育用品及器材批发	118905	94853	3546	9281
医药及医疗器材批发	259939	224821	3456	8007
矿产品、建材及化工产品批发	8202248	7307262	58084	437770
机械设备、五金交电及电子产品批发	2438321	2077803	72281	104968
贸易经纪与代理	26775	21252	914	1692
其他批发	190677	142726	2223	31551
二、零售业	4019479	3428112	28295	125463
综合零售	706762	544037	6714	4184
食品、饮料及烟草制品专门零售	71492	55243	1133	4597
纺织、服装及日用品专门零售	125569	90008	2118	7143
文化、体育用品及器材专门零售	92230	75076	960	6841
医药及医疗器材专门零售	258896	227792	1413	8820
汽车、摩托车、燃料及零配件专门零售	783745	692011	6366	25452
家用电器及电子产品专门零售	1809470	1612225	5317	61262
五金、家具及室内装修材料专门零售	128309	100258	2701	2706
无店铺及其他零售	43006	31462	1573	4458

2-B-5　续表 18　　　　单位：千元

行业中类	其他企业			
	主营业务收入	主营业务成本	主营业务税金及附加	利润总额
总　计	**4792994**	**3902457**	**86392**	**386087**
一、批发业	4119842	3391175	70174	334793
农畜产品批发	961054	763869	16426	101737
食品、饮料及烟草制品批发	944631	758318	15271	89337
纺织、服装及日用品批发	266868	209587	8921	22446
文化、体育用品及器材批发	22975	18413	417	-2774
医药及医疗器材批发	117942	94260	1536	12340
矿产品、建材及化工产品批发	944379	837451	7793	41382
机械设备、五金交电及电子产品批发	245414	198281	6890	21012
贸易经纪与代理	438593	368075	8108	32948
其他批发	177986	142921	4812	16365
二、零售业	673152	511282	16218	51294
综合零售	100283	67369	3760	13167
食品、饮料及烟草制品专门零售	76490	57916	1887	4358
纺织、服装及日用品专门零售	80591	58320	1794	8397
文化、体育用品及器材专门零售	23927	16179	840	2995
医药及医疗器材专门零售	65895	50917	621	5689
汽车、摩托车、燃料及零配件专门零售	128332	102779	2578	5355
家用电器及电子产品专门零售	56590	44572	1791	3169
五金、家具及室内装修材料专门零售	19122	15113	580	1030
无店铺及其他零售	121922	98117	2367	7134

2-B-5　续表 19　　　　单位：千元

行业中类	港、澳、台商投资企业			
	主营业务收入	主营业务成本	主营业务税金及附加	利润总额
总　计	**13723471**	**11584427**	**48034**	**913983**
一、批发业	6157312	5361599	24156	214837
农畜产品批发				
食品、饮料及烟草制品批发	261163	182652	506	58536
纺织、服装及日用品批发	807136	702548	3678	33245
文化、体育用品及器材批发	31662	20883	1711	7536
医药及医疗器材批发	105455	98056	272	-907
矿产品、建材及化工产品批发	1809408	1469381	2300	106153
机械设备、五金交电及电子产品批发	2816428	2609258	15685	19527
贸易经纪与代理	326060	278821	4	-9253
其他批发				
二、零售业	7566159	6222828	23878	699146
综合零售	4140338	3198387	20983	567555
食品、饮料及烟草制品专门零售	3445	2446	173	45
纺织、服装及日用品专门零售	361022	273062	1767	5175
文化、体育用品及器材专门零售	18947	13103	253	3927
医药及医疗器材专门零售				
汽车、摩托车、燃料及零配件专门零售	2977555	2685951	508	121637
家用电器及电子产品专门零售	60102	46506	4	417
五金、家具及室内装修材料专门零售				
无店铺及其他零售	4750	3373	190	390

2-B-5 续表 20

单位：千元

行业中类	合资经营企业(港或澳、台资)			
	主营业务收入	主营业务成本	主营业务税金及附加	利润总额
总　计	**6007638**	**4955642**	**19472**	**660076**
一、批发业	1622725	1325486	3611	138106
农畜产品批发				
食品、饮料及烟草制品批发	215375	142825	136	56776
纺织、服装及日用品批发	29563	23970	909	1601
文化、体育用品及器材批发				
医药及医疗器材批发	41942	37650	253	291
矿产品、建材及化工产品批发	194116	99631	1096	75717
机械设备、五金交电及电子产品批发	1141729	1021410	1217	3721
贸易经纪与代理				
其他批发				
二、零售业	4384913	3630156	15861	521970
综合零售	2497835	1976047	15008	433273
食品、饮料及烟草制品专门零售				
纺织、服装及日用品专门零售	162572	119477	643	669
文化、体育用品及器材专门零售	5038	4062	16	184
医药及医疗器材专门零售				
汽车、摩托车、燃料及零配件专门零售	1714718	1527197	4	87454
家用电器及电子产品专门零售				
五金、家具及室内装修材料专门零售				
无店铺及其他零售	4750	3373	190	390

2-B-5 续表 21

单位：千元

行业中类	合作经营企业(港或澳、台资)			
	主营业务收入	主营业务成本	主营业务税金及附加	利润总额
总　计	**89279**	**74847**	**304**	**-3766**
一、批发业	3425	2444	150	84
农畜产品批发				
食品、饮料及烟草制品批发				
纺织、服装及日用品批发	2700	1863	149	88
文化、体育用品及器材批发				
医药及医疗器材批发				
矿产品、建材及化工产品批发				
机械设备、五金交电及电子产品批发	725	581	1	-4
贸易经纪与代理				
其他批发				
二、零售业	85854	72403	154	-3850
综合零售				
食品、饮料及烟草制品专门零售				
纺织、服装及日用品专门零售	85854	72403	154	-3850
文化、体育用品及器材专门零售				
医药及医疗器材专门零售				
汽车、摩托车、燃料及零配件专门零售				
家用电器及电子产品专门零售				
五金、家具及室内装修材料专门零售				
无店铺及其他零售				

2-B-5　续表 22　　　　单位：千元

行业中类	港、澳、台商独资经营企业			
	主营业务收入	主营业务成本	主营业务税金及附加	利润总额
总　计	**7171986**	**6169659**	**14179**	**233130**
一、批发业	4140815	3698846	6494	52358
农畜产品批发				
食品、饮料及烟草制品批发	44235	38568	284	1741
纺织、服装及日用品批发	684588	604486	2620	16365
文化、体育用品及器材批发	31662	20883	1711	7536
医药及医疗器材批发	63513	60406	19	-1198
矿产品、建材及化工产品批发	1615292	1369750	1204	30436
机械设备、五金交电及电子产品批发	1375551	1325969	656	6568
贸易经纪与代理	325974	278784		-9090
其他批发				
二、零售业	3031171	2470813	7685	180772
综合零售	1642503	1222340	5975	134282
食品、饮料及烟草制品专门零售				
纺织、服装及日用品专门零售	112596	81182	970	8356
文化、体育用品及器材专门零售	13909	9041	237	3743
医药及医疗器材专门零售				
汽车、摩托车、燃料及零配件专门零售	1261713	1157890	499	34353
家用电器及电子产品专门零售	450	360	4	38
五金、家具及室内装修材料专门零售				
无店铺及其他零售				

2-B-5　续表 23　　　　单位：千元

行业中类	港、澳、台商投资股份有限公司			
	主营业务收入	主营业务成本	主营业务税金及附加	利润总额
总　计	**454568**	**384279**	**14079**	**24543**
一、批发业	390347	334823	13901	24289
农畜产品批发				
食品、饮料及烟草制品批发	1553	1259	86	19
纺织、服装及日用品批发	90285	72229		15191
文化、体育用品及器材批发				
医药及医疗器材批发				
矿产品、建材及化工产品批发				
机械设备、五金交电及电子产品批发	298423	261298	13811	9242
贸易经纪与代理	86	37	4	-163
其他批发				
二、零售业	64221	49456	178	254
综合零售				
食品、饮料及烟草制品专门零售	3445	2446	173	45
纺织、服装及日用品专门零售				
文化、体育用品及器材专门零售				
医药及医疗器材专门零售				
汽车、摩托车、燃料及零配件专门零售	1124	864	5	-170
家用电器及电子产品专门零售	59652	46146		379
五金、家具及室内装修材料专门零售				
无店铺及其他零售				

2-B-5 续表 24

单位：千元

行业中类	外商投资企业			
	主营业务收入	主营业务成本	主营业务税金及附加	利润总额
总　计	**19556199**	**16859694**	**133480**	**595195**
一、批发业	10141634	8881232	30720	389103
农畜产品批发	201437	195683	286	825
食品、饮料及烟草制品批发	569697	469755	2255	48628
纺织、服装及日用品批发	507509	428792	2287	3689
文化、体育用品及器材批发	95253	88779	877	-3261
医药及医疗器材批发	423223	195897	260	74734
矿产品、建材及化工产品批发	3375771	3180864	8571	35618
机械设备、五金交电及电子产品批发	4880568	4244803	16145	228506
贸易经纪与代理	1635	1351	33	-63
其他批发	86541	75308	6	427
二、零售业	9414565	7978462	102760	206092
综合零售	7451763	6215679	98186	249912
食品、饮料及烟草制品专门零售	3685	2815	181	-118
纺织、服装及日用品专门零售	290228	224833	1381	8456
文化、体育用品及器材专门零售	12455	9532	205	-10494
医药及医疗器材专门零售	6608	5139	56	354
汽车、摩托车、燃料及零配件专门零售	1475057	1382950	1903	-3940
家用电器及电子产品专门零售	12228	8769	634	375
五金、家具及室内装修材料专门零售	135372	109333	138	-34827
无店铺及其他零售	27169	19412	76	-3626

2-B-5 续表 25

单位：千元

行业中类	中外合资经营企业			
	主营业务收入	主营业务成本	主营业务税金及附加	利润总额
总　计	**6641972**	**5816746**	**87032**	**185503**
一、批发业	1450009	1305026	12334	26482
农畜产品批发	62763	61264	181	193
食品、饮料及烟草制品批发	149626	138521	195	1457
纺织、服装及日用品批发	90321	69821	1225	7446
文化、体育用品及器材批发	8006	6574	41	-2227
医药及医疗器材批发	16540	14060	13	813
矿产品、建材及化工产品批发	173310	157871	219	9356
机械设备、五金交电及电子产品批发	948900	856478	10435	9473
贸易经纪与代理	453	363	20	-7
其他批发	90	74	5	-22
二、零售业	5191963	4511720	74698	159021
综合零售	3773939	3178555	73954	161373
食品、饮料及烟草制品专门零售	1337	963	85	29
纺织、服装及日用品专门零售	3211	2349	73	71
文化、体育用品及器材专门零售	842	675	42	-30
医药及医疗器材专门零售	5073	3951	3	361
汽车、摩托车、燃料及零配件专门零售	1316328	1250984	365	-2201
家用电器及电子产品专门零售	4	3		-10
五金、家具及室内装修材料专门零售	68762	58009	100	-205
无店铺及其他零售	22467	16231	76	-367

2-B-5　续表 26　　　　单位：千元

行业中类	中外合作经营企业			
	主营业务收入	主营业务成本	主营业务税金及附加	利润总额
总　计	**253818**	**219241**	**6136**	**1826**
一、批发业	205942	176727	3696	3851
农畜产品批发				
食品、饮料及烟草制品批发				
纺织、服装及日用品批发				
文化、体育用品及器材批发				
医药及医疗器材批发				
矿产品、建材及化工产品批发	61766	50017	2749	3050
机械设备、五金交电及电子产品批发	143356	126017	946	768
贸易经纪与代理	820	693	1	33
其他批发				
二、零售业	47876	42514	2440	-2025
综合零售	47876	42514	2440	-2025
食品、饮料及烟草制品专门零售				
纺织、服装及日用品专门零售				
文化、体育用品及器材专门零售				
医药及医疗器材专门零售				
汽车、摩托车、燃料及零配件专门零售				
家用电器及电子产品专门零售				
五金、家具及室内装修材料专门零售				
无店铺及其他零售				

2-B-5　续表 27　　　　单位：千元

行业中类	外资企业			
	主营业务收入	主营业务成本	主营业务税金及附加	利润总额
总　计	**10449905**	**8996634**	**30493**	**324405**
一、批发业	8434237	7355075	13013	359482
农畜产品批发	138674	134419	105	632
食品、饮料及烟草制品批发	420071	331234	2060	47171
纺织、服装及日用品批发	415387	357529	1062	-3677
文化、体育用品及器材批发	87247	82205	836	-1034
医药及医疗器材批发	406683	181837	247	73921
矿产品、建材及化工产品批发	3140695	2972976	5603	23212
机械设备、五金交电及电子产品批发	3738667	3219346	3087	218897
贸易经纪与代理	362	295	12	-89
其他批发	86451	75234	1	449
二、零售业	2015668	1641559	17480	-35077
综合零售	1472961	1213551	13762	6396
食品、饮料及烟草制品专门零售	2303	1809	96	-142
纺织、服装及日用品专门零售	287017	222484	1308	8385
文化、体育用品及器材专门零售	11613	8857	163	-10464
医药及医疗器材专门零售	1535	1188	53	-7
汽车、摩托车、燃料及零配件专门零售	156703	130399	1426	-1749
家用电器及电子产品专门零售	12224	8766	634	385
五金、家具及室内装修材料专门零售	66610	51324	38	-34622
无店铺及其他零售	4702	3181		-3259

2-B-5 续表 28 单位：千元

行业中类	外商投资股份有限公司			
	主营业务收入	主营业务成本	主营业务税金及附加	利润总额
总　计	**2210504**	**1827073**	**9819**	**83461**
一、批发业	51446	44404	1677	-712
农畜产品批发				
食品、饮料及烟草制品批发				
纺织、服装及日用品批发	1801	1442		-80
文化、体育用品及器材批发				
医药及医疗器材批发				
矿产品、建材及化工产品批发				
机械设备、五金交电及电子产品批发	49645	42962	1677	-632
贸易经纪与代理				
其他批发				
二、零售业	2159058	1782669	8142	84173
综合零售	2156987	1781059	8030	84168
食品、饮料及烟草制品专门零售	45	43		-5
纺织、服装及日用品专门零售				
文化、体育用品及器材专门零售				
医药及医疗器材专门零售				
汽车、摩托车、燃料及零配件专门零售	2026	1567	112	10
家用电器及电子产品专门零售				
五金、家具及室内装修材料专门零售				
无店铺及其他零售				

2-B-6 限额以上批发和零售业法人单位按登记注册类型分资产负债

单位：千元

登记注册类型	流动资产合计	固定资产原价	累计折旧	资产总计	负债合计	所有者权益
总 计	**184497322**	**40124455**	**12363277**	**245582671**	**179668209**	**83200231**
内资企业	**138888737**	**18859079**	**5966093**	**171418517**	**128460388**	**42418825**
国有企业	29615385	6431966	1873107	37265148	27671116	9570942
集体企业	1076852	130385	44295	1338893	1200512	138381
股份合作企业	560602	80585	24560	626678	536509	90169
联营企业	386239	9092	4475	391347	288527	102820
国有联营企业	86022	8483	4179	90395	80946	9449
集体联营企业	297304	162	88	297628	204704	92924
国有与集体联营企业						
其他联营企业	2913	447	208	3324	2877	447
有限责任公司	43165924	3437194	1066281	50034267	38887594	11146673
国有独资公司	1005025	54327	16608	1067968	1055346	12622
其他有限责任公司	42160899	3382867	1049673	48966299	37832248	11134051
股份有限公司	20113415	4501312	1699747	30628660	19536592	10575854
私营企业	43919862	4259238	1250040	51062826	40288980	10773846
私营独资企业	2117244	389918	66734	2523909	1951856	572053
私营合伙企业	130157	19408	3340	146542	103964	42578
私营有限责任公司	39972876	3736218	1130721	46575267	36854746	9720521
私营股份有限公司	1699585	113694	49245	1817108	1378414	438694
其他企业	50458	9307	3588	70698	50558	20140
港、澳、台商投资企业	**1553254**	**133992**	**30841**	**2192550**	**1541304**	**651246**
合资经营企业(港或澳、台资)	279071	68184	10794	401125	296536	104589
合作经营企业(港或澳、台资)						
港、澳、台商独资经营企业	1196935	55079	15997	1267873	933447	334426
港、澳、台商投资股份有限公司	77248	10729	4050	523552	311321	212231
外商投资企业	**3518622**	**172564**	**78757**	**4925272**	**2516572**	**2408700**
中外合资经营企业	594916	77148	35588	715545	458869	256676
中外合作经营企业	181207	15857	6285	196810	136160	60650
外资企业	2739868	78345	36504	4009152	1919503	2089649
外商投资股份有限公司	2631	1214	380	3765	2040	1725

2-B-7 限额以上批发业法人单位按登记注册类型分资产负债

单位：千元

登记注册类型	流动资产合计	固定资产原价	累计折旧	资产总计	负债合计	所有者权益
总　计	**143960613**	**19165635**	**6075691**	**178536339**	**132518264**	**64339501**
内资企业	**138888737**	**18859079**	**5966093**	**171418517**	**128460388**	**42418825**
国有企业	29615385	6431966	1873107	37265148	27671116	9570942
集体企业	1076852	130385	44295	1338893	1200512	138381
股份合作企业	560602	80585	24560	626678	536509	90169
联营企业	386239	9092	4475	391347	288527	102820
国有联营企业	86022	8483	4179	90395	80946	9449
集体联营企业	297304	162	88	297628	204704	92924
国有与集体联营企业						
其他联营企业	2913	447	208	3324	2877	447
有限责任公司	43165924	3437194	1066281	50034267	38887594	11146673
国有独资公司	1005025	54327	16608	1067968	1055346	12622
其他有限责任公司	42160899	3382867	1049673	48966299	37832248	11134051
股份有限公司	20113415	4501312	1699747	30628660	19536592	10575854
私营企业	43919862	4259238	1250040	51062826	40288980	10773846
私营独资企业	2117244	389918	66734	2523909	1951856	572053
私营合伙企业	130157	19408	3340	146542	103964	42578
私营有限责任公司	39972876	3736218	1130721	46575267	36854746	9720521
私营股份有限公司	1699585	113694	49245	1817108	1378414	438694
其他企业	50458	9307	3588	70698	50558	20140
港、澳、台商投资企业	**1553254**	**133992**	**30841**	**2192550**	**1541304**	**651246**
合资经营企业(港或澳、台资)	279071	68184	10794	401125	296536	104589
合作经营企业(港或澳、台资)						
港、澳、台商独资经营企业	1196935	55079	15997	1267873	933447	334426
港、澳、台商投资股份有限公司	77248	10729	4050	523552	311321	212231
外商投资企业	**3518622**	**172564**	**78757**	**4925272**	**2516572**	**2408700**
中外合资经营企业	594916	77148	35588	715545	458869	256676
中外合作经营企业	181207	15857	6285	196810	136160	60650
外资企业	2739868	78345	36504	4009152	1919503	2089649
外商投资股份有限公司	2631	1214	380	3765	2040	1725

2-B-8　限额以上零售业法人单位按登记注册类型分资产负债

单位：千元

登记注册类型	流动资产合计	固定资产原价	累计折旧	资产总计	负债合计	所有者权益
总　计	**40536709**	**20958820**	**6287586**	**67046332**	**47149945**	**18860730**
内资企业	**35819291**	**17040414**	**4953116**	**58462725**	**42289259**	**15137809**
国有企业	1550628	1012629	294655	2431663	2009937	421726
集体企业	360178	177748	47984	517724	344445	173279
股份合作企业	134586	45793	18400	185125	124951	60174
联营企业	24752	20664	5903	56163	36091	20072
国有联营企业	1725	495	202	15204	14115	1089
集体联营企业	21500	12000	4300	31500	13500	18000
国有与集体联营企业	811	7611	1251	8335	7655	680
其他联营企业	716	558	150	1124	821	303
有限责任公司	10795469	5187387	1352665	17746472	13255351	4491121
国有独资公司	56520	1494		82771	83574	-803
其他有限责任公司	10738949	5185893	1352665	17663701	13171777	4491924
股份有限公司	5774189	4011165	1522982	12316701	7672456	3608588
私营企业	17158947	6576831	1706407	25178514	18829685	6348829
私营独资企业	1637213	936920	225023	2929662	1928347	1001315
私营合伙企业	43199	35100	4823	123699	70253	53446
私营有限责任公司	14134083	5343716	1409168	20466368	15465969	5000399
私营股份有限公司	1344452	261095	67393	1658785	1365116	293669
其他企业	20542	8197	4120	30363	16343	14020
港、澳、台商投资企业	**2190504**	**1325559**	**444032**	**3556178**	**1996790**	**1559388**
合资经营企业(港或澳、台资)	1259908	1107462	387082	2184415	993545	1190870
合作经营企业(港或澳、台资)	38588	54265	9632	83630	70215	13415
港、澳、台商独资经营企业	892008	163832	47318	1288133	933030	355103
港、澳、台商投资股份有限公司						
外商投资企业	**2526914**	**2592847**	**890438**	**5027429**	**2863896**	**2163533**
中外合资经营企业	1192873	1136268	508700	2081001	1349306	731695
中外合作经营企业	10393	25391	19457	20744	16365	4379
外资企业	971496	562578	120229	1629595	1085669	543926
外商投资股份有限公司	352152	868610	242052	1296089	412556	883533

2-B-9 限额以上批发和零售业法人单位按行业分资产负债

单位：千元

行业小类	流动资产合计	固定资产原价	累计折旧	资产总计	负债合计	所有者权益
总　计	**184497322**	**40124455**	**12363277**	**245582671**	**179668209**	**64339501**
一、批发业	**143960613**	**19165635**	**6075691**	**178536339**	**132518264**	**45478771**
农畜产品批发	12906942	1838296	520062	15854047	14275198	1578849
谷物、豆及薯类批发	11639709	1650642	465149	14182516	13205300	977216
种子、饲料批发	997392	170640	50277	1386786	832352	554434
棉、麻批发	177727	8937	2481	186709	187956	-1247
牲畜批发						
其他农畜产品批发	92114	8077	2155	98036	49590	48446
食品、饮料及烟草制品批发	14840468	3480801	1219666	18457574	8896781	9560793
米、面制品及食用油批发	5370545	1253481	351262	7023396	6072601	950795
糕点、糖果及糖批发	67475	19821	14210	112500	77590	34910
果品、蔬菜批发	299007	87144	25612	365284	210766	154518
肉、禽、蛋及水产品批发	541846	79180	28573	613060	396959	216101
盐及调味品批发	152355	78887	15201	222312	144226	78086
饮料及茶叶批发	884940	169266	77023	1110565	701152	409413
烟草制品批发	7379595	1785919	704203	8855582	1162183	7693399
其他食品批发	144705	7103	3582	154875	131304	23571
纺织、服装及日用品批发	4210692	594201	163535	9104249	3237318	5866931
纺织品、针织品及原料批发	1306875	187700	64632	5439365	781191	4658174
服装批发	1925474	314022	78208	2597656	1678526	919130
鞋帽批发	155834	57078	9334	210592	157627	52965
厨房、卫生间用具及日用杂货批发	30187	1293	435	32381	24338	8043
化妆品及卫生用品批发	224887	9562	3742	232751	186985	45766
其他日用品批发	567435	24546	7184	591504	408651	182853
文化、体育用品及器材批发	1291492	260894	97763	1530819	1023328	507491
文具用品批发	318115	17059	5925	330746	243498	87248
体育用品批发	339115	6879	2729	345406	227566	117840
图书批发	365053	159513	48563	519779	322542	197237
报刊批发	53607	57519	34637	83516	4374	79142
音像制品及电子出版物批发						
首饰、工艺品及收藏品批发	214414	19156	5472	249853	224009	25844
其他文化用品批发	1188	768	437	1519	1339	180
医药及医疗器材批发	8484326	1146127	305582	10025143	8076526	1948617
西药批发	6100786	894445	236918	7320301	5693974	1626327
中药材及中成药批发	1913645	234538	61967	2190618	2009252	181366
医疗用品及器材批发	469895	17144	6697	514224	373300	140924
矿产品、建材及化工产品批发	78875767	10300913	3255899	96264217	75835109	19889804
煤炭及制品批发	4963790	631498	129460	6199499	4661680	1537819
石油及制品批发	18883859	5601147	2081677	27121822	19571476	7011042
非金属矿及制品批发	608274	44909	12323	674482	742707	-68225
金属及金属矿批发	41582073	2925849	666673	47752760	38573033	9179727
建材批发	2627079	253046	84264	3079859	2472885	606974
化肥批发	5117851	175112	38429	5456726	4830212	626514
农药批发	106434	2437	551	119021	77323	41698
农用薄膜批发	14274	519	226	14567	11670	2897
其他化工产品批发	4972133	666396	242296	5845481	4894123	951358
机械设备、五金交电及电子产品批发	22436349	1421546	474599	26215966	20369828	5846138
农业机械批发	406047	57017	24274	485970	356860	129110
汽车、摩托车及零配件批发	4168531	316011	104951	5065673	3704268	1361405
五金、交电批发	722919	138204	50582	923428	635805	287623
家用电器批发	1552132	71364	19810	1702919	1605958	96961
计算机、软件及辅助设备批发	1309942	52259	22008	1439033	1191719	247314
通讯及广播电视设备批发	1200138	153431	36680	1387766	958159	429607
其他机械设备及电子产品批发	13076640	633260	216294	15211177	11917059	3294118
贸易经纪与代理	340335	11252	3757	356016	178965	177051
贸易经纪与代理	340335	11252	3757	356016	178965	177051
其他批发	574242	111605	34828	728308	625211	103097

2-B-9　续表　　　　单位：千元

行业小类	流动资产合计	固定资产原价	累计折旧	资产总计	负债合计	所有者权益
再生物资回收与批发	560544	108916	34263	711897	617193	94704
其他未列明的批发	13698	2689	565	16411	8018	8393
二、零售业	**40536709**	**20958820**	**6287586**	**67046332**	**47149945**	**18860730**
综合零售	15402657	13523759	4041582	31110368	21877032	9233336
百货零售	11721869	10375528	2964285	24680914	16546639	8134275
超级市场零售	3396914	3038340	1040370	6022377	5047562	974815
其他综合零售	283874	109891	36927	407077	282831	124246
食品、饮料及烟草制品专门零售	525290	245030	78883	852791	553719	299072
粮油零售	61850	90367	27907	143566	100278	43288
糕点、面包零售	81214	94202	30502	204774	124304	80470
果品、蔬菜零售	19431	9208	3907	28194	5268	22926
肉、禽、蛋及水产品零售	138474	6345	2348	143180	100071	43109
饮料及茶叶零售	76148	11278	4006	159994	98741	61253
烟草制品零售	52961	7126	2059	58894	31383	27511
其他食品零售	95212	26504	8154	114189	93674	20515
纺织、服装及日用品专门零售	2531094	778668	168669	3493558	2282091	1211467
纺织品及针织品零售	21071	786	291	21928	19530	2398
服装零售	1466232	530565	88300	2177737	1279931	897806
鞋帽零售	398831	59766	6677	494379	417564	76815
钟表、眼镜零售	475845	56317	28022	538099	434544	103555
化妆品及卫生用品零售	86642	107032	36639	161480	57723	103757
其他日用品零售	82473	24202	8740	99935	72799	27136
文化、体育用品及器材专门零售	1844575	797234	272708	2588800	1960335	628465
文具用品零售	200039	43279	14829	257854	226416	31438
体育用品零售	64213	56199	7250	167257	104461	62796
图书零售	972945	451851	176348	1337566	985871	351695
报刊零售	82100	6329	3060	85670	69960	15710
音像制品及电子出版物零售						
珠宝首饰零售	396924	145978	52587	532340	415886	116454
工艺美术品及收藏品零售	70128	73527	8287	137166	109356	27810
照相器材零售	27695	15122	6166	38614	31063	7551
其他文化用品零售	30531	4949	4181	32333	17322	15011
医药及医疗器材专门零售	2020273	543000	181747	2792060	2041444	750616
药品零售	1841180	530930	175935	2603065	1896454	706611
医疗用品及器材零售	179093	12070	5812	188995	144990	44005
汽车、摩托车、燃料及零配件专门零售	13470820	4268241	1309983	20126564	13875703	5215204
汽车零售	11332420	2439653	633761	15886767	11375532	4511235
汽车零配件零售	148123	61938	16485	215754	138121	77633
摩托车及零配件零售	186938	82557	18880	266853	174995	91858
机动车燃料零售	1803339	1684093	640857	3757190	2187055	534478
家用电器及电子产品专门零售	3631769	296905	89967	4207816	3152758	1055058
家用电器零售	2535329	176314	39929	2979386	2254035	725351
计算机、软件及辅助设备零售	675832	80244	35006	751915	489718	262197
通信设备零售	318247	28545	8975	367625	319873	47752
其他电子产品零售	102361	11802	6057	108890	89132	19758
五金、家具及室内装修材料专门零售	739358	320088	85497	1224461	1026112	198349
五金零售	355709	87009	27205	446399	315481	130918
家具零售	108426	22090	4569	300371	210402	89969
涂料零售	219	4		522	215	307
其他室内装修材料零售	275004	210985	53723	477169	500014	-22845
无店铺及其他零售	370873	185895	58550	649914	380751	269163
流动货摊零售						
邮购及电子销售	32508	10134	2224	83792	67730	16062
生活用燃料零售	305595	134193	42304	489139	286319	202820
花卉零售						
旧货零售	6486	1063	626	6923	1921	5002
其他未列明的零售	26284	40505	13396	70060	24781	45279

2-B-10 限额以上批发和零售业法人单位

登记注册类型	主营业务收入	主营业务成本	主营业务税金及附加	主营业务利润	营业费用
总　计	**809290837**	**747720355**	**3024629**	**57157583**	**19153345**
内资企业	**777780868**	**720750003**	**2865668**	**52776927**	**17147058**
国有企业	103918687	95396342	507701	7970644	1646692
集体企业	4058487	3339679	34630	683299	178303
股份合作企业	1351743	1197903	8622	145218	38074
联营企业	418199	353021	705	62738	37396
国有联营企业	69775	64827	53	4895	2475
集体联营企业	308094	251918	637	55539	34003
国有与集体联营企业	8543	6740	2	66	15
其他联营企业	31787	29536	13	2238	903
有限责任公司	148728833	134885705	922291	11872133	4281629
国有独资公司	3327780	3134033	36232	158901	57612
其他有限责任公司	145401053	131751672	886059	11713232	4224017
股份有限公司	301794174	288219827	336676	13143116	3847576
私营企业	216947388	196838000	1051713	18862616	7105347
私营独资企业	15255536	13152492	140291	1904350	777454
私营合伙企业	1607045	1437941	4008	137753	55269
私营有限责任公司	189949249	173131656	839923	15868102	5916508
私营股份有限公司	10135558	9115911	67491	952411	356116
其他企业	563357	519526	3330	37163	12041
港、澳、台商投资企业	**13028522**	**11011392**	**40862**	**1976268**	**741470**
合资经营企业(港或澳、台资)	5883762	4851173	16574	1016015	217176
合作经营企业(港或澳、台资)	85854	72403	154	13297	12935
港、澳、台商独资经营企业	6762446	5827533	10430	924483	498112
港、澳、台商投资股份有限公司	296460	260283	13704	22473	13247
外商投资企业	**18481447**	**15958960**	**118099**	**2404388**	**1264817**
中外合资经营企业	6428233	5639016	84380	704837	472018
中外合作经营企业	186084	164910	3112	18062	13883
外资企业	9690143	8356085	22498	1311560	717835
外商投资股份有限公司	2176987	1798949	8109	369929	61081

按登记注册类型分损益及分配

单位：千元

管理费用	财务费用	营业利润	利润总额	应交所得税	劳动、失业保险	养老和医疗保险	住房公积金和住房补贴
15118342	**2835304**	**19624812**	**20089050**	**2853697**	**436558**	**1106308**	**470419**
13599694	**2682817**	**18466585**	**18618506**	**2628108**	**394941**	**1004600**	**427590**
2351073	540385	3631072	3690625	899990	71657	241300	113223
169402	54942	284308	257746	34281	7843	12473	2764
31671	10580	63959	56811	1352	598	3750	169
9848	2621	15174	14389	5	214	986	235
3494	448	-926	-1477		105	265	231
3331	2067	16138	16140		41	419	
1630	106		-238		67	289	
1393		-38	-36	5	1	13	4
3490402	641776	4266091	4285492	706664	150006	233739	125676
38990	23071	41173	16916	9382	756	6244	1621
3451412	618705	4224918	4268576	697282	149250	227495	124055
2283248	423949	3661178	4220172	349035	70841	253828	114214
5247440	1007692	6537143	6087327	636223	93339	257898	71103
480237	81469	584623	380663	27584	8614	16637	4150
31678	5463	64906	55598	2665	1122	2394	329
4475790	879866	5408660	5282966	589439	81698	221062	60400
259735	40894	478954	368100	16535	1905	17805	6224
16610	872	7660	5944	558	443	626	206
652226	**78933**	**580644**	**889331**	**101516**	**19322**	**32265**	**10249**
428729	32399	356290	655051	43269	12353	14013	4668
3382	3816	-3850	-3850		198	14	
219289	42690	219483	229405	58247	6653	17513	5344
826	28	8721	8725		118	725	237
866422	**73554**	**577583**	**581213**	**124073**	**22295**	**69443**	**32580**
218360	12677	186348	174767	32350	13985	17370	9686
8997	4496	1748	-1591	149	55	844	173
374928	36235	320557	323845	69642	6532	22866	11213
264137	20146	68930	84192	21932	1723	28363	11508

2-B-11 限额以上批发业法人单位

登记注册类型	主营业务收入	主营业务成本	主营业务税金及附加	主营业务利润	营业费用
总 计	**663820716**	**622564831**	**1939363**	**38085792**	**12321993**
内资企业	**649142996**	**609680937**	**1904980**	**36326349**	**11542208**
国有企业	99805537	91933252	469904	7373599	1416129
集体企业	2819973	2495876	22626	304248	100740
股份合作企业	1040419	956366	6141	77912	28271
联营企业	269774	227143	449	42182	34641
国有联营企业	54009	50457		3552	2165
集体联营企业	190244	152952	437	36855	31573
国有与集体联营企业					
其他联营企业	25521	23734	12	1775	903
有限责任公司	114084354	105538031	533861	6980138	2368535
国有独资公司	3294311	3104511	35986	153480	49763
其他有限责任公司	110790043	102433520	497875	6826658	2318772
股份有限公司	266710095	258147270	171954	8303707	2585278
私营企业	164008393	150001564	697381	13222435	5002620
私营独资企业	9067039	7975658	50781	1012809	509144
私营合伙企业	1239695	1131272	2115	82679	35483
私营有限责任公司	146838588	134633413	588324	11581259	4300343
私营股份有限公司	6863071	6261221	56161	545688	157650
其他企业	404451	381435	2664	22128	5994
港、澳、台商投资企业	**5542315**	**4849532**	**17600**	**675183**	**319851**
合资经营企业(港或澳、台资)	1510013	1229455	1048	279510	59026
合作经营企业(港或澳、台资)					
港、澳、台商独资经营企业	3735842	3359794	2848	373200	247578
港、澳、台商投资股份有限公司	296460	260283	13704	22473	13247
外商投资企业	**9135405**	**8034362**	**16783**	**1084260**	**459934**
中外合资经营企业	1264321	1150286	10051	103984	33374
中外合作经营企业	139995	123664	761	15570	6962
外资企业	7711089	6742522	5892	962675	417722
外商投资股份有限公司	20000	17890	79	2031	1876

按登记注册类型分损益及分配

单位：千元

管理费用	财务费用	营业利润	利润总额	应交所得税	劳动、失业保险	养老和医疗保险	住房公积金和住房补贴
8013691	**2023653**	**13770477**	**14289029**	**2212371**	**233915**	**547442**	**281647**
7660389	**1968012**	**13131198**	**13726256**	**2128406**	**228344**	**524427**	**270050**
2060484	521187	3536061	3640442	892694	63111	198414	97558
67107	40357	97409	90435	10795	5958	3758	570
21755	9384	17568	19237	1231	557	3059	86
5451	2514	192	-358	5	33	287	224
2789	447	-1253	-1807		20	244	220
1831	2067	1384	1386		12	30	
831		61	63	5	1	13	4
1666319	416841	2907188	3090829	554519	85603	105882	79052
30417	22844	50820	27343	9382	710	5741	1485
1635902	393997	2856368	3063486	545137	84893	100141	77567
908902	302183	1633963	2304779	219658	41166	107911	64465
2917440	674904	4936256	4578361	449252	31764	104944	27989
168078	38038	314419	182578	15231	2606	4890	1330
19161	1099	46519	40732	2184	178	1566	8
2660839	608013	4282328	4061924	427208	28501	95169	25817
69362	27754	292990	293127	4629	479	3319	834
12931	642	2561	2531	252	152	172	106
67687	**29060**	**262164**	**191140**	**14341**	**2067**	**13550**	**3243**
10118	-145	210511	133515	19	323	2196	790
56743	29177	42932	48900	14322	1626	10629	2216
826	28	8721	8725		118	725	237
285615	**26581**	**377115**	**371633**	**69624**	**3504**	**9465**	**8354**
50507	1052	21876	17075	5413	136	2066	1559
840	4197	3641	405	149	8	119	
234137	21332	351574	354129	64062	3355	7220	6777
131		24	24		5	60	18

2-B-12 限额以上零售业法人单位

登记注册类型	主营业务收入	主营业务成本	主营业务税金及附加	主营业务利润	营业费用
总　计	**145470121**	**125155524**	**1085266**	**19071791**	**6831352**
内资企业	**128637872**	**111069066**	**960688**	**16450578**	**5604850**
国有企业	4113150	3463090	37797	597045	230563
集体企业	1238514	843803	12004	379051	77563
股份合作企业	311324	241537	2481	67306	9803
联营企业	148425	125878	256	20556	2755
国有联营企业	15766	14370	53	1343	310
集体联营企业	117850	98966	200	18684	2430
国有与集体联营企业	8543	6740	2	66	15
其他联营企业	6266	5802	1	463	
有限责任公司	34644479	29347674	388430	4891995	1913094
国有独资公司	33469	29522	246	5421	7849
其他有限责任公司	34611010	29318152	388184	4886574	1905245
股份有限公司	35084079	30072557	164722	4839409	1262298
私营企业	52938995	46836436	354332	5640181	2102727
私营独资企业	6188497	5176834	89510	891541	268310
私营合伙企业	367350	306669	1893	55074	19786
私营有限责任公司	43110661	38498243	251599	4286843	1616165
私营股份有限公司	3272487	2854690	11330	406723	198466
其他企业	158906	138091	666	15035	6047
港、澳、台商投资企业	**7486207**	**6161860**	**23262**	**1301085**	**421619**
合资经营企业(港或澳、台资)	4373749	3621718	15526	736505	158150
合作经营企业(港或澳、台资)	85854	72403	154	13297	12935
港、澳、台商独资经营企业	3026604	2467739	7582	551283	250534
港、澳、台商投资股份有限公司					
外商投资企业	**9346042**	**7924598**	**101316**	**1320128**	**804883**
中外合资经营企业	5163912	4488730	74329	600853	438644
中外合作经营企业	46089	41246	2351	2492	6921
外资企业	1979054	1613563	16606	348885	300113
外商投资股份有限公司	2156987	1781059	8030	367898	59205

按登记注册类型分损益及分配

单位：千元

管理费用	财务费用	营业利润	利润总额	应交所得税	劳动、失业保险	养老和医疗保险	住房公积金和住房补贴
7104651	**811651**	**5854335**	**5800021**	**641326**	**202643**	**558866**	**188772**
5939305	**714805**	**5335387**	**4892250**	**499702**	**166597**	**480173**	**157540**
290589	19198	95011	50183	7296	8546	42886	15665
102295	14585	186899	167311	23486	1885	8715	2194
9916	1196	46391	37574	121	41	691	83
4397	107	14982	14747		181	699	11
705	1	327	330		85	21	11
1500		14754	14754		29	389	
1630	106		-238		67	289	
562		-99	-99				
1824083	224935	1358903	1194663	152145	64403	127857	46624
8573	227	-9647	-10427		46	503	136
1815510	224708	1368550	1205090	152145	64357	127354	46488
1374346	121766	2027215	1915393	129377	29675	145917	49749
2330000	332788	1600887	1508966	186971	61575	152954	43114
312159	43431	270204	198085	12353	6008	11747	2820
12517	4364	18387	14866	481	944	828	321
1814951	271853	1126332	1221042	162231	53197	125893	34583
190373	13140	185964	74973	11906	1426	14486	5390
3679	230	5099	3413	306	291	454	100
584539	**49873**	**318480**	**698191**	**87175**	**17255**	**18715**	**7006**
418611	32544	145779	521536	43250	12030	11817	3878
3382	3816	-3850	-3850		198	14	
162546	13513	176551	180505	43925	5027	6884	3128
580807	**46973**	**200468**	**209580**	**54449**	**18791**	**59978**	**24226**
167853	11625	164472	157692	26937	13849	15304	8127
8157	299	-1893	-1996		47	725	173
140791	14903	-31017	-30284	5580	3177	15646	4436
264006	20146	68906	84168	21932	1718	28303	11490

2-B-13 限额以上批发和零售业

行业小类	主营业务收入	主营业务成本	主营业务税金及附加	主营业务利润	营业费用
总　　计	**809290837**	**747720355**	**3024629**	**57157583**	**19153345**
一、批发业	**663820716**	**622564831**	**1939363**	**38085792**	**12321993**
农畜产品批发	19263325	17399955	19984	1154874	701176
谷物、豆及薯类批发	15746314	14816377	16364	911673	513787
种子、饲料批发	2794510	1910202	2867	214170	148241
棉、麻批发	188468	181254	315	6899	4079
牲畜批发					
其他农畜产品批发	534033	492122	438	22132	35069
食品、饮料及烟草制品批发	33503208	27434171	146676	5906526	1092599
米、面制品及食用油批发	7618236	6979158	25163	604848	266078
糕点、糖果及糖批发	150086	124078	1973	24035	12095
果品、蔬菜批发	1335455	1196888	5105	133462	63265
肉、禽、蛋及水产品批发	2286962	2105016	2999	172179	82723
盐及调味品批发	664266	551956	7078	105232	66654
饮料及茶叶批发	3314773	2804428	12538	497807	177043
烟草制品批发	17571324	13214496	88579	4268249	403864
其他食品批发	562106	458151	3241	100714	20877
纺织、服装及日用品批发	12546527	11490233	38928	1020216	471043
纺织品、针织品及原料批发	3039194	2821969	9481	207744	97510
服装批发	6748753	6158449	19939	573215	255792
鞋帽批发	404882	366292	4072	34518	11863
厨房、卫生间用具及日用杂货批发	146734	133094	209	13431	5267
化妆品及卫生用品批发	778233	714152	4230	59851	24311
其他日用品批发	1428731	1296277	997	131457	76300
文化、体育用品及器材批发	2627342	2128044	41391	457907	173028
文具用品批发	1010566	923179	3266	84121	36410
体育用品批发	542940	370024	18499	154417	27897
图书批发	391330	280131	13968	97231	36956
报刊批发	252828	176980	5449	70399	47748
音像制品及电子出版物批发					
首饰、工艺品及收藏品批发	401708	352440	189	49079	21626
其他文化用品批发	27970	25290	20	2660	2391
医药及医疗器材批发	20172505	18708735	91782	1367189	499217
西药批发	13696021	12879956	79696	735512	236146
中药材及中成药批发	5601135	5223015	10489	363689	94557
医疗用品及器材批发	875349	605764	1597	267988	168514
矿产品、建材及化工产品批发	509522858	485465408	1085616	22731228	7651357
煤炭及制品批发	15605767	13402079	57833	2162654	1177358
石油及制品批发	300623134	290393894	150452	9887463	3017358
非金属矿及制品批发	1030317	969086	2928	58303	46010
金属及金属矿批发	158234112	149372038	667737	8139949	2250011
建材批发	9246854	8445792	63579	733453	408396
化肥批发	5894986	5508212	70400	315433	87970
农药批发	134178	115691	2044	16443	1473
农用薄膜批发	145082	143151	24	1907	1343
其他化工产品批发	18608428	17115465	70619	1415623	661438
机械设备、五金交电及电子产品批发	61720505	55823916	487949	5127725	1638467
农业机械批发	1847440	1717626	3686	126128	46139
汽车、摩托车及零配件批发	15398333	13575114	206433	1587062	367075
五金、交电批发	3228275	2600651	11634	388218	89631
家用电器批发	5457317	5080767	30845	345705	157144
计算机、软件及辅助设备批发	5275715	5041114	3635	229935	96364
通讯及广播电视设备批发	3211689	2943397	9388	258903	54413
其他机械设备及电子产品批发	27301736	24865247	222328	2191774	827701
贸易经纪与代理	651335	563677	4682	80191	51284
贸易经纪与代理	651335	563677	4682	80191	51284

法人单位按行业分损益及分配

单位：千元

管理费用	财务费用	营业利润	利润总额	应交所得税	劳动、失业保险	养老和医疗保险	住房公积金和住房补贴
15118342	**2835304**	**19624812**	**20089050**	**2853697**	**436558**	**1106308**	**470419**
8013691	**2023653**	**13770477**	**14289029**	**2212371**	**233915**	**547442**	**281647**
296957	453463	-141877	89748	11063	8544	19228	4313
239187	422887	-217510	-7380	5679	7441	14051	3708
46823	26910	78851	98955	4456	259	3590	272
4529	3060	-2907	-1676	8	732	431	304
6418	606	-311	-151	920	112	1156	29
1424927	106988	3349223	3432466	816882	36119	131618	69721
204385	150007	28294	113438	2012	10178	14558	5453
17406	276	-1969	14358	656	1266	412	395
23286	6095	49042	48949	7405	923	2592	131
35562	8350	45342	44717	2497	438	2276	825
40419	154	-344	3014	1543	1409	2411	1002
114594	12646	192328	203248	43732	3691	16310	4473
961386	-69830	2983722	2952407	758402	17977	90669	56786
27889	-710	52808	52335	635	237	2390	656
417594	31768	120926	860860	22393	6703	25807	9710
121989	-10887	12908	745744	1615	3491	3899	2312
231267	40844	44845	58935	8146	2610	13462	5055
15419	-498	8692	8816	1940	88	1607	511
4768	611	2785	2835	680	66	479	87
15285	835	23996	15303	1881	159	2335	418
28866	863	27700	29227	8131	289	4025	1327
135295	16694	142413	36502	5987	2181	12695	2670
28307	1475	18631	15687	328	347	1155	497
13517	7823	105182	21366	5451	682	1381	316
43235	2150	22126	5133		293	3618	1134
24328	-674	-875	903	10	198	4554	
25382	5920	-2394	-6330	198	647	869	670
526		-257	-257		14	1118	53
401441	103054	387980	412934	65692	12220	30503	6174
267015	91064	157162	181633	27334	10312	23832	4562
110316	11573	154223	151408	15599	1759	5287	1213
24110	417	76595	79893	22759	149	1384	399
3917293	1121073	7609645	7482025	1000667	86133	239191	122511
360346	60169	587959	607454	59509	7813	12088	3632
1300373	370486	2394963	2335017	324402	42309	122722	82340
23114	2218	-11670	-13128	559	159	498	104
1545054	497887	4033598	4040541	509041	24224	82382	26172
131628	31109	192714	152738	63723	1523	4874	1359
120220	53761	60851	56153	7244	991	3517	816
3765	2824	8940	6480	70	94	269	213
897	-11	-308	-310	15	4	128	10
431896	102630	342598	297080	36104	9016	12713	7865
1301929	182344	2192420	1913861	283033	79507	79185	64986
34105	3034	43294	33238	6300	976	1055	372
287853	13569	973616	863392	154201	64662	13870	41938
104786	6098	201757	201463	11433	2013	3956	1233
105106	30420	56565	78599	1621	1591	8675	2540
67065	124	76495	17939	3507	1169	11396	3310
85661	26486	95295	34079	5759	1419	3112	610
617353	102613	745398	685151	100212	7677	37121	14983
31314	547	1764	1105	2307	1246	6294	692
31314	547	1764	1105	2307	1246	6294	692

2-B-13 续表 1

行业小类	主营业务收入	主营业务成本	主营业务税金及附加	主营业务利润	营业费用
其他批发	3813111	3550692	22355	239936	43822
再生物资回收与批发	3685376	3444237	18626	222514	40448
其他未列明的批发	127735	106455	3729	17422	3374
二、零售业	**145470121**	**125155524**	**1085266**	**19071791**	**6831352**
综合零售	48432135	40224782	445367	7707489	3048119
百货零售	36476350	30253203	305246	5895423	1765570
超级市场零售	11012570	9208467	130091	1642749	1173575
其他综合零售	943215	763112	10030	169317	108974
食品、饮料及烟草制品专门零售	2014409	1665009	22127	324609	97696
粮油零售	530986	451055	2081	77208	32298
糕点、面包零售	282518	188825	1641	92052	31831
果品、蔬菜零售	133727	113003	644	20080	4374
肉、禽、蛋及水产品零售	252192	227446	3363	21383	7856
饮料及茶叶零售	187007	157279	1159	26547	6023
烟草制品零售	270424	234111	4512	31801	2826
其他食品零售	357555	293290	8727	55538	12488
纺织、服装及日用品专门零售	6360826	5113125	40949	1196942	443011
纺织品及针织品零售	39765	29153	185	10427	6507
服装零售	3897197	3180351	25949	690807	287092
鞋帽零售	940558	761104	7740	164994	41235
钟表、眼镜零售	685409	547530	2825	135054	40099
化妆品及卫生用品零售	478139	334043	1935	139161	44874
其他日用品零售	319758	260944	2315	56499	23204
文化、体育用品及器材专门零售	3317563	2526826	52751	737586	216828
文具用品零售	512351	260706	13418	238225	23184
体育用品零售	282762	223220	4754	54788	11485
图书零售	1040834	779559	10648	250627	132278
报刊零售	170741	140806	596	28939	7278
音像制品及电子出版物零售					
珠宝首饰零售	898141	776024	20066	102051	24871
工艺美术品及收藏品零售	205328	157270	2317	45741	11939
照相器材零售	107752	98594	142	9016	3529
其他文化用品零售	99654	90647	810	8199	2264
医药及医疗器材专门零售	5058028	4254749	25895	765785	399323
药品零售	4679425	3915168	24860	727798	381190
医疗用品及器材零售	378603	339581	1035	37987	18133
汽车、摩托车、燃料及零配件专门零售	64583120	57581909	351119	6591890	1786986
汽车零售	40227862	36759118	266737	3183253	987260
汽车零配件零售	639209	538816	11012	89381	19758
摩托车及零配件零售	471034	404370	10140	46544	16799
机动车燃料零售	23245015	19879605	63230	3272712	763169
家用电器及电子产品专门零售	11709738	10487393	74917	1138375	530120
家用电器零售	7603699	6727689	56894	818080	428875
计算机、软件及辅助设备零售	3067286	2856871	7494	197962	50897
通信设备零售	761579	656981	9726	94736	43670
其他电子产品零售	277174	245852	803	27597	6678
五金、家具及室内装修材料专门零售	2762609	2282364	55160	416343	225826
五金零售	1002181	811883	11478	172578	48456
家具零售	453010	327035	8508	117467	89589
涂料零售	5547	5400	3	144	1
其他室内装修材料零售	1301871	1138046	35171	126154	87780
无店铺及其他零售	1231693	1019367	16981	192772	83443
流动货摊零售					
邮购及电子销售	243960	183820	1035	59105	45004
生活用燃料零售	709718	595769	10307	102919	26858
花卉零售					
旧货零售	12450	8093		4357	190
其他未列明的零售	265565	231685	5639	26391	11391

单位：千元

管理费用	财务费用	营业利润	利润总额	应交所得税	劳动、失业保险	养老和医疗保险	住房公积金和住房补贴
86941	7722	107983	59528	4347	1262	2921	870
83440	7404	96326	47865	3579	1105	2838	854
3501	318	11657	11663	768	157	83	16
7104651	**811651**	**5854335**	**5800021**	**641326**	**202643**	**558866**	**188772**
4294010	387374	1237611	1901295	259191	111608	283588	90675
3596012	355951	853190	1603246	208500	83877	212067	69616
666380	29188	345371	258705	48635	25457	64124	19561
31618	2235	39050	39344	2056	2274	7397	1498
112352	6972	116194	106971	12416	2567	11833	3690
24747	941	20030	18719	157	521	923	522
35046	3934	28491	26575	6794	388	4484	1098
3515	605	11586	11611	554	172	310	176
12685	-67	924	2283	230	252	2723	748
11204	503	7920	16025	2495	399	1081	471
13437	120	15686	8858	1986	461	1295	431
11718	936	31557	22900	200	374	1017	244
404772	32316	319936	321928	38875	6284	34294	7055
1321	173	2426	2455	51	12	162	39
262562	16452	131961	149375	9207	4460	18981	3985
19154	10217	94750	79347	17091	271	4577	874
52093	3827	39215	39026	8438	596	5638	875
49756	1501	37427	37780	3631	653	3003	798
19886	146	14157	13945	457	292	1933	484
295829	28480	62538	250617	8820	12988	41329	9672
25299	341	17315	194485	1144	2148	3795	949
28169	2555	12579	12744	772	273	999	49
153863	6076	-8446	888	2276	7942	29236	6577
15445	-3	6219	5772	1162	95	1413	374
41072	16859	19400	18961	2927	1474	4461	1021
23053	1225	13121	15169	327	482	938	510
4099	1156	1515	1481	147	69	220	20
4829	271	835	1117	65	505	267	172
283269	18955	81336	79387	12027	15296	27718	10957
268286	16653	78345	76655	11342	15214	26708	10703
14983	2302	2991	2732	685	82	1010	254
1228595	292047	3310721	2570937	265268	34333	113309	51071
869219	244120	1104088	1071140	164168	25534	48242	18798
28756	3615	37252	37085	2353	431	1725	518
17330	2995	10679	10903	387	386	905	86
313290	41317	2158702	1451809	98360	7982	62437	31669
294987	19616	626812	495255	30394	14711	33204	10917
157395	14438	532752	389557	26694	12564	21703	8148
86738	2497	69236	76838	2216	779	6831	1663
42077	2617	14631	22253	871	1265	3321	809
8777	64	10193	6607	613	103	1349	297
131925	21784	48473	40060	10163	2760	7944	3106
44424	3374	71259	64568	5894	825	2062	757
37019	2796	-4671	-4656	1503	329	2295	602
115		28	28	5			
50367	15614	-18143	-19880	2761	1606	3587	1747
58912	4107	50714	33571	4172	2096	5647	1629
11230	-116	4131	5966	449	779	1261	488
36635	3524	36318	17016	2841	1103	2895	845
4050	20	97	532	281	12	283	82
6997	679	10168	10057	601	202	1208	214

2-B-14 限额以上批发和零售业法人单位按登记注册类型分工资、福利费、增值税及年末平均人数

单位：千元

登记注册类型	本年应付工资总额	#主营业务应付工资总额	本年应付福利费总额	#主营业务应付福利费总额	本年应交增值税	从业人员年末平均人数（人）
总计	**5760234**	**5377256**	**502622**	**439772**	**8998542**	**260258**
内资企业	**5173420**	**4812681**	**456663**	**395862**	**8387533**	**238341**
国有企业	948143	874262	111059	70314	1278085	30367
集体企业	68096	60514	4761	4347	94137	4937
股份合作企业	11114	10580	1057	1017	14800	651
联营企业	4103	3532	430	430	10835	305
国有联营企业	1562	1200	123	123	380	90
集体联营企业	1813	1698	283	283	10281	152
国有与集体联营企业	470	376			46	46
其他联营企业	258	258	24	24	128	17
有限责任公司	1373383	1258029	108713	102142	2004817	71545
国有独资公司	22176	22176	638	628	12786	2264
其他有限责任公司	1351207	1235853	108075	101514	1992031	69281
股份有限公司	1183011	1150052	95543	91758	1282816	41104
私营企业	1582062	1452277	134682	125436	3694090	89120
私营独资企业	140125	126967	19239	18462	294974	11236
私营合伙企业	21610	21101	1001	972	18088	1116
私营有限责任公司	1332950	1237681	110157	101937	2773898	71325
私营股份有限公司	87377	66528	4285	4065	607130	5443
其他企业	3508	3435	418	418	7953	312
港、澳、台商投资企业	**209254**	**199776**	**5400**	**5030**	**226491**	**5782**
合资经营企业(港或澳、台资)	90669	82439	2854	2638	138177	2141
合作经营企业(港或澳、台资)	608	608	38	38	2279	50
港、澳、台商独资经营企业	115377	114507	2258	2129	84732	3416
港、澳、台商投资股份有限公司	2600	2222	250	225	1303	175
外商投资企业	**377560**	**364799**	**40559**	**38880**	**384518**	**16135**
中外合资经营企业	121909	113146	5972	5242	165087	6094
中外合作经营企业	2582	2540	110	110	1521	132
外资企业	161353	157397	11128	10179	161503	6516
外商投资股份有限公司	91716	91716	23349	23349	56407	3393

2-B-15　限额以上批发业法人单位按登记注册类型分工资、福利费、增值税及年末平均人数

单位：千元

登记注册类型	本年应付工资总额	#主营业务应付工资总额	本年应付福利费总额	#主营业务应付福利费总额	本年应交增值税	从业人员年末平均人数（人）
总　计	**2828229**	**2691263**	**262284**	**215513**	**5730616**	**91797**
内资企业	**2661382**	**2527432**	**253260**	**207295**	**5533797**	**87463**
国有企业	781318	716914	101865	62095	1193478	20425
集体企业	22902	19013	1980	1697	48511	1801
股份合作企业	6915	6650	822	822	11654	370
联营企业	1071	1071	134	134	8310	65
国有联营企业	650	650	46	46	127	30
集体联营企业	373	373	81	81	8078	32
国有与集体联营企业						
其他联营企业	48	48	7	7	105	3
有限责任公司	633893	615682	51579	48837	1257054	19348
国有独资公司	19333	19333	172	162	12697	369
其他有限责任公司	614560	596349	51407	48675	1244357	18979
股份有限公司	543774	534710	45247	43836	841486	15313
私营企业	670023	631906	51376	49617	2166638	29957
私营独资企业	37992	36312	3458	3433	185665	2162
私营合伙企业	12643	12584	344	344	10365	431
私营有限责任公司	600461	564802	45075	43344	1923038	26394
私营股份有限公司	18927	18208	2499	2496	47570	970
其他企业	1486	1486	257	257	6666	184
港、澳、台商投资企业	**64719**	**63827**	**2820**	**2707**	**52995**	**1935**
合资经营企业(港或澳、台资)	14201	14186	1813	1809	34201	158
合作经营企业(港或澳、台资)						
港、澳、台商独资经营企业	47918	47419	757	673	17491	1602
港、澳、台商投资股份有限公司	2600	2222	250	225	1303	175
外商投资企业	**102128**	**100004**	**6204**	**5511**	**143824**	**2399**
中外合资经营企业	19053	18371	1308	1146	16013	504
中外合作经营企业	421	379			350	22
外资企业	82438	81038	4866	4335	127396	1861
外商投资股份有限公司	216	216	30	30	65	12

2-B-16 限额以上零售业法人单位按登记注册类型分工资、福利费、增值税及年末平均人数

单位：千元

登记注册类型	本年应付工资总额	#主营业务应付工资总额	本年应付福利费总额	#主营业务应付福利费总额	本年应交增值税	从业人员年末平均人数（人）
总　计	**2932005**	**2685993**	**240338**	**224259**	**3267926**	**168461**
内资企业	**2512038**	**2285249**	**203403**	**188567**	**2853736**	**150878**
国有企业	166825	157348	9194	8219	84607	9942
集体企业	45194	41501	2781	2650	45626	3136
股份合作企业	4199	3930	235	195	3146	281
联营企业	3032	2461	296	296	2525	240
国有联营企业	912	550	77	77	253	60
集体联营企业	1440	1325	202	202	2203	120
国有与集体联营企业	470	376			46	46
其他联营企业	210	210	17	17	23	14
有限责任公司	739490	642347	57134	53305	747763	52197
国有独资公司	2843	2843	466	466	89	1895
其他有限责任公司	736647	639504	56668	52839	747674	50302
股份有限公司	639237	615342	50296	47922	441330	25791
私营企业	912039	820371	83306	75819	1527452	59163
私营独资企业	102133	90655	15781	15029	109309	9074
私营合伙企业	8967	8517	657	628	7723	685
私营有限责任公司	732489	672879	65082	58593	850860	44931
私营股份有限公司	68450	48320	1786	1569	559560	4473
其他企业	2022	1949	161	161	1287	128
港、澳、台商投资企业	**144535**	**135949**	**2580**	**2323**	**173496**	**3847**
合资经营企业(港或澳、台资)	76468	68253	1041	829	103976	1983
合作经营企业(港或澳、台资)	608	608	38	38	2279	50
港、澳、台商独资经营企业	67459	67088	1501	1456	67241	1814
港、澳、台商投资股份有限公司						
外商投资企业	**275432**	**264795**	**34355**	**33369**	**240694**	**13736**
中外合资经营企业	102856	94775	4664	4096	149074	5590
中外合作经营企业	2161	2161	110	110	1171	110
外资企业	78915	76359	6262	5844	34107	4655
外商投资股份有限公司	91500	91500	23319	23319	56342	3381

2-B-17　限额以上批发和零售业法人单位按行业分工资、福利费、增值税及年末平均人数

单位：千元

行业小类	本年应付工资总额	#主营业务应付工资总额	本年应付福利费总额	#主营业务应付福利费总额	本年应交增值税	从业人员年末平均人数（人）
总　计	**5760234**	**5377256**	**502622**	**439772**	**8998542**	**260258**
一、批发业	**2828229**	**2691263**	**262284**	**215513**	**5730616**	**91797**
农畜产品批发	100337	93508	4068	3820	200806	5365
谷物、豆及薯类批发	77326	70699	3378	3130	180344	4165
种子、饲料批发	11289	11200	636	636	13853	767
棉、麻批发	1841	1767	54	54	2785	123
牲畜批发						
其他农畜产品批发	9881	9842			3824	310
食品、饮料及烟草制品批发	596494	544145	75914	36847	913340	15285
米、面制品及食用油批发	60160	58379	5325	5240	83830	3130
糕点、糖果及糖批发	2725	2389	24	22	2949	128
果品、蔬菜批发	9550	8567	770	765	9482	614
肉、禽、蛋及水产品批发	17725	16437	1034	815	14557	998
盐及调味品批发	14221	14018	1630	1626	10518	483
饮料及茶叶批发	72671	26264	2686	2618	107369	2026
烟草制品批发	409809	409809	63990	25369	671402	7585
其他食品批发	9633	8282	455	392	13233	321
纺织、服装及日用品批发	151336	143723	9855	8860	92184	4245
纺织品、针织品及原料批发	50352	48987	3228	2681	10584	904
服装批发	66248	63627	3712	3455	61882	2021
鞋帽批发	3946	3824	282	229	3753	78
厨房、卫生间用具及日用杂货批发	1463	1317	17	17	1657	69
化妆品及卫生用品批发	9338	8883	516	498	5306	434
其他日用品批发	19989	17085	2100	1980	9002	739
文化、体育用品及器材批发	54717	53704	3542	3525	73555	2210
文具用品批发	8039	7580	625	625	3898	320
体育用品批发	5534	5374	363	354	27857	261
图书批发	14268	14268	1358	1358	31463	548
报刊批发	19800	19800	990	990	6321	900
音像制品及电子出版物批发						
首饰、工艺品及收藏品批发	6417	6154	164	164	3907	161
其他文化用品批发	659	528	42	34	109	20
医药及医疗器材批发	148385	142921	14595	14006	399250	8012
西药批发	113327	109082	9778	9443	296792	6239
中药材及中成药批发	27296	26265	3459	3405	54012	1560
医疗用品及器材批发	7762	7574	1358	1158	48446	213
矿产品、建材及化工产品批发	1285549	1238229	113769	110255	3409868	38779
煤炭及制品批发	69879	66972	4110	3915	252914	3142
石油及制品批发	633598	610867	61145	58885	1170100	17328
非金属矿及制品批发	3921	2879	228	221	8819	153
金属及金属矿批发	423551	410112	36637	36044	1602638	11839
建材批发	29005	28459	1623	1622	183439	1346
化肥批发	19721	17453	1623	1562	20568	1653
农药批发	966	966	208	208	1267	46
农用薄膜批发	510	487	62	62	216	30
其他化工产品批发	104398	100034	8133	7736	169907	3242
机械设备、五金交电及电子产品批发	426184	410759	38121	35839	609113	14688
农业机械批发	5274	5226	805	774	4491	261
汽车、摩托车及零配件批发	70961	66966	6062	5651	157870	2998
五金、交电批发	29700	28784	1617	1524	54781	1230
家用电器批发	40684	37490	2304	2117	58851	1801
计算机、软件及辅助设备批发	47308	46238	2739	2675	26352	1302
通讯及广播电视设备批发	18306	17051	1469	1380	21720	731
其他机械设备及电子产品批发	213951	209004	23125	21718	285048	6365
贸易经纪与代理	31655	31607	125	117	11002	1319
贸易经纪与代理	31655	31607	125	117	11002	1319

2-B-17 续表

单位：千元

指 标	本年应付工资总额	#主营业务应付工资总额	本年应付福利费总额	#主营业务应付福利费总额	本年应交增值税	从业人员年末平均人数（人）
其他批发	33572	32667	2295	2244	21498	1894
再生物资回收与批发	32691	31786	2128	2083	20438	1843
其他未列明的批发	881	881	167	161	1060	51
二、零售业	**2932005**	**2685993**	**240338**	**224259**	**3267926**	**168461**
综合零售	1520811	1376786	133863	126839	1280013	92801
百货零售	1121978	1004615	96847	93064	1020530	66045
超级市场零售	366830	341209	35600	32372	239289	24789
其他综合零售	32003	30962	1416	1403	20194	1967
食品、饮料及烟草制品专门零售	53726	48011	11053	9083	45709	3109
粮油零售	6221	5618	603	497	11356	243
糕点、面包零售	21199	19384	8803	6980	8133	1281
果品、蔬菜零售	1247	1052	218	218	8321	75
肉、禽、蛋及水产品零售	6661	6443	430	407	1813	476
饮料及茶叶零售	4510	4458	409	409	5226	322
烟草制品零售	7573	6966	172	169	3426	313
其他食品零售	6315	4090	418	403	7434	399
纺织、服装及日用品专门零售	167873	162639	9358	9117	155387	8628
纺织品及针织品零售	1581	1490	155	155	1264	83
服装零售	103467	100593	5841	5660	98252	5661
鞋帽零售	21722	21634	1275	1275	17947	878
钟表、眼镜零售	22942	21838	524	501	18667	990
化妆品及卫生用品零售	12313	11868	1098	1078	12916	666
其他日用品零售	5848	5216	465	448	6341	350
文化、体育用品及器材专门零售	154147	141411	10273	9593	70724	8149
文具用品零售	12995	11530	949	884	10536	703
体育用品零售	8305	7551	385	376	2544	624
图书零售	99060	89028	5937	5409	29288	5060
报刊零售	4659	4659	373	373	3959	286
音像制品及电子出版物零售						
珠宝首饰零售	19968	19842	993	983	15264	962
工艺美术品及收藏品零售	5638	5404	1289	1240	5962	317
照相器材零售	1315	1235	145	126	2142	80
其他文化用品零售	2207	2162	202	202	1029	117
医药及医疗器材专门零售	201090	187385	9642	9543	205047	16937
药品零售	196925	183271	9451	9352	200294	16710
医疗用品及器材零售	4165	4114	191	191	4753	227
汽车、摩托车、燃料及零配件专门零售	598650	553460	46162	41635	749210	25511
汽车零售	322410	301915	22653	20589	536052	14226
汽车零配件零售	9331	8897	1705	1670	12713	608
摩托车及零配件零售	9448	8945	905	809	6287	580
机动车燃料零售	257461	233703	20899	18567	194158	10097
家用电器及电子产品专门零售	158562	142032	10620	9542	680788	9029
家用电器零售	103947	90928	6315	5529	619974	5822
计算机、软件及辅助设备零售	32489	30883	2201	2078	25765	1962
通信设备零售	17765	15906	1419	1251	30640	1010
其他电子产品零售	4361	4315	685	684	4409	235
五金、家具及室内装修材料专门零售	52355	50055	6617	6340	48776	2715
五金零售	12189	10439	1592	1331	22883	659
家具零售	11858	11588	1911	1905	13755	732
涂料零售	82	74			29	4
其他室内装修材料零售	28226	27954	3114	3104	12109	1320
无店铺及其他零售	24791	24214	2750	2567	32272	1582
流动货摊零售						
邮购及电子销售	5198	4950	545	540	6819	377
生活用燃料零售	14998	14786	1847	1669	17601	965
花卉零售						
旧货零售	1232	1232	62	62	623	56
其他未列明的零售	3363	3246	296	296	7229	184

2-C-1　其他行业法人单位附属批发和零售业产业活动单位商品销售情况(按登记注册类型分)

单位：千元

登记注册类型	产业活动单位数(个)	从业人员(人)	销售合计	批发额	零售额
总　计	**1216**	**29633**	**16591424**	**15481691**	**1109733**
内资企业	**1085**	**27896**	**15194506**	**14105190**	**1089316**
国有企业	209	12489	9779795	9594065	185730
集体企业	201	1007	999204	899236	99968
股份合作企业	11	43	11270	4811	6459
联营企业	7	25	2459	38	2421
国有联营企业	2	12	48		48
集体联营企业	3	5	2231	38	2193
国有与集体联营企业					
其他联营企业	2	8	180		180
有限责任公司	133	11381	2907695	2661623	246072
国有独资公司	30	4380	1054434	1024450	29984
其他有限责任公司	103	7001	1853261	1637173	216088
股份有限公司	33	288	505907	468824	37083
私营企业	439	2463	890968	393569	497399
私营独资企业	121	749	181974	141632	40342
私营合伙企业	4	44	5774	4860	914
私营有限责任公司	288	1479	540406	119120	421286
私营股份有限公司	26	191	162814	127957	34857
其他企业	52	200	97208	83024	14184
港、澳、台商投资企业	**14**	**374**	**224234**	**221268**	**2966**
合资经营企业(港或澳、台资)	7	118	2966		2966
合作经营企业(港或澳、台资)					
港、澳、台商独资经营企业	7	256	221268	221268	
港、澳、台商投资股份有限公司					
外商投资企业	**117**	**1363**	**1172684**	**1155233**	**17451**
中外合资经营企业	26	584	789701	789124	577
中外合作经营企业	2	4	1130		1130
外资企业	87	712	321907	306163	15744
外商投资股份有限公司	2	63	59946	59946	

2-C-2 其他行业法人单位附属批发和零售业产业活动单位商品销售情况（按行业分）

单位：千元

行业小类	产业活动单位数(个)	从业人数(人)	销售合计	批发额	零售额
一、批发业	**513**	**25777**	**15405863**	**15392380**	**13483**
农畜产品批发	52	482	320001	320001	
谷物、豆及薯类批发	7	179	90353	90353	
种子、饲料批发	40	276	165184	165184	
棉、麻批发					
牲畜批发	2	8	1030	1030	
其他农畜产品批发	3	19	63434	63434	
食品、饮料及烟草制品批发	116	1486	1349926	1343731	6195
米、面制品及食用油批发	9	181	163143	163143	
糕点、糖果及糖批发	3	11	150	150	
果品、蔬菜批发	5	38	16446	16346	100
肉、禽、蛋及水产品批发	8	343	826326	826235	91
盐及调味品批发	4	64	9445	9445	
饮料及茶叶批发	80	610	27468	27464	4
烟草制品批发					
其他食品批发	7	239	306948	300948	6000
纺织、服装及日用品批发	14	403	13294	13294	
纺织品、针织品及原料批发	3	8	2038	2038	
服装批发	3	320	357	357	
鞋帽批发	1	1	1	1	
厨房、卫生间用具及日用杂货批发	4	7			
化妆品及卫生用品批发					
其他日用品批发	3	67	10898	10898	
文化、体育用品及器材批发	17	166	65773	65773	
文具用品批发	3	7	297	297	
体育用品批发	1	4	2000	2000	
图书批发	5	63	34640	34640	
报刊批发	3	55	1730	1730	
音像制品及电子出版物批发					
首饰、工艺品及收藏品批发	2	19	20010	20010	
其他文化用品批发	3	18	7096	7096	
医药及医疗器材批发	2	20	7374	7374	
西药批发	1	18	7324	7324	
中药材及中成药批发	1	2	50	50	
医疗用品及器材批发					
矿产品、建材及化工产品批发	165	19145	10010047	10009995	52
煤炭及制品批发	13	2298	948585	948585	
石油及制品批发	7	456	51010	51010	
非金属矿及制品批发	2	31	4810	4810	
金属及金属矿批发	24	13685	5667433	5667433	
建材批发	19	1958	63588	63588	
化肥批发	64	492	3072764	3072712	52
农药批发	19	64	4467	4467	
农用薄膜批发	2	3	60	60	
其他化工产品批发	15	158	197330	197330	
机械设备、五金交电及电子产品批发	103	3629	1513835	1513319	516
农业机械批发	1	8			
汽车、摩托车及零配件批发	7	91	108865	108865	
五金、交电批发	32	512	59907	59591	316
家用电器批发	1	28	442355	442355	
计算机、软件及辅助设备批发					
通讯及广播电视设备批发	6	29	3490	3490	
其他机械设备及电子产品批发	56	2961	899218	899018	200
贸易经纪与代理	2	22	6595	6595	
贸易经纪与代理	2	22	6595	6595	
其他批发	42	424	2119018	2112298	6720

2-C-2　续表　　　　　　　　　　　　　　　　　　　　单位：千元

行业小类	产业活动单位数（个）	从业人数（人）	销售合计	批发额	零售额
再生物资回收与批发	28	223	89934	89934	
其他未列明的批发	14	201	2029084	2022364	6720
二、零售业	**703**	**3856**	**1185561**	**89311**	**1096250**
综合零售	101	727	90783	748	90035
百货零售	24	291	42499	135	42364
超级市场零售	14	220	16034		16034
其他综合零售	63	216	32250	613	31637
食品、饮料及烟草制品专门零售	210	1186	196940	3045	193895
粮油零售	9	21	3830		3830
糕点、面包零售	63	362	39493		39493
果品、蔬菜零售	2	14	580		580
肉、禽、蛋及水产品零售	30	141	75772	35	75737
饮料及茶叶零售	47	273	66168	3000	63168
烟草制品零售	1	2	90		90
其他食品零售	58	373	11007	10	10997
纺织、服装及日用品专门零售	33	250	50173	45	50128
纺织品及针织品零售	3	7	702		702
服装零售	14	178	45820	45	45775
鞋帽零售					
钟表、眼镜零售	3	19	1340		1340
化妆品及卫生用品零售	3	7	364		364
其他日用品零售	10	39	1947		1947
文化、体育用品及器材专门零售	195	406	334341	16218	318123
文具用品零售	12	140	7133		7133
体育用品零售	1	2	78		78
图书零售	5	31	93749		93749
报刊零售	162	170	19243	16218	3025
音像制品及电子出版物零售	1	1	2		2
珠宝首饰零售	1	16	207112		207112
工艺美术品及收藏品零售	9	38	4429		4429
照相器材零售					
其他文化用品零售	4	8	2595		2595
医药及医疗器材专门零售	30	193	21715		21715
药品零售	28	180	20815		20815
医疗用品及器材零售	2	13	900		900
汽车、摩托车、燃料及零配件专门零售	39	370	226667	8961	217706
汽车零售	4	77	41576		41576
汽车零配件零售	8	49	25297	1	25296
摩托车及零配件零售	1	2	300		300
机动车燃料零售	26	242	159494	8960	150534
家用电器及电子产品专门零售	17	141	37275	160	37115
家用电器零售	5	56	14900		14900
计算机、软件及辅助设备零售	7	35	20158		20158
通信设备零售	3	5	1665		1665
其他电子产品零售	2	45	552	160	392
五金、家具及室内装修材料专门零售	50	320	70763		70763
五金零售	13	105	7078		7078
家具零售	16	123	11136		11136
涂料零售	4	9	347		347
其他室内装修材料零售	17	83	52202		52202
无店铺及其他零售	28	263	156904	60134	96770
流动货摊零售					
邮购及电子销售	1	16	1		1
生活用燃料零售	7	161	19662	100	19562
花卉零售	1	4	200		200
旧货零售	1	2			
其他未列明的零售	18	80	137041	60034	77007

2-C-3 其他行业法人单位附属批发和零售业产业活动单位商品销售情况(按地区分)

单位：千元

地　区	产业活动单位数（个）	从业人数（人）	销售合计	批发额	零售额
总　计	**1216**	**29633**	**16592640**	**15511324**	**1109733**
沈阳市	262	4982	2964416	2601817	367319
大连市	375	4527	2502000	2189944	316208
鞍山市	36	2214	1356223	1345589	12812
抚顺市	64	4632	1058345	995172	67741
本溪市	45	297	94115	33232	61135
丹东市	54	299	27162	18952	8455
锦州市	91	666	136473	91977	45071
营口市	22	169	17735	13502	4380
阜新市	58	363	99538	78525	21318
辽阳市	20	163	151591	151734	
盘锦市	68	656	3259778	3134920	125446
铁岭市	21	90	23855	6462	17462
朝阳市	44	543	267353	206396	61456
葫芦岛市	20	204	2454927	2454181	930

2-C-4 其他行业法人单位附属批发和零售业产业活动单位分类商品销售情况

单位：千元

指标名称	销售合计	批发额	零售额
总　计	**16591424**	**15481691**	**1109733**
1.粮油、食品、饮料、烟酒类	1653733	1417610	236123
2.服装、鞋帽、针纺织品类	82679	2441	80238
3.化妆品类	1018		1018
4.金银珠宝类	207112		207112
5.日用品类	103781	85077	18704
6.五金、电料类	57580	47501	10079
7.体育、娱乐用品类	2699	2000	699
8.书报杂志类	152062	53428	98634
9.电子出版物及音像制品类	451		451
10.家用电器和音像器材类	474662	444855	29807
11.中西药品类	29989	7374	22615
12.文化办公用品类	19335	6375	12960
13.家具类	16647	5680	10967
14.通讯器材类	15064	14477	587
15.煤炭及制品类	950541	945789	4752
16.木材及制品类			
17.石油及制品类	226416	60070	166346
18.化工材料及制品类	3285564	3285564	
19.金属材料类	5672223	5672223	
20.建筑及装潢材料类	99918	48764	51154
21.机电产品及设备类	897410	893757	3653
22.汽车类	111142	44507	66635
23.种子饲料类	157219	157219	
24.棉麻类	1776	1776	
25.其他类	2372403	2285204	87199

第3篇

住宿和餐饮业经营及财务状况

3-A-1 按登记注册类型分住宿和餐饮业法人单位经营情况

单位：千元

登记注册类型	法人单位数（个）	从业人数（人）	营业额		
				客房收入	餐费收入
总　计	**5658**	**177901**	**22036994**	**4956083**	**15854017**
内资企业	**5329**	**135360**	**15248224**	**3683398**	**10772751**
国有企业	440	18748	1893775	941984	791213
集体企业	376	6733	550672	258060	269914
股份合作企业	78	1071	109207	41607	64108
联营企业	14	209	19856	9024	8166
国有联营企业	4	97	13661	6751	4663
集体联营企业	6	78	3288	85	3203
国有与集体联营企业	2	15	2133	1714	
其他联营企业	2	19	774	474	300
有限责任公司	680	23642	2364039	862518	1296954
国有独资公司	6	266	145066	62860	60412
其他有限责任公司	674	23376	2218973	799658	1236542
股份有限公司	41	2137	180027	71667	102525
私营企业	3536	80776	9776143	1485014	7903706
私营独资企业	2602	43724	5307902	555064	4623780
私营合伙企业	87	1802	211488	28946	176358
私营有限责任公司	783	33644	4041724	810403	2986397
私营股份有限公司	64	1606	215029	90601	117171
其他企业	164	2044	354505	13524	336165
港、澳、台商投资企业	**86**	**13860**	**2365608**	**856015**	**1255580**
合资经营企业(港或澳、台资)	55	8432	1258024	423669	692884
合作经营企业(港或澳、台资)	6	2088	322945	163413	136956
港、澳、台商独资经营企业	23	3260	778839	264483	424490
港、澳、台商投资股份有限公司	2	80	5800	4450	1250
外商投资企业	**243**	**28681**	**4423162**	**416670**	**3825686**
中外合资经营企业	122	8824	1150076	285554	726899
中外合作经营企业	6	2465	301649	14989	286147
外资企业	105	16837	2915956	102876	2781984
外商投资股份有限公司	10	555	55481	13251	30656

3-A-2　按登记注册类型、行业分住宿业法人单位经营情况

单位：千元

分　组	法人单位数（个）	从业人数（人）	营业额	客房收入	餐费收入
总　计	**1948**	**79745**	**8836590**	**4519818**	**3466877**
一、按登记注册类型分组					
内资企业	**1862**	**63565**	**6391947**	**3307945**	**2573984**
国有企业	364	17017	1752964	906749	696114
集体企业	253	4867	395990	232173	146336
股份合作企业	36	616	62799	40720	19289
联营企业	7	119	16268	8939	4663
国有联营企业	4	97	13661	6751	4663
集体联营企业					
国有与集体联营企业	2	15	2133	1714	
其他联营企业	1	7	474	474	
有限责任公司	300	15332	1541527	799254	599158
国有独资公司	4	244	144231	62860	59577
其他有限责任公司	296	15088	1397296	736394	539581
股份有限公司	19	1646	119240	62076	51409
私营企业	865	23818	2483496	1248602	1048446
私营独资企业	583	9927	900099	447725	398519
私营合伙企业	26	371	25465	19212	5448
私营有限责任公司	235	12907	1432211	691884	615604
私营股份有限公司	21	613	125721	89781	28875
其他企业	18	150	19663	9432	8569
港、澳、台商投资企业	**39**	**9574**	**1660760**	**829083**	**612641**
合资经营企业(港或澳、台资)	23	5622	880911	403166	350689
合作经营企业(港或澳、台资)	5	2056	315470	163413	129481
港、澳、台商独资经营企业	10	1870	460279	258404	132471
港、澳、台商投资股份有限公司	1	26	4100	4100	
外商投资企业	**47**	**6606**	**783883**	**382790**	**280252**
中外合资经营企业	32	4560	507032	254442	167003
中外合作经营企业	1	300	37566	14989	22064
外资企业	12	1316	202449	100208	79071
外商投资股份有限公司	2	430	36836	13151	12114
二、按行业（中类）分组					
旅游饭店	660	59551	7191447	3447103	3000432
一般饭店	1168	18391	1530083	1004180	429815
其他住宿服务	120	1803	115060	68535	36630

3-A-3 按登记注册类型、行业分住宿业

分组	五星 法人单位数(个)	营业额	客房收入	餐费收入	四 法人单位数(个)
总计	**16**	**1311281**	**612027**	**482886**	**76**
一、按登记注册类型分组					
内资企业	**8**	**305117**	**156583**	**115560**	**51**
国有企业	2	40782	27063	11963	12
集体企业					1
股份合作企业					
联营企业					
国有联营企业					
集体联营企业					
国有与集体联营企业					
其他联营企业					
有限责任公司	3	180547	78658	82806	17
国有独资公司					
其他有限责任公司	3	180547	78658	82806	17
股份有限公司					4
私营企业	3	83788	50862	20791	17
私营独资企业					6
私营合伙企业					
私营有限责任公司	3	83788	50862	20791	9
私营股份有限公司					2
其他企业					
港、澳、台商投资企业	**5**	**948137**	**431039**	**346743**	**11**
合资经营企业(港或澳、台资)	3	471877	191458	190738	5
合作经营企业(港或澳、台资)	1	166521	94303	57663	2
港、澳、台商独资经营企业	1	309739	145278	98342	4
港、澳、台商投资股份有限公司					
外商投资企业	**3**	**58027**	**24405**	**20583**	**14**
中外合资经营企业	2	21677	11654	8555	11
中外合作经营企业					1
外资企业					2
外商投资股份有限公司	1	36350	12751	12028	
二、按行业（中类）分组					
旅游饭店	16	1311281	612027	482886	72
一般饭店					4
其他住宿服务					

法人单位经营情况(按星级分)

单位：千元

星			三星				二星			
营业额			法人单位数(个)	营业额			法人单位数(个)	营业额		
	客房收入	餐费收入			客房收入	餐费收入			客房收入	餐费收入
2182269	**1068221**	**912014**	**202**	**1856966**	**790721**	**867884**	**103**	**387880**	**198044**	**161808**
1263781	**610195**	**545005**	**182**	**1635751**	**683576**	**791333**	**103**	**387880**	**198044**	**161808**
319695	147352	142143	40	410493	177219	184983	40	152430	74081	60813
18296	12169	5210	17	128382	56353	64349	9	27385	10924	15859
			2	12332	4541	7791	1	1333	893	134
							1	1395	1395	
							1	1395	1395	
430309	210846	177287	36	382462	184017	146156	21	88383	51913	31199
			3	144061	62730	59537				
430309	210846	177287	33	238401	121287	86619	21	88383	51913	31199
76928	35332	36930	3	15672	11439	4233	1	16744	10575	5620
418553	204496	183435	84	686410	250007	383821	29	99951	48213	48113
94877	29466	53721	30	192269	64202	112192	11	27893	11752	15780
							2	2935	2785	150
220336	100587	105586	53	491649	184005	270937	14	66110	32366	30480
103340	74443	24128	1	2492	1800	692	2	3013	1310	1703
							1	259	50	70
409857	**224171**	**158915**	**9**	**119629**	**58442**	**52650**				
193018	94548	81112	8	116702	56380	51785				
103726	44142	53195								
113113	85481	24608	1	2927	2062	865				
508631	**233855**	**208094**	**11**	**101586**	**48703**	**23901**				
323162	145430	131933	9	85229	39144	19181				
37566	14989	22064								
147903	73436	54097	2	16357	9559	4720				
2140402	1050933	901011	187	1788691	752209	850985	91	361422	181108	153814
41867	17288	11003	14	66531	36768	16899	12	26458	16936	7994
			1	1744	1744					

3-A-3 续表

单位：千元

分 组	一星				其他			
	法 人单位数（个）	营业额	客房收入	餐费收入	法 人单位数（个）	营业额	客房收入	餐费收入
总 计	**14**	**11778**	**10466**	**1228**	**1536**	**3084511**	**1838655**	**1040836**
一、按登记注册类型分组								
内资企业	**14**	**11778**	**10466**	**1228**	**1503**	**2785735**	**1647397**	**958829**
国有企业	4	4207	3370	783	265	823452	475980	295208
集体企业					226	221927	152727	60918
股份合作企业					33	49134	35286	11364
联营企业					6	14873	7544	4663
国有联营企业					3	12266	5356	4663
集体联营企业								
国有与集体联营企业					2	2133	1714	
其他联营企业					1	474	474	
有限责任公司					223	459826	273820	161710
国有独资公司					1	170	130	40
其他有限责任公司					222	459656	273690	161670
股份有限公司	1	160	160		10	9736	4570	4626
私营企业	8	6937	6462	445	724	1187857	688562	411841
私营独资企业	8	6937	6462	445	528	578123	335843	216381
私营合伙企业					24	22530	16427	5298
私营有限责任公司					156	570328	324064	187810
私营股份有限公司					16	16876	12228	2352
其他企业	1	474	474		16	18930	8908	8499
港、澳、台商投资企业					**14**	**183137**	**115431**	**54333**
合资经营企业(港或澳、台资)					7	99314	60780	27054
合作经营企业(港或澳、台资)					2	45223	24968	18623
港、澳、台商独资经营企业					4	34500	25583	8656
港、澳、台商投资股份有限公司					1	4100	4100	
外商投资企业					**19**	**115639**	**75827**	**27674**
中外合资经营企业					10	76964	58214	7334
中外合作经营企业								
外资企业					8	38189	17213	20254
外商投资股份有限公司					1	486	400	86
二、按行业（中类）分组								
旅游饭店	5	5145	4876	185	288	1582601	844266	611330
一般饭店	7	4751	3853	898	1131	1390476	929335	393021
其他住宿服务	2	1882	1737	145	117	111434	65054	36485

3-A-4　按登记注册类型、行业分餐饮业法人单位经营情况

单位：千元

分　组	法人单位数（个）	从业人数（人）	营业额		
				客房收入	餐费收入
总　计	**3710**	**98156**	**13200404**	**436265**	**12387140**
一、按登记注册类型分					
内资企业	**3467**	**71795**	**8856277**	**375453**	**8198767**
国有企业	76	1731	140811	35235	95099
集体企业	123	1866	154682	25887	123578
股份合作企业	42	455	46408	887	44819
联营企业	7	90	3588	85	3503
国有联营企业					
集体联营企业	6	78	3288	85	3203
国有与集体联营企业					
其他联营企业	1	12	300		300
有限责任公司	380	8310	822512	63264	697796
国有独资公司	2	22	835		835
其他有限责任公司	378	8288	821677	63264	696961
股份有限公司	22	491	60787	9591	51116
私营企业	2671	56958	7292647	236412	6855260
私营独资企业	2019	33797	4407803	107339	4225261
私营合伙企业	61	1431	186023	9734	170910
私营有限责任公司	548	20737	2609513	118519	2370793
私营股份有限公司	43	993	89308	820	88296
其他企业	146	1894	334842	4092	327596
港、澳、台商投资企业	**47**	**4286**	**704848**	**26932**	**642939**
合资经营企业(港或澳、台资)	32	2810	377113	20503	342195
合作经营企业(港或澳、台资)	1	32	7475		7475
港、澳、台商独资经营企业	13	1390	318560	6079	292019
港、澳、台商投资股份有限公司	1	54	1700	350	1250
外商投资企业	**196**	**22075**	**3639279**	**33880**	**3545434**
中外合资经营企业	90	4264	643044	31112	559896
中外合作经营企业	5	2165	264083		264083
外资企业	93	15521	2713507	2668	2702913
外商投资股份有限公司	8	125	18645	100	18542
二、按行业（中类）分组					
正餐服务	3206	74771	9323061	431421	8636379
快餐服务	246	19724	3490673	2304	3477470
饮料及冷饮服务	106	1256	132252	304	109492
其他餐饮服务	152	2405	254418	2236	163799

3-A-5 按行业分住宿和餐饮业法人单位经营情况（按登记注册类型分）

单位：千元

行业中类	内资企业				
	法人单位数(个)	从业人数(人)	营业额	客房收入	餐费收入
总　计	**5329**	**135360**	**15248224**	**3683398**	**10772751**
一、住宿业	1862	63565	6391947	3307945	2573984
旅游饭店	587	44003	4855586	2302763	2133630
一般饭店	1157	17909	1423900	939039	403810
其他住宿服务	118	1653	112461	66143	36544
二、餐饮业	3467	71795	8856277	375453	8198767
正餐服务	3005	66089	8200143	370609	7617697
快餐服务	220	2937	369655	2304	356809
饮料及冷饮服务	96	958	90407	304	86031
其他餐饮服务	146	1811	196072	2236	138230

3-A-5 续表 1

单位：千元

行业中类	国有企业				
	法人单位数(个)	从业人数(人)	营业额	客房收入	餐费收入
总　计	**440**	**440**	**1893775**	**941984**	**791213**
一、住宿业	364	364	1752964	906749	696114
旅游饭店	142	142	1396921	690977	581865
一般饭店	199	199	333941	203654	105595
其他住宿服务	23	23	22102	12118	8654
二、餐饮业	76	76	140811	35235	95099
正餐服务	66	66	131255	33604	89677
快餐服务	3	3	3491	900	2572
饮料及冷饮服务	2	2	2106		186
其他餐饮服务	5	5	3959	731	2664

3-A-5　续表 2　　单位：千元

行业中类	集体企业				
	法人单位数（个）	从业人数（人）	营业额	客房收入	餐费收入
总　计	**376**	**376**	**550672**	**258060**	**269914**
一、住宿业	253	253	395990	232173	146336
旅游饭店	57	57	226194	109044	105344
一般饭店	181	181	160772	116411	38696
其他住宿服务	15	15	9024	6718	2296
二、餐饮业	123	123	154682	25887	123578
正餐服务	103	103	142140	25057	112143
快餐服务	11	11	6153		6034
饮料及冷饮服务	2	2	354		196
其他餐饮服务	7	7	6035	830	5205

3-A-5　续表 3　　单位：千元

行业中类	股份合作企业				
	法人单位数（个）	从业人数（人）	营业额	客房收入	餐费收入
总　计	**78**	**78**	**109207**	**41607**	**64108**
一、住宿业	36	36	62799	40720	19289
旅游饭店	8	8	17919	9383	7980
一般饭店	28	28	44880	31337	11309
其他住宿服务					
二、餐饮业	42	42	46408	887	44819
正餐服务	35	35	42269	887	40705
快餐服务	2	2	3125		3125
饮料及冷饮服务	3	3	233		208
其他餐饮服务	2	2	781		781

3-A-5 续表 4

单位：千元

行业中类	联营企业				
	法人单位数（个）	从业人数（人）	营业额		
				客房收入	餐费收入
总　计	**14**	**14**	**19856**	**9024**	**8166**
一、住宿业	7	7	16268	8939	4663
旅游饭店	1	1	1395	1395	
一般饭店	5	5	14421	7092	4663
其他住宿服务	1	1	452	452	
二、餐饮业	7	7	3588	85	3503
正餐服务	6	6	2088	85	2003
快餐服务					
饮料及冷饮服务					
其他餐饮服务	1	1	1500		1500

3-A-5 续表 5

单位：千元

行业中类	国有联营企业				
	法人单位数（个）	从业人数（人）	营业额		
				客房收入	餐费收入
总　计	**4**	**97**	**13661**	**6751**	**4663**
一、住宿业	4	97	13661	6751	4663
旅游饭店	1	36	1395	1395	
一般饭店	2	57	11814	4904	4663
其他住宿服务	1	4	452	452	
二、餐饮业					
正餐服务					
快餐服务					
饮料及冷饮服务					
其他餐饮服务					

3-A-5　续表 6

单位：千元

行业中类	集体联营企业				
	法人单位数（个）	从业人数（人）	营业额		
				客房收入	餐费收入
总　计	**6**	**78**	**3288**	**85**	**3203**
一、住宿业					
旅游饭店					
一般饭店					
其他住宿服务					
二、餐饮业	6	78	3288	85	3203
正餐服务	5	53	1788	85	1703
快餐服务					
饮料及冷饮服务					
其他餐饮服务	1	25	1500		1500

3-A-5　续表 7

单位：千元

行业中类	国有与集体联营企业				
	法人单位数（个）	从业人数（人）	营业额		
				客房收入	餐费收入
总　计	**2**	**15**	**2133**	**1714**	
一、住宿业	2	15	2133	1714	
旅游饭店					
一般饭店	2	15	2133	1714	
其他住宿服务					
二、餐饮业					
正餐服务					
快餐服务					
饮料及冷饮服务					
其他餐饮服务					

3-A-5 续表 8

单位：千元

行业中类	其他联营企业				
	法人单位数(个)	从业人数(人)	营业额		
				客房收入	餐费收入
总　计	**2**	**19**	**774**	**474**	**300**
一、住宿业	1	7	474	474	
旅游饭店					
一般饭店	1	7	474	474	
其他住宿服务					
二、餐饮业	1	12	300		300
正餐服务	1	12	300		300
快餐服务					
饮料及冷饮服务					
其他餐饮服务					

3-A-5 续表 9

单位：千元

行业中类	有限责任公司				
	法人单位数(个)	从业人数(人)	营业额		
				客房收入	餐费收入
总　计	**680**	**23642**	**2364039**	**862518**	**1296954**
一、住宿业	300	15332	1541527	799254	599158
旅游饭店	138	12140	1321381	653863	545610
一般饭店	144	2698	194498	127520	51564
其他住宿服务	18	494	25648	17871	1984
二、餐饮业	380	8310	822512	63264	697796
正餐服务	301	7248	696631	63262	619736
快餐服务	28	317	30505	2	28179
饮料及冷饮服务	24	225	19273		18774
其他餐饮服务	27	520	76103		31107

3-A-5　续表 10　　　　单位：千元

行业中类	国有独资公司				
	法人单位数(个)	从业人数(人)	营业额		
				客房收入	餐费收入
总　计	**6**	**266**	**145066**	**62860**	**60412**
一、住宿业	4	244	144231	62860	59577
旅游饭店	3	238	144061	62730	59537
一般饭店	1	6	170	130	40
其他住宿服务					
二、餐饮业	2	22	835		835
正餐服务	2	22	835		835
快餐服务					
饮料及冷饮服务					
其他餐饮服务					

3-A-5　续表 11　　　　单位：千元

行业中类	其他有限责任公司				
	法人单位数(个)	从业人数(人)	营业额		
				客房收入	餐费收入
总　计	**674**	**23376**	**2218973**	**799658**	**1236542**
一、住宿业	296	15088	1397296	736394	539581
旅游饭店	135	11902	1177320	591133	486073
一般饭店	143	2692	194328	127390	51524
其他住宿服务	18	494	25648	17871	1984
二、餐饮业	378	8288	821677	63264	696961
正餐服务	299	7226	695796	63262	618901
快餐服务	28	317	30505	2	28179
饮料及冷饮服务	24	225	19273		18774
其他餐饮服务	27	520	76103		31107

3-A-5 续表 12 单位：千元

行业中类	股份有限公司				
	法人单位数（个）	从业人数（人）	营业额		
				客房收入	餐费收入
总　计	**41**	**2137**	**180027**	**71667**	**102525**
一、住宿业	19	1646	119240	62076	51409
旅游饭店	12	1569	114799	59729	49405
一般饭店	7	77	4441	2347	2004
其他住宿服务					
二、餐饮业	22	491	60787	9591	51116
正餐服务	21	485	60646	9591	50996
快餐服务					
饮料及冷饮服务	1	6	141		120
其他餐饮服务					

3-A-5 续表 13 单位：千元

行业中类	私营企业				
	法人单位数（个）	从业人数（人）	营业额		
				客房收入	餐费收入
总　计	**3536**	**80776**	**9776143**	**1485014**	**7903706**
一、住宿业	865	23818	2483496	1248602	1048446
旅游饭店	223	15589	1767823	775366	838137
一般饭店	582	7560	661228	445042	186699
其他住宿服务	60	669	54445	28194	23610
二、餐饮业	2671	56958	7292647	236412	6855260
正餐服务	2354	53224	6862375	234331	6446444
快餐服务	168	2185	289505	1102	280323
饮料及冷饮服务	62	631	66134	304	64381
其他餐饮服务	87	918	74633	675	64112

3-A-5　续表 14　　　　单位：千元

行业中类	私营独资企业				
	法人单位数(个)	从业人数(人)	营业额	客房收入	餐费收入
总　计	**2602**	**43724**	**5307902**	**555064**	**4623780**
一、住宿业	583	9927	900099	447725	398519
旅游饭店	105	4470	440858	162902	241663
一般饭店	430	4889	410746	260745	134715
其他住宿服务	48	568	48495	24078	22141
二、餐饮业	2019	33797	4407803	107339	4225261
正餐服务	1789	31368	4139969	106428	3963372
快餐服务	132	1480	178565	2	177199
饮料及冷饮服务	37	386	46417	304	44776
其他餐饮服务	61	563	42852	605	39914

3-A-5　续表 15　　　　单位：千元

行业中类	私营合伙企业				
	法人单位数(个)	从业人数(人)	营业额	客房收入	餐费收入
总　计	**87**	**1802**	**211488**	**28946**	**176358**
一、住宿业	26	371	25465	19212	5448
旅游饭店	5	90	6090	2124	3585
一般饭店	19	265	17675	15688	1563
其他住宿服务	2	16	1700	1400	300
二、餐饮业	61	1431	186023	9734	170910
正餐服务	55	1353	180370	9434	165580
快餐服务	4	62	4250	300	3950
饮料及冷饮服务					
其他餐饮服务	2	16	1403		1380

3-A-5 续表 16 单位：千元

行业中类	私营有限责任公司				
	法人单位数(个)	从业人数(人)	营业额		
				客房收入	餐费收入
总　计	**783**	**33644**	**4041724**	**810403**	**2986397**
一、住宿业	235	12907	1432211	691884	615604
旅游饭店	107	10600	1207370	531422	565037
一般饭店	121	2252	221743	158462	49634
其他住宿服务	7	55	3098	2000	933
二、餐饮业	548	20737	2609513	118519	2370793
正餐服务	475	19573	2464334	117649	2240768
快餐服务	31	633	100690	800	93174
饮料及冷饮服务	21	212	17829		17717
其他餐饮服务	21	319	26660	70	19134

3-A-5 续表 17 单位：千元

行业中类	私营股份有限公司				
	法人单位数(个)	从业人数(人)	营业额		
				客房收入	餐费收入
总　计	**64**	**64**	**215029**	**90601**	**117171**
一、住宿业	21	21	125721	89781	28875
旅游饭店	6	6	113505	78918	27852
一般饭店	12	12	11064	10147	787
其他住宿服务	3	3	1152	716	236
二、餐饮业	43	43	89308	820	88296
正餐服务	35	35	77702	820	76724
快餐服务	1	1	6000		6000
饮料及冷饮服务	4	4	1888		1888
其他餐饮服务	3	3	3718		3684

3-A-5　续表 18　　单位：千元

行业中类	其他企业				
	法人单位数（个）	从业人数（人）	营业额	客房收入	餐费收入
总　计	**164**	**164**	**354505**	**13524**	**336165**
一、住宿业	18	18	19663	9432	8569
旅游饭店	6	6	9154	3006	5289
一般饭店	11	11	9719	5636	3280
其他住宿服务	1	1	790	790	
二、餐饮业	146	146	334842	4092	327596
正餐服务	119	119	262739	3792	255993
快餐服务	8	8	36876	300	36576
饮料及冷饮服务	2	2	2166		2166
其他餐饮服务	17	17	33061		32861

3-A-5　续表 19　　单位：千元

行业中类	港、澳、台商投资企业				
	法人单位数（个）	从业人数（人）	营业额	客房收入	餐费收入
总　计	**86**	**86**	**2365608**	**856015**	**1255580**
一、住宿业	39	39	1660760	829083	612641
旅游饭店	35	35	1641889	815042	607886
一般饭店	4	4	18871	14041	4755
其他住宿服务					
二、餐饮业	47	47	704848	26932	642939
正餐服务	40	40	473023	26932	427606
快餐服务	4	4	207748		207748
饮料及冷饮服务	2	2	23327		6835
其他餐饮服务	1	1	750		750

3-A-5 续表 20

单位：千元

行业中类	合资经营企业(港或澳、台资)				
	法人单位数(个)	从业人数(人)	营业额		
				客房收入	餐费收入
总 计	**55**	**55**	**1258024**	**423669**	**692884**
一、住宿业	23	23	880911	403166	350689
旅游饭店	22	22	880772	403027	350689
一般饭店	1	1	139	139	
其他住宿服务					
二、餐饮业	32	32	377113	20503	342195
正餐服务	30	30	364944	20503	330026
快餐服务	2	2	12169		12169
饮料及冷饮服务					
其他餐饮服务					

3-A-5 续表 21

单位：千元

行业中类	合作经营企业(港或澳、台资)				
	法人单位数(个)	从业人数(人)	营业额		
				客房收入	餐费收入
总 计	**6**	**6**	**322945**	**163413**	**136956**
一、住宿业	5	5	315470	163413	129481
旅游饭店	5	5	315470	163413	129481
一般饭店					
其他住宿服务					
二、餐饮业	1	1	7475		7475
正餐服务	1	1	7475		7475
快餐服务					
饮料及冷饮服务					
其他餐饮服务					

3-A-5　续表 22　　单位：千元

行业中类	港、澳、台商独资经营企业				
	法人单位数（个）	从业人数（人）	营业额	客房收入	餐费收入
总　计	**23**	**23**	**778839**	**264483**	**424490**
一、住宿业	10	10	460279	258404	132471
旅游饭店	8	8	445647	248602	127716
一般饭店	2	2	14632	9802	4755
其他住宿服务					
二、餐饮业	13	13	318560	6079	292019
正餐服务	8	8	98904	6079	88855
快餐服务	2	2	195579		195579
饮料及冷饮服务	2	2	23327		6835
其他餐饮服务	1	1	750		750

3-A-5　续表 23　　单位：千元

行业中类	港、澳、台商投资股份有限公司				
	法人单位数（个）	从业人数（人）	营业额	客房收入	餐费收入
总　计	**2**	**2**	**5800**	**4450**	**1250**
一、住宿业	1	1	4100	4100	
旅游饭店					
一般饭店	1	1	4100	4100	
其他住宿服务					
二、餐饮业	1	1	1700	350	1250
正餐服务	1	1	1700	350	1250
快餐服务					
饮料及冷饮服务					
其他餐饮服务					

3-A-5 续表 24

单位：千元

行业中类	外商投资企业				
	法人单位数（个）	从业人数（人）	营业额		
				客房收入	餐费收入
总　计	**243**	**243**	**4423162**	**416670**	**3825686**
一、住宿业	47	47	783883	382790	280252
旅游饭店	38	38	693972	329298	258916
一般饭店	7	7	87312	51100	21250
其他住宿服务	2	2	2599	2392	86
二、餐饮业	196	196	3639279	33880	3545434
正餐服务	161	161	649895	33880	591076
快餐服务	22	22	2913270		2912913
饮料及冷饮服务	8	8	18518		16626
其他餐饮服务	5	5	57596		24819

3-A-5 续表 25

单位：千元

行业中类	中外合资经营企业				
	法人单位数（个）	从业人数（人）	营业额		
				客房收入	餐费收入
总　计	**122**	**8824**	**1150076**	**285554**	**726899**
一、住宿业	32	4560	507032	254442	167003
旅游饭店	29	4284	449949	215904	163150
一般饭店	3	276	57083	38538	3853
其他住宿服务					
二、餐饮业	90	4264	643044	31112	559896
正餐服务	78	3469	449319	31112	399171
快餐服务	7	417	142538		142230
饮料及冷饮服务	3	57	4368		4368
其他餐饮服务	2	321	46819		14127

3-A-5　续表 26

单位：千元

行业中类	中外合作经营企业				
	法人单位数（个）	从业人数（人）	营业额		
				客房收入	餐费收入
总　计	**6**	**2465**	**301649**	**14989**	**286147**
一、住宿业	1	300	37566	14989	22064
旅游饭店	1	300	37566	14989	22064
一般饭店					
其他住宿服务					
二、餐饮业	5	2165	264083		264083
正餐服务	3	171	10066		10066
快餐服务	2	1994	254017		254017
饮料及冷饮服务					
其他餐饮服务					

3-A-5　续表 27

单位：千元

行业中类	外资企业				
	法人单位数（个）	从业人数（人）	营业额		
				客房收入	餐费收入
总　计	**105**	**16837**	**2915956**	**102876**	**2781984**
一、住宿业	12	1316	202449	100208	79071
旅游饭店	7	1035	170107	85654	61674
一般饭店	4	141	30229	12562	17397
其他住宿服务	1	140	2113	1992	
二、餐饮业	93	15521	2713507	2668	2702913
正餐服务	74	1412	172554	2668	163983
快餐服务	11	13776	2516026		2515980
饮料及冷饮服务	5	78	14150		12258
其他餐饮服务	3	255	10777		10692

3-A-5 续表 28 单位：千元

行业中类	外商投资股份有限公司				
	法人单位数（个）	从业人数（人）	营业额		
				客房收入	餐费收入
总 计	**10**	**555**	**55481**	**13251**	**30656**
一、住宿业	2	430	36836	13151	12114
旅游饭店	1	420	36350	12751	12028
一般饭店					
其他住宿服务	1	10	486	400	86
二、餐饮业	8	125	18645	100	18542
正餐服务	6	118	17956	100	17856
快餐服务	2	7	689		686
饮料及冷饮服务					
其他餐饮服务					

3-A-6　各地区住宿和餐饮业法人单位经营情况

单位：千元

分　组	法人单位数(个)	从业人数(人)	营业额		
				客房收入	餐费收入
住宿和餐饮业	**5658**	**177901**	**22036994**	**4956083**	**15854017**
沈 阳 市	915	40326	6701096	1527820	4915777
大 连 市	1244	53109	6468110	1749369	4178786
鞍 山 市	1048	17542	3020344	396962	2545152
抚 顺 市	514	10756	941823	127812	798777
本 溪 市	187	6481	476807	119225	333546
丹 东 市	408	9336	817111	232036	549577
锦 州 市	153	5841	440554	132172	279283
营 口 市	390	8284	665703	152015	446904
阜 新 市	86	3121	198729	41421	139104
辽 阳 市	212	4433	486216	91660	376242
盘 锦 市	145	4924	606208	135284	440878
铁 岭 市	97	3400	371006	81527	234793
朝 阳 市	76	4004	376803	87436	243666
葫芦岛市	183	6344	466484	81344	371532
住宿业	**1948**	**79745**	**8836590**	**4519818**	**3466877**
沈 阳 市	435	18506	2511447	1439138	881047
大 连 市	611	28941	3443031	1631292	1418318
鞍 山 市	124	4412	617832	380856	179755
抚 顺 市	120	3073	236843	122884	101268
本 溪 市	55	2147	177320	87452	79138
丹 东 市	200	5898	555763	226601	298882
锦 州 市	67	3484	227249	125304	79838
营 口 市	83	2246	182522	89285	67763
阜 新 市	34	1705	95996	39302	40946
辽 阳 市	41	1566	136775	82759	41603
盘 锦 市	27	1794	200155	107048	79973
铁 岭 市	43	2355	197401	54017	103339
朝 阳 市	38	1688	140437	71485	52545
葫芦岛市	70	1930	113819	62395	42462
餐饮业	**3710**	**98156**	**13200404**	**436265**	**12387140**
沈 阳 市	480	21820	4189649	88682	4034730
大 连 市	633	24168	3025079	118077	2760468
鞍 山 市	924	13130	2402512	16106	2365397
抚 顺 市	394	7683	704980	4928	697509
本 溪 市	132	4334	299487	31773	254408
丹 东 市	208	3438	261348	5435	250695
锦 州 市	86	2357	213305	6868	199445
营 口 市	307	6038	483181	62730	379141
阜 新 市	52	1416	102733	2119	98158
辽 阳 市	171	2867	349441	8901	334639
盘 锦 市	118	3130	406053	28236	360905
铁 岭 市	54	1045	173605	27510	131454
朝 阳 市	38	2316	236366	15951	191121
葫芦岛市	113	4414	352665	18949	329070

3-A-7 按行业分住宿和餐饮业法人单位设施状况

行业中类	客房数(间)	床位数(个)	餐位数(位)
总　计	**128827**	**275225**	**829568**
一、住宿业	115388	243472	269890
旅游饭店	72142	135633	210906
一般饭店	38270	90237	53290
其他住宿服务	4976	17602	5694
二、餐饮业	13439	31753	559678
正餐服务	13204	31211	475747
快餐服务	55	105	67216
饮料及冷饮服务	41	124	6046
其他餐饮服务	139	313	10669

3-A-8 各地区住宿和餐饮业法人单位设施状况

分 组	客房数(间)	床位数(个)	餐位数(位)
住宿和餐饮业	**128827**	**275225**	**829568**
沈阳市	31388	58982	175567
大连市	45565	100211	165209
鞍山市	7757	15755	132338
抚顺市	4156	9348	55686
本溪市	4521	10287	34809
丹东市	8418	19481	56863
锦州市	4032	7964	26046
营口市	4815	10778	29933
阜新市	1462	2837	14059
辽阳市	6655	18129	43368
盘锦市	2130	4214	28343
铁岭市	1969	4263	17267
朝阳市	2164	4257	21666
葫芦岛市	3795	8719	28414
住宿业	**115388**	**243472**	**269890**
沈阳市	29376	55002	48605
大连市	41045	87000	72820
鞍山市	7123	14221	12897
抚顺市	4066	9194	11795
本溪市	2950	7051	9173
丹东市	8186	18959	34915
锦州市	3673	7241	12272
营口市	2976	6677	4787
阜新市	1234	2446	5729
辽阳市	6572	17966	23195
盘锦市	1631	3276	8740
铁岭市	1698	3719	9207
朝阳市	1904	3763	7871
葫芦岛市	2954	6957	7884
餐饮业	**13439**	**31753**	**559678**
沈阳市	2012	3980	126962
大连市	4520	13211	92389
鞍山市	634	1534	119441
抚顺市	90	154	43891
本溪市	1571	3236	25636
丹东市	232	522	21948
锦州市	359	723	13774
营口市	1839	4101	25146
阜新市	228	391	8330
辽阳市	83	163	20173
盘锦市	499	938	19603
铁岭市	271	544	8060
朝阳市	260	494	13795
葫芦岛市	841	1762	20530

3-A-9 限额以上住宿和餐饮业法人单位按登记注册类型分经营情况

单位：千元

登记注册类型	法人单位数(个)	从业人数(人)	营业额	客房收入	餐费收入	商品销售额
总　计	**1317**	**119652**	**17633257**	**3965424**	**12554455**	**365420**
内资企业	**1147**	**79781**	**11027838**	**2710722**	**7633330**	**270838**
国有企业	131	13634	1617317	775474	695807	26116
集体企业	49	2835	316218	138097	164224	3386
股份合作企业	9	281	52150	17825	34325	
联营企业	1	51	11448	4538	4663	178
国有联营企业	1	51	11448	4538	4663	178
集体联营企业						
国有与集体联营企业						
其他联营企业						
有限责任公司	137	15004	1833366	696516	953570	102896
国有独资公司	3	238	144061	62730	59537	20481
其他有限责任公司	134	14766	1689305	633786	894033	82415
股份有限公司	13	1575	135317	50166	80334	406
私营企业	791	45761	6939199	1023906	5583904	136556
私营独资企业	460	17796	3093472	242213	2761991	52047
私营合伙企业	16	698	134130	8676	121615	3751
私营有限责任公司	296	26394	3536510	692123	2612852	80000
私营股份有限公司	19	873	175087	80894	87446	758
其他企业	16	640	122823	4200	116503	1300
港、澳、台商投资企业	**67**	**13510**	**2334143**	**847692**	**1234237**	**45862**
合资经营企业(港或澳、台资)	43	8236	1242586	420698	680501	36758
合作经营企业(港或澳、台资)	6	2088	322945	163413	136956	436
港、澳、台商独资经营企业	18	3186	768612	263581	416780	8668
港、澳、台商投资股份有限公司						
外商投资企业	**103**	**26361**	**4271276**	**407010**	**3686888**	**48720**
中外合资经营企业	65	7684	1078611	283883	658062	33300
中外合作经营企业	4	2424	297569	14989	282067	
外资企业	31	15753	2846896	95387	2722881	13852
外商投资股份有限公司	3	500	48200	12751	23878	1568

3-A-10 限额以上住宿业法人单位按登记注册类型、行业分经营情况

单位：千元

分组	法人单位(个)	从业人数(人)	营业额			商品销售额
				客房收入	餐费收入	
总计	**509**	**59911**	**7585035**	**3653916**	**3132907**	**206152**
一、按登记注册类型分组						
内资企业	**440**	**44119**	**5159510**	**2457283**	**2243357**	**119595**
国有企业	120	12922	1535174	747824	646522	24291
集体企业	37	2404	245694	124265	109043	2563
股份合作企业	5	209	35785	17825	17960	
联营企业	1	51	11448	4538	4663	178
国有联营企业	1	51	11448	4538	4663	178
集体联营企业						
国有与集体联营企业						
其他联营企业						
有限责任公司	87	11691	1339256	660756	546575	60283
国有独资公司	3	238	144061	62730	59537	20481
其他有限责任公司	84	11453	1195195	598026	487038	39802
股份有限公司	7	1262	88923	41205	42901	406
私营企业	182	15550	1900230	859870	874413	31774
私营独资企业	68	4064	474652	179031	258286	8590
私营合伙企业	1	60	2468	2322	50	50
私营有限责任公司	108	10985	1309096	597623	589692	22376
私营股份有限公司	5	441	114014	80894	26385	758
其他企业	1	30	3000	1000	1280	100
港、澳、台商投资企业	**33**	**9463**	**1651541**	**822241**	**610339**	**45502**
合资经营企业(港或澳、台资)	20	5558	877969	401326	349587	36610
合作经营企业(港或澳、台资)	5	2056	315470	163413	129481	436
港、澳、台商独资经营企业	8	1849	458102	257502	131271	8456
港、澳、台商投资股份有限公司						
外商投资企业	**36**	**6329**	**773984**	**374392**	**279211**	**41055**
中外合资经营企业	28	4519	505903	253333	166992	26987
中外合作经营企业	1	300	37566	14989	22064	
外资企业	6	1090	194165	93319	78127	12500
外商投资股份有限公司	1	420	36350	12751	12028	1568
二、按行业（中类）分组						
旅游饭店	402	54564	6900286	3268937	2898229	190760
一般饭店	105	5200	670561	375547	234175	15392
其他住宿服务	2	147	14188	9432	503	

3-A-11 限额以上餐饮业法人单位按登记注册类型、行业分经营情况

单位：千元

分 组	法人单位数(个)	从业人数(人)	营业额			商品销售额
				客房收入	餐费收入	
总 计	**808**	**59741**	**10048222**	**311508**	**9421548**	**159268**
一、按登记注册类型分组						
内资企业	**707**	**35662**	**5868328**	**253439**	**5389973**	**151243**
国有企业	11	712	82143	27650	49285	1825
集体企业	12	431	70524	13832	55181	823
股份合作企业	4	72	16365		16365	
联营企业						
国有联营企业						
集体联营企业						
国有与集体联营企业						
其他联营企业						
有限责任公司	50	3313	494110	35760	406995	42613
国有独资公司						
其他有限责任公司	50	3313	494110	35760	406995	42613
股份有限公司	6	313	46394	8961	37433	
私营企业	609	30211	5038969	164036	4709491	104782
私营独资企业	392	13732	2618820	63182	2503705	43457
私营合伙企业	15	638	131662	6354	121565	3701
私营有限责任公司	188	15409	2227414	94500	2023160	57624
私营股份有限公司	14	432	61073		61061	
其他企业	15	610	119823	3200	115223	1200
港、澳、台商投资企业	**34**	**4047**	**682602**	**25451**	**623898**	**360**
合资经营企业(港或澳、台资)	23	2678	364617	19372	330914	148
合作经营企业(港或澳、台资)	1	32	7475		7475	
港、澳、台商独资经营企业	10	1337	310510	6079	285509	212
港、澳、台商投资股份有限公司						
外商投资企业	**67**	**20032**	**3497292**	**32618**	**3407677**	**7665**
中外合资经营企业	37	3165	572708	30550	491070	6313
中外合作经营企业	3	2124	260003		260003	
外资企业	25	14663	2652731	2068	2644754	1352
外商投资股份有限公司	2	80	11850		11850	
二、按行业（中类）分组						
正餐服务	752	41109	6573958	311508	6055077	110172
快餐服务	37	17490	3296591		3288429	2612
饮料及冷饮服务	9	340	62172		44328	1352
其他餐饮服务	10	802	115501		33714	45132

3-B-1　按登记注册类型分住宿和餐饮业法人单位所有者权益及损益状况

单位：千元

登记注册类型	所有者权益	主营业务收入	主营业务成本	主营业务税金及附加	利润总额
总　计	**13009346**	**22194487**	**9787287**	**1207324**	**1719580**
内资企业	**10811306**	**15119476**	**7252981**	**844579**	**1357825**
国有企业	2346516	1870969	746240	100433	-45403
集体企业	372695	545242	284262	27221	37860
股份合作企业	23601	108158	47846	6854	12742
联营企业	-9812	19813	7161	1685	4818
国有联营企业	-15986	13618	4283	1326	4455
集体联营企业	3708	3288	1633	158	141
国有与集体联营企业	2066	2133	979	165	-70
其他联营企业	400	774	266	36	292
有限责任公司	2758448	2409788	995151	137810	-55820
国有独资公司	514200	145066	46698	7889	1924
其他有限责任公司	2244248	2264722	948453	129921	-57744
股份有限公司	279008	178803	69644	7862	17126
私营企业	4916028	9633813	4915904	548468	1290728
私营独资企业	2683670	5252414	2922308	292281	1061652
私营合伙企业	116104	209366	119027	12614	24771
私营有限责任公司	1942085	4009425	1796957	234511	182188
私营股份有限公司	174169	162608	77612	9062	22117
其他企业	124822	352890	186773	14246	95774
港、澳、台商投资企业	**1704690**	**2356539**	**669702**	**118223**	**264475**
合资经营企业(港或澳、台资)	386611	1257704	348705	61953	71997
合作经营企业(港或澳、台资)	637149	314225	85963	16296	61080
港、澳、台商独资经营企业	677710	778900	231478	39693	130552
港、澳、台商投资股份有限公司	3220	5710	3556	281	846
外商投资企业	**493350**	**4718472**	**1864604**	**244522**	**97280**
中外合资经营企业	98823	1410664	640068	77049	-166725
中外合作经营企业	-194190	281986	117415	13986	-19265
外资企业	653699	2970628	1082406	150757	287507
外商投资股份有限公司	-64982	55194	24715	2730	-4237

3-B-2 按登记注册类型、行业分住宿业法人单位所有者权益及损益状况

单位：千元

分 组	所有者权益	主营业务收入	主营业务成本	主营业务税金及附加	利润总额
总 计	**8468830**	**9038003**	**3209327**	**479829**	**4176**
一、按登记注册类型分组					
内资企业	**7259201**	**6339695**	**2499621**	**339791**	**14774**
国有企业	2195428	1730870	673137	93438	-37097
集体企业	312939	391654	198227	18896	21558
股份合作企业	-9198	62397	24191	4158	9407
联营企业	-13820	16225	5368	1527	4567
国有联营企业	-15986	13618	4283	1326	4455
集体联营企业					
国有与集体联营企业	2066	2133	979	165	-70
其他联营企业	100	474	106	36	182
有限责任公司	2232882	1594887	570231	94353	-81135
国有独资公司	514050	144231	46265	7848	1671
其他有限责任公司	1718832	1450656	523966	86505	-82806
股份有限公司	213008	118900	38471	4248	11682
私营企业	2293567	2405038	977901	122554	82110
私营独资企业	1001806	881993	460518	41282	101361
私营合伙企业	53468	24718	11923	1339	3969
私营有限责任公司	1094021	1425026	481947	75715	-32467
私营股份有限公司	144272	73301	23513	4218	9247
其他企业	34395	19724	12095	617	3682
港、澳、台商投资企业	**1468042**	**1645884**	**336808**	**82597**	**208803**
合资经营企业(港或澳、台资)	249282	876660	150473	42513	39354
合作经营企业(港或澳、台资)	634053	306750	80555	15922	61178
港、澳、台商独资经营企业	583687	458464	103374	23941	107490
港、澳、台商投资股份有限公司	1020	4010	2406	221	781
外商投资企业	**-258413**	**1052424**	**372898**	**57441**	**-219401**
中外合资经营企业	-120582	766245	301881	43564	-213211
中外合作经营企业	-209168	37566	13337	1878	-23742
外资企业	152544	211848	42097	10167	24534
外商投资股份有限公司	-81207	36765	15583	1832	-6982
二、按行业（中类）分组					
旅游饭店	6497580	7422588	2466708	393399	-146518
一般饭店	1703342	1501032	680513	81296	143497
其他住宿服务	267908	114383	62106	5134	7197

3-B-3 按登记注册类型、行业分餐饮业法人单位所有者权益及损益状况

单位：千元

分组	所有者权益	主营业务收入	主营业务成本	主营业务税金及附加	利润总额
总计	**4540516**	**13156484**	**6577960**	**727495**	**1715404**
一、按登记注册类型分组					
内资企业	**3552105**	**8779781**	**4753360**	**504788**	**1343051**
国有企业	151088	140099	73103	6995	-8306
集体企业	59756	153588	86035	8325	16302
股份合作企业	32799	45761	23655	2696	3335
联营企业	4008	3588	1793	158	251
国有联营企业					
集体联营企业	3708	3288	1633	158	141
国有与集体联营企业					
其他联营企业	300	300	160		110
有限责任公司	525566	814901	424920	43457	25315
国有独资公司	150	835	433	41	253
其他有限责任公司	525416	814066	424487	43416	25062
股份有限公司	66000	59903	31173	3614	5444
私营企业	2622461	7228775	3938003	425914	1208618
私营独资企业	1681864	4370421	2461790	250999	960291
私营合伙企业	62636	184648	107104	11275	20802
私营有限责任公司	848064	2584399	1315010	158796	214655
私营股份有限公司	29897	89307	54099	4844	12870
其他企业	90427	333166	174678	13629	92092
港、澳、台商投资企业	**236648**	**710655**	**332894**	**35626**	**55672**
合资经营企业(港或澳、台资)	137329	381044	198232	19440	32643
合作经营企业(港或澳、台资)	3096	7475	5408	374	-98
港、澳、台商独资经营企业	94023	320436	128104	15752	23062
港、澳、台商投资股份有限公司	2200	1700	1150	60	65
外商投资企业	**751763**	**3666048**	**1491706**	**187081**	**316681**
中外合资经营企业	219405	644419	338187	33485	46486
中外合作经营企业	14978	244420	104078	12108	4477
外资企业	501155	2758780	1040309	140590	262973
外商投资股份有限公司	16225	18429	9132	898	2745
二、按行业（中类）分组					
正餐服务	3667169	9249211	5027158	530276	1264931
快餐服务	672417	3523491	1367309	179945	408433
饮料及冷饮服务	57214	132781	58216	7261	11840
其他餐饮服务	143716	251001	125277	10013	30200

3-B-4 按行业分住宿和餐饮业法人单位所有者权益状况（按登记注册类型分）

单位：千元

行业中类	内资企业	国有企业	集体企业	股份合作企业	联营企业	国有联营企业	集体联营企业	国有与集体联营企业
总　计	**10811306**	**2346516**	**372695**	**23601**	**-9812**	**-15986**	**3708**	**2066**
一、住宿业	7259201	2195428	312939	-9198	-13820	-15986		2066
旅游饭店	5456406	1700349	228639	-20886	-9716	-9716		
一般饭店	1548161	491662	79486	11688	-4144	-6310		2066
其他住宿服务	254634	3417	4814		40	40		
二、餐饮业	3552105	151088	59756	32799	4008		3708	
正餐服务	3203347	145416	55468	31149	3476		3176	
快餐服务	196969	562	2545	693				
饮料及冷饮服务	53242	1581	213	427				
其他餐饮服务	98547	3529	1530	530	532		532	

3-B-4 续表 1

单位：千元

行业中类	其他联营企业	有限责任公司	国有独资公司	其他有限责任公司	股份有限公司	私营企业	私营独资企业
总　计	**400**	**2758448**	**514200**	**2244248**	**279008**	**4916028**	**2683670**
一、住宿业	100	2232882	514050	1718832	213008	2293567	1001806
旅游饭店		1865828	513890	1351938	210091	1458081	439584
一般饭店	100	191687	160	191527	2917	764790	499537
其他住宿服务		175367		175367		70696	62685
二、餐饮业	300	525566	150	525416	66000	2622461	1681864
正餐服务	300	446901	150	446751	65700	2389539	1572541
快餐服务		13041		13041		169208	76214
饮料及冷饮服务		7345		7345	300	43156	18455
其他餐饮服务		58279		58279		20558	14654

3-B-4　续表 2　　单位：千元

行业中类	私营合伙企　业	私营有限责任公司	私营股份有限公司	其他企业	港、澳、台商投资企业	合资经营企业(港或澳、台资)	合作经营企业(港或澳、台资)
总　计	**116104**	**1942085**	**174169**	**124822**	**1704690**	**386611**	**637149**
一、住宿业	53468	1094021	144272	34395	1468042	249282	634053
旅游饭店	18935	881120	118442	24020	1458576	245282	634053
一般饭店	33959	206544	24750	10075	9466	4000	
其他住宿服务	574	6357	1080	300			
二、餐饮业	62636	848064	29897	90427	236648	137329	3096
正餐服务	58401	732389	26208	65698	205592	138340	3096
快餐服务	4110	88145	739	10920	43843	-1011	
饮料及冷饮服务		22960	1741	220	-13287		
其他餐饮服务	125	4570	1209	13589	500		

3-B-4　续表 3　　单位：千元

行业中类	港、澳、台商独资经营企业	港、澳、台商投资股份有限公司	外商投资企　业	中外合资经营企业	中外合作经营企业	外资企业	外商投资股份有限公司
总　计	**677710**	**3220**	**493350**	**98823**	**-194190**	**653699**	**-64982**
一、住宿业	583687	1020	-258413	-120582	-209168	152544	-81207
旅游饭店	579241		-417402	-256897	-209168	130370	-81707
一般饭店	4446	1020	145715	136315		9400	
其他住宿服务			13274			12774	500
二、餐饮业	94023	2200	751763	219405	14978	501155	16225
正餐服务	61956	2200	258230	127817	4185	111354	14874
快餐服务	44854		431605	52882	10793	366579	1351
饮料及冷饮服务	-13287		17259	2727		14532	
其他餐饮服务	500		44669	35979		8690	

3-B-5 按行业分住宿和餐饮业法人单位损益状况(按登记注册类型分)

单位：千元

行业中类	内资企业				国有企业			
	主营业务收入	主营业务成本	主营业务税金及附加	利润总额	主营业务收入	主营业务成本	主营业务税金及附加	利润总额
总　计	**15119476**	**7252981**	**844579**	**1357825**	**1870969**	**746240**	**100433**	**-45403**
一、住宿业	6339695	2499621	339791	14774	1730870	673137	93438	-37097
旅游饭店	4833933	1791378	259396	-119823	1385178	530359	72626	-30451
一般饭店	1393786	646824	75382	127438	323333	128421	20002	-5986
其他住宿服务	111976	61419	5013	7159	22359	14357	810	-660
二、餐饮业	8779781	4753360	504788	1343051	140099	73103	6995	-8306
正餐服务	8130352	4432203	472532	1224159	130499	67605	6705	-9825
快餐服务	368097	184349	18196	73476	3472	1831	51	906
饮料及冷饮服务	90940	44064	5447	18555	2170	1066	86	589
其他餐饮服务	190392	92744	8613	26861	3958	2601	153	24

3-B-5 续表 1

单位：千元

行业中类	集体企业				股份合作企业			
	主营业务收入	主营业务成本	主营业务税金及附加	利润总额	主营业务收入	主营业务成本	主营业务税金及附加	利润总额
总　计	**545242**	**284262**	**27221**	**37860**	**108158**	**47846**	**6854**	**12742**
一、住宿业	391654	198227	18896	21558	62397	24191	4158	9407
旅游饭店	223140	110157	10865	-3118	17666	6900	1138	-2239
一般饭店	159382	82923	7804	23245	44731	17291	3020	11646
其他住宿服务	9132	5147	227	1431				
二、餐饮业	153588	86035	8325	16302	45761	23655	2696	3335
正餐服务	140663	78399	7902	15015	41525	21638	2453	2274
快餐服务	6536	3173	230	1514	3050	1483	166	828
饮料及冷饮服务	354	229	12	70	210	74	11	-72
其他餐饮服务	6035	4234	181	-297	976	460	66	305

3-B-5　续表 2　　单位：千元

行业中类	联营企业				国有联营企业			
	主营业务收入	主营业务成本	主营业务税金及附加	利润总额	主营业务收入	主营业务成本	主营业务税金及附加	利润总额
总　计	**19813**	**7161**	**1685**	**4818**	**13618**	**4283**	**1326**	**4455**
一、住宿业	16225	5368	1527	4567	13618	4283	1326	4455
旅游饭店	1395		79	-1515	1395		79	-1515
一般饭店	14404	5243	1366	6052	11797	4158	1165	5940
其他住宿服务	426	125	82	30	426	125	82	30
二、餐饮业	3588	1793	158	251				
正餐服务	2088	1143	98	231				
快餐服务								
饮料及冷饮服务								
其他餐饮服务	1500	650	60	20				

3-B-5　续表 3　　单位：千元

行业中类	集体联营企业				国有与集体联营企业			
	主营业务收入	主营业务成本	主营业务税金及附加	利润总额	主营业务收入	主营业务成本	主营业务税金及附加	利润总额
总　计	**3288**	**1633**	**158**	**141**	**2133**	**979**	**165**	**-70**
一、住宿业					2133	979	165	-70
旅游饭店								
一般饭店					2133	979	165	-70
其他住宿服务								
二、餐饮业	3288	1633	158	141				
正餐服务	1788	983	98	121				
快餐服务								
饮料及冷饮服务								
其他餐饮服务	1500	650	60	20				

3-B-5 续表 4 单位：千元

行业中类	其他联营企业				有限责任公司			
	主营业务收入	主营业务成本	主营业务税金及附加	利润总额	主营业务收入	主营业务成本	主营业务税金及附加	利润总额
总　计	**774**	**266**	**36**	**292**	**2409788**	**995151**	**137810**	**-55820**
一、住宿业	474	106	36	182	1594887	570231	94353	-81135
旅游饭店					1378823	463649	82427	-52555
一般饭店	474	106	36	182	190419	93689	11042	-23687
其他住宿服务					25645	12893	884	-4893
二、餐饮业	300	160		110	814901	424920	43457	25315
正餐服务	300	160		110	693686	368866	38389	24270
快餐服务					30347	16073	1059	-5445
饮料及冷饮服务					19523	9061	937	1306
其他餐饮服务					71345	30920	3072	5184

3-B-5 续表 5 单位：千元

行业中类	国有独资公司				其他有限责任公司			
	主营业务收入	主营业务成本	主营业务税金及附加	利润总额	主营业务收入	主营业务成本	主营业务税金及附加	利润总额
总　计	**145066**	**46698**	**7889**	**1924**	**2264722**	**948453**	**129921**	**-57744**
一、住宿业	144231	46265	7848	1671	1450656	523966	86505	-82806
旅游饭店	144061	46114	7839	1691	1234762	417535	74588	-54246
一般饭店	170	151	9	-20	190249	93538	11033	-23667
其他住宿服务					25645	12893	884	-4893
二、餐饮业	835	433	41	253	814066	424487	43416	25062
正餐服务	835	433	41	253	692851	368433	38348	24017
快餐服务					30347	16073	1059	-5445
饮料及冷饮服务					19523	9061	937	1306
其他餐饮服务					71345	30920	3072	5184

3-B-5 续表 6

单位：千元

行业中类	股份有限公司				私营企业			
	主营业务收入	主营业务成本	主营业务税金及附加	利润总额	主营业务收入	主营业务成本	主营业务税金及附加	利润总额
总　计	**178803**	**69644**	**7862**	**17126**	**9633813**	**4915904**	**548468**	**1290728**
一、住宿业	118900	38471	4248	11682	2405038	977901	122554	82110
旅游饭店	114795	37030	3980	11023	1703691	637961	87983	-43195
一般饭店	4105	1441	268	659	647693	311261	31591	114116
其他住宿服务					53654	28679	2980	11189
二、餐饮业	59903	31173	3614	5444	7228775	3938003	425914	1208618
正餐服务	59783	31123	3606	5461	6801030	3725907	401479	1120785
快餐服务					287816	142294	16392	60844
饮料及冷饮服务	120	50	8	-17	66397	32458	4312	16062
其他餐饮服务					73532	37344	3731	10927

3-B-5 续表 7

单位：千元

行业中类	私营独资企业				私营合伙企业			
	主营业务收入	主营业务成本	主营业务税金及附加	利润总额	主营业务收入	主营业务成本	主营业务税金及附加	利润总额
总　计	**5252414**	**2922308**	**292281**	**1061652**	**209366**	**119027**	**12614**	**24771**
一、住宿业	881993	460518	41282	101361	24718	11923	1339	3969
旅游饭店	430441	227260	21010	16688	6090	3568	154	1405
一般饭店	403635	208367	17581	74420	16928	7242	1141	2230
其他住宿服务	47917	24891	2691	10253	1700	1113	44	334
二、餐饮业	4370421	2461790	250999	960291	184648	107104	11275	20802
正餐服务	4103861	2319598	237477	887869	179055	103925	11019	19826
快餐服务	177706	96093	8314	49821	4190	2132	219	767
饮料及冷饮服务	46696	22169	3169	12807				
其他餐饮服务	42158	23930	2039	9794	1403	1047	37	209

3-B-5 续表 8

单位：千元

行业中类	私营有限责任公司				私营股份有限公司			
	主营业务收入	主营业务成本	主营业务税金及附加	利润总额	主营业务收入	主营业务成本	主营业务税金及附加	利润总额
总　计	**4009425**	**1796957**	**234511**	**182188**	**162608**	**77612**	**9062**	**22117**
一、住宿业	1425026	481947	75715	-32467	73301	23513	4218	9247
旅游饭店	1206083	389187	63697	-68333	61077	17946	3122	7045
一般饭店	216044	90851	11859	35464	11086	4801	1010	2002
其他住宿服务	2899	1909	159	402	1138	766	86	200
二、餐饮业	2584399	1315010	158796	214655	89307	54099	4844	12870
正餐服务	2440371	1253457	149033	203077	77743	48927	3950	10013
快餐服务	99920	41869	7259	7579	6000	2200	600	2677
饮料及冷饮服务	17815	9381	1034	3386	1886	908	109	-131
其他餐饮服务	26293	10303	1470	613	3678	2064	185	311

3-B-5 续表 9

单位：千元

行业中类	其他企业				港、澳、台商投资企业			
	主营业务收入	主营业务成本	主营业务税金及附加	利润总额	主营业务收入	主营业务成本	主营业务税金及附加	利润总额
总　计	**352890**	**186773**	**14246**	**95774**	**2356539**	**669702**	**118223**	**264475**
一、住宿业	19724	12095	617	3682	1645884	336808	82597	208803
旅游饭店	9245	5322	298	2227	1627110	330022	81068	201527
一般饭店	9719	6555	289	1393	18774	6786	1529	7276
其他住宿服务	760	218	30	62				
二、餐饮业	333166	174678	13629	92092	710655	332894	35626	55672
正餐服务	261078	137522	11900	65948	475939	240004	23979	32304
快餐服务	36876	19495	298	14829	210666	84405	10645	26454
饮料及冷饮服务	2166	1126	81	617	23327	7979	966	-3057
其他餐饮服务	33046	16535	1350	10698	723	506	36	-29

3-B-5　续表 10

单位：千元

行业中类	合资经营企业(港或澳、台资)				合作经营企业(港或澳、台资)			
	主营业务收入	主营业务成本	主营业务税金及附加	利润总额	主营业务收入	主营业务成本	主营业务税金及附加	利润总额
总　计	**1257704**	**348705**	**61953**	**71997**	**314225**	**85963**	**16296**	**61080**
一、住宿业	876660	150473	42513	39354	306750	80555	15922	61178
旅游饭店	876526	150443	42506	39364	306750	80555	15922	61178
一般饭店	134	30	7	-10				
其他住宿服务								
二、餐饮业	381044	198232	19440	32643	7475	5408	374	-98
正餐服务	368878	191011	18806	32143	7475	5408	374	-98
快餐服务	12166	7221	634	500				
饮料及冷饮服务								
其他餐饮服务								

3-B-5　续表 11

单位：千元

行业中类	港、澳、台商独资经营企业				港、澳、台商投资股份有限公司			
	主营业务收入	主营业务成本	主营业务税金及附加	利润总额	主营业务收入	主营业务成本	主营业务税金及附加	利润总额
总　计	**778900**	**231478**	**39693**	**130552**	**5710**	**3556**	**281**	**846**
一、住宿业	458464	103374	23941	107490	4010	2406	221	781
旅游饭店	443834	99024	22640	100985				
一般饭店	14630	4350	1301	6505	4010	2406	221	781
其他住宿服务								
二、餐饮业	320436	128104	15752	23062	1700	1150	60	65
正餐服务	97886	42435	4739	194	1700	1150	60	65
快餐服务	198500	77184	10011	25954				
饮料及冷饮服务	23327	7979	966	-3057				
其他餐饮服务	723	506	36	-29				

3-B-5 续表 12

单位：千元

行业中类	外商投资企业				中外合资经营企业			
	主营业务收入	主营业务成本	主营业务税金及附加	利润总额	主营业务收入	主营业务成本	主营业务税金及附加	利润总额
总计	**4718472**	**1864604**	**244522**	**97280**	**1410664**	**640068**	**77049**	**-166725**
一、住宿业	1052424	372898	57441	-219401	766245	301881	43564	-213211
旅游饭店	961545	345308	52935	-228222	707782	285879	40763	-217999
一般饭店	88472	26903	4385	8783	58463	16002	2801	4788
其他住宿服务	2407	687	121	38				
二、餐饮业	3666048	1491706	187081	316681	644419	338187	33485	46486
正餐服务	642920	354951	33765	8468	445423	253745	23511	7680
快餐服务	2944728	1098555	151104	308503	147231	58092	9041	34166
饮料及冷饮服务	18514	6173	848	-3658	4368	1195	195	-157
其他餐饮服务	59886	32027	1364	3368	47397	25155	738	4797

3-B-5 续表 13

单位：千元

行业中类	中外合作经营企业				外资企业			
	主营业务收入	主营业务成本	主营业务税金及附加	利润总额	主营业务收入	主营业务成本	主营业务税金及附加	利润总额
总计	**281986**	**117415**	**13986**	**-19265**	**2970628**	**1082406**	**150757**	**287507**
一、住宿业	37566	13337	1878	-23742	211848	42097	10167	24534
旅游饭店	37566	13337	1878	-23742	179847	30737	8483	20527
一般饭店					30009	10901	1584	3995
其他住宿服务					1992	459	100	12
二、餐饮业	244420	104078	12108	4477	2758780	1040309	140590	262973
正餐服务	10066	5415	483	-2032	169675	86962	8886	64
快餐服务	234354	98663	11625	6509	2562470	941497	130425	267839
饮料及冷饮服务					14146	4978	653	-3501
其他餐饮服务					12489	6872	626	-1429

3-B-5　续表 14　　单位：千元

行业中类	外商投资股份有限公司			
	主营业务收入	主营业务成本	主营业务税金及附加	利润总额
总　计	**55194**	**24715**	**2730**	**-4237**
一、住宿业	36765	15583	1832	-6982
旅游饭店	36350	15355	1811	-7008
一般饭店				
其他住宿服务	415	228	21	26
二、餐饮业	18429	9132	898	2745
正餐服务	17756	8829	885	2756
快餐服务	673	303	13	-11
饮料及冷饮服务				
其他餐饮服务				

3-B-6 各地区住宿和餐饮业法人单位所有者权益及损益状况

单位：千元

分　组	所有者权益	主营业务收入	主营业务成本	主营业务税金及附加	利润总额
住宿和餐饮业	**13009346**	**22194487**	**9787287**	**1207324**	**1719580**
沈阳市	4612619	6613531	2488533	370422	416388
大连市	2798316	6760136	2680807	340363	-211336
鞍山市	1575727	2929466	1364164	185576	949495
抚顺市	750600	942601	589041	50543	114217
本溪市	337987	473789	273090	12562	71570
丹东市	837278	818957	399910	40633	104365
锦州市	556780	440191	226124	27141	18912
营口市	206242	674839	342744	39954	37868
阜新市	143475	195808	106954	10560	8059
辽阳市	336553	487760	244079	26782	61298
盘锦市	271805	666221	365084	37241	119607
铁岭市	266455	367210	229216	20350	-4979
朝阳市	151254	357905	207676	21926	30545
葫芦岛市	164255	466073	269865	23271	3571
住宿业	**8468830**	**9038003**	**3209327**	**479829**	**4176**
沈阳市	3226762	2477692	684883	138871	69341
大连市	2021110	3701364	1189366	187150	-337035
鞍山市	838270	546406	205354	33552	143580
抚顺市	288982	236279	125998	11803	11904
本溪市	197834	176828	93115	4588	19171
丹东市	661411	555533	249868	28702	55984
锦州市	468852	229882	103066	12221	-2072
营口市	822	179377	90062	10956	5129
阜新市	98128	95214	42634	4766	2539
辽阳市	242232	136977	48652	7252	10477
盘锦市	70450	259970	151031	17355	45000
铁岭市	162046	193405	98128	10602	-10465
朝阳市	110389	134297	68972	6107	703
葫芦岛市	81542	114779	58198	5904	-10080
餐饮业	**4540516**	**13156484**	**6577960**	**727495**	**1715404**
沈阳市	1385857	4135839	1803650	231551	347047
大连市	777206	3058772	1491441	153213	125699
鞍山市	737457	2383060	1158810	152024	805915
抚顺市	461618	706322	463043	38740	102313
本溪市	140153	296961	179975	7974	52399
丹东市	175867	263424	150042	11931	48381
锦州市	87928	210309	123058	14920	20984
营口市	205420	495462	252682	28998	32739
阜新市	45347	100594	64320	5794	5520
辽阳市	94321	350783	195427	19530	50821
盘锦市	201355	406251	214053	19886	74607
铁岭市	104409	173805	131088	9748	5486
朝阳市	40865	223608	138704	15819	29842
葫芦岛市	82713	351294	211667	17367	13651

3-B-7 限额以上住宿和餐饮业法人单位按登记注册类型分资产负债

单位：千元

登记注册类型	流动资产合计	固定资产原价	累计折旧	资产总计	负债合计	所有者权益
总　计	**9116751**	**28965009**	**9514701**	**33064753**	**24018206**	**9046547**
内资企业	**5884100**	**16177754**	**4623949**	**20834925**	**13263295**	**7571630**
国有企业	1093257	4103132	1367659	4237516	2305468	1932048
集体企业	116475	495973	208460	455608	248756	206852
股份合作企业	22757	18697	11177	31482	29662	1820
联营企业	1344	3263	2869	1738	8261	-6523
国有联营企业	1344	3263	2869	1738	8261	-6523
集体联营企业						
国有与集体联营企业						
其他联营企业						
有限责任公司	1137457	4026857	1152230	5147399	2897745	2249654
国有独资公司	39728	298065	71617	564026	50136	513890
其他有限责任公司	1097729	3728792	1080613	4583373	2847609	1735764
股份有限公司	149133	284791	37626	409161	185787	223374
私营企业	3355936	7209027	1841824	10499915	7560972	2938943
私营独资企业	779930	1933929	431659	2542834	1293456	1249378
私营合伙企业	31731	47603	16409	93914	61423	32491
私营有限责任公司	2288138	5088524	1343444	7416130	5880335	1535795
私营股份有限公司	256137	138971	50312	447037	325758	121279
其他企业	7741	36014	2104	52106	26644	25462
港、澳、台商投资企业	**1850539**	**6203480**	**2369077**	**6126592**	**4565083**	**1561509**
合资经营企业(港或澳、台资)	858724	3395082	1259837	3144072	2844985	299087
合作经营企业(港或澳、台资)	476198	593410	158198	984941	347792	637149
港、澳、台商独资经营企业	515617	2214988	951042	1997579	1372306	625273
港、澳、台商投资股份有限公司						
外商投资企业	**1382112**	**6583775**	**2521675**	**6103236**	**6189828**	**-86592**
中外合资经营企业	998181	3610424	1326218	3647659	3992663	-345004
中外合作经营企业	60387	662112	238618	569137	764378	-195241
外资企业	292537	2092440	861149	1717615	1194756	522859
外商投资股份有限公司	31007	218799	95690	168825	238031	-69206

3-B-8 限额以上住宿业法人单位按登记注册类型、行业分资产负债

单位：千元

分　组	流动资产合计	固定资产原价	累计折旧	资产总计	负债合计	所有者权益
总　计	**6142691**	**23040067**	**7678962**	**24404331**	**18102070**	**6302261**
一、按登记注册类型分组						
内资企业	**3750465**	**12411017**	**3734469**	**14661855**	**9013828**	**5648027**
国有企业	1062488	3892836	1289912	4064264	2226055	1838209
集体企业	95768	457485	189447	412797	231886	180911
股份合作企业	19203	14799	8140	27067	28391	-1324
联营企业	1344	3263	2869	1738	8261	-6523
国有联营企业	1344	3263	2869	1738	8261	-6523
集体联营企业						
国有与集体联营企业						
其他联营企业						
有限责任公司	821922	3468199	1033082	4276230	2312109	1964121
国有独资公司	39728	298065	71617	564026	50136	513890
其他有限责任公司	782194	3170134	961465	3712204	2261973	1450231
股份有限公司	131897	246382	25365	362910	155341	207569
私营企业	1616461	4326253	1185533	5513788	4050977	1462811
私营独资企业	292572	708670	191205	907110	508803	398307
私营合伙企业	4476	803	103	5176	5278	-102
私营有限责任公司	1080187	3486920	947970	4186822	3230049	956773
私营股份有限公司	239226	129860	46255	414680	306847	107833
其他企业	1382	1800	121	3061	808	2253
港、澳、台商投资企业	**1597840**	**5622665**	**2072538**	**5521470**	**4167786**	**1353684**
合资经营企业(港或澳、台资)	721520	3212869	1179339	2875085	2688174	186911
合作经营企业(港或澳、台资)	473216	592742	157661	981811	347758	634053
港、澳、台商独资经营企业	403104	1817054	735538	1664574	1131854	532720
港、澳、台商投资股份有限公司						
外商投资企业	**794386**	**5006385**	**1871955**	**4221006**	**4920456**	**-699450**
中外合资经营企业	702360	3312351	1206190	3063802	3567697	-503895
中外合作经营企业	9169	574723	194222	393230	602398	-209168
外资企业	59256	910089	376140	611845	516525	95320
外商投资股份有限公司	23601	209222	95403	152129	233836	-81707
二、按行业（中类）分组						
旅游饭店	5564461	21529313	7241935	22538974	17029042	5509932
一般饭店	526823	1167062	399243	1486505	840019	646486
其他住宿服务	51407	343692	37784	378852	233009	145843

3-B-9　限额以上餐饮业法人单位按登记注册类型、行业分资产负债

单位：千元

分　组	流动资产合计	固定资产原价	累计折旧	资产总计	负债合计	所有者权益
总　计	**2974060**	**5924942**	**1835739**	**8660422**	**5916136**	**2744286**
一、按登记注册类型分组						
内资企业	**2133635**	**3766737**	**889480**	**6173070**	**4249467**	**1923603**
国有企业	30769	210296	77747	173252	79413	93839
集体企业	20707	38488	19013	42811	16870	25941
股份合作企业	3554	3898	3037	4415	1271	3144
联营企业						
国有联营企业						
集体联营企业						
国有与集体联营企业						
其他联营企业						
有限责任公司	315535	558658	119148	871169	585636	285533
国有独资公司						
其他有限责任公司	315535	558658	119148	871169	585636	285533
股份有限公司	17236	38409	12261	46251	30446	15805
私营企业	1739475	2882774	656291	4986127	3509995	1476132
私营独资企业	487358	1225259	240454	1635724	784653	851071
私营合伙企业	27255	46800	16306	88738	56145	32593
私营有限责任公司	1207951	1601604	395474	3229308	2650286	579022
私营股份有限公司	16911	9111	4057	32357	18911	13446
其他企业	6359	34214	1983	49045	25836	23209
港、澳、台商投资企业	**252699**	**580815**	**296539**	**605122**	**397297**	**207825**
合资经营企业(港或澳、台资)	137204	182213	80498	268987	156811	112176
合作经营企业(港或澳、台资)	2982	668	537	3130	34	3096
港、澳、台商独资经营企业	112513	397934	215504	333005	240452	92553
港、澳、台商投资股份有限公司						
外商投资企业	**587726**	**1577390**	**649720**	**1882230**	**1269372**	**612858**
中外合资经营企业	295821	298073	120028	583857	424966	158891
中外合作经营企业	51218	87389	44396	175907	161980	13927
外资企业	233281	1182351	485009	1105770	678231	427539
外商投资股份有限公司	7406	9577	287	16696	4195	12501
二、按行业（中类）分组						
正餐服务	2393305	4319556	1229073	6772488	4655601	2116887
快餐服务	522142	1524997	571275	1751162	1172304	578858
饮料及冷饮服务	14397	28489	14254	29956	28139	1817
其他餐饮服务	44216	51900	21137	106816	60092	46724

3-B-10 限额以上住宿和餐饮业法人单位

登记注册类型	主营业务收入	主营业务成本	主营业务税金及附加	主营业务利润	营业费用
总 计	**17843141**	**7413708**	**1001408**	**9384711**	**4292475**
内资企业	**10951678**	**4978061**	**647166**	**5287973**	**2284719**
国有企业	1599991	610117	87207	889859	411730
集体企业	314173	160478	16592	137103	73177
股份合作企业	52156	21667	3662	26827	8117
联营企业	11448	4024	1145	6279	199
国有联营企业	11448	4024	1145	6279	199
集体联营企业					
国有与集体联营企业					
其他联营企业					
有限责任公司	1883175	722737	112680	1051437	536633
国有独资公司	144061	46114	7839	90108	45249
其他有限责任公司	1739114	676623	104841	961329	491384
股份有限公司	135317	53699	5767	75851	34466
私营企业	6833273	3340833	415149	3047942	1209866
私营独资企业	3064835	1690781	191266	1186412	286582
私营合伙企业	131956	77146	8552	46258	23282
私营有限责任公司	3513831	1517275	209022	1754561	883098
私营股份有限公司	122651	55631	6309	60711	16904
其他企业	122145	64506	4964	52675	10531
港、澳、台商投资企业	**2321568**	**651514**	**116379**	**1549900**	**496566**
合资经营企业(港或澳、台资)	1238597	338586	61061	835175	322645
合作经营企业(港或澳、台资)	314225	85963	16296	211966	26227
港、澳、台商独资经营企业	768746	226965	39022	502759	147694
港、澳、台商投资股份有限公司					
外商投资企业	**4569895**	**1784133**	**237863**	**2546838**	**1511190**
中外合资经营企业	1339135	598527	73965	665583	321103
中外合作经营企业	277906	114987	13802	149116	118537
外资企业	2904654	1049554	147570	1707530	1058378
外商投资股份有限公司	48200	21065	2526	24609	13172

按登记注册类型分损益及分配

单位：千元

管理费用	财务费用	营业利润	利润总额	应交所得税	劳动、失业保险	养老和医疗保险	住房公积金和住房补贴
3514985	**289054**	**1412596**	**1152513**	**233115**	**77744**	**322801**	**100912**
2001568	**239212**	**867492**	**809581**	**100051**	**41105**	**159508**	**56512**
546849	13968	-62752	-55093	1798	12044	40154	16478
51404	476	15076	9383	1184	1724	5553	1568
7481	179	11050	8044	70	72	830	110
144	9	5927	5938	114	10	240	105
144	9	5927	5938	114	10	240	105
456919	51498	35762	4579	10544	10314	34657	12116
26922	104	17833	1691	260	433	2400	653
429997	51394	17929	2888	10284	9881	32257	11463
28521	2323	12540	13603	567	152	1687	436
902652	170046	815336	789853	83849	16697	75910	25694
214572	38404	650500	640414	45383	5366	33127	15144
9119	2672	11191	11541	1152	312	1194	495
658038	121875	137528	121559	35731	10623	39821	9319
20923	7095	16117	16339	1583	396	1768	736
7598	713	34553	33274	1925	92	477	5
779125	**132**	**279416**	**259705**	**45188**	**23565**	**28055**	**13829**
422828	6185	88856	69985	11184	12313	19133	8174
119678	4446	61615	61080	715	1700	3879	2156
236619	-10499	128945	128640	33289	9552	5043	3499
734292	**49710**	**265688**	**83227**	**87876**	**13074**	**135238**	**30571**
343705	42337	-35058	-175543	15638	6617	23156	7791
44255	4107	-16154	-20119	99	1069	8414	2506
331141	2909	301827	283043	72139	5353	103072	19899
15191	357	15073	-4154		35	596	375

3-B-11 限额以上住宿业法人单位

指标	主营业务收入	主营业务成本	主营业务税金及附加	主营业务利润	营业费用
总计	**7803395**	**2591597**	**420951**	**4751007**	**2000091**
一、按登记注册类型分组					
内资企业	**5123577**	**1890301**	**281687**	**2912749**	**1419780**
国有企业	1518357	571218	82880	851451	397671
集体企业	244158	126819	12332	105007	58606
股份合作企业	35785	11910	2680	21195	5647
联营企业	11448	4024	1145	6279	199
国有联营企业	11448	4024	1145	6279	199
集体联营企业					
国有与集体联营企业					
其他联营企业					
有限责任公司	1393969	469967	84316	843284	426685
国有独资公司	144061	46114	7839	90108	45249
其他有限责任公司	1249908	423853	76477	753176	381436
股份有限公司	88923	30185	2678	56060	20731
私营企业	1827937	673978	95562	1028767	510241
私营独资企业	459733	233530	22784	204082	80957
私营合伙企业	2110	1423	117	570	
私营有限责任公司	1304508	420789	69263	784163	420639
私营股份有限公司	61586	18236	3398	39952	8645
其他企业	3000	2200	94	706	
港、澳、台商投资企业	**1636810**	**332437**	**82261**	**1222112**	**289667**
合资经营企业(港或澳、台资)	873766	149118	42438	682210	227636
合作经营企业(港或澳、台资)	306750	80555	15922	210273	24564
港、澳、台商独资经营企业	456294	102764	23901	329629	37467
港、澳、台商投资股份有限公司					
外商投资企业	**1043008**	**368859**	**57003**	**616146**	**290644**
中外合资经营企业	765160	301463	43509	419188	208620
中外合作经营企业	37566	13337	1878	22351	13942
外资企业	203932	38704	9805	155423	56480
外商投资股份有限公司	36350	15355	1811	19184	11602
二、按行业（中类）分组					
旅游饭店	7132137	2324899	379429	4387967	1867561
一般饭店	657070	259322	41168	356582	126143
其他住宿服务	14188	7376	354	6458	6387

按登记注册类型、行业分损益及分配

单位：千元

管理费用	财务费用	营业利润	利润总额	应交所得税	劳动、失业保险	养老和医疗保险	住房公积金和住房补贴
2552108	**161215**	**139350**	**-41955**	**72731**	**54635**	**180199**	**54072**
1444072	**154615**	**-27880**	**-30822**	**21902**	**27421**	**99228**	**34038**
511842	13505	-52518	-39190	1448	11085	38419	15815
46655	320	265	238	988	1662	4509	1265
5487	125	9936	6930	40	55	570	56
144	9	5927	5938	114	10	240	105
144	9	5927	5938	114	10	240	105
397303	41814	-14501	-25836	7092	7425	28400	9900
26922	104	17833	1691	260	433	2400	653
370381	41710	-32334	-27527	6832	6992	26000	9247
24378	897	10054	10231	221	117	1348	356
457913	97895	12651	10561	11999	7067	25742	6541
53183	16752	57685	53792	4439	952	4539	1410
1005		-435	-31		15	195	58
386328	74013	-51268	-49870	6075	5741	19738	4454
17397	7130	6669	6670	1485	359	1270	619
350	50	306	306				
710400	**-4835**	**227823**	**207465**	**35826**	**20916**	**21326**	**11801**
395915	751	58851	39028	8509	11429	15251	7206
119550	4446	61713	61178	665	1696	3843	2156
194935	-10032	107259	107259	26652	7791	2232	2439
397636	**11435**	**-60593**	**-218598**	**15003**	**6298**	**59645**	**8233**
266126	22245	-74230	-213084	9565	5662	18511	6589
32321		-23912	-23742		104	854	222
84908	-11065	25319	25236	5438	521	40230	1315
14281	255	12230	-7008		11	50	107
2404766	153805	59117	-114681	64648	50687	166327	49695
145580	7410	81858	74307	8077	3939	13772	4377
1762		-1625	-1581	6	9	100	

3-B-12 限额以上餐饮业法人单位

分组	主营业务收入	主营业务成本	主营业务税金及附加	主营业务利润	营业费用
总计	**10039746**	**4822111**	**580457**	**4633704**	**2292384**
一、按登记注册类型分组					
内资企业	**5828101**	**3087760**	**365479**	**2375224**	**864939**
国有企业	81634	38899	4327	38408	14059
集体企业	70015	33659	4260	32096	14571
股份合作企业	16371	9757	982	5632	2470
联营企业					
国有联营企业					
集体联营企业					
国有与集体联营企业					
其他联营企业					
有限责任公司	489206	252770	28364	208153	109948
国有独资公司					
其他有限责任公司	489206	252770	28364	208153	109948
股份有限公司	46394	23514	3089	19791	13735
私营企业	5005336	2666855	319587	2019175	699625
私营独资企业	2605102	1457251	168482	982330	205625
私营合伙企业	129846	75723	8435	45688	23282
私营有限责任公司	2209323	1096486	139759	970398	462459
私营股份有限公司	61065	37395	2911	20759	8259
其他企业	119145	62306	4870	51969	10531
港、澳、台商投资企业	**684758**	**319077**	**34118**	**327788**	**206899**
合资经营企业(港或澳、台资)	364831	189468	18623	152965	95009
合作经营企业(港或澳、台资)	7475	5408	374	1693	1663
港、澳、台商独资经营企业	312452	124201	15121	173130	110227
港、澳、台商投资股份有限公司					
外商投资企业	**3526887**	**1415274**	**180860**	**1930692**	**1220546**
中外合资经营企业	573975	297064	30456	246395	112483
中外合作经营企业	240340	101650	11924	126765	104595
外资企业	2700722	1010850	137765	1552107	1001898
外商投资股份有限公司	11850	5710	715	5425	1570
二、按行业（中类）分组					
正餐服务	6533317	3481478	399887	2652254	1041928
快餐服务	3331329	1262795	172773	1891985	1206439
饮料及冷饮服务	62172	21563	3767	36842	27217
其他餐饮服务	112928	56275	4030	52623	16800

按登记注册类型、行业分损益及分配

单位：千元

管理费用	财务费用	营业利润	利润总额	应交所得税	劳动、失业保险	养老和医疗保险	住房公积金和住房补贴
962877	**127839**	**1273246**	**1194468**	**160384**	**23109**	**142602**	**46840**
557496	**84597**	**895372**	**840403**	**78149**	**13684**	**60280**	**22474**
35007	463	-10234	-15903	350	959	1735	663
4749	156	14811	9145	196	62	1044	303
1994	54	1114	1114	30	17	260	54
59616	9684	50263	30415	3452	2889	6257	2216
59616	9684	50263	30415	3452	2889	6257	2216
4143	1426	2486	3372	346	35	339	80
444739	72151	802685	779292	71850	9630	50168	19153
161389	21652	592815	586622	40944	4414	28588	13734
8114	2672	11626	11572	1152	297	999	437
271710	47862	188796	171429	29656	4882	20083	4865
3526	-35	9448	9669	98	37	498	117
7248	663	34247	32968	1925	92	477	5
68725	**4967**	**51593**	**52240**	**9362**	**2649**	**6729**	**2028**
26913	5434	30005	30957	2675	884	3882	968
128		-98	-98	50	4	36	
41684	-467	21686	21381	6637	1761	2811	1060
336656	**38275**	**326281**	**301825**	**72873**	**6776**	**75593**	**22338**
77579	20092	39172	37541	6073	955	4645	1202
11934	4107	7758	3623	99	965	7560	2284
246233	13974	276508	257807	66701	4832	62842	18584
910	102	2843	2854		24	546	268
657593	108671	859935	819734	83195	14467	66949	23171
267159	19316	393266	368422	75490	6576	72248	21550
7124	-288	2789	2584		842	1140	618
31001	140	17256	3728	1699	1224	2265	1501

3-B-13 限额以上住宿和餐饮业法人单位按登记注册类型分工资、福利费及年末平均人数

单位：千元

登记注册类型	本年应付工资总额	#主营业务应付工资总额	本年应付福利费总额	#主营业务应付福利费总额	从业人员年末平均人数（人）
总　计	**2129029**	**2006011**	**314775**	**299368**	**129180**
内资企业	**1317479**	**1212195**	**88293**	**79253**	**82445**
国有企业	233939	221802	15733	14769	13794
集体企业	42158	36363	2749	2532	2881
股份合作企业	4050	3868	247	236	261
联营企业	1045	1045	31	31	52
国有联营企业	1045	1045	31	31	52
集体联营企业					
国有与集体联营企业					
其他联营企业					
有限责任公司	246137	229717	22795	20461	14508
国有独资公司	9024	9024	331	313	236
其他有限责任公司	237113	220693	22464	20148	14272
股份有限公司	16883	15743	940	930	1268
私营企业	762008	692398	45776	40272	48856
私营独资企业	329751	309538	23571	20895	20467
私营合伙企业	14132	10744	1030	925	872
私营有限责任公司	403400	357486	21067	18348	26372
私营股份有限公司	14725	14630	108	104	1145
其他企业	11259	11259	22	22	825
港、澳、台商投资企业	**281796**	**275051**	**76689**	**72960**	**13644**
合资经营企业(港或澳、台资)	173203	168186	39508	36713	8776
合作经营企业(港或澳、台资)	34019	33304	11294	10953	1771
港、澳、台商独资经营企业	74574	73561	25887	25294	3097
港、澳、台商投资股份有限公司					
外商投资企业	**529754**	**518765**	**149793**	**147155**	**33091**
中外合资经营企业	152566	144307	19712	17359	7797
中外合作经营企业	36885	36657	1073	838	1700
外资企业	327684	325182	128829	128779	23026
外商投资股份有限公司	12619	12619	179	179	568

3-B-14　限额以上住宿业法人单位按登记注册类型、行业分工资、福利费及年末平均人数

单位：千元

分　组	本年应付工资总额	#主营业务应付工资总额	本年应付福利费总额	#主营业务应付福利费总额	从业人员年末平均人数（人）
总　计	**1054646**	**977147**	**142420**	**130888**	**59315**
一、按登记注册类型分组					
内资企业	**707615**	**638609**	**51797**	**46234**	**43508**
国有企业	220546	208532	15437	14477	12941
集体企业	35223	29792	2171	1959	2417
股份合作企业	2936	2802	159	159	190
联营企业	1045	1045	31	31	52
国有联营企业	1045	1045	31	31	52
集体联营企业					
国有与集体联营企业					
其他联营企业					
有限责任公司	189068	173809	18440	16306	10725
国有独资公司	9024	9024	331	313	236
其他有限责任公司	180044	164785	18109	15993	10489
股份有限公司	12278	11138	735	725	907
私营企业	246269	211241	14824	12577	16253
私营独资企业	60533	48544	3029	2434	4432
私营合伙企业	720	720			60
私营有限责任公司	176036	152997	11738	10086	11161
私营股份有限公司	8980	8980	57	57	600
其他企业	250	250			23
港、澳、台商投资企业	**213713**	**211880**	**72403**	**68936**	**9591**
合资经营企业(港或澳、台资)	126725	126109	38176	35513	5869
合作经营企业(港或澳、台资)	33305	32590	11294	10953	1726
港、澳、台商独资经营企业	53683	53181	22933	22470	1996
港、澳、台商投资股份有限公司					
外商投资企业	**133318**	**126658**	**18220**	**15718**	**6216**
中外合资经营企业	97742	91653	16943	14696	4523
中外合作经营企业	3860	3860	513	278	110
外资企业	22361	21790	764	744	1183
外商投资股份有限公司	9355	9355			400
二、按行业（中类）分组					
旅游饭店	971631	902468	136751	125435	54154
一般饭店	81394	73274	5496	5280	5053
其他住宿服务	1621	1405	173	173	108

3-B-15 限额以上餐饮业法人单位按登记注册类型、行业分工资、福利费及年末平均人数

单位：千元

分组	本年应付工资总额	#主营业务应付工资总额	本年应付福利费总额	#主营业务应付福利费总额	从业人员年末平均人数（人）
总计	**1074383**	**1028864**	**172355**	**168480**	**69865**
一、按登记注册类型分组					
内资企业	**609864**	**573586**	**36496**	**33019**	**38937**
国有企业	13393	13270	296	292	853
集体企业	6935	6571	578	573	464
股份合作企业	1114	1066	88	77	71
联营企业					
国有联营企业					
集体联营企业					
国有与集体联营企业					
其他联营企业					
有限责任公司	57069	55908	4355	4155	3783
国有独资公司					
其他有限责任公司	57069	55908	4355	4155	3783
股份有限公司	4605	4605	205	205	361
私营企业	515739	481157	30952	27695	32603
私营独资企业	269218	260994	20542	18461	16035
私营合伙企业	13412	10024	1030	925	812
私营有限责任公司	227364	204489	9329	8262	15211
私营股份有限公司	5745	5650	51	47	545
其他企业	11009	11009	22	22	802
港、澳、台商投资企业	**68083**	**63171**	**4286**	**4024**	**4053**
合资经营企业(港或澳、台资)	46478	42077	1332	1200	2907
合作经营企业(港或澳、台资)	714	714			45
港、澳、台商独资经营企业	20891	20380	2954	2824	1101
港、澳、台商投资股份有限公司					
外商投资企业	**396436**	**392107**	**131573**	**131437**	**26875**
中外合资经营企业	54824	52654	2769	2663	3274
中外合作经营企业	33025	32797	560	560	1590
外资企业	305323	303392	128065	128035	21843
外商投资股份有限公司	3264	3264	179	179	168
二、按（行业）中类分组					
正餐服务	686406	642757	39406	35703	43266
快餐服务	353912	353444	131617	131475	24677
饮料及冷饮服务	9726	8654	314	284	405
其他餐饮服务	24339	24009	1018	1018	1517

3-C-1　其他行业法人单位附属住宿和餐饮业产业活动单位经营情况

分　组	产业活动单位数（个）	从业人数（人）	营业额（千元）		
				客房收入	餐费收入
总　计	**393**	**11427**	**899873**	**336009**	**469894**
一、按登记注册类型分组					
内资企业	**381**	**9957**	**683245**	**207814**	**406401**
国有企业	159	5844	394219	106041	252738
集体企业	53	316	9866	4746	4935
股份合作企业	17	63	2761	282	2436
联营企业	4	261	25980	603	25377
国有联营企业					
集体联营企业					
国有与集体联营企业	1	39	2280	603	1677
其他联营企业	3	222	23700		23700
有限责任公司	68	1367	124030	42554	65578
国有独资公司	4	242	14372	8027	6345
其他有限责任公司	64	1125	109658	34527	59233
股份有限公司	15	541	52742	32496	17137
私营企业	65	1565	73647	21092	38200
私营独资企业	9	47	3948	461	2020
私营合伙企业	4	44	5385	2239	1186
私营有限责任公司	49	1169	63034	18092	34014
私营股份有限公司	3	305	1280	300	980
其他企业					
港、澳、台商投资企业	**6**	**619**	**108090**	**77403**	**18454**
合资经营企业(港或澳、台资)	2	499	91554	65161	16020
合作经营企业(港或澳、台资)					
港、澳、台商独资经营企业	4	120	16536	12242	2434
港、澳、台商投资股份有限公司					
外商投资企业	**6**	**851**	**108538**	**50792**	**45039**
中外合资经营企业					
中外合作经营企业					
外资企业	5	842	108456	50792	44957
外商投资股份有限公司	1	9	82		82
二、按行业（中类）分组					
住宿业	189	7928	590313	315280	203368
旅游饭店	49	4564	463033	234186	165269
一般饭店	126	2809	110993	68201	34992
其他住宿服务	14	555	16287	12893	3107
餐饮业	204	3499	309560	20729	266526
正餐服务	154	2802	254063	20361	213021
快餐服务	21	195	34559	60	34499
饮料及冷饮服务	9	46	1293		670
其他餐饮服务	20	456	19645	308	18336

3-C-2 其他行业法人单位附属住宿和餐饮业产业活动单位经营情况（按法人单位行业分）

指标名称	产业活动单位数(个)	从业人数(人)	营业额（千元）
总　计	**1056**	**47251**	**5609607**
工业法人	64	3223	179859
建筑业法人	17	574	12194
房地产业法人	21	1249	109855
批发和零售业法人	95	1192	178972
住宿和餐饮业法人			
服务企业法人	137	3587	354346
行政事业单位法人	2	28	613
社团法人	1	10	300
农业法人	13	309	17960
其他法人	706	37079	4755508

3-C-3 其他行业法人单位附属住宿和餐饮业产业活动单位经营情况（按地区分）

地　区	产业活动单位数(个)	从业人数(人)	营业额（千元）		
				客房收入	餐费收入
全　省	**393**	**11427**	**899873**	**336009**	**469894**
沈阳市	86	2456	238644	79119	143593
大连市	107	4158	372577	138807	192627
鞍山市	7	1395	14829	4437	6627
抚顺市	34	347	11645	2191	9336
本溪市	46	752	42153	16045	25815
丹东市	12	82	10272	2506	3280
锦州市	26	292	14554	10692	1769
营口市	4	58	16014	12120	2034
阜新市	12	113	2740	830	1910
辽阳市	4	296	22339	15453	6677
盘锦市	19	882	107606	40402	46829
铁岭市	6	72	15267	4315	7290
朝阳市	19	239	13196	4594	8568
葫芦岛市	11	285	18037	4498	13539

第4篇

房地产业生产经营及财务状况

4-A-1 房地产业按登记

分 组	单位数(个)	年末从业人员(人)	其中:女性	全年经营收入(千元)
总 计	**11379**	**216566**	**77936**	**130283642**
其中: 国有及国有控股	1105	36016	12525	8579792
按登记注册类型分组				
内资企业	**10666**	**196980**	**69597**	**109935167**
国有企业	880	25886	9912	3511073
集体企业	421	8607	4081	1282944
股份合作企业	148	4217	1992	682207
联营企业	10	308	90	16077
国有联营企业	4	213	73	4550
集体联营企业	5	83	14	9627
国有与集体联营企业	1	12	3	1900
有限责任公司	2180	56937	18716	38075330
国有独资公司	31	2555	664	978782
其他有限责任公司	2149	54382	18052	37096548
股份有限公司	287	5749	1795	4748291
私营企业	6603	93498	32384	60837876
私营独资企业	755	9908	2938	3455988
私营合伙企业	114	1400	528	457663
私营有限责任公司	5416	76296	27158	53961962
私营股份有限公司	318	5894	1760	2962263
其他企业	137	1778	627	781369
港、澳、台商投资企业	**325**	**8454**	**3347**	**9217825**
合资经营企业(港或澳、台资)	146	4252	1715	4164690
合作经营企业(港或澳、台资)	20	538	180	293858
港、澳、台商独资经营企业	146	3471	1364	3998157
港、澳、台商投资股份有限公司	13	193	88	761120
外商投资企业	**388**	**11132**	**4992**	**11130650**
中外合资经营企业	180	5364	2653	6317338
中外合作经营企业	24	450	171	2085380
外资企业	182	5295	2159	2724148
外商投资股份有限公司	2	23	9	3784

注册类型分基本情况

资产总计（千元）	期末在用计算机数（台）	年末拥有网站数（个）	全年电子商务采购金额（千元）	全年电子商务销售金额（千元）
667658723	**44053**	**756**	**38000**	**6725**
50699202	5823	61	332	10
489713734	**37036**	**673**	**36540**	**6720**
20273725	4049	28	23	10
5897790	912	16	103	
2683293	344	6	28	
31215	80	2	65	
1116	62			
7988	16	2	65	
22111	2			
194602480	11092	257	14316	3357
13377070	439	18		
181225410	10653	239	14316	3357
15381048	1047	12	59	
248175104	19091	349	21943	3353
12459347	1718	31	2472	2650
1051880	247	1	9	
223958444	16403	296	19251	703
10705433	723	21	211	
2669079	421	3	3	
88933713	**3631**	**35**	**1290**	
38711181	1662	18	969	
5602973	275			
42817236	1615	17	321	
1802323	79			
89011276	**3386**	**48**	**170**	**5**
37523846	1648	23	89	5
6348830	177	2	3	
45114112	1551	23	78	
24488	10			

4-A-2 房地产业按控股情况、隶属关系、资质等级和营业状况分基本情况

分组	单位数(个)	年末从业人员(人)	其中:女性	全年经营收入(千元)	资产总计(千元)	期末在用计算机数(台)	年末拥有网站数(个)	全年电子商务采购金额(千元)	全年电子商务销售金额(千元)
总计	**11379**	**216566**	**77936**	**130283642**	**667658723**	**44053**	**756**	**38000**	**6725**
一、按控股情况分组									
国有控股	821	24904	8085	8146363	49861998	3813	54	332	10
集体控股	753	20380	8516	7170211	30411160	2337	56	350	15
私人控股	8433	133237	46602	94419767	411498441	27701	542	35531	6695
港澳台商控股	307	8569	3357	8874624	88487899	3749	34	990	
外商控股	345	8197	3264	10420710	83800076	2905	45	120	5
其他	406	9513	3403	779222	2750157	1321	18	677	
二、按隶属关系分组									
中央	53	1217	392	1076175	4707260	482	3		
地方	11326	215349	77544	129207467	662951463	43571	753	38000	6725
省	116	2778	1127	1030894	5735453	594	5	58	
市、地区	1010	32741	12749	13492805	64022000	5950	73	252	
县	844	19490	7106	4797427	21743532	2666	40	304	127
街道	91	2207	986	682580	3092780	331	19	3	
镇	42	611	189	115551	151456	51	2		
乡	10	133	37	178787	385769	42	1		
居委会	2	17	7	50	840	1			
村民委员会	49	976	233	65984	854676	85	4		
其他	9162	156396	55110	108843389	566964957	33851	609	37383	6598
三、按资质等级分组									
一级	109	10321	3713	9352938	42445506	1893	28	43	
二级	332	17329	7235	17235482	78082295	4139	82	576	18
三级	2566	64531	22298	38498321	171564664	11111	226	30353	3020
四级	149	1958	522	2508401	9060994	334	7	1	
暂定	1832	28328	9180	43893490	258443960	9746	194	941	
其他	3512	57961	19884	15099030	75014875	7791	116	3247	2655
四、按营业状态分组									
营业	8847	185249	66973	129015961	632759302	40368	718	37973	6725
停业(歇业)	1841	15096	5400	770806	28164038	1358	28	9	
筹建	311	4157	794	22323	4999610	200	3		
当年关闭	62	328	127	4073	268001	21			
当年破产	4	31	12	9917	593797	1			
其他	31	409	139	20848	92700	52	1	18	

4-A-3　房地产业按地区分基本情况

地　区	单位数（个）	年末从业人员（人）	其中:女性	全年经营收入（千元）	资产总计（千元）	期末在用计算机数（台）	年末拥有网站数（个）	全年电子商务采购金额（千元）	全年电子商务销售金额（千元）
全　省	**11379**	**216566**	**77936**	**130283642**	**667658723**	**44053**	**756**	**38000**	**6725**
沈阳市	3575	67044	23901	52078725	290606674	17638	238	14097	
大连市	3694	73498	26094	41829792	245081327	15481	279	20273	963
鞍山市	660	10124	3335	7139036	24139318	2078	31	2474	2650
抚顺市	494	7370	3139	2392070	11101374	1095	7	9	
本溪市	341	6911	2120	3612810	12556284	925	13		
丹东市	415	8147	2875	2692927	12096296	1176	14	650	
锦州市	352	8517	4197	3463637	10817144	890	12		
营口市	491	7635	2661	4468049	10579565	842	2	228	112
阜新市	235	4195	1415	1616469	6964927	490	3	5	
辽阳市	177	4263	1717	1379865	7339936	488	12		
盘锦市	227	5019	1596	2078013	9729664	776	71	97	
铁岭市	236	4117	1332	2088288	7983322	531	8	49	
朝阳市	274	5868	2187	2240785	8293114	871	40	115	3000
葫芦岛市	208	3858	1367	3203176	10369778	772	26	3	

4-A-4 房地产业按登记注册

分组	年初存货	年末存货	固定资产原价	所有者权益合计	实收资本	本年折旧
总计	**227116109**	**308428829**	**44687452**	**170812629**	**153775586**	**2644558**
其中：国有及国有控股	15297210	20496713	7046907	7552445	8935978	424207
按登记注册类型分组						
内资企业	**164220223**	**215821741**	**36329719**	**97210331**	**80089959**	**2097965**
国有企业	3760804	6626583	5013583	4129097	4200020	242500
集体企业	1761208	1908900	1292035	865613	971155	70814
股份合作企业	404012	545061	549979	671034	632666	27933
联营企业	9273	6715	2188	26605	29050	147
国有联营企业	930	700	816	1860	1800	67
集体联营企业	64	56	1043	7111	7250	45
国有与集体联营企业	8279	5959	329	17634	20000	35
有限责任公司	69044046	91603554	12014151	36614440	30358549	670474
国有独资公司	4344165	4463996	968805	444323	1897258	93477
其他有限责任公司	64699881	87139558	11045346	36170117	28461291	576997
股份有限公司	5930310	7033646	923163	3995372	3252366	49697
私营企业	82213377	107036064	15988169	50502936	40287791	985566
私营独资企业	3100491	4958463	1066354	2855317	2273631	60180
私营合伙企业	372028	554814	71451	322642	330937	5369
私营有限责任公司	75487473	98118896	14020126	45175894	35658370	878601
私营股份有限公司	3253385	3403891	830238	2149083	2024853	41416
其他企业	1097193	1061218	546451	405234	358362	50834
港、澳、台商投资企业	**30744929**	**44976231**	**3979532**	**36384837**	**36333964**	**280937**
合资经营企业(港或澳、台资)	11151952	21880251	1165775	12887167	12473202	96012
合作经营企业(港或澳、台资)	1658936	1701468	944342	2724063	2577425	69026
港、澳、台商独资经营企业	16956572	20238016	1707159	19891284	20832239	111071
港、澳、台商投资股份有限公司	977469	1156496	162256	882323	451098	4828
外商投资企业	**32150957**	**47630857**	**4378201**	**37217461**	**37351663**	**265656**
中外合资经营企业	15418124	20350861	1819120	12811491	13186041	77357
中外合作经营企业	3104248	3198953	169750	1258739	1128904	8246
外资企业	13628471	24080929	2353865	23127555	23014968	178947
外商投资股份有限公司	114	114	35466	19676	21750	1106

类型分主要经济指标

单位：千元

主营业务收入	主营业务成本	主营业务税金及附加	主营业务利润	其他业务利润	营业利润	利润总额	全部从业人员年平均人数（人）
129269180	**93767238**	**8482436**	**24013728**	**768119**	**12040103**	**11590853**	**202507**
8383504	6155959	456539	1632111	106665	349928	353685	31591
109094151	**79230460**	**7224339**	**20588138**	**592398**	**10841000**	**10436371**	**182641**
3458001	2329517	191581	925888	57183	179733	165108	23347
1278680	863322	51581	355549	6536	179196	178886	8703
677194	449255	47215	171955	2788	55647	54761	3860
16077	9241	847	5989	383	2139	2139	295
4550	1758	234	2558		478	478	202
9627	6205	477	2945		1410	1410	81
1900	1278	136	486	383	251	251	12
37638011	27076806	2764973	6878559	239857	3821397	3624420	54431
974970	838966	27937	50472	3885	-105349	-92821	2545
36663041	26237840	2737036	6828087	235972	3926746	3717241	51886
4648960	3398742	319874	813659	56760	508039	501335	4692
60595859	44551980	3797560	11279767	227463	6009696	5824655	85556
3448830	2667576	222791	793428	5163	167764	167471	8994
457658	359446	29546	64254	2533	23010	22747	1143
53803135	39301621	3398281	9970635	209486	5613751	5439210	70616
2886236	2223337	146942	451450	10281	205171	195227	4803
781369	551597	50708	156772	1428	85153	85067	1757
9095454	**6061177**	**626103**	**1966088**	**110583**	**741946**	**716985**	**8063**
4153171	2621509	312284	1068114	9303	440187	438779	3964
292748	220507	13138	-13948	1080	-36912	-36872	481
3891099	2718457	255367	712771	101020	149947	127003	3468
758436	500704	45314	199151	-820	188724	188075	150
11079575	**8475601**	**631994**	**1459502**	**65138**	**457157**	**437497**	**11803**
6283734	5008491	354067	697153	44111	287479	271632	6330
2085228	1547591	111092	356516	65	267822	263910	425
2706829	1919519	166646	402238	20962	-98109	-98010	5025
3784		189	3595		-35	-35	23

4-A-5 房地产业按控股情况、隶属关系

分 组	年初存货	年末存货	固定资产原价	所有者权益合计	实收资本	本年折旧
总 计	**227116109**	**308428829**	**44687452**	**170812629**	**153775586**	**2644558**
一、按控股情况分组						
国有控股	15215212	20414559	6487029	7272920	8780528	391119
集体控股	9650308	12031303	3187883	6324244	4004088	177087
私人控股	141485529	184547319	25230706	84732829	68258585	1445042
港澳台商控股	30855070	46259731	2944795	35889714	35698270	206169
外商控股	29572064	44815698	4836283	35474923	35973006	286743
其他	255928	278065	1257832	828336	895997	69883
二、按隶属关系分组						
中央	1910033	2317948	657208	1648089	934556	67270
地方	225206076	306110881	44030244	169164540	152841030	2577288
省	1082946	1562592	923442	1344974	2343670	60086
市、地区	22658509	26932214	7971568	12427518	12013401	416172
县	4313897	6413494	3071100	3492091	3373896	204440
街道	1050686	1345822	793425	693259	414823	50160
镇	1966	11254	61934	24531	23110	3337
乡	322276	300063	18473	44809	34290	1018
居委会			750	785	820	
村民委员会	60633	48072	320095	285668	142177	13956
其他	195715163	269497370	30869457	150850905	134494843	1828119
三、按营业状态分组						
营业	222199908	299476383	40810235	155773144	138358402	2473085
停业（歇业）	4074817	7175602	2613799	11352434	11720101	85306
筹建	712238	1648470	79776	3338822	3326457	3137
当年关闭	17553	17555	81417	130111	153744	1030
当年破产	12215	11041	370500	-80767	17037	14869
其他	17459	17639	21016	57765	51513	1160

和营业状态分主要经济指标

单位：千元

主营业务收入	主营业务成本	主营业务税金及附加	主营业务利润	其他业务利润	营业利润	利润总额	全部从业人员年平均人数（人）
129269180	**93767238**	**8482436**	**24013728**	**768119**	**12040103**	**11590853**	**202507**
7951360	6036446	436850	1339575	104521	278328	281868	22003
7111800	4594692	437098	1963227	54569	1345644	1307531	19747
93836390	68759549	6338511	16922882	428203	9223344	8851254	124959
8753895	5800643	611692	1903355	108770	710135	685143	8041
10371183	7982377	592848	1305371	62107	398194	380382	8463
773092	464080	43284	259148	6746	8163	8163	9135
1012905	759941	60354	180587	17664	59438	62358	1403
128256275	93007297	8422082	23833141	750455	11980665	11528495	201104
994230	651108	76465	255211	22416	8656	21366	2609
13346954	10033787	828575	2125167	100773	732001	627872	28534
4774480	3526185	297292	887942	52456	328990	301434	20247
676825	474720	39727	153906	6658	42331	41784	2499
115358	65720	16633	26150	1	14119	7619	609
178787	151716	11882	15034	283	1049	1075	82
50		3	47		4	4	5
65984	44079	4260	16502	-926	-9099	-9283	948
108103607	78059982	7147245	20353182	568794	10862614	10536624	145571
128025287	93054932	8416911	23561348	752644	12172103	11724725	182083
748303	562367	42125	131838	13026	-140832	-142854	8962
22323	18296	1072	2053		-31958	-32029	946
4073	1815	190	1807	511	-12652	-12631	271
9917	682	504	8727	-502	-14040	-14040	136
20848	11155	1176	8381		1145	1128	371

4-A-6 房地产业按地区

地　区	年初存货	年末存货	固定资产原　价	所 有 者权益合计		本年折旧
					实收资本	
全　省	**227116109**	**308428829**	**44687452**	**170812629**	**153775586**	**2644558**
沈 阳 市	107877969	152852535	13588183	81588947	75949854	934180
大 连 市	76296622	98250851	18589673	62780614	53127643	1060236
鞍 山 市	6733077	10145327	2683609	6791053	6824241	110434
抚 顺 市	3840885	4706809	1354593	2818663	2133303	117289
本 溪 市	4812291	5465014	1266590	1145351	1735661	62611
丹 东 市	4534607	5996100	1145137	3174424	2719020	59916
锦 州 市	3078237	4155110	1304514	2198989	2494672	66115
营 口 市	3222406	3990510	454384	1674775	1518129	33736
阜 新 市	2966169	3901065	433442	994986	1043890	15515
辽 阳 市	2268410	2737671	709650	1080375	1132386	30571
盘 锦 市	1336255	3548643	1062302	1919204	1268127	33185
铁 岭 市	4415267	4432044	474785	1794227	1222784	24146
朝 阳 市	3101201	4163606	571479	1475274	1143342	21516
葫芦岛市	2632713	4083544	1049111	1375747	1462534	75108

分主要经济指标

单位：千元

主营业务收入	主营业务成　本	主营业务税金及附加	主营业务利　润	其他业务利　润	营业利润	利润总额	全部从业人员年平均人数(人)
129269180	**93767238**	**8482436**	**24013728**	**768119**	**12040103**	**11590853**	**202507**
51785846	38126545	3511040	8395784	236733	3993814	4004805	63878
41320393	26888468	2841052	10517947	391419	6172928	5993070	68281
7066230	5515569	337727	1066850	29315	631750	612039	8937
2377833	1656083	144933	546093	14237	294418	124018	8002
3595941	2946736	157853	449899	12480	151744	146235	7043
2669741	2039219	168465	425023	12421	117511	114978	7397
3438688	2926025	241092	216835	19840	-64652	-65275	7753
4467972	3680110	237258	511956	6256	245404	238626	5411
1610737	1393824	112708	84722	5241	-41977	-49479	4114
1366754	1130659	83459	144112	9784	-28292	-31296	4539
2058222	1355754	115549	555778	13795	434698	378620	4299
2078015	1720428	144019	180721	5762	5144	9589	4000
2233119	1788282	184144	237488	7851	-610	-8083	5391
3199689	2599536	203137	680520	2985	128223	123006	3462

4-A-7 房地产业按登记注册类型

分组	年末从业人员	按学历分				
		研究生及以上	大学本科	大专学历	高中学历	初中及以下
总　计	**216566**	**3897**	**38209**	**62230**	**64227**	**48003**
其中：国有及国有控股	36016	760	5763	10888	10650	7955
按登记注册类型分组						
内资企业	**196980**	**3232**	**33070**	**56770**	**59564**	**44344**
国有企业	25886	505	4124	7873	7621	5763
集体企业	8607	56	513	1692	3525	2821
股份合作企业	4217	22	234	607	877	2477
联营企业	308		24	122	110	52
国有联营企业	213		17	104	40	52
集体联营企业	83		6	11	66	
国有与集体联营企业	12		1	7	4	
其他联营企业						
有限责任公司	56937	1010	9913	16258	17526	12230
国有独资公司	2555	50	394	720	566	825
其他有限责任公司	54382	960	9519	15538	16960	11405
股份有限公司	5749	164	1217	1577	1409	1382
私营企业	93498	1447	16674	28107	28100	19170
私营独资企业	9908	95	1069	2627	3127	2990
私营合伙企业	1400	8	194	386	576	236
私营有限责任公司	76296	1248	14603	23566	22645	14234
私营股份有限公司	5894	96	808	1528	1752	1710
其他企业	1778	28	371	534	396	449
港、澳、台商投资企业	**8454**	**301**	**2641**	**2839**	**1563**	**1110**
合资经营企业(港或澳、台资)	4252	138	1134	1449	925	606
合作经营企业(港或澳、台资)	538	1	144	161	114	118
港、澳、台商独资经营企业	3471	129	1317	1162	485	378
港、澳、台商投资股份有限公司	193	33	46	67	39	8
外商投资企业	**11132**	**364**	**2498**	**2621**	**3100**	**2549**
中外合资经营企业	5364	173	1174	1219	1622	1176
中外合作经营企业	450	12	168	137	104	29
外资企业	5295	179	1147	1261	1364	1344
外商投资股份有限公司	23		9	4	10	

分年末从业人员情况

单位：人

按技术职称分			按技术等级分			
高级职称	中级职称	初级职称	高级技师	技　师	高级工	中级工
5286	**18151**	**13897**	**963**	**2029**	**3792**	**4500**
702	2860	2648	98	300	1884	1268
4669	**16494**	**12673**	**871**	**1869**	**3623**	**4069**
424	1869	1863	86	191	1483	1028
52	261	395	6	33	128	76
39	200	174	7	30	47	64
	28	51		8	14	24
	28	51		8	14	23
						1
1305	4830	3774	165	579	751	794
78	244	283	3	23	335	124
1227	4586	3491	162	556	416	670
283	585	428	53	59	164	230
2535	8629	5936	546	960	1032	1845
141	435	250	28	9	24	103
25	86	61	6	17	9	12
2120	7605	5297	453	828	954	1583
249	503	328	59	106	45	147
31	92	52	8	9	4	8
299	**803**	**516**	**58**	**44**	**48**	**77**
160	392	306	36	19	25	41
5	19	6				2
122	363	182	21	23	23	34
12	29	22	1	2		
318	**854**	**708**	**34**	**116**	**121**	**354**
182	442	363	5	62	68	233
25	82	36	2	14	1	2
111	328	307	27	40	52	114
	2	2				5

4-A-8 房地产业按控股情况、隶属关系、

分 组	年末从业人员	按学历分				
		研究生及以上	大学本科	大专学历	高中学历	初中及以下
总 计	**216566**	**3897**	**38209**	**62230**	**64227**	**48003**
一、按控股情况分组						
国有控股	24904	485	3448	7020	8200	5751
集体控股	20380	207	1987	4103	7213	6870
私人控股	133237	2204	24510	39598	39736	27189
港澳台商控股	8569	327	2676	2807	1558	1201
外商控股	8197	296	2230	2227	1874	1570
其他	9513	101	938	2340	3116	3018
二、按隶属关系分组						
中央	1217	42	197	576	237	165
地方	215349	3855	38012	61654	63990	47838
省	2778	89	492	761	917	519
市、地区	32741	698	6198	9269	10193	6383
县	19490	175	2167	5814	6093	5241
街道	2207	4	242	585	578	798
镇	611	1	24	125	184	277
乡	133		13	59	14	47
居委会	17		2		8	7
村民委员会	976	2	134	206	232	402
其他	156396	2886	28740	44835	45771	34164
三、按资质等级分组						
一级	10321	250	1792	2480	2946	2853
二级	17329	316	3124	4279	5357	4253
三级	64531	720	9094	16721	19938	18058
四级	1958	7	257	578	718	398
暂定	28328	851	8553	10785	5472	2667
其他	57961	980	7886	14801	20231	14063
四、按营业状态分组						
营业	185249	3181	32097	51916	55420	42635
停业（歇业）	15096	276	2784	4927	4956	2153
筹建	4157	171	909	1151	1084	842
当年关闭	328	7	46	94	151	30
当年破产	31		2	5	6	18
其他	409	1	65	141	153	49

资质等级和营业状况分年末从业人员情况

单位：人

按技术职称分			按技术等级分			
高级职称	中级职称	初级职称	高级技师	技　师	高级工	中级工
5286	**18151**	**13897**	**963**	**2029**	**3792**	**4500**
501	1973	1714	49	189	758	670
265	993	1187	36	115	262	272
3670	12330	8535	716	1406	1371	2471
273	792	495	42	34	41	62
234	705	531	32	71	61	156
132	424	433	37	95	148	243
45	146	67	1	11	7	6
5241	18005	13830	962	2018	3785	4494
113	219	166	9	26	45	93
765	2719	2303	124	223	957	614
270	1305	1390	53	212	1094	835
34	122	51	4	12	3	2
3	30	43			52	42
5	23	9				
	1					
14	39	55	6	8	1	12
4037	13547	9813	766	1537	1633	2896
299	729	919	111	208	431	373
449	1845	1322	44	175	278	623
1696	6145	5060	304	913	967	1485
58	254	215	10	15	47	56
1560	4656	2416	265	321	377	530
655	2466	1998	152	258	1073	887
4629	15714	11943	838	1804	2502	3642
387	1249	802	55	79	127	189
71	261	139	29	28	20	51
	11	16		3	1	4
	3	4			1	
6	35	21		2	4	2

4-A-9 房地产业按地区分

地　区	年末从业人员	按学历分				
		研究生及以上	大学本科	大专学历	高中学历	初中及以下
全　省	**216566**	**3897**	**38209**	**62230**	**64227**	**48003**
沈阳市	67044	1540	14659	21876	18413	10556
大连市	73498	1537	13331	18181	21520	18929
鞍山市	10124	170	1800	3532	2832	1790
抚顺市	7370	91	953	2134	2551	1641
本溪市	6911	70	708	2115	2073	1945
丹东市	8147	57	786	1958	2551	2795
锦州市	8517	61	1118	2390	3274	1674
营口市	7635	73	1051	2033	2133	2345
阜新市	4195	36	486	1092	1815	766
辽阳市	4263	49	508	1315	1401	990
盘锦市	5019	46	601	1218	1564	1590
铁岭市	4117	44	514	1389	1387	783
朝阳市	5868	75	1084	1811	1564	1334
葫芦岛市	3858	48	610	1186	1149	865

年末从业人员情况

单位：人

按技术职称分			按技术等级分			
高级职称	中级职称	初级职称	高级技师	技　师	高级工	中级工
5286	**18151**	**13897**	**963**	**2029**	**3792**	**4500**
1691	5152	3558	354	614	1239	1311
1973	5896	5181	291	815	695	1436
191	833	474	30	28	276	233
96	461	368	23	49	54	79
206	857	652	45	157	488	274
185	738	501	53	47	166	194
161	692	532	16	37	315	261
137	729	437	30	63	35	135
154	456	365	19	30	47	81
89	492	475	31	30	152	92
55	450	379	8	77	92	97
80	505	323	15	11	115	120
147	436	331	38	58	47	94
121	454	321	10	13	71	93

4-A-10 房地产业按地区和行业分企业单位数

单位：个

地　区	单位数	房地产开发经营	物业管理	房地产中介服务	其他房地产活动
全　省	**11379**	**4841**	**3659**	**1802**	**1077**
沈阳市	3575	1463	1161	552	399
大连市	3694	1444	1059	936	255
鞍山市	660	328	212	72	48
抚顺市	494	183	210	30	71
本溪市	341	141	119	35	46
丹东市	415	211	140	15	49
锦州市	352	147	107	46	52
营口市	491	241	186	41	23
阜新市	235	124	74	19	18
辽阳市	177	86	63	8	20
盘锦市	227	94	96	12	25
铁岭市	236	129	85	6	16
朝阳市	274	149	73	15	37
葫芦岛市	208	101	74	15	18

4-A-11 房地产业按地区和行业分年末从业人员

单位：人

地　区	年末从业人员	房地产开发经营	物业管理	房地产中介服务	其他房地产活动
全　省	**216566**	**77200**	**103228**	**15714**	**20424**
沈阳市	67044	23315	30108	6174	7447
大连市	73498	22884	40512	7474	2628
鞍山市	10124	4616	3838	440	1230
抚顺市	7370	2111	3653	249	1357
本溪市	6911	3804	2343	217	547
丹东市	8147	3395	4403	79	270
锦州市	8517	1922	3110	233	3252
营口市	7635	3447	3404	260	524
阜新市	4195	1650	2233	101	211
辽阳市	4263	1289	2036	57	881
盘锦市	5019	1833	2331	66	789
铁岭市	4117	2010	1673	58	376
朝阳市	5868	2920	2142	222	584
葫芦岛市	3858	2004	1442	84	328

4-A-12　房地产业按地区和行业分全年营业收入

单位：千元

地　区	全年营业收入	房地产开发经营	物业管理	房地产中介服务	其他房地产活动
全　省	**130283642**	**118177063**	**8410599**	**1552465**	**2143515**
沈阳市	52078725	47610561	2901222	619416	947526
大连市	41829792	37356887	3246154	684104	542647
鞍山市	7139036	6711430	288217	59744	79645
抚顺市	2392070	2019478	229022	22017	121553
本溪市	3612810	3232518	301882	31824	46586
丹东市	2692927	2384105	260803	15611	32408
锦州市	3463637	3273250	102989	24618	62780
营口市	4468049	4182421	213997	41253	30378
阜新市	1616469	1518299	58680	17402	22088
辽阳市	1379865	1286994	74603	2507	15761
盘锦市	2078013	1871387	188245	7591	10790
铁岭市	2088288	1954321	125602	2806	5559
朝阳市	2240785	2033940	62023	20569	124253
葫芦岛市	3203176	2741472	357160	3003	101541

4-A-13　房地产业按地区和行业分资产

单位：千元

地　区	资产总计	房地产开发经营	物业管理	房地产中介服务	其他房地产活动
全　省	**667658723**	**606179254**	**28433040**	**10428667**	**22617762**
沈阳市	290606674	267971512	7448398	7368563	7818201
大连市	245081327	214093803	16850144	2451823	11685557
鞍山市	24139318	21895842	1218310	238310	786856
抚顺市	11101374	10116048	646686	17886	320754
本溪市	12556284	12111781	370032	31917	42554
丹东市	12096296	11353695	245907	61012	435682
锦州市	10817144	10276396	272989	32165	235594
营口市	10579565	10009487	278190	77471	214417
阜新市	6964927	6588090	261802	50126	64909
辽阳市	7339936	6639711	84849	3044	612332
盘锦市	9729664	9380716	247410	2826	98712
铁岭市	7983322	7815373	162176	2302	3471
朝阳市	8293114	7900480	170805	85652	136177
葫芦岛市	10369778	10026320	175342	5570	162546

4-B-1 房地产开发企业按登记注册

分　组	单位数（个）	年末从业人员（人）	计划总投资	自开始建设累计完成投资	本年完成投资
总　计	**4841**	**77200**	**75407081**	**42097592**	**20607952**
其中：国有及国有控股	263	7090	3092648	2038659	1234581
按登记注册类型分组					
内资企业	**4326**	**67791**	**47496858**	**31121446**	**15668137**
国有企业	131	2370	504252	386407	277554
集体企业	47	495	458387	274953	105859
股份合作企业	49	667	133580	104791	51575
联营企业	1	18			
国有联营企业	1	18			
有限责任公司	1114	22209	18400428	11425356	5816682
国有独资公司	10	1682	453632	234441	72755
其他有限责任公司	1104	20527	17946796	11190915	5743927
股份有限公司	139	2681	1957549	1236391	557452
私营企业	2802	38952	25862389	17587627	8810355
私营独资企业	224	3564	1564863	1052400	710397
私营合伙企业	21	214	123360	115950	69896
私营有限责任公司	2394	32812	22826957	15580079	7506126
私营股份有限公司	163	2362	1347209	839198	523936
其他企业	43	399	180273	105921	48660
港、澳、台商投资企业	**254**	**4209**	**15137162**	**5397878**	**2769003**
合资经营企业(港或澳、台资)	114	1801	7270010	2283892	1143770
合作经营企业(港或澳、台资)	16	171	620000	143034	121019
港、澳、台商独资经营企业	115	2074	7009152	2733180	1425151
港、澳、台商投资股份有限公司	9	163	238000	237772	79063
外商投资企业	**261**	**5200**	**12773061**	**5578268**	**2170812**
中外合资经营企业	134	2407	3952283	2705704	893834
中外合作经营企业	14	326	945940	409945	184042
外资企业	112	2463	7874838	2462619	1092936
外商投资股份有限公司	1	4			

类型分投资规模及土地情况

单位：万元

		本年新增固定资产	本年完成开发土地面积（平方米）	待开发土地面积（平方米）	本年购置土地面积（平方米）	本年土地成交价款
土地开发投资额	配套工程投资额					
1254806	**1019087**	**8588725**	**17965046**	**17093049**	**29538218**	**3080834**
95172	41731	417102	1249251	301236	869068	145855
1061171	**869454**	**7508590**	**15713921**	**12849287**	**20279212**	**1982694**
15752	12349	123343	191579	17000	265179	9138
15819	12988	117832	408293	65153	401033	11429
6708	1840	46855	35232		58209	6922
266059	351811	2434800	4530797	2673691	5545265	702093
	635	71558		116750		
266059	351176	2363242	4530797	2556941	5545265	702093
23999	20751	260898	390523	200120	1097359	45462
721662	468709	4512214	10089497	9799710	12712872	1199582
68829	19693	252426	1365936	132369	723815	113904
3500	2593	18235	6700		60388	6713
617029	419722	4144479	8227272	9414113	11567100	1047369
32304	26701	97074	489589	253228	361569	31596
11172	1006	12648	68000	93613	199295	8068
107883	**48668**	**541181**	**1419983**	**1831088**	**3029959**	**885751**
64229	16170	285389	1020646	1317111	2345651	716698
4000			188600	22651	211251	58070
39654	26616	163752	210737	491326	473057	110983
	5882	92040				
85752	**100965**	**538954**	**831142**	**2412674**	**6229047**	**212389**
28723	47837	236801	373636	809871	5195573	104914
11190	1715	101827	90818	659833	50648	4000
45839	51413	200326	366688	942970	982826	103475

4-B-2 房地产开发企业按控股情况、隶属关系、

分　组	单位数(个)	年末从业人员(人)	计划总投资	自开始建设累计完成投资	本年完成投资
总　计	**4841**	**77200**	**75407081**	**42097592**	**20607952**
一、按控股情况分组					
国有控股	260	7025	3092648	2038659	1234581
集体控股	202	3923	2068938	1553985	837297
私人控股	3895	57231	42483084	27796590	13681760
港澳台商控股	245	4203	15443055	5508254	2807112
外商控股	236	4753	12319356	5200104	2047202
二、按隶属关系分组					
中央	21	559	466387	350605	153564
地方	4820	76641	74940694	41746987	20454388
省	41	818	300100	263901	97276
市、地区	344	8713	5690638	3175188	1474307
县	183	3472	1195361	962256	727058
街道	23	326	114032	108556	57854
镇	5	101	27957	27286	27286
乡	3	57	34000	22000	12000
村民委员会	7	121	18372	16407	6727
其他	4214	63033	67560234	37171393	18051880
三、按资质等级分组					
一级	63	4934	4196388	2954995	1159146
二级	244	7782	7244207	4913215	1959386
三级	1321	23610	17846633	10336907	4911551
四级	149	1958	605980	495721	236316
暂定	1832	28328	39881311	20327428	10713678
其他	1232	10588	5632562	3069326	1627875
四、按营业状态分组					
营业	3429	66420	74384680	41434104	20200934
停业（歇业）	1207	8893	599881	402991	221863
筹建	162	1643	388720	252164	184333
当年关闭	31	80	8800	8333	822
其他	9	99	25000		

资质等级和营业状态分投资规模及土地情况

单位：万元

土地开发投资额	配套工程投资额	本年新增固定资产	本年完成开发土地面积(平方米)	待开发土地面积(平方米)	本年购置土地面积(平方米)	本年土地成交价款
1254806	**1019087**	**8588725**	**17965046**	**17093049**	**29538218**	**3080834**
95172	41731	417102	1249251	301236	869068	145855
63862	122981	448709	1182932	572030	1243686	103275
905440	717587	6653446	13353931	12031647	18106739	1701974
106808	60137	547010	1438019	1831088	3089678	917341
83524	76651	522458	740913	2357048	6229047	212389
10708	2673	64806	34922		34922	31708
1244098	1016414	8523919	17930124	17093049	29503296	3049126
6228	3906	95628	52683		96100	1060
52209	120773	622897	902996	396874	1161554	51627
29213	13411	219397	614016	660759	614567	93812
15792	1000	38983	306354	28100	331354	14798
100		13400	110000		110000	6600
1000		24000	126296			
					41109	500
1139556	877324	7509614	15817779	16007316	27148612	2880729
67428	28164	789749	711091	156346	251934	50452
107920	185361	887258	1622201	1014359	2443441	198803
366681	327749	3277396	5929918	7793017	5946864	691199
17772	9479	203076	104685	58842	158948	16699
592442	390852	2891329	8028824	7336298	19173511	1975640
102563	77482	539917	1568327	734187	1563520	148041
1228980	1009276	8524480	17758666	16819965	24425966	3040750
13765	4524	50321	125395	232286	112595	8418
12061	4900	1800	80985	40798	4999657	31666
	387	12124				

4-B-3 房地产开发企业按地区

地 区	单位数(个)	年末从业人员(人)	计划总投资	自开始建设累计完成投资	本年完成投资
全 省	**4841**	**77200**	**75407081**	**42097592**	**20607952**
沈阳市	1463	23315	43081500	21322742	10109145
大连市	1444	22884	18013977	11810478	4958160
鞍山市	328	4616	3744142	1735213	1072796
抚顺市	183	2111	1064300	730263	399975
本溪市	141	3804	1297867	795688	384512
丹东市	211	3395	1882438	1300239	585770
锦州市	147	1922	945411	564049	381615
营口市	241	3447	1015728	694149	555391
阜新市	124	1650	301773	222143	143529
辽阳市	86	1289	599952	497028	308410
盘锦市	94	1833	976915	530811	407458
铁岭市	129	2010	1021626	786109	560445
朝阳市	149	2920	805830	661684	431206
葫芦岛市	101	2004	655622	446996	309540

分投资规模及土地情况

单位：万元

土地开发投资额	配套工程投资额	本年新增固定资产	本年完成开发土地面积(平方米)	待开发土地面积(平方米)	本年购置土地面积(平方米)	本年土地成交价款
1254806	**1019087**	**8588725**	**17965046**	**17093049**	**29538218**	**3080834**
271287	231257	2884682	4753701	3969181	15498544	2013308
453523	373861	2598516	2796896	2940646	2022822	318573
88770	22173	403511	506415	4401047	1114684	163564
75297	15110	138858	195456	795084	300833	30267
63536	14152	234858	1028535	1181328	620175	30797
22621	6962	344098	286190	322556	599147	12468
72808	52588	456684	1245840	309069	788825	52153
14849	17915	197188	2705963	544646	3010448	156715
666	3372	96976	146182		321397	35279
14654	9664	180684	622329	103272	699287	71266
10508	230915	291984	743078	683626	1448400	81095
61546	23604	309541	1841839	399496	1581313	56711
69306	6672	198962	155085	459335	777440	30519
35435	10842	252183	937537	983763	754903	28119

4-B-4 房地产开发企业按登记

分组	本年完成投资额	按构成分					
		建筑工程	安装工程	设备工器具购置	其他费用	旧建筑物购置费	土地购置费
总计	**20607952**	**14396878**	**1309023**	**351522**	**4550529**	**202965**	**3002435**
其中：国有及国有控股	1234581	832219	55243	13679	333440	11665	182686
按登记注册类型分组							
内资企业	**15668137**	**10935474**	**977255**	**280612**	**3474796**	**149099**	**2251015**
国有企业	277554	193793	11266	5565	66930	481	21543
集体企业	105859	77980	5620	1850	20409	1020	14906
股份合作企业	51575	41258	1800	300	8217		6908
有限责任公司	5816682	3961435	337825	103408	1414014	49124	983769
国有独资公司	72755	54265	2449	3161	12880		12688
其他有限责任公司	5743927	3907170	335376	100247	1401134	49124	971081
股份有限公司	557452	395348	45038	4494	112572	1675	100821
私营企业	8810355	6242625	575268	164818	1827644	89663	1111754
私营独资企业	710397	538836	20174	2192	149195	5170	93013
私营合伙企业	69896	63098	85		6713		6713
私营有限责任公司	7506126	5202479	531402	152712	1619533	81529	969229
私营股份有限公司	523936	438212	23607	9914	52203	2964	42799
其他企业	48660	23035	438	177	25010	7136	11314
港、澳、台商投资企业	**2769003**	**1871712**	**189279**	**47666**	**660346**	**26899**	**512443**
合资经营企业(港或澳、台资)	1143770	698345	68183	21063	356179		292227
合作经营企业(港或澳、台资)	121019	86789			34230		22472
港、澳、台商独资经营企业	1425151	1018719	116293	21282	268857	26850	197744
港、澳、台商投资股份有限公司	79063	67859	4803	5321	1080	49	
外商投资企业	**2170812**	**1589692**	**142489**	**23244**	**415387**	**26967**	**238977**
中外合资经营企业	893834	653147	68653	7331	164703	26967	76732
中外合作经营企业	184042	142103	13842	296	27801		24838
外资企业	1092936	794442	59994	15617	222883		137407

注册类型分投资完成额情况

单位：万元

按工程用途分							
住宅完成投资额	90平方米以下住房	140平方米以上住房	经济适用房	别墅、高档公寓	办公楼完成投资额	商业营业用房完成投资额	其他完成投资额
15792147	**7906054**	**2090980**	**495296**	**1232710**	**668581**	**3006798**	**1140426**
944566	435603	64485	110375	14461	21763	146460	121792
12286332	**6624284**	**1414121**	**480107**	**587108**	**414356**	**2090957**	**876492**
227271	131793	20134	41643		1609	24749	23925
80098	52289	3895				19427	6334
45743	39620	253	1340		300	4486	1046
4440130	2263071	561593	319442	290403	196119	790819	389614
51650	13698	12741			800	456	19849
4388480	2249373	548852	319442	290403	195319	790363	369765
393468	164056	55293	7000	13211	24797	107632	31555
7060171	3939531	772953	110682	283494	190824	1138809	420551
590193	381667	56565	867	45800	1380	88989	29835
57989	11273	3894			4792	5444	1671
5947629	3328073	655947	89556	222614	181380	1003281	373836
464360	218518	56547	20259	15080	3272	41095	15209
39451	33924				707	5035	3467
1878889	**650311**	**364126**	**8000**	**325246**	**185905**	**577316**	**126893**
806354	247879	147711	8000	124530	90727	227979	18710
22625				14625	15686	48276	34432
987848	373897	216415		186091	78581	285376	73346
62062	28535				911	15685	405
1626926	**631459**	**312733**	**7189**	**320356**	**68320**	**338525**	**137041**
634831	270097	38670		36678	7874	200705	50424
161267	35340	76216		62075		19235	3540
830828	326022	197847	7189	221603	60446	118585	83077

4-B-5 房地产开发企业按控股情况、隶属关系、

分组	本年完成投资额	按构成分					
		建筑工程	安装工程	设备工器具购置	其他费用	旧建筑物购置费	土地购置费
总计	**20607952**	**14396878**	**1309023**	**351522**	**4550529**	**202965**	**3002435**
一、按控股情况分组							
国有控股	1234581	832219	55243	13679	333440	11665	182686
集体控股	837297	545471	43678	22986	225162	16168	180447
私人控股	13681760	9640495	894792	244850	2901623	123933	1869026
港澳台商控股	2807112	1883944	185409	47666	690093	26899	533991
外商控股	2047202	1494749	129901	22341	400211	24300	236285
二、按隶属关系分组							
中央	153564	89299	14286		49979		40745
地方	20454388	14307579	1294737	351522	4500550	202965	2961690
省	97276	73616	14960	1350	7350		1060
市、地区	1474307	1027516	122665	21889	302237	4695	198754
县	727058	507859	20205	321	198673	11224	137219
街道	57854	35709	600		21545	837	15008
镇	27286	20500			6786		6600
乡	12000	10000			2000		2000
村民委员会	6727	6720			7		7
其他	18051880	12625659	1136307	327962	3961952	186209	2601042
三、按资质等级分组							
一级	1159146	833898	66263	22615	236370	1370	165717
二级	1959386	1376442	135315	58329	389300	4110	256116
三级	4911551	3441470	290355	54281	1125445	49130	741558
四级	236316	183416	12503	3177	37220	2935	24841
暂定	10713678	7422546	734544	170719	2385869	126505	1652165
其他	1627875	1139106	70043	42401	376325	18915	162038
四、按营业状态分组							
营业	20200934	14092521	1274872	347844	4485697	181685	2967252
停业（歇业）	221863	192187	9699	1028	18949	2430	15767
筹建	184333	111735	24452	2650	45496	18850	19416
当年关闭	822	435			387		

资质等级和营业状态分投资完成额情况

单位：万元

按工程用途分							
住宅完成投资额	90平方米以下住房	140平方米以上住房	经济适用房	别墅、高档公寓	办公楼完成投资额	商业营业用房完成投资额	其他完成投资额
15792147	**7906054**	**2090980**	**495296**	**1232710**	**668581**	**3006798**	**1140426**
944566	435603	64485	110375	14461	21763	146460	121792
719196	381117	161234	29378	51153	1403	80200	36498
10692167	5864805	1189492	340354	514142	387008	1877510	725075
1899473	650668	379926	8000	331992	189705	587036	130898
1536745	573861	295843	7189	320962	68702	315592	126163
136534	22942	363		14461		9869	7161
15655613	7883112	2090617	495296	1218249	668581	2996929	1133265
39602	19422	3201			15070	33924	8680
1163861	498792	160602	69187	24087	34038	179375	97033
539082	298145	35512	19572	1221	18905	100494	68577
37912	17949	639			250	18511	1181
27286	25286	2000					
9800	1500					2100	100
6717	6647					10	
13831353	7015371	1888663	406537	1192941	600318	2662515	957694
874145	443058	116110	67679	56548	29773	178067	77161
1600218	694372	242689	24565	79340	42050	170927	146191
3871319	2293430	414439	162446	67512	99013	711058	230161
206957	142061	12779	6500	3440	2379	22365	4615
7931075	3636931	1064844	189898	891915	465308	1711358	605937
1308433	696202	240119	44208	133955	30058	213023	76361
15579801	7824393	2056009	488677	1185331	648650	2855725	1116758
125531	40575	16533	5009	21409	17510	56864	21958
86380	41026	18348	1610	25970	2421	93822	1710
435	60	90				387	

4-B-6 房地产开发企业按

地 区	本年完成投资额	按构成分					
		建筑工程	安装工程	设 备工器具购置	其他费用	旧建筑物购置费	土地购置费
全 省	**20607952**	**14396878**	**1309023**	**351522**	**4550529**	**202965**	**3002435**
沈阳市	10109145	7032275	783168	182265	2111437	71497	1499895
大连市	4958160	3611894	354429	69774	922063	62312	462863
鞍山市	1072796	582766	29228	9176	451626	1428	235609
抚顺市	399975	272989	9745	12533	104708	13143	70387
本溪市	384512	306752	1638	4340	71782	5104	38041
丹东市	585770	530268	13948	5297	36257	2980	15190
锦州市	381615	258678	41805	4633	76499	2979	55309
营口市	555391	390355	3246	1255	160535	3103	150462
阜新市	143529	113024	1445	3557	25503	1901	19938
辽阳市	308410	240147	9533	941	57789	2253	37674
盘锦市	407458	75441	2662	42183	287172	21275	259865
铁岭市	560445	451132	14859	4572	89882	6417	67655
朝阳市	431206	308855	29616	8728	84007	3220	56957
葫芦岛市	309540	222302	13701	2268	71269	5353	32590

地区分投资完成额情况

单位：万元

按工程用途分							
住宅完成投资额	90平方米以下住房	140平方米以上住房	经济适用房	别墅、高档公寓	办公楼完成投资额	商业营业用房完成投资额	其他完成投资额
15792147	**7906054**	**2090980**	**495296**	**1232710**	**668581**	**3006798**	**1140426**
7294950	3081711	1043947	240516	751606	463198	1746732	604265
4020829	2279098	611379	116613	417637	147741	516975	272615
823834	552473	51164	18522	30182	13962	173491	61509
344909	110668	5820	6273	2500	4038	35116	15912
277254	143345	29739	82202	9167	5878	69918	31462
497920	268873	96540	1620	3100	5143	66654	16053
319646	168291	15029		8353	1288	45243	15438
501386	330007	53261	990	300	470	40132	13403
92873	63400	8316			4806	41965	3885
219738	95565	21284	21560	2500	5933	44406	38333
350563	190618	86130		1300	1228	44367	11300
459581	276130	13637	7000		2445	76236	22183
323534	253328	12212		43	11177	80673	15822
265130	92547	42522		6022	1274	24890	18246

4-B-7 房地产开发企业按登记

分　组	本年资金来源合计	1.上年末结余资金	2.本年资金来源小计			
				国内贷款		
					银行贷款	非银行金融机构贷款
总　计	**25352666**	**3322837**	**22029829**	**2769112**	**2591538**	**177574**
其中：国有及国有控股	1480033	160557	1319476	124488	123888	600
按登记注册类型分组						
内资企业	**18463772**	**1975317**	**16488455**	**2177484**	**2059718**	**117766**
国有企业	347758	59528	288230	16150	16150	
集体企业	134300	2697	131603	6400	6400	
股份合作企业	76095	3443	72652	5294	5294	
有限责任公司	6664139	535162	6128977	712869	667897	44972
国有独资公司	139984	35538	104446	54573	54573	
其他有限责任公司	6524155	499624	6024531	658296	613324	44972
股份有限公司	669179	68554	600625	59500	53500	6000
私营企业	10502306	1301515	9200791	1373571	1306777	66794
私营独资企业	773557	32032	741525	36843	36843	
私营合伙企业	94600	330	94270			
私营有限责任公司	9031303	1168405	7862898	1285985	1221191	64794
私营股份有限公司	602846	100748	502098	50743	48743	2000
其他企业	69995	4418	65577	3700	3700	
港、澳、台商投资企业	**3597386**	**782340**	**2815046**	**248844**	**194486**	**54358**
合资经营企业(港或澳、台资)	1336122	139294	1196828	109458	62000	47458
合作经营企业(港或澳、台资)	315944	230664	85280			
港、澳、台商独资经营企业	1860220	404630	1455590	122586	115686	6900
港、澳、台商投资股份有限公司	85100	7752	77348	16800	16800	
外商投资企业	**3291508**	**565180**	**2726328**	**342784**	**337334**	**5450**
中外合资经营企业	1286072	153206	1132866	93725	88725	5000
中外合作经营企业	380874	173552	207322			
外资企业	1624562	238422	1386140	249059	248609	450

注册类型分资金来源情况

单位：万元

利用外资	外商直接投资	自筹资金	自有资金	其他资金	定金及预收款	个人按揭贷款	本年各项应付款合计	工程款
1140114	**1052931**	**11475416**	**7377565**	**6645187**	**4543873**	**1076383**	**2196802**	**1310773**
		832253	310949	362735	204610	31021	135510	90003
77488	**57488**	**9240457**	**5949036**	**4993026**	**3417051**	**834744**	**1706925**	**1015641**
		174135	111966	97945	51274	7600	28859	23536
		76618	74031	48585	43239	446	10244	4677
		48187	48087	19171	2730		2631	2631
17267	17267	3359797	2010852	2039044	1441358	236867	766899	385663
		17064	5000	32809	28436	4273	17596	17596
17267	17267	3342733	2005852	2006235	1412922	232594	749303	368067
		334267	129334	206858	123573	58323	20641	14258
60221	40221	5206424	3559962	2560575	1739453	527324	877566	584791
		521521	424673	183161	133235	33541	42380	40301
		57200	22200	37070	26000			
60221	40221	4406582	3000957	2110110	1415633	476570	766037	501770
		221121	112132	230234	164585	17213	69149	42720
		41029	14804	20848	15424	4184	85	85
661448	**601060**	**1428134**	**899576**	**476620**	**319784**	**80174**	**200641**	**169386**
108710	73622	801834	593463	176826	134511	19513	61092	43948
23873	23873	51775		9632				
528865	503565	513977	306113	290162	185273	60661	136718	122607
		60548					2831	2831
401178	**394383**	**806825**	**528953**	**1175541**	**807038**	**161465**	**289236**	**125746**
140853	139868	354491	209467	543797	370088	89250	98849	57930
		148950	117932	58372	55671	2701	85580	18223
260325	254515	303384	201554	573372	381279	69514	104807	49593

4-B-8 房地产开发企业按控股情况、隶属关系、

分　组	本年资金来源合计	1.上年末结余资金	2.本年资金来源小计	国内贷款	银行贷款	非银行金融机构贷款	利用外资
总　计	**25352666**	**3322837**	**22029829**	**2769112**	**2591538**	**177574**	**1140114**
一、按控股情况分组							
国有控股	1480033	160557	1319476	124488	123888	600	
集体控股	1027011	82332	944679	104825	94625	10200	
私人控股	16109661	1774752	14334909	1972671	1865705	106966	79940
港澳台商控股	3607461	782049	2825412	253844	194486	59358	671448
外商控股	3128500	523147	2605353	313284	312834	450	388726
二、按隶属关系分组							
中央	177645	11187	166458	18000	18000		
地方	25175021	3311650	21863371	2751112	2573538	177574	1140114
省	181073	12098	168975	12150	12150		
市、地区	1696669	144745	1551924	183744	173523	10221	21863
县	766233	15458	750775	27031	26431	600	
街道	71659	12178	59481				
镇	27286	10	27276				
乡	7539	339	7200	2000		2000	
村民委员会	8647		8647				
其他	22415915	3126822	19289093	2526187	2361434	164753	1118251
三、按资质等级分组							
一级	1741462	276167	1465295	205198	203198	2000	138420
二级	2651477	430026	2221451	408694	366188	42506	8736
三级	6183980	935777	5248203	718431	671741	46690	10925
四级	254312	16546	237766	14441	9841	4600	
暂定	12637497	1319851	11317646	1130090	1051912	78178	911080
其他	1883938	344470	1539468	292258	288658	3600	70953
四、按营业状态分组							
营业	24937558	3316016	21621542	2765572	2591498	174074	1028461
停业（歇业）	233182	5621	227561	840	40	800	16763
筹建	179326		179326	2700		2700	94890
当年关闭	2600	1200	1400				

资质等级和营业状态分资金来源情况

单位：万元

外商直接投资	自筹资金	自有资金	其他资金	定金及预收款	个人按揭贷款	本年各项应付款合计	工程款
1052931	**11475416**	**7377565**	**6645187**	**4543873**	**1076383**	**2196802**	**1310773**
	832253	310949	362735	204610	31021	135510	90003
	529028	331762	310826	233953	28203	37958	19555
59940	7882733	5285735	4399565	3037662	797338	1548094	918109
611060	1463939	943381	436181	282679	75813	197595	168924
381931	767463	505738	1135880	784969	144008	277645	114182
	121094	10150	27364	18067	1632		
1052931	11354322	7367415	6617823	4525806	1074751	2196802	1310773
	129870	73900	26955	24355	2500	5480	3480
5100	787720	510361	558597	413486	76037	243074	129400
	473395	198596	250349	193710	11049	87790	56491
	37281	37281	22200	19070	2930	5792	1210
	27276	27000				500	500
			5200	2194		9812	3000
	8047	3047	600	600		3647	3647
1047831	9890733	6517230	5753922	3872391	982235	1840707	1113045
138420	544865	178355	576812	439448	98497	89027	47549
8736	1106049	644406	697972	560389	103387	111985	72889
10925	2675223	1798767	1843624	1326234	223317	668853	358791
	173311	115040	50014	35988	6548	13562	7196
823897	6124455	4096175	3152021	1943286	609592	1098635	627451
70953	851513	544822	324744	238528	35042	214740	196897
958041	11193419	7224073	6634090	4540884	1075989	2170902	1301134
	201607	73102	8351	1743	94	19403	4022
94890	80390	80390	1346	146		6387	5507
			1400	1100	300	110	110

4-B-9 房地产开发企业

地 区	本年资金来源合计	1.上年末结余资金	2.本年资金来源小计	国内贷款	银行贷款	非银行金融机构贷款	利用外资
全 省	**25352666**	**3322837**	**22029829**	**2769112**	**2591538**	**177574**	**1140114**
沈阳市	12082135	1428145	10653990	843387	797465	45922	763534
大连市	6936007	1516072	5419935	1308947	1246073	62874	294995
鞍山市	1347531	91856	1255675	322845	301245	21600	44034
抚顺市	542969	58340	484629	48457	43532	4925	23851
本溪市	434180	20476	413704	8280	5540	2740	
丹东市	644322	41708	602614	54007	52587	1420	10000
锦州市	500730	11872	488858	42330	37999	4331	3100
营口市	548792	30753	518039	12045	12045		600
阜新市	146751	1856	144895	2247	2247		
辽阳市	340997	19493	321504	12976	12976		
盘锦市	426053	18105	407948	23670	2120	21550	
铁岭市	574853	23538	551315	34251	30951	3300	
朝阳市	453338	30409	422929	22889	17739	5150	
葫芦岛市	374008	30214	343794	32781	29019	3762	

按地区分资金来源情况

单位：万元

外商直接投资	自筹资金	自有资金	其他资金	定金及预收款	个人按揭贷款	本年各项应付款合计	工程款
1052931	**11475416**	**7377565**	**6645187**	**4543873**	**1076383**	**2196802**	**1310773**
738234	6008799	3661552	3038270	1965509	411720	1040470	496032
269185	1961457	1090116	1854536	1249738	450751	454825	358178
24724	534141	352666	354655	233252	68562	177105	119590
7088	223443	191005	188878	153907	20909	88563	46893
	157832	59748	247592	151804	25684	21239	13707
10000	471678	462931	66929	54612	7578	41017	37717
3100	235148	178857	208280	186681	13065	78217	33003
600	361426	361426	143968	120336	19801	76982	69753
	111986	111986	30662	28962		10376	6346
	231756	184182	76772	62821	5689	35184	20331
	332705	105259	51573	22109	5947	5212	2047
	428710	322767	88354	60712	15015	28299	21879
	271203	205944	128837	106658	17502	70387	45761
	145132	89126	165881	146772	14160	68926	39536

4-B-10 房地产开发企业按用途分施工、销售和空置情况

指标名称	单位	合计	按用途分							
			住宅	户型结构		其中:经济适用房	其中:别墅、高档公寓	办公楼	商业营业用房	其他
				90平方米以下住房	140平方米以上住房					
施工面积	平方米	149045641	117356274	61027947	12019669	5616830	5305033	3164876	20212509	8311982
其中:新开工面积	平方米	67618855	55632668	30807182	6524157	2140202	2109511	842648	7774292	3369247
竣工面积	平方米	38260795	32646751	19496745	2743960	1936709	778797	435103	3573788	1605153
其中:不可销售面积	平方米	3502055	2603635	2239642	41298	1195269	6176	52413	251246	594761
住宅竣工套数	套		370523	260166	16084	24532	4850			
竣工房屋价值	万元	6399392	5234726	2971099	558394	254560	201268	109228	759340	296098
出租房屋面积	平方米	969569	18838	10633	1471			261327	592998	96406
商品房销售面积	平方米	40911584	37311931	19530070	3893443	1374881	1307188	358676	2680152	560825
其中:现房销售面积	平方米	17015975	14844697	8254211	1642662	770149	298319	223704	1649092	298482
期房销售面积	平方米	23895609	22467234	11275859	2250781	604732	1008869	134972	1031060	262343
商品房销售额	万元	15376463	13338922	6301781	1907531	288019	949652	171558	1647920	218063
其中:现房销售额	万元	5615914	4430206	2333020	643649	156546	162437	93724	978990	112994
期房销售额	万元	9760549	8908716	3968761	1263882	131473	787215	77834	668930	105069
商品住宅销售套数	套		408773	260858	21828	17097	8258			
其中:现房销售套数	套		162041	109110	9079	8584	1791			
期房销售套数	套		246732	151748	12749	8513	6467			
空置面积	平方米	15892864	10742858	4394981	1309733	105311	341231	529816	3825577	794613
其中:空置一年至三年	平方米	10525959	7419316	3163617	742591	59205	224432	331574	2333905	441164
空置三年以上	平方米	1389035	661212	110283	209458	27065	51692	91219	570330	66274

4-B-11 房地产开发企业按地区分房屋施工面积

单位:平方米

地区	房屋施工面积	按用途分							
		住宅	户型结构		其中:经济适用房	其中:别墅、高档公寓	办公楼	商业营业用房	其他
			90平方米以下住房	140平方米以上住房					
全省	**149045641**	**117356274**	**61027947**	**12019669**	**5616830**	**5305033**	**3164876**	**20212509**	**8311982**
沈阳市	58485113	44103375	19667847	5340227	2604902	2759648	1942891	8797170	3641677
大连市	33349414	26437824	14547250	3015815	981288	1780196	589237	3972811	2349542
鞍山市	12843858	9935155	6369395	389339	409126	407227	200446	1944525	763732
抚顺市	2679948	2336007	1093954	32234	29934	24231	22406	223779	97756
本溪市	4945950	3974651	2339369	398963	1333469	48977	51019	734148	186132
丹东市	5805151	4853670	2390642	1003776	16700	10956	102388	532527	316566
锦州市	4485204	3659655	1843266	146213		32538	18479	616085	190985
营口市	6564830	5794795	3643613	425038	11934	20189	4328	592767	172940
阜新市	1604407	1178090	756730	124807			35642	365391	25284
辽阳市	2576305	2191016	894436	140453	229477	99253	30322	262493	92474
盘锦市	2517751	2279474	923052	265845		15000	3182	192990	42105
铁岭市	4777243	3781403	2614018	143255			13651	840318	141871
朝阳市	4640801	3537647	2702380	141825		12964	135641	814395	153118
葫芦岛市	3769666	3293512	1241995	451879		93854	15244	323110	137800

4-B-12　房地产开发企业按地区分新开工面积

单位:平方米

地　区	房屋新开工面积	按用途分							
		住宅	户型结构		其中:经济适用房	其中:别墅、高档公寓	办公楼	商业营业用房	其他
			90平方米以下住房	140平方米以上住房					
全　省	**67618855**	**55632668**	**30807182**	**6524157**	**2140202**	**2109511**	**842648**	**7774292**	**3369247**
沈阳市	23648160	18792886	9156193	3061360	1502954	1516428	338392	3225956	1290926
大连市	11120739	9573071	4847965	1535460	177504	151533	149712	708961	688995
鞍山市	5915457	4485990	2910063	133795	137282	304800	142956	892305	394206
抚顺市	1563005	1355412	685153	28734	10000		6990	127494	73109
本溪市	1900876	1582989	985499	199570	71051	48977	29949	178048	109890
丹东市	2504737	2062807	1307806	339896		10956	33598	190020	218312
锦州市	2322256	1809292	1011241	59498		32538	6479	429422	77063
营口市	5395809	4712336	2987185	383247	11934	20000	4328	524642	154503
阜新市	938249	770692	537502	2564			10025	136886	20646
辽阳市	1666302	1388397	621563	81797	229477	18509	20322	193243	64340
盘锦市	1986486	1828476	877288	250845			2400	119078	36532
铁岭市	3302348	2634718	1933993	62638			12723	571961	82946
朝阳市	3141358	2616960	2067494	108509			69530	364035	90833
葫芦岛市	2213073	2018642	878237	276244		5770	15244	112241	66946

4-B-13　房地产开发企业按地区分房屋竣工面积

单位:平方米

地　区	房屋竣工面积	按用途分							
		住宅	户型结构		其中:经济适用房	其中:别墅、高档公寓	办公楼	商业营业用房	其他
			90平方米以下住房	140平方米以上住房					
全　省	**38260795**	**32646751**	**19496745**	**2743960**	**1936709**	**778797**	**435103**	**3573788**	**1605153**
沈阳市	12916451	10776354	6361417	772145	1028691	262010	265837	1273063	601197
大连市	7555621	6364135	3749673	686899	192770	350975	80816	555488	555182
鞍山市	2400850	2346589	1853172	26592	40000			36824	17437
抚顺市	683950	624018	543106	10180	7934	24231	900	57354	1678
本溪市	1698786	1405540	854902	145960	541592		22393	208421	62432
丹东市	1749660	1562548	790538	203616			1140	130681	55291
锦州市	2063389	1789953	835111	136439		32538	12000	163372	98064
营口市	1981255	1842604	1291113	101524	11934	189		110378	28273
阜新市	656162	528903	365851	72118			445	114757	12057
辽阳市	893558	784065	358887	87706	113788		7000	82827	19666
盘锦市	1042607	966987	652959	150985		15000	2400	56754	16466
铁岭市	1745361	1403097	959289	40240			9228	291048	41988
朝阳市	1147554	793548	507090	7921			31700	302143	20163
葫芦岛市	1725591	1458410	373637	301635		93854	1244	190678	75259

4-B-14 房地产开发企业按地区分房屋竣工面积中不可销售面积

单位:平方米

地区	房屋竣工面积中不可销售面积	按用途分							
		住宅	户型结构		其中:经济适用房	其中:别墅、高档公寓	办公楼	商业营业用房	其他
			90平方米以下住房	140平方米以上住房					
全省	**3502055**	**2603635**	**2239642**	**41298**	**1195269**	**6176**	**52413**	**251246**	**594761**
沈阳市	1653391	1247763	1152174	40406	963100	5068	11006	57733	336889
大连市	459895	196239	140992	425			4474	32869	226313
鞍山市	48488	48488	48254						
抚顺市	2008	1108				1108	900		
本溪市	394667	309169	309169		232169		20189	53509	11800
丹东市	65243	39388	29089				800	25055	
锦州市	55004						12000	42443	561
营口市	552974	552955	414943						19
阜新市	120239	101294	81293					11526	7419
辽阳市	11454							720	10734
盘锦市	23511	23511							
铁岭市	69556	46600	46600					22956	
朝阳市	11271	5383	5383				2600	3288	
葫芦岛市	34354	31737	11745	467			444	1147	1026

4-B-15 房地产开发企业按地区分房屋竣工价值

单位:万元

地区	房屋竣工价值	按用途分							
		住宅	户型结构		其中:经济适用房	其中:别墅、高档公寓	办公楼	商业营业用房	其他
			90平方米以下住房	140平方米以上住房					
全省	**6399392**	**5234726**	**2971099**	**558394**	**254560**	**201268**	**109228**	**759340**	**296098**
沈阳市	2218454	1756595	967956	158437	131493	53966	74125	286298	101436
大连市	1652919	1350133	782261	172086	46267	117027	20526	151127	131133
鞍山市	315662	308517	237491	3368	2320			5659	1486
抚顺市	100150	88311	67264	1663	1960	8476	700	10739	400
本溪市	220413	159564	87058	21433	56030		3611	45061	12177
丹东市	297060	255886	123921	44300			288	35709	5177
锦州市	274481	233270	98484	33650		9462	700	30704	9807
营口市	166489	154644	100062	16653	597	36		8720	3125
阜新市	85530	59505	37317	12640			45	23533	2447
辽阳市	157139	130719	56287	13697	15893		3100	20589	2731
盘锦市	255252	234068	157540	33432		1300	125	15461	5598
铁岭市	271227	215004	138774	6136			1445	48008	6770
朝阳市	146346	92929	62476	673			4444	46653	2320
葫芦岛市	238270	195581	54208	40226		11001	119	31079	11491

4-B-16　房地产开发企业按地区分出租房屋面积

单位:平方米

地　区	出租房屋面积	按用途分							
		住　宅	户型结构		其中:经济适用房	其中:别墅、高档公寓	办公楼	商业营业用房	其　他
			90平方米以下住房	140平方米以上住房					
全　省	**969569**	**18838**	**10633**	**1471**			**261327**	**592998**	**96406**
沈阳市	143051						7333	135718	
大连市	614074	11005	8000	1471			227854	288393	86822
鞍山市	67477							67477	
抚顺市									
本溪市	14370	633	633				4000	9737	
丹东市									
锦州市	9169						5169	2650	1350
营口市	31334	5200						26134	
阜新市	4438							4438	
辽阳市	23780	2000	2000					21780	
盘锦市									
铁岭市	20208							19908	300
朝阳市	30505						8711	13860	7934
葫芦岛市	11163						8260	2903	

4-B-17　房地产开发企业按地区分商品房销售面积

单位:平方米

地　区	商品房销售面积	按用途分							
		住　宅	户型结构		其中:经济适用房	其中:别墅、高档公寓	办公楼	商业营业用房	其　他
			90平方米以下住房	140平方米以上住房					
全　省	**40911584**	**37311931**	**19530070**	**3893443**	**1374881**	**1307188**	**358676**	**2680152**	**560825**
沈阳市	14650525	13071830	5777484	1366383	319552	586272	156683	1214049	207963
大连市	8227065	7708394	4983967	882526	445029	459033	42423	355357	120891
鞍山市	2475112	2271883	1485007	135420	87098	54762	90181	93528	19520
抚顺市	985559	930428	405506	48720	31138	25258	4367	39035	11729
本溪市	1275950	1100521	525449	60796	353858	9661	4803	153931	16695
丹东市	1932252	1831989	907004	511330	13139	31622	10438	81145	8680
锦州市	2004982	1889087	1017498	46495		20188		69061	46834
营口市	2280218	2146425	1298829	162367		5718	950	113464	19379
阜新市	675367	568133	272714	81403				106834	400
辽阳市	1126485	1072483	458491	119071	125067	81074		44824	9178
盘锦市	990051	940493	500259	84304		7900		35549	14009
铁岭市	1486883	1375826	889226	57236				88480	22577
朝阳市	1378992	1104962	644961	82055			24631	210307	39092
葫芦岛市	1422143	1299477	363675	255337		25700	24200	74588	23878

4-B-18 房地产开发企业按地区分现房销售面积

单位:平方米

地区	现房销售面积	按用途分							
		住宅	户型结构		其中:经济适用房	其中:别墅、高档公寓	办公楼	商业营业用房	其他
			90平方米以下住房	140平方米以上住房					
全省	**17015975**	**14844697**	**8254211**	**1642662**	**770149**	**298319**	**223704**	**1649092**	**298482**
沈阳市	6270070	5264463	2725201	609829	250591	186986	87382	793889	124336
大连市	2264410	1993355	1403557	260798	289708	23401	16891	204856	49308
鞍山市	1483449	1329854	1058281	46098	25058	10383	87024	59106	7465
抚顺市	477729	431239	244807	13684	19538	2153	4367	31871	10252
本溪市	441562	366804	206443	23365	60187		108	69631	5019
丹东市	850367	796903	418425	196827		17171		46545	6919
锦州市	772108	680399	308081	40314		20188		57037	34672
营口市	1015895	944682	508377	79822		3718	950	61345	8918
阜新市	410593	378501	164166	21031				31692	400
辽阳市	654949	602041	293620	73496	125067	16319		43980	8928
盘锦市	545049	502360	286616	31742		7900		29066	13623
铁岭市	564283	505804	255825	52785				48454	10025
朝阳市	467704	335324	168184	4573			2782	122403	7195
葫芦岛市	797807	712968	212628	188298		10100	24200	49217	11422

4-B-19 房地产开发企业按地区分期房销售面积

单位:平方米

地区	期房销售面积	按用途分							
		住宅	户型结构		其中:经济适用房	其中:别墅、高档公寓	办公楼	商业营业用房	其他
			90平方米以下住房	140平方米以上住房					
全省	**23895609**	**22467234**	**11275859**	**2250781**	**604732**	**1008869**	**134972**	**1031060**	**262343**
沈阳市	8380455	7807367	3052283	756554	68961	399286	69301	420160	83627
大连市	5962655	5715039	3580410	621728	155321	435632	25532	150501	71583
鞍山市	991663	942029	426726	89322	62040	44379	3157	34422	12055
抚顺市	507830	499189	160699	35036	11600	23105		7164	1477
本溪市	834388	733717	319006	37431	293671	9661	4695	84300	11676
丹东市	1081885	1035086	488579	314503	13139	14451	10438	34600	1761
锦州市	1232874	1208688	709417	6181				12024	12162
营口市	1264323	1201743	790452	82545		2000		52119	10461
阜新市	264774	189632	108548	60372				75142	
辽阳市	471536	470442	164871	45575		64755		844	250
盘锦市	445002	438133	213643	52562				6483	386
铁岭市	922600	870022	633401	4451				40026	12552
朝阳市	911288	769638	476777	77482			21849	87904	31897
葫芦岛市	624336	586509	151047	67039		15600		25371	12456

4-B-20　房地产开发企业按地区分商品房销售额

单位:万元

地　区	商品房销售额	按用途分							
		住　宅	户型结构		其中:经济适用房	其中:别墅、高档公寓	办公楼	商　业营业用房	其　他
			90平方米以下住房	140平方米以上住房					
全　省	**15376463**	**13338922**	**6301781**	**1907531**	**288019**	**949652**	**171558**	**1647920**	**218063**
沈 阳 市	6046946	5040746	1999171	659965	62371	324588	103752	811051	91397
大 连 市	4750524	4329806	2372329	781631	109288	521789	22592	336165	61961
鞍 山 市	721180	638868	382925	54378	17591	19040	28621	45358	8333
抚 顺 市	280170	260842	76619	15859	8212	9577	917	15531	2880
本 溪 市	346471	248710	100066	18681	64516	5410	2574	88709	6478
丹 东 市	504084	458262	211023	147530	2628	17997	3054	40945	1823
锦 州 市	517616	476989	228041	11481		6225		32423	8204
营 口 市	504729	460450	252833	47771		4068	157	37801	6321
阜 新 市	166510	114248	50732	20383				52160	102
辽 阳 市	297050	275976	127839	30215	23413	26057		19800	1274
盘 锦 市	297043	276106	155949	26071		2900		14722	6215
铁 岭 市	305758	266069	162379	10131				33614	6075
朝 阳 市	284268	181416	93265	14805			3891	89145	9816
葫芦岛市	354114	310434	88610	68630		12001	6000	30496	7184

4-B-21　房地产开发企业按地区分现房销售额

单位:万元

地　区	现　房销售额	按用途分							
		住　宅	户型结构		其中:经济适用房	其中:别墅、高档公寓	办公楼	商　业营业用房	其　他
			90平方米以下住房	140平方米以上住房					
全　省	**5615914**	**4430206**	**2333020**	**643649**	**156546**	**162437**	**93724**	**978990**	**112994**
沈 阳 市	2375751	1759229	811887	274610	42815	100584	51065	510833	54624
大 连 市	1106144	882918	555700	159168	68458	23911	8389	191902	22935
鞍 山 市	398904	345084	271010	16160	4917	3769	26700	24254	2866
抚 顺 市	122915	106763	39622	4787	4502	1479	917	12798	2437
本 溪 市	98761	75334	36577	6065	12441		43	21826	1558
丹 东 市	224584	196380	92675	60759		9787		26830	1374
锦 州 市	209679	175953	97963	9260		6225		27457	6269
营 口 市	213076	188341	91649	20992		3368	157	21208	3370
阜 新 市	88106	75587	31887	5038				12417	102
辽 阳 市	165769	145306	75855	18464	23413	5983		19239	1224
盘 锦 市	176018	157031	100254	10512		2900		13004	5983
铁 岭 市	122161	100703	47903	9379				18786	2672
朝 阳 市	120486	56558	25551	1015			453	59876	3599
葫芦岛市	193560	165019	54487	47440		4431	6000	18560	3981

4-B-22 房地产开发企业按地区分期房销售额

单位:万元

地区	期房销售额	按用途分							
		住宅	户型结构		其中:经济适用房	其中:别墅、高档公寓	办公楼	商业营业用房	其他
			90平方米以下住房	140平方米以上住房					
全省	**9760549**	**8908716**	**3968761**	**1263882**	**131473**	**787215**	**77834**	**668930**	**105069**
沈阳市	3671195	3281517	1187284	385355	19556	224004	52687	300218	36773
大连市	3644380	3446888	1816629	622463	40830	497878	14203	144263	39026
鞍山市	322276	293784	111915	38218	12674	15271	1921	21104	5467
抚顺市	157255	154079	36997	11072	3710	8098		2733	443
本溪市	247710	173376	63489	12616	52075	5410	2531	66883	4920
丹东市	279500	261882	118348	86771	2628	8210	3054	14115	449
锦州市	307937	301036	130078	2221				4966	1935
营口市	291653	272109	161184	26779		700		16593	2951
阜新市	78404	38661	18845	15345				39743	
辽阳市	131281	130670	51984	11751		20074		561	50
盘锦市	121025	119075	55695	15559				1718	232
铁岭市	183597	165366	114476	752				14828	3403
朝阳市	163782	124858	67714	13790			3438	29269	6217
葫芦岛市	160554	145415	34123	21190		7570		11936	3203

4-B-23 房地产开发企业按地区分住宅竣工套数

单位: 套

地区	商品住宅竣工套数	户型结构		其中:经济适用房	其中:别墅、高档公寓
		90平方米以下住房	140平方米以上住房		
全省	**370523**	**260166**	**16084**	**24532**	**4850**
沈阳市	122066	83167	4413	12613	1433
大连市	74133	52550	3860	2142	2720
鞍山市	29429	25465	172	570	
抚顺市	8007	7300	55	69	200
本溪市	17191	12396	998	7600	
丹东市	16364	10237	1371		
锦州市	18619	11251	705		93
营口市	23530	17307	633	234	1
阜新市	6287	4890	502		
辽阳市	7334	4166	589	1304	
盘锦市	9924	8162	901		45
铁岭市	15721	12169	245		
朝阳市	8557	6225	49		
葫芦岛市	13361	4881	1591		358

4-B-24 房地产开发企业按地区分商品住宅销售套数

单位：套

地区	商品住宅销售套数	户型结构		其中:经济适用房	其中:别墅、高档公寓
		90平方米以下住房	140平方米以上住房		
全　省	**408773**	**260858**	**21828**	**17097**	**8258**
沈阳市	143787	79977	7100	3756	2870
大连市	87865	66903	4822	5190	4035
鞍山市	27232	20538	812	1035	330
抚顺市	9998	5309	290	320	210
本溪市	12536	7618	388	4967	23
丹东市	17474	11242	3252	300	161
锦州市	19559	12675	231		77
营口市	23903	17015	1022		23
阜新市	5875	3568	418		
辽阳市	10607	5607	786	1529	416
盘锦市	9485	5882	476		21
铁岭市	15849	11344	288		
朝阳市	12645	8455	561		
葫芦岛市	11958	4725	1382		92

4-B-25 房地产开发企业按地区分商品住宅现房销售套数

单位：套

地区	商品住宅现房销售套数	户型结构		其中:经济适用房	其中:别墅、高档公寓
		90平方米以下住房	140平方米以上住房		
全　省	**162041**	**109110**	**9079**	**8584**	**1791**
沈阳市	57026	36279	3391	2599	1255
大连市	22749	18676	1307	3298	118
鞍山市	17272	15000	262	289	56
抚顺市	4918	3284	80	174	10
本溪市	4072	2662	146	695	
丹东市	7824	5297	1122		83
锦州市	7274	4161	193		77
营口市	9781	6212	482		15
阜新市	4016	2171	135		
辽阳市	6092	3600	488	1529	115
盘锦市	5127	3375	170		21
铁岭市	5514	3435	261		
朝阳市	3828	2223	31		
葫芦岛市	6548	2735	1011		41

4-B-26 房地产开发企业按地区分商品住宅期房销售套数

单位：套

地　区	商品住宅期房销售套　数	户型结构		其中:经济适用房	其中:别墅、高档公寓
		90平方米以下住房	140平方米以上住房		
全　省	**246732**	**151748**	**12749**	**8513**	**6467**
沈阳市	86761	43698	3709	1157	1615
大连市	65116	48227	3515	1892	3917
鞍山市	9960	5538	550	746	274
抚顺市	5080	2025	210	146	200
本溪市	8464	4956	242	4272	23
丹东市	9650	5945	2130	300	78
锦州市	12285	8514	38		
营口市	14122	10803	540		8
阜新市	1859	1397	283		
辽阳市	4515	2007	298		301
盘锦市	4358	2507	306		
铁岭市	10335	7909	27		
朝阳市	8817	6232	530		
葫芦岛市	5410	1990	371		51

4-B-27 房地产开发企业按地区分商品房空置面积

单位:平方米

地　区	商品房空置面积	按用途分							
		住　宅	户型结构		其中:经济适用房	其中:别墅、高档公寓	办公楼	商业营业用房	其　他
			90平方米以下住房	140平方米以上住房					
全　省	**15892864**	**10742858**	**4394981**	**1309733**	**105311**	**341231**	**529816**	**3825577**	**794613**
沈阳市	5404792	3606541	1233518	655954		203517	346701	1210737	240813
大连市	2597188	1769331	780436	200196	12746	57525	70543	530488	226826
鞍山市	599320	429924	263543	48112	4000	11093	4655	128721	36020
抚顺市	690440	545257	306036	3768	1907		26049	109781	9353
本溪市	618285	369672	171780	36785	76754		6130	182297	60186
丹东市	583207	382441	166428	70973		11895	28882	161784	10100
锦州市	358058	227668	59252	44770	1000	36927	7060	94081	29249
营口市	900189	678163	385997	31633		4158	8592	191752	21682
阜新市	839915	566153	230309	60276			2557	253691	17514
辽阳市	537018	336208	85121	14664	8904	2846	1943	170230	28637
盘锦市	99353	68274		7500		7500		31079	
铁岭市	881747	704611	344649	14971			7375	151495	18266
朝阳市	892358	575153	289693	17215			8545	272067	36593
葫芦岛市	890994	483462	78219	102916		5770	10784	337374	59374

4-B-28　房地产开发企业按地区分商品房空置1-3年面积

单位:平方米

地　区	商品房空置1-3年面积	按用途分							
		住　宅	户型结构		其中:经济适用房	其中:别墅、高档公寓	办公楼	商　业营业用房	其　他
			90平方米以下住房	140平方米以上住房					
全　省	**10525959**	**7419316**	**3163617**	**742591**	**59205**	**224432**	**331574**	**2333905**	**441164**
沈阳市	3908977	2776802	1044468	396658		124660	236449	745312	150414
大连市	1467774	1077834	403563	59443	11968	39234	31683	268774	89483
鞍山市	543610	392214	228741	47047	4000	10348	1570	115906	33920
抚顺市	456399	375077	241777	3268	1907			73647	7675
本溪市	284900	208292	102547	5844	32426		1908	52307	22393
丹东市	383869	287384	108872	52863		10080	28882	61660	5943
锦州市	284887	204856	57035	37687		28452	7060	47928	25043
营口市	809123	626715	361169	28431		4158	4000	156953	21455
阜新市	317380	233785	94385	965			1372	72086	10137
辽阳市	180082	73092	28767	4766	8904			92180	14810
盘锦市	69111	38112		7500		7500		30999	
铁岭市	672972	533701	306348	7971			3840	119349	16082
朝阳市	573940	317047	126583	7703			4026	239188	13679
葫芦岛市	572935	274405	59362	82445			10784	257616	30130

4-B-29　房地产开发企业按地区分商品房空置3年以上面积

单位:平方米

地　区	商品房空置3年以上面积	按用途分							
		住　宅	户型结构		其中:经济适用房	其中:别墅、高档公寓	办公楼	商　业营业用房	其　他
			90平方米以下住房	140平方米以上住房					
全　省	**1389035**	**661212**	**110283**	**209458**	**27065**	**51692**	**91219**	**570330**	**66274**
沈阳市	423584	236371	21184	144928		22630	36475	127801	22937
大连市	172301	43824	11389	6348		18027	9191	99696	19590
鞍山市	20890	5710	2802	1065		745	3085	9995	2100
抚顺市	139942	81047	4355	500			26049	32846	
本溪市	126393	35177	28646		26065		2018	82720	6478
丹东市	105518	35420	5043	18110		1815		69867	231
锦州市	50974	20587		6075	1000	8475		26181	4206
营口市	91066	51448	24828	3202			4592	34799	227
阜新市	120972	95570	6612	21703			740	22923	1739
辽阳市	24222	4286	4286				1943	15767	2226
盘锦市	541	461						80	
铁岭市	18958	5973	324				2607	10255	123
朝阳市	13255	8149	29				4519	587	
葫芦岛市	80419	37189	785	7527				36813	6417

4-B-30 房地产开发企业按登记

分组	房屋施工面积(平方米)	其中：新开工面积	房屋竣工面积(平方米)	其中：不可销售面积	竣工房屋价值(万元)	出租房屋面积(平方米)
总计	**149045641**	**67618855**	**38260795**	**3502055**	**6399392**	**969569**
其中：国有及国有控股	9491767	5216340	2482987	416445	358794	76969
按登记注册类型分组						
内资企业	**120271078**	**58233875**	**33703813**	**3392141**	**5642427**	**744210**
国有企业	2107734	1142792	759741	205000	122713	27857
集体企业	1810660	669298	712756	42881	115366	
股份合作企业	642773	336405	302735	4453	44615	
有限责任公司	43550225	22249173	11738122	1794214	1984579	313014
国有独资公司	1115587	420966	645377	136670	68341	
其他有限责任公司	42434638	21828207	11092745	1657544	1916238	313014
股份有限公司	4052343	1201928	728213	14492	154729	1228
私营企业	67400242	32324199	19350970	1308847	3209017	390859
私营独资企业	5017027	3017199	1512738	35557	209200	8377
私营合伙企业	352447	196847	165769	500	18235	
私营有限责任公司	58042888	26468234	16945849	1242970	2896831	381480
私营股份有限公司	3987880	2641919	726614	29820	84751	1002
其他企业	707101	310080	111276	22254	11408	11252
港、澳、台商投资企业	**12561712**	**4506703**	**1966620**	**45810**	**309451**	**160153**
合资经营企业(港或澳、台资)	4953262	2138839	1181847	12691	193447	160153
合作经营企业(港或澳、台资)	1123704	282944				
港、澳、台商独资经营企业	6027654	2059120	554673	33119	88392	
港、澳、台商投资股份有限公司	457092	25800	230100		27612	
外商投资企业	**16212851**	**4878277**	**2590362**	**64104**	**447514**	**65206**
中外合资经营企业	6918389	1525643	1641970	4104	177919	61302
中外合作经营企业	1242006	576352	372257	40000	101827	
外资企业	8052456	2776282	576135	20000	167768	3904

注册类型分施工、销售和空置情况

商品房销售面积(平方米)	其中:现房销售面积	其中:期房销售面积	商品房销售额(万元)	其中:现房销售额	其中:期房销售额	空置面积(平方米)	其中:空置1-3年面积	其中:空置3年以上面积
40911584	**17015975**	**23895609**	**15376463**	**5615914**	**9760549**	**15892864**	**10525959**	**1389035**
2309032	1341815	967217	750308	418726	331582	1307962	997681	198808
35437819	**15482403**	**19955416**	**12643409**	**4947476**	**7695933**	**14056745**	**9058420**	**1164089**
657387	331834	325553	180348	99119	81229	357891	269855	28247
455766	80592	375174	108015	29408	78607	349383	347788	1595
275996	245675	30321	59083	53466	5617	99814	85430	2449
12902186	5677416	7224770	4559600	1767340	2792260	4271946	2741148	397794
161107	125247	35860	55873	36037	19836	382256	337945	44311
12741079	5552169	7188910	4503727	1731303	2772424	3889690	2403203	353483
742005	331623	410382	324766	137843	186923	409520	255560	14829
20157355	8672403	11484952	7355778	2832831	4522947	8489139	5296223	702539
1763539	606221	1157318	497443	136854	360589	519417	438893	3774
117365	11341	106024	45333	2905	42428	85122	84156	966
17297937	7714567	9583370	6478462	2614175	3864287	7490200	4520505	660180
978514	340274	638240	334540	78897	255643	394400	252669	37619
247124	142860	104264	55819	27469	28350	79052	62416	16636
2346865	**634151**	**1712714**	**1194854**	**287412**	**907442**	**746790**	**589275**	**130119**
1217552	314611	902941	522682	125040	397642	398771	274318	97057
3891	3891		2614	2614		75865	42803	33062
1018734	208994	809740	625235	115454	509781	187037	187037	
106688	106655	33	44323	44304	19	85117	85117	
3126900	**899421**	**2227479**	**1538200**	**381026**	**1157174**	**1089329**	**878264**	**94827**
1559835	628963	930872	830465	268828	561637	570183	463430	6727
365911	16070	349841	157675	9392	148283	79398	3873	75525
1201154	254388	946766	550060	102806	447254	439748	410961	12575

4-B-31 房地产开发企业按控股情况、隶属关系、

分组	房屋施工面积（平方米）	其中：新开工面积	房屋竣工面积（平方米）	其中：不可销售面积	竣工房屋价值（万元）	出租房屋面积（平方米）	商品房销售面积（平方米）
总　计	**149045641**	**67618855**	**38260795**	**3502055**	**6399392**	**969569**	**40911584**
一、按控股情况分组							
国有控股	9491767	5216340	2482987	416445	358794	76969	2309032
集体控股	6742707	2679193	2112531	150844	373756	20460	2422888
私人控股	104596289	50753405	29285266	2826780	4940549	646781	31072621
港澳台商控股	12595184	4289753	1862856	43882	287784	160153	2208755
外商控股	15619694	4680164	2517155	64104	438509	65206	2898288
二、按隶属关系分组							
中央	1184801	761768	180877	12022	24341	13260	185093
地方	147860840	66857087	38079918	3490033	6375051	956309	40726491
省	578110	174311	406774	10300	93140	19343	245006
市、地区	12321737	5330205	3592634	439056	560258	72803	4199843
县	4977011	2947506	1399910	61249	202486	1500	1642232
街道	782431	380465	270262	36500	37283	1780	130705
镇	272978	272978	195000	195000	12675		43432
乡	126296		126296		24000		9451
村民委员会	173945	21000					61500
其他	128628332	57730622	32089042	2747928	5445209	860883	34394322
三、按资质等级分组							
一级	9315492	2928830	3631745	436091	669145	400	1905131
二级	15459168	6713104	4562639	355106	684841	188370	4578104
三级	42065949	19372960	14751567	1418470	2437412	383172	13900029
四级	2105338	1149957	1027987	93581	168530	6123	578922
暂定	68460626	32702818	11989318	1131519	2019653	267328	16557392
其他	11639068	4751186	2297539	67288	419811	124176	3392006
四、按营业状态分组							
营业	146910836	66419591	38014020	3497962	6352672	929335	40410750
停业（歇业）	1280497	516109	215033	3800	36120	39734	469073
筹建	829913	683155	7347		1800		31204
当年关闭	24395		24395	293	8800	500	557
当年破产							
其他							

资质等级和营业状态分施工、销售和空置情况

其中:现房销售面积	其中:期房销售面积	商品房销售额(万元)	其中:现房销售额	其中:期房销售额	空置面积(平方米)	其中:空置1-3年面积	其中:空置3年以上面积
17015975	**23895609**	**15376463**	**5615914**	**9760549**	**15892864**	**10525959**	**1389035**
1341815	967217	750308	418726	331582	1307962	997681	198808
934372	1488516	800859	292313	508546	822094	642490	13556
13343458	17729163	11303263	4319913	6983350	12134908	7531769	1033254
632597	1576158	1149289	286133	863156	574349	511533	48590
763733	2134555	1372744	298829	1073915	1053551	842486	94827
112610	72483	78705	50070	28635	41381	31459	9922
16903365	23823126	15297758	5565844	9731914	15851483	10494500	1379113
237457	7549	87367	83910	3457	230621	136634	7651
1481571	2718272	1471650	546603	925047	1748826	1379127	204701
539165	1103067	406542	134121	272421	624598	425871	64051
27160	103545	35484	7059	28425	26778	15068	1529
432	43000	8666	45	8621	27831	831	
4601	4850	3805	2078	1727	84854	16972	1932
10555	50945	14217	1991	12226	7619	7619	
14602424	19791898	13270027	4790037	8479990	13100356	8512378	1099249
762149	1142982	894475	281666	612809	1001246	807243	70949
2175049	2403055	1761910	751967	1009943	2182417	1488348	200512
6326468	7573561	4668801	1997231	2671570	6317107	3895040	905064
359021	219901	146499	72393	74106	600203	380045	39993
5486529	11070863	6689238	1872239	4816999	5027847	3532009	105371
1906759	1485247	1215540	640418	575122	764044	423274	67146
16858198	23552552	15166047	5552037	9614010	15159169	10164341	1135153
157777	311296	202434	63877	138557	722702	357828	252056
	31204	7731		7731	9167	3790	
	557	251		251			
					1826		1826

4-B-32 房地产开发企业按登记

分 组	房屋施工面积（平方米）	其中：新开工面积	房屋竣工面积（平方米）	其中：不可销售面积
总 计	**117356274**	**55632668**	**32646751**	**2603635**
其中：国有及国有控股	7799161	4091629	2095053	203000
按登记注册类型分组				
内资企业	**96776782**	**48290621**	**28693397**	**2581310**
国有企业	1812456	922974	704480	203000
集体企业	1555842	498909	631081	36221
股份合作企业	582123	300808	279170	3489
有限责任公司	34549931	18371286	9995710	1412038
国有独资公司	957309	404241	495324	
其他有限责任公司	33592622	17967045	9500386	1412038
股份有限公司	2907595	877576	528057	2424
私营企业	54943910	27064271	16458996	901884
私营独资企业	4200986	2422347	1351016	30234
私营合伙企业	313961	180961	158459	
私营有限责任公司	46811127	22000601	14300299	848139
私营股份有限公司	3617836	2460362	649222	23511
其他企业	424925	254797	95903	22254
港、澳、台商投资企业	**8088917**	**3379872**	**1559660**	**22325**
合资经营企业(港或澳、台资)	3573664	1743351	876377	11538
合作经营企业(港或澳、台资)	122372	77372		
港、澳、台商独资经营企业	4068067	1533349	475873	10787
港、澳、台商投资股份有限公司	324814	25800	207410	
外商投资企业	**12490575**	**3962175**	**2393694**	
中外合资经营企业	5101839	1073334	1554618	
中外合作经营企业	1098458	508454	303607	
外资企业	6290278	2380387	535469	

注册类型分住宅施工、销售和空置情况

竣工房屋价值(万元)	出租房屋面积(平方米)	商品房销售面积(平方米)		
			其中：现房销售面积	其中：期房销售面积
5234726	**18838**	**37311931**	**14844697**	**22467234**
296768	8733	2098237	1173813	924424
4582224	**16947**	**32288069**	**13537063**	**18751006**
107312	6100	580580	275909	304671
98844		442461	68873	373588
38236		272833	242512	30321
1653525	10633	11839171	5097096	6742075
45848		155962	120102	35860
1607677	10633	11683209	4976994	6706215
111730		595345	287245	308100
2563158	214	18327254	7437365	10889889
180719		1674466	568195	1106271
17430		115334	11289	104045
2290823	214	15618255	6544027	9074228
74186		919199	313854	605345
9419		230425	128063	102362
253470	**1471**	**2117387**	**485144**	**1632243**
151545	1471	1062358	191165	871193
		1402	1402	
77036		946972	185922	761050
24889		106655	106655	
399032	**420**	**2906475**	**822490**	**2083985**
163267		1441219	592177	849042
81903		336635	14209	322426
153862	420	1128621	216104	912517

4-B-32 续表

分 组	商品房销售额(万元)	其中：现房销售额	其中：期房销售额	空置面积(平方米)
总 计	**13338922**	**4430206**	**8908716**	**10742858**
其中：国有及国有控股	653170	352737	300433	1048110
按登记注册类型分组				
内资企业	**10856402**	**3865888**	**6990514**	**9519867**
国有企业	136043	71032	65011	255603
集体企业	99655	23010	76645	329933
股份合作企业	57733	52116	5617	79141
有限责任公司	3978730	1468618	2510112	2958122
国有独资公司	53492	33656	19836	363358
其他有限责任公司	3925238	1434962	2490276	2594764
股份有限公司	245589	111994	133595	255239
私营企业	6287563	2115408	4172155	5599537
私营独资企业	455137	121369	333768	407580
私营合伙企业	44053	2890	41163	79870
私营有限责任公司	5477420	1921620	3555800	4856895
私营股份有限公司	310953	69529	241424	255192
其他企业	51089	23710	27379	42292
港、澳、台商投资企业	**1079037**	**226181**	**852856**	**407119**
合资经营企业(港或澳、台资)	456482	78563	377919	222053
合作经营企业(港或澳、台资)	732	732		4592
港、澳、台商独资经营企业	577519	102582	474937	114326
港、澳、台商投资股份有限公司	44304	44304		66148
外商投资企业	**1403483**	**338137**	**1065346**	**815872**
中外合资经营企业	747267	247903	499364	390756
中外合作经营企业	144329	8330	135999	79398
外资企业	511887	81904	429983	345718

		商品住宅竣工套数（套）	商品住宅销售套数（套）		
其中：空置1-3年面积	其中：空置3年以上面积			其中：现房销售套数	其中：期房销售套数
7419316	**661212**	**370523**	**408773**	**162041**	**246732**
821846	144474	23073	23702	12972	10730
6412197	**489400**	**326406**	**358571**	**149706**	**208865**
197886	10425	8257	7029	3123	3906
329933		8118	4853	817	4036
68738	734	3367	3190	2845	345
1960638	230680	110032	128589	54564	74025
327280	36078	4346	1591	1288	303
1633358	194602	105686	126998	53276	73722
181407	7568	5632	6608	3354	3254
3637316	233980	189871	205843	83738	122105
354102		16434	18645	6611	12034
79325	545	1663	1290	127	1163
3036921	233435	163750	175552	73752	101800
166968		8024	10356	3248	7108
36279	6013	1129	2459	1265	1194
308659	**85026**	**17526**	**22532**	**4876**	**17656**
123593	85026	9856	11488	2048	9440
4592			21	21	
114326		5433	9783	1567	8216
66148		2237	1240	1240	
698460	**86786**	**26591**	**27670**	**7459**	**20211**
374812	1530	17389	14661	5568	9093
3873	75525	4238	2577	114	2463
319775	9731	4964	10432	1777	8655

4-B-33 房地产开发企业按控股情况、隶属关系、

分组	房屋施工面积(平方米)	其中:新开工面积	房屋竣工面积(平方米)	其中:不可销售面积
总计	**117356274**	**55632668**	**32646751**	**2603635**
一、按控股情况分组				
国有控股	7799161	4091629	2095053	203000
集体控股	5820621	2127981	1868124	97623
私人控股	83684125	42440898	24885159	2282615
港澳台商控股	7997733	3162922	1455896	20397
外商控股	12054634	3809238	2342519	
二、按隶属关系分组				
中央	1004217	674005	148590	
地方	116352057	54958663	32498161	2603635
省	475090	150674	355841	10000
市、地区	9874308	4462738	2911743	226557
县	4196050	2306423	1249176	50134
街道	516655	187276	210944	36200
镇	272978	272978	195000	195000
乡	103821		103821	
村民委员会	168945	16000		
其他	100744210	47562574	27471636	2085744
三、按资质等级分组				
一级	7125720	2538147	2958043	172492
二级	12334921	5695170	3926627	208818
三级	34524348	16227210	13037647	1314409
四级	1824240	1033640	917148	72533
暂定	52327018	25852882	9728553	778383
其他	9220027	4285619	2078733	57000
四、按营业状态分组				
营业	116036303	54895062	32456939	2603524
停业（歇业）	913217	363330	169718	
筹建	391364	374276	4704	
当年关闭	15390		15390	111

资质等级和营业状态分住宅施工、销售和空置情况

竣工房屋价值（万元）	出租房屋面积（平方米）	商品房销售面积（平方米）	其中：现房销售面积	其中：期房销售面积
5234726	**18838**	**37311931**	**14844697**	**22467234**
296768	8733	2098237	1173813	924424
321827		2329285	869325	1459960
3991437	8214	28220889	11625236	16595653
231803	1471	1981280	485144	1496136
392891	420	2682240	691179	1991061
20041		168064	105581	62483
5214685	18838	37143867	14739116	22404751
80114	5200	212153	204604	7549
437509	3533	3939861	1329991	2609870
174784		1527233	475890	1051343
26531		121728	19053	102675
12675		43373	373	43000
19729		7004	3401	3603
		61104	10159	50945
4463343	10105	31231411	12695645	18535766
506204		1736496	668971	1067525
586495	633	4246001	1929201	2316800
2074351	9785	12748538	5603373	7145165
146737		489723	298030	191693
1547093	8000	15015949	4680575	10335374
373846	420	3075224	1664547	1410677
5201710	18838	36883028	14721659	22161369
26312		397699	123038	274661
1152		31204		31204
5552				

4-B-33 续表

分　组	商品房销售额（万元）	其中：现房销售额	其中：期房销售额	空置面积（平方米）
总　计	**13338922**	**4430206**	**8908716**	**10742858**
一、按控股情况分组				
国有控股	653170	352737	300433	1048110
集体控股	739392	250058	489334	691403
私人控股	9669170	3341232	6327938	7918691
港澳台商控股	1035105	226181	808924	277371
外商控股	1242085	259998	982087	807283
二、按隶属关系分组				
中央	68371	45736	22635	18411
地方	13270551	4384470	8886081	10724447
省	67884	64427	3457	137299
市、地区	1344040	476477	867563	1298994
县	366080	115932	250148	449861
街道	31355	3375	27980	10870
镇	8658	37	8621	27272
乡	2718	1759	959	68004
村民委员会	14138	1912	12226	6467
其他	11435678	3720551	7715127	8725680
三、按资质等级分组				
一级	770649	224969	545680	767897
二级	1594568	631994	962574	1412177
三级	4068946	1619396	2449550	4216003
四级	120620	56883	63737	456999
暂定	5770655	1419942	4350713	3340515
其他	1013484	477022	536462	549267
四、按营业状态分组				
营业	13169024	4388399	8780625	10315907
停业（歇业）	162167	41807	120360	420427
筹建	7731		7731	6524
当年关闭				

其中: 空置1-3年面积	其中: 空置3年以上面积	商品住宅竣工套数(套)	商品住宅销售套数(套)	其中: 现房销售套数	其中: 期房销售套数
7419316	**661212**	**370523**	**408773**	**162041**	**246732**
821846	144474	23073	23702	12972	10730
543489	8068	22119	25508	9363	16145
5123562	385325	283457	313107	128519	184588
240548	36559	15958	20821	4876	15945
689871	86786	25916	25635	6311	19324
8489	9922	1686	1774	1023	751
7410827	651290	368837	406999	161018	245981
60378	6226	3599	1864	1777	87
1084346	139010	30135	42627	13518	29109
348943	16083	14300	16565	5209	11356
5589	1000	2931	1255	255	1000
272		2437	509	4	505
16972	1932	1282	43	12	31
6467			745	83	662
5887860	487039	314153	343391	140160	203231
620807	54182	32078	19329	7087	12242
957522	100719	38992	44783	20722	24061
2776549	411785	151340	139223	59532	79691
324594	5426	10497	5510	3455	2055
2443056	52392	111920	164684	50721	113963
296788	36708	25696	35244	20524	14720
7149174	546510	368568	404461	160846	243615
266352	114702	1758	4008	1195	2813
3790		56	304		304
		141			

4-B-34 房地产开发企业按登记

分　组	年初存货	流动资产总　计	
			存　货
总　计	**221452581**	**530619971**	**302275221**
其中：国有及国有控股	14576997	32110490	19856485
按登记注册类型分组			
内资企业	**161861552**	**387793673**	**213246196**
国有企业	3526532	12232414	6437500
集体企业	1663412	2568267	1806769
股份合作企业	362623	1171928	485607
联营企业			
国有联营企业			
有限责任公司	68343036	154731581	91027503
国有独资公司	4272491	5872218	4415068
其他有限责任公司	64070545	148859363	86612435
股份有限公司	5705365	11963407	6811894
私营企业	81164641	202989973	105622680
私营独资企业	2989156	9888534	4880747
私营合伙企业	370686	857283	553331
私营有限责任公司	74556147	183810549	96804899
私营股份有限公司	3248652	8433607	3383703
其他企业	1095943	2136103	1054243
港、澳、台商投资企业	**29275969**	**70527775**	**43200527**
合资经营企业(港或澳、台资)	9726782	30506610	20145248
合作经营企业(港或澳、台资)	1631426	3419017	1686702
港、澳、台商独资经营企业	16940292	35053331	20212081
港、澳、台商投资股份有限公司	977469	1548817	1156496
外商投资企业	**30315060**	**72298523**	**45828498**
中外合资经营企业	14808996	31928134	19756466
中外合作经营企业	2728218	5094639	2838173
外资企业	12777846	35275750	23233859
外商投资股份有限公司			

注册类型分年末资产负债情况

单位：千元

固定资产原价	累计折旧	本年折旧	资产总计	负债合计
23445543	**4868408**	**1164181**	**602387522**	**449671256**
2220628	524003	90349	37928540	33691236
19666921	**4058770**	**982817**	**442018550**	**357255082**
1161422	173600	42349	14608003	12776035
127300	31446	5564	2715731	2287793
149513	37871	6189	1497269	1141945
			500	
			500	
7785329	1620456	354367	177707770	144316633
484452	197320	19670	7446255	7504760
7300877	1423136	334697	170261515	136811873
722972	157842	37893	14374592	10631815
9661325	2027603	534138	228854224	184116755
508110	81436	23324	11168821	8904449
18208	4134	1006	884677	631696
8647007	1861341	483819	207136019	166805602
488000	80692	25989	9664707	7775008
59060	9952	2317	2260461	1984106
2235870	**511903**	**100085**	**79981982**	**46767621**
454052	97187	29408	34052884	21890401
753037	186292	32683	4028150	2107032
866745	198673	33181	40131154	21849707
162036	29751	4813	1769794	920481
1542752	**297735**	**81279**	**80386990**	**45648553**
820768	163161	47843	34733599	21882256
153656	28540	6501	5907405	4688976
568328	106034	26935	39745486	19077321
			500	

4-B-35 房地产开发企业按控股情况、隶属关系、资质等级和营业状态分年末资产负债情况

单位：千元

分　组	年初存货	流动资产总　计	存　货	固定资产原　价	累计折旧	本年折旧	资产总计	负债合计
总　计	**221452581**	**530619971**	**302275221**	**23445543**	**4868408**	**1164181**	**602387522**	**449671256**
一、按控股情况分组								
国有控股	14496236	32012690	19775734	2218576	523386	90346	37829305	33584343
集体控股	9312809	22673575	11668195	900183	241518	49230	25059764	19778445
私人控股	139914970	336462590	182729989	16755369	3369525	855282	383410030	306395163
港澳台商控股	29557767	71819575	44653263	1485558	322616	66752	80181911	47166359
外商控股	28090038	67553741	43367289	2083805	410746	102568	75807277	42640053
二、按隶属关系分组								
中央	1890982	3453175	2300242	96122	48900	7932	3944041	2860318
地方	219561599	527166796	299974979	23349421	4819508	1156249	598443481	446810938
省	1047701	3922481	1533603	272444	88261	14979	4449142	3650938
市、地区	21465967	44763556	25801786	2742743	598738	105634	54094343	44577320
县	4044624	11834239	6169735	1270203	281120	61091	13918077	11425463
街道	1028075	1988200	1319650	43872	10556	2661	2088919	1871664
镇	1317	67257	9946	11035	1004	202	82758	76235
乡	321866	354762	299243	17458	4679	913	383029	339160
村民委员会	59579	224808	47045	29909	2976	312	288867	242563
其他	191592470	464011493	264793971	18961757	3832174	970457	523138346	384627595
三、按资质等级分组								
一级	15006899	33470410	17528909	2167091	634795	101253	41542467	31333115
二级	30425263	65449662	34749273	3798931	930990	184526	76845873	61788679
三级	63510152	145400624	80749399	7079393	1590850	336529	164571604	133118507
四级	2861898	8102397	5553418	754645	153477	43228	9017794	7722072
暂定	97116592	232686366	141848359	7379018	1185395	415051	257083157	184006329
其他	12531777	45510512	21845863	2266465	372901	83594	53326627	31702554
四、按营业状态分组								
营业	216625516	509268512	293418894	22049540	4647186	1112203	576761767	436023975
停业（歇业）	4017155	18645047	7109751	1304092	214480	50474	22098417	12295472
筹建	712224	2515514	1648456	50074	1950	1061	3208907	1138400
当年关闭		48345		31121	3789	426	162474	85964
其他	16925	44753	17369	8664	386	14	56722	20552

4-B-36　房地产开发企业按地区分年末资产负债情况

单位：千元

地　区	年初存货	流动资产总　计	存　货	固定资产原　价	累计折旧	本年折旧	资产总计	负债合计
全　省	**221452581**	**530619971**	**302275221**	**23445543**	**4868408**	**1164181**	**602387522**	**449671256**
沈阳市	105934015	246471178	150897025	6327124	1275646	296590	267971512	194347576
大连市	72859729	180996272	94332674	9977015	2091763	524407	213575198	158179957
鞍山市	6701797	18527255	10105583	1016145	262556	57460	21713425	16467267
抚顺市	3807332	9124084	4669821	574011	177633	36746	10116048	7676670
本溪市	4806780	10144190	5457819	862704	244833	30446	11230151	9793618
丹东市	4521564	9765322	5958217	712856	153760	38870	11353695	8055746
锦州市	3072008	7275954	4149538	983632	99273	36617	10276396	8323757
营口市	3184781	8299728	3978796	288135	71552	18514	9172487	7646477
阜新市	2963182	5770545	3896601	181086	30979	5667	6588090	5802264
辽阳市	2254823	5839504	2726294	252931	55072	13150	6630211	5483096
盘锦市	1325353	6301287	3520152	809470	70388	20557	8543036	6834771
铁岭市	4411111	7161286	4425543	381832	69946	19509	7815373	6124555
朝阳市	3092910	7154673	4151305	291381	46935	9665	7626213	6350789
葫芦岛市	2517196	7788693	4005853	787221	218072	55983	9775687	8584713

4-B-37 房地产开发企业按登记注册类型分所有者权益情况

单位：千元

分组	所有者权益合计	实收资本	国家资本	集体资本	法人资本	个人资本	港澳台资本	外商资本
总计	**152716266**	**133328143**	**3405003**	**1529699**	**37363316**	**35671242**	**31334804**	**24024079**
其中：国有及国有控股	4237304	4946514	2888103	52738	1458286	417408	89890	40089
按登记注册类型分组								
内资企业	**84763468**	**66977859**	**3172068**	**1358440**	**26233806**	**33920462**	**716026**	**1577057**
国有企业	1831968	2127399	1602556	11818	422625	90400		
集体企业	427938	326417		105420	119670	101327		
股份合作企业	355324	390658	909	59047	157329	173373		
联营企业	500	500	500					
国有联营企业	500	500	500					
有限责任公司	33391137	26480685	1394804	711956	12710911	10344254	98253	1220507
国有独资公司	-58505	589000	560000		1000	8000		20000
其他有限责任公司	33449642	25891685	834804	711956	12709911	10336254	98253	1200507
股份有限公司	3742777	3028105	94571	21000	2069776	842758		
私营企业	44737469	34379976	77128	441299	10623685	22263661	617653	356550
私营独资企业	2264372	1705026	12000	90000	448888	1119940		34198
私营合伙企业	252981	261952			78045	183907		
私营有限责任公司	40330417	30607407	57128	351299	9611339	19647636	617653	322352
私营股份有限公司	1889699	1805591	8000		485413	1312178		
其他企业	276355	244119	1600	7900	129810	104689	120	
港、澳、台商投资企业	**33214361**	**32551602**	**109848**	**137332**	**5131508**	**620359**	**22978507**	**3574048**
合资经营企业(港或澳、台资)	12162483	11376127	42888	97332	2967818	433839	6866242	968008
合作经营企业(港或澳、台资)	1921118	2006192	6960		39360	300	1454501	505071
港、澳、台商独资经营企业	18281447	18751185			2073830	171220	14405166	2100969
港、澳、台商投资股份有限公司	849313	418098	60000	40000	50500	15000	252598	
外商投资企业	**34738437**	**33798682**	**123087**	**33927**	**5998002**	**1130421**	**7640271**	**18872974**
中外合资经营企业	12851343	12394814	119637	33927	4968078	902916	2359391	4010865
中外合作经营企业	1218429	990402			140973	39424	397720	412285
外资企业	20668165	20412966	3450		888951	188081	4883160	14449324
外商投资股份有限公司	500	500						500

4-B-38　房地产开发企业按控股情况、隶属关系、资质等级和营业状态分所有者权益情况

单位：千元

分　组	所有者权益合计	实收资本						
			国家资本	集体资本	法人资本	个人资本	港澳台资本	外商资本
总　计	**152716266**	**133328143**	**3405003**	**1529699**	**37363316**	**35671242**	**31334804**	**24024079**
一、按控股情况分组								
国有控股	4244962	4943416	2885055	52738	1458236	417408	89890	40089
集体控股	5281319	2878979	23439	473782	1546500	788528		46730
私人控股	77014867	60546073	296992	852820	23812400	33044979	932646	1606236
港澳台商控股	33015552	32164548	95388	137332	4971000	497148	22907156	3556524
外商控股	33167224	32792029	101081	13027	5575130	923179	7405112	18774500
二、按隶属关系分组								
中央	1083723	561028	140530	2000	302089	116409		
地方	151632543	132767115	3264473	1527699	37061227	35554833	31334804	24024079
省	798204	843658	182011	15000	293734	169720	180193	3000
市、地区	9517023	8569987	1546211	177880	3813593	1940459	605024	486820
县	2492614	2197486	210276	66039	776584	737732	47261	359594
街道	217255	202354	8000	16000	79352	98002	1000	
镇	6523	8377	200		8140	37		
乡	43869	33470		17920	10550	5000		
村民委员会	46304	54736		28136	22600	4000		
其他	138510751	120857047	1317775	1206724	32056674	32599883	30501326	23174665
三、按资质等级分组								
一级	10209352	7571375	726491	58000	1149026	1024975	534434	4078449
二级	15057194	9652668	298440	139026	4151228	3557958	924548	581468
三级	31453097	25185948	555913	414486	7308640	9536612	4849847	2520450
四级	1295722	1217605	16962	12594	406112	626512	17952	137473
暂定	73076828	70076941	936888	525545	20059866	15880019	17859294	14815329
其他	21624073	19623606	870309	380048	4288444	5045166	7148729	1890910
四、按营业状态分组								
营业	140737792	121279523	3154096	1414245	34801409	30912040	29357418	21640315
停业（歇业）	9802945	9871824	160097	96802	2493185	4215631	1873019	1033090
筹建	2070507	2053017	76919	18152	50560	452345	104367	1350674
当年关闭	76510	84923	8323	500	100	76000		
其他	36170	35758	2520		18012	15226		

4-B-39 房地产开发企业按地区分所有者权益情况

单位：千元

地 区	所有者权益合计	实收资本						
			国家资本	集体资本	法人资本	个人资本	港澳台资本	外商资本
全 省	**152716266**	**133328143**	**3405003**	**1529699**	**37363316**	**35671242**	**31334804**	**24024079**
沈阳市	73623936	68344887	736791	362077	17199659	11481814	22960288	15604258
大连市	55395241	43441569	1173093	739941	15241577	11756795	6784043	7746120
鞍山市	5246158	5394036	93513	19590	1661053	2424706	999409	195765
抚顺市	2439378	1882351	119768	31991	59308	1397585	191500	82199
本溪市	1436533	1596908	595757	41200	245536	685404		29011
丹东市	3297949	2559309	21909	85829	411274	1627130	121863	291304
锦州市	1952639	2273185	411863	50167	520053	1106951	137205	46946
营口市	1526010	1346937	20000	17000	118674	1106008	68784	16471
阜新市	785826	931600	117509	24456	154676	589067	43892	2000
辽阳市	1147115	1081659	41005	24800	302927	678637	24450	9840
盘锦市	1708265	1078459	20000	36180	248790	773489		
铁岭市	1690818	1111657	29645	11596	507226	563190		
朝阳市	1275424	994670	16150	792	162476	811717	3370	165
葫芦岛市	1190974	1290916	8000	84080	530087	668749		

4-B-40 房地产开发企业按登记注册类型分主营业务收入情况

单位：千元

分组	主营业务收入	土地转让收入	商品房屋销售收入	房屋出租收入	其他收入	其它业务收入
总　　计	**117311978**	**1026690**	**114392148**	**525007**	**1368133**	**862125**
其中：国有及国有控股	6573096	8414	6299631	31313	233738	119770
按登记注册类型分组						
内资企业	**98547375**	**958946**	**95926027**	**379086**	**1283316**	**695424**
国有企业	1993833	5634	1851727	18983	117489	25984
集体企业	577730		575706		2024	10
股份合作企业	511979		511416	180	383	901
有限责任公司	35150861	228409	34447293	260236	214923	408090
国有独资公司	904554		904554			3812
其他有限责任公司	34246307	228409	33542739	260236	214923	404278
股份有限公司	4315028		4308376	1098	5554	47373
私营企业	55373994	724903	53613242	94579	941270	213066
私营独资企业	2613204	20164	2559895	5667	27478	6758
私营合伙企业	385870		385870			
私营有限责任公司	49741765	599114	48222712	88671	831268	131261
私营股份有限公司	2633155	105625	2444765	241	82524	75047
其他企业	623950		618267	4010	1673	
港、澳、台商投资企业	**8294273**		**8113977**	**110058**	**70238**	**119835**
合资经营企业(港或澳、台资)	3803992		3671718	110058	22216	9932
合作经营企业(港或澳、台资)	43334		43334			1110
港、澳、台商独资经营企业	3688611		3640589		48022	106109
港、澳、台商投资股份有限公司	758336		758336			2684
外商投资企业	**10470330**	**67744**	**10352144**	**35863**	**14579**	**46866**
中外合资经营企业	6153813	67744	6041588	32797	11684	33604
中外合作经营企业	2039746		2037206		2540	152
外资企业	2276771		2273350	3066	355	13110

4-B-41 房地产开发企业按控股情况、隶属关系、资质等级和营业状态分主营业务收入情况

单位：千元

分组	主营业务收入	土地转让收入	商品房屋销售收入	房屋出租收入	其他收入	其它业务收入
总计	**117311978**	**1026690**	**114392148**	**525007**	**1368133**	**862125**
一、按控股情况分组						
国有控股	6573096	8414	6299631	31313	233738	119770
集体控股	5947197		5937080	3234	6883	41260
私人控股	86969193	950532	84631265	344539	1042857	535997
港澳台商控股	7998027		7817409	110058	70560	119780
外商控股	9824465	67744	9706763	35863	14095	45318
二、按隶属关系分组						
中央	905569		812667	11540	81362	59795
地方	116406409	1026690	113579481	513467	1286771	802330
省	764098		759595	527	3976	35950
市、地区	11623640	1350	11436232	49877	136181	85392
县	3747454	15430	3715206	1505	15313	20341
街道	385794		385614	180		146
镇	91450		87450		4000	
乡	177655		177655			
村民委员会	25415		24584		831	
其他	99590903	1009910	96993145	461378	1126470	660501
三、按资质等级分组						
一级	8820216	406443	8410463	30	3280	131781
二级	16599095	240064	15987179	105646	266206	129692
三级	35454653	154731	34855116	96301	348505	127146
四级	2499818	12388	2348529	2388	136513	8583
暂定	43548455	198900	42588393	263442	497720	345035
其他	10389741	14164	10202468	57200	115909	119888
四、按营业状态分组						
营业	116642761	989501	113786776	507470	1359014	848996
停业（歇业）	652923	37189	589505	17110	9119	13129
筹建	15616		15616			
当年关闭	678		251	427		

4-B-42 房地产开发企业按地区分主营业务收入情况

单位：千元

地 区	主营业务收入	土地转让收入	商品房屋销售收入	房屋出租收入	其他收入	其它业务收入
全 省	**117311978**	**1026690**	**114392148**	**525007**	**1368133**	**862125**
沈阳市	47338152	6764	46912658	61743	356987	272409
大连市	36949707	770744	34921940	383480	873543	407180
鞍山市	6640648		6579023	34439	27186	68822
抚顺市	2014149		2007586		6563	5329
本溪市	3215943	5634	3198686	11165	458	16575
丹东市	2361876	13400	2343166		5310	22229
锦州市	3248823	14000	3220515	8667	5641	24427
营口市	4182372		4180889	652	831	49
阜新市	1513523	4163	1491958	46	17356	4776
辽阳市	1273883	45668	1216318	3969	7928	13111
盘锦市	1856031	58472	1764479		33080	14356
铁岭市	1949273	105625	1821733	6326	15589	5048
朝阳市	2029370	2220	2015309	11734	107	4570
葫芦岛市	2738228		2717888	2786	17554	3244

4-B-43 房地产开发企业按登记

分组	主营业务成本	主营业务税金及附加	主营业务利润	其他业务利润	销售费用	管理费用
总计	**87187541**	**7921862**	**19039439**	**610714**	**3166418**	**6413984**
其中：国有及国有控股	5289539	373762	768146	84413	141649	496527
按登记注册类型分组						
内资企业	**73280886**	**6739082**	**16234167**	**469720**	**2296522**	**5069703**
国有企业	1629102	126510	223251	48740	14970	132642
集体企业	433633	31036	106006	595	7055	36406
股份合作企业	371247	39042	93631	901	8059	25165
有限责任公司	25651156	2643999	5951976	211268	904463	1950862
国有独资公司	805451	24404	17105	3811	57594	74810
其他有限责任公司	24845705	2619595	5934871	207457	846869	1876052
股份有限公司	3180719	303378	714905	42226	116026	189506
私营企业	41534127	3554621	9048788	165990	1239007	2716297
私营独资企业	2086917	179146	271471	4871	76107	152679
私营合伙企业	325968	25845	30345		3712	8468
私营有限责任公司	37069712	3216026	8363106	151980	1094205	2422734
私营股份有限公司	2051530	133604	383866	9139	64983	132416
其他企业	480902	40496	95610		6942	18825
港、澳、台商投资企业	**5746253**	**586777**	**1596696**	**94025**	**364547**	**743628**
合资经营企业(港或澳、台资)	2559794	293818	800226	7324	150154	263306
合作经营企业(港或澳、台资)	51991	2629	-12921	1080	1635	16773
港、澳、台商独资经营企业	2633814	245026	610280	86441	199491	453423
港、澳、台商投资股份有限公司	500654	45304	199111	-820	13267	10126
外商投资企业	**8160402**	**596003**	**1208576**	**46969**	**505349**	**600653**
中外合资经营企业	4916377	344430	668991	36815	224015	242439
中外合作经营企业	1517425	108548	343744	25	70029	66529
外资企业	1726600	143025	195841	10129	211305	291685

注册类型分成本及利润

单位：千元

			财务费用		营业利润	营业外收入	营业外支出	利润总额	应交所得税
税金	差旅费	工会经费		利息支出					
832441	**226038**	**24307**	**1905223**	**1258410**	**11327664**	**407376**	**626021**	**10878414**	**3111867**
44989	18427	2498	142273	104371	213759	49469	43481	217516	104773
702083	**183448**	**20610**	**1529800**	**1070342**	**10101102**	**338103**	**497799**	**9696473**	**2544505**
18410	5848	539	70750	44136	68599	9626	24418	53974	24414
3732	1914	103	13827	1023	56368	581	888	56058	7924
1963	1346	336	6633	4521	62734	88	1028	61848	16548
305988	64336	9611	514342	354664	3697307	146269	210512	3500330	1365745
978	2995	327	42471	40899	-96365	15055	2526	-83837	193
305010	61341	9284	471871	313765	3793672	131214	207986	3584167	1365552
23685	7728	787	96109	76379	471516	15868	9233	464812	119009
345748	101658	9180	815746	577285	5680186	165671	251343	5495145	1010638
16415	6675	526	31233	17312	91993	5745	8254	91700	47528
3240	178	30	3439	3047	18438	77	340	18175	5720
306723	88212	7988	734460	515640	5356608	158257	230167	5182067	929102
19370	6593	636	46614	41286	213147	1592	12582	203203	28288
2557	618	54	12393	12334	64392		377	64306	227
83184	**23165**	**1943**	**201221**	**101551**	**745872**	**27839**	**67171**	**720911**	**283115**
33597	10149	858	121169	71830	423075	16586	18015	421667	81583
1734	181	37	6769	5755	-35383	132	92	-35343	650
46437	12505	954	73822	24893	169476	11111	48405	146532	152673
1416	330	94	-539	-927	188704	10	659	188055	48209
47174	**19425**	**1754**	**174202**	**86517**	**480690**	**41434**	**61051**	**461030**	**284247**
-1062	8472	930	135456	81019	327911	14047	29892	312064	128315
1871	679	219	-3311	-3321	280551	374	4286	276639	90390
46365	10274	605	42057	8819	-127772	27013	26873	-127673	65542

4-B-44 房地产开发企业按控股情况、隶属关系、

分组	主营业务成本	主营业务税金及附加	主营业务利润	其他业务利润	销售费用	管理费用
总计	**87187541**	**7921862**	**19039439**	**610714**	**3166418**	**6413984**
一、按控股情况分组						
国有控股	5289539	373762	768146	84413	141649	495975
集体控股	3923968	395183	1514049	38669	113997	310762
私人控股	64769339	6016399	14121207	350116	2065530	4329198
港澳台商控股	5484310	574451	1577490	93975	361776	723833
外商控股	7720385	562067	1058547	43541	483466	553664
二、按隶属关系分组						
中央	691573	54595	148737	21103	10664	77164
地方	86495968	7867267	18890702	589611	3155754	6336820
省	577819	62899	113301	19009	10079	76169
市、地区	9159004	740761	1439684	72714	284191	648244
县	2981312	251680	460011	43421	54451	232254
街道	298378	23213	55797	87	8406	26370
镇	52172	15404	17374		6500	5855
乡	150670	11811	15019		155	6942
村民委员会	18921	2061	2953		1480	5804
其他	73257692	6759438	16786563	454380	2790492	5335182
三、按资质等级分组						
一级	5732357	486879	2423185	73592	177795	425066
二级	11076684	1157254	3964150	127154	401007	929649
三级	27151960	2507642	4994848	166298	800244	2043991
四级	2148395	160172	159143	8168	32628	117929
暂定	32939544	3135499	5848821	139358	1626832	2467891
其他	8138601	474416	1649292	96144	127912	429458
四、按营业状态分组						
营业	86667185	7884214	18943219	600021	3151425	6200600
停业（歇业）	506243	36785	96042	10693	13853	184046
筹建	13993	763	-19		879	18881
当年关闭	120	100	197		261	8675
其他						1230

资质等级和营业状态分成本及利润

单位：千元

税　金	差旅费	工会经费	财务费用	利息支出	营业利润	营业外收入	营业外支出	利润总额	应交所得税
832441	**226038**	**24307**	**1905223**	**1258410**	**11327664**	**407376**	**626021**	**10878414**	**3111867**
44989	18427	2498	142273	104371	214311	49252	43481	217851	104773
51920	10312	1720	65954	37499	1176002	12890	29790	1137889	203223
606260	157389	16714	1351669	958268	8787174	276328	426929	8415084	2263150
86849	21517	1924	193573	93998	754059	27703	67066	729067	278598
42423	18393	1451	151754	64274	396670	40986	58755	378858	262123
2843	1278	564	28812	28637	63864	7041	4121	66784	24216
829598	224760	23743	1876411	1229773	11263800	400335	621900	10811630	3087651
7574	2480	292	47336	19336	8805	16055	3347	21515	13869
76322	21246	2887	198823	129521	665331	44052	67909	561202	257742
17758	9859	1191	78276	37281	192902	4515	9976	165346	40698
1054	760	128	4187	2663	25327	274	879	24780	3969
160			36	33	11483			4983	
73	195	26	6851	6640	1226	62	36	1252	788
396	70	24	7		-2858	6	190	-3042	390
726261	190150	19195	1540895	1034299	10361584	335371	539563	10035594	2770195
83976	9818	1857	102423	97456	1969288	39745	30114	1978922	280229
107891	27865	3095	349934	227784	2811721	80352	82288	2788954	495773
247035	61816	7261	588022	365457	2529092	76431	171597	2411046	604629
10652	4014	342	31154	11831	17708	91403	25268	81651	31359
337598	102143	10175	715280	462489	2802767	99798	254517	2553048	1538190
45289	20382	1577	118410	93393	1197088	19647	62237	1064793	161687
812837	220447	23922	1853838	1213819	11485520	403404	619202	11038142	3103693
17422	4996	315	51700	44971	-129011	3738	6761	-131033	8173
2104	367	69	-2076	-2138	-16824		41	-16895	
2	30	1	1760	1758	-10238	17		-10217	1
76	198		1		-1231		17	-1248	

4-B-45 房地产开发企业按地区分成本及利润

单位：千元

地区	主营业务成本	主营业务税金及附加	主营业务利润	其他业务利润	销售费用	管理费用			
							税金	差旅费	工会经费
全省	**87187541**	**7921862**	**19039439**	**610714**	**3166418**	**6413984**	**832441**	**226038**	**24307**
沈阳市	35943518	3279308	6403969	193927	1711357	2456218	349908	89957	8470
大连市	24430701	2661133	8900225	302664	957648	2250400	288286	53425	7380
鞍山市	5314061	311289	868203	25684	147095	241931	39628	10705	2102
抚顺市	1446485	131355	404995	3523	31357	167085	17157	22013	358
本溪市	2776557	145103	253034	12304	41249	168051	9651	6164	692
丹东市	1807376	155983	361089	11510	40667	162713	10246	10852	1767
锦州市	2810155	229488	154444	18462	54736	168103	18373	5709	427
营口市	3523266	223354	397074	4556	38678	155855	23486	7563	630
阜新市	1334208	109428	50478	4549	19409	71672	6772	2276	248
辽阳市	1070003	78091	115969	10236	9820	87897	14916	1473	265
盘锦市	1237679	107613	478635	11915	32104	75183	14763	3645	301
铁岭市	1617346	138664	161873	2635	31390	124836	15214	2113	238
朝阳市	1647590	177000	185009	6733	19771	145948	15153	4953	898
葫芦岛市	2228596	174053	304442	2016	31137	138092	8888	5190	531

4-B-45 续表

单位：千元

地区	财务费用		营业利润	营业外收入	营业外支出	利润总额	应交所得税
		利息支出					
全省	**1905223**	**1258410**	**11327664**	**407376**	**626021**	**10878414**	**3111867**
沈阳市	576538	342311	3565140	202006	207388	3576131	1261812
大连市	769444	517342	6183045	131875	310860	6003187	1504156
鞍山市	64720	42896	587236	10723	21957	567525	60777
抚顺市	13592	493	227798	2194	7524	57398	39253
本溪市	34512	23769	62775	6541	12535	57266	27047
丹东市	99390	67118	107257	3433	5966	104724	36098
锦州市	72702	70548	-67899	32197	10280	-68522	20328
营口市	29449	29059	216326	1348	8311	209548	51300
阜新市	35168	23720	-51813	6756	14258	-59315	9158
辽阳市	54494	48464	-16186	788	3792	-19190	18722
盘锦市	12054	7611	403313	5445	8107	347235	31472
铁岭市	31024	22499	8648	3006	2613	13093	18262
朝阳市	59846	29385	-14052	95	6088	-21525	20819
葫芦岛市	52290	33195	116076	969	6342	110859	12663

4-B-46　房地产开发企业按登记注册类型分应付工资及从业人员

单位：千元

分　组	劳　动、失业保险　费	住房公积金及住房补贴	本年应付工资总额(贷方累计发生额)	本年应付福利费总额(贷方累计发生额)	全部从业人员年平均人数(人)	资产减值损失	公允价值变动收益	投资收益
总　计	**219837**	**77261**	**1955932**	**186900**	**70435**	**18664**	**3475**	**188357**
其中：国有及国有控股	31359	14512	218347	19219	6795	-3928	226	26743
按登记注册类型分组								
内资企业	**177303**	**59508**	**1597670**	**154785**	**61397**	**16011**	**3475**	**135180**
国有企业	3683	2677	53097	5581	2151	1278		1580
集体企业	1249	95	10232	1104	566			90
股份合作企业	1251	565	18096	1471	705			
联营企业			360	10	18			
国有联营企业			360	10	18			
有限责任公司	78006	28294	666740	63836	22236	4421	226	133266
国有独资公司	5825	2136	37309	4738	1682			
其他有限责任公司	72181	26158	629431	59098	20554	4421	226	133266
股份有限公司	5010	3432	56108	3971	1790	639		-6551
私营企业	87562	24225	786981	78285	33533	9621	3249	6795
私营独资企业	2795	218	56244	4937	2913			
私营合伙企业	153	15	1854	185	110			
私营有限责任公司	81732	23348	694809	69982	28635	9621	3249	6795
私营股份有限公司	2882	644	34074	3181	1875			
其他企业	542	220	6056	527	398	52		
港、澳、台商投资企业	**19249**	**7671**	**157575**	**10264**	**4106**	**369**		**14599**
合资经营企业(港或澳、台资)	8696	2394	64810	4387	1825	324		162
合作经营企业(港或澳、台资)	316	333	4451	147	116			
港、澳、台商独资经营企业	10052	4845	78885	5494	2035	45		14437
港、澳、台商投资股份有限公司	185	99	9429	236	130			
外商投资企业	**23285**	**10082**	**200687**	**21851**	**4932**	**2284**		**38578**
中外合资经营企业	12849	5346	83262	7100	2342	-80		37263
中外合作经营企业	531	606	13409	5335	268			
外资企业	9905	4130	103936	9410	2318	2364		1315
外商投资股份有限公司			80	6	4			

4-B-47 房地产开发企业按控股情况、隶属关系、资质等级和营业状态分应付工资及从业人员

单位：千元

分 组	劳 动、失 业保险费	住房公积金及住房补贴	本年应付工资总额（贷方累计发生额）	本年应付福利费总额（贷方累计发生额）	全部从业人员年平均人数（人）	资产减值损失	公允价值变动收益	投资收益
总 计	**219837**	**77261**	**1955932**	**186900**	**70435**	**18664**	**3475**	**188357**
一、按控股情况分组								
国有控股	31346	14512	217625	19202	6718	-3928	226	26743
集体控股	12223	5716	112945	10671	3944	-168		115703
私人控股	134766	40895	1295399	126312	51144	20027	3249	1406
港澳台商控股	20672	8244	151815	10560	4127	369		14599
外商控股	20817	7894	177426	20138	4425	2364		29906
二、按隶属关系分组								
中央	9113	3952	44184	2564	785	-5653		16664
地方	210724	73309	1911748	184336	69650	24317	3475	171693
省	4986	2419	31937	3662	790	1257		
市、地区	27851	12340	243340	22107	7731	3029		6330
县	5731	2060	103747	9959	4091	608	226	546
街道	972	135	8381	502	330			
镇	32		801	106	101			
乡	236	8	1361	86	47			
村民委员会			1934	223	128			
其他	170916	56347	1520247	147691	56432	19423	3249	164817
三、按资质等级分组								
一级	22993	10050	160346	14814	5545	-3820		133941
二级	29200	14028	243290	27444	7477	2021		21831
三级	85562	28958	592958	59334	22075	9402	3373	29816
四级	2470	337	40078	3921	1771			120
暂定	67523	18860	728072	63652	25544	9433	102	2448
其他	12089	5028	191188	17735	8023	1628		201
四、按营业状态分组								
营业	214481	75152	1860051	178086	65569	16291	3475	188756
停业（歇业）	4146	1513	83973	7572	4182	19		201
筹建	1134	501	9487	1056	512	2354		-600
当年关闭	41		813	82	37			
其他	22	95	886	87	58			

4-B-48 房地产开发企业按地区分应付工资及从业人员

单位：千元

地区	劳动、失业保险费	住房公积金及住房补贴	本年应付工资总额（贷方累计发生额）	本年应付福利费总额（贷方累计发生额）	全部从业人员年平均人数（人）	资产减值损失	公允价值变动收益	投资收益
全省	**219837**	**77261**	**1955932**	**186900**	**70435**	**18664**	**3475**	**188357**
沈阳市	84638	26267	687169	62729	20426	8298		14167
大连市	90758	36708	661775	57253	21556	5862		156714
鞍山市	11029	5169	81209	8511	4222	-5653		16664
抚顺市	4690	1560	51315	7118	2132	1257		
本溪市	6570	2359	61015	7679	3495			
丹东市	3567	1236	95943	9662	3430			120
锦州市	4056	202	52336	3342	2169			
营口市	6839	88	38467	5435	2123			
阜新市	1007	234	25985	2869	1638	52		
辽阳市	1952	583	28809	3173	1373			-1057
盘锦市	1994	1944	36635	4713	1487			
铁岭市	1221	325	37930	3806	1883			
朝阳市	522		56546	5776	2639	8823	3475	1697
葫芦岛市	994	586	40798	4834	1862	25		52

4-C-1 物业、中介和其它房地产企业

分 组	单位数(个)	年初存货	年末存货	固定资产原价	所有者权益合计
总 计	**6538**	**5663528**	**6153608**	**21241909**	**18096363**
其中：国有及国有控股	842	720213	640228	4826279	3315141
按登记注册类型分组					
内资企业	**6340**	**2358671**	**2575545**	**16662798**	**12446863**
国有企业	749	234272	189083	3852161	2297129
集体企业	374	97796	102131	1164735	437675
股份合作企业	99	41389	59454	400466	315710
联营企业	9	9273	6715	2188	26105
国有联营企业	3	930	700	816	1360
集体联营企业	5	64	56	1043	7111
国有与集体联营企业	1	8279	5959	329	17634
有限责任公司	1066	701010	576051	4228822	3223303
国有独资公司	21	71674	48928	484353	502828
其他有限责任公司	1045	629336	527123	3744469	2720475
股份有限公司	148	224945	221752	200191	252595
私营企业	3801	1048736	1413384	6326844	5765467
私营独资企业	531	111335	77716	558244	590945
私营合伙企业	93	1342	1483	53243	69661
私营有限责任公司	3022	931326	1313997	5373119	4845477
私营股份有限公司	155	4733	20188	342238	259384
其他企业	94	1250	6975	487391	128879
港、澳、台商投资企业	**71**	**1468960**	**1775704**	**1743662**	**3170476**
合资经营企业(港或澳、台资)	32	1425170	1735003	711723	724684
合作经营企业(港或澳、台资)	4	27510	14766	191305	802945
港、澳、台商独资经营企业	31	16280	25935	840414	1609837
港、澳、台商投资股份有限公司	4			220	33010
外商投资企业	**127**	**1835897**	**1802359**	**2835449**	**2479024**
中外合资经营企业	46	609128	594395	998352	-39852
中外合作经营企业	10	376030	360780	16094	40310
外资企业	70	850625	847070	1785537	2459390
外商投资股份有限公司	1	114	114	35466	19176

按登记注册类型分存货和所有者权益情况

单位：千元

实收资本							本年折旧
	国家资本	集体资本	法人资本	个人资本	港澳台资本	外商资本	
20447443	**3887248**	**1013028**	**4816086**	**4750478**	**3101832**	**2878771**	**1480377**
3989464	3569030	50211	269204	96508	3721	790	333858
13112100	**3605209**	**978288**	**3821903**	**4640535**	**65580**	**585**	**1115148**
2072621	1883936	36641	105380	46664			200151
644738	23576	570740	24130	26292			65250
242008	85819	82976	36673	36530		10	21744
28550	19800	2250	6000	500			147
1300	800			500			67
7250	1000	1250	5000				45
20000	18000	1000	1000				35
3877864	1563913	194672	1268752	848196	2000	331	316107
1308258	1306708		1000	550			73807
2569606	257205	194672	1267752	847646	2000	331	242300
224261	13919	4665	126398	79279			11804
5907815	8316	83124	2246579	3505972	63580	244	451428
568605	300	5119	321093	242089		4	36856
68985	1500	350	10988	56147			4363
5050963	6516	76362	1886713	3018052	63080	240	394782
219262		1293	27785	189684	500		15427
114243	5930	3220	7991	97102			48517
3782362	**251529**	**30579**	**421594**	**68776**	**2652256**	**357628**	**180852**
1097075	251529	30579	164475	68476	570226	11790	66604
571233			211713	300	359220		36343
2081054			15406		1720810	344838	77890
33000			30000		2000	1000	15
3552981	**30510**	**4161**	**572589**	**41167**	**383996**	**2520558**	**184377**
791227	30510	4161	437020	21269	42600	255667	29514
138502			113168	5073	12477	7784	1745
2602002			22401	14825	328919	2235857	152012
21250						21250	1106

4-C-2 物业、中介和其它房地产企业按控股情况、隶属关系

分组	单位数(个)	年初存货	年末存货	固定资产原价	所有者权益合计
总计	**6538**	**5663528**	**6153608**	**21241909**	**18096363**
一、按控股情况分组					
国有控股	561	718976	638825	4268453	3027958
集体控股	551	337499	363108	2287700	1042925
私人控股	4538	1570559	1817330	8475337	7717962
港澳台商控股	62	1297303	1606468	1459237	2874162
外商控股	109	1482026	1448409	2752478	2307699
其他	406	255928	278065	1257832	828336
二、按隶属关系分组					
中央	32	19051	17706	561086	564366
地方	6506	5644477	6135902	20680823	17531997
省	75	35245	28989	650998	546770
市、地区	666	1192542	1130428	5228825	2910495
县	661	269273	243759	1800897	999477
街道	68	22611	26172	749553	476004
镇	37	649	1308	50899	18008
乡	7	410	820	1015	940
居委会	2			750	785
村民委员会	42	1054	1027	290186	239364
其他	4948	4122693	4703399	11907700	12340154
三、按营业状态分组					
营业	5418	5574392	6057489	18760695	15035352
停业（歇业）	634	57662	65851	1309707	1549489
筹建	149	14	14	29702	1268315
当年关闭	31	17553	17555	50296	53601
当年破产	4	12215	11041	370500	-80767
其他	22	534	270	12352	21595

和营业状态分存货和所有者权益情况

单位：千元

实收资本							本年折旧
	国家资本	集体资本	法人资本	个人资本	港澳台资本	外商资本	
20447443	**3887248**	**1013028**	**4816086**	**4750478**	**3101832**	**2878771**	**1480377**
3837112	3449606	28721	266504	87770	3721	790	300773
1125109	110583	693314	160762	116408	44042		127857
7712512	98037	113845	3126676	4302356	69180	2418	589760
3533722	54046		473286	39122	2610430	356838	139417
3180977	30510	34740	214963	24822	368764	2507178	184175
895997	22742	120168	567763	168082	5695	11547	69883
373528	298473	4424	58910	8000	3721		59338
20073915	3588775	1008604	4757176	4742478	3098111	2878771	1421039
1500012	1206535	131201	92057	29738	39661	820	45107
3443414	1518664	155780	708648	368431	219598	472293	310538
1176410	651924	121290	82814	177387	61620	81375	143349
212469	15162	177545	10960	8802			47499
14733	6856	4077	1150	2650			3135
820	500	320					105
820			720	100			
87441		69691	9950	7800			13644
13637796	189134	348700	3850877	4147570	2777232	2324283	857662
17078879	2954301	924019	4470591	4385180	1972511	2372277	1360882
1848277	729960	61626	251553	296053	5941	503144	34832
1273440	8000		83790	55520	1122780	3350	2076
68821	66341	460	300	1620	100		604
17037	16837	200					14869
15755	955	7113	4620	2567	500		1146

4-C-3 物业、中介和其它房地产企业按地区分存货和所有者权益情况

单位：千元

地区	单位数(个)	年初存货	年末存货	固定资产原价	所有者权益合计
全省	**6538**	**5663528**	**6153608**	**21241909**	**18096363**
沈阳市	2112	1943954	1955510	7261059	7965011
大连市	2250	3436893	3918177	8612658	7385373
鞍山市	332	31280	39744	1667464	1544895
抚顺市	311	33553	36988	780582	379285
本溪市	200	5511	7195	403886	-291182
丹东市	204	13043	37883	432281	-123525
锦州市	205	6229	5572	320882	246350
营口市	250	37625	11714	166249	148765
阜新市	111	2987	4464	252356	209160
辽阳市	91	13587	11377	456719	-66740
盘锦市	133	10902	28491	252832	210939
铁岭市	107	4156	6501	92953	103409
朝阳市	125	8291	12301	280098	199850
葫芦岛市	107	115517	77691	261890	184773

4-C-3 续表

单位：千元

地区	实收资本							本年折旧
		国家资本	集体资本	法人资本	个人资本	港澳台资本	外商资本	
全省	**20447443**	**3887248**	**1013028**	**4816086**	**4750478**	**3101832**	**2878771**	**1480377**
沈阳市	7604967	1100207	469965	1665208	1506367	1515795	1347425	637590
大连市	9686074	1559677	339538	2487996	2183070	1585817	1529976	535829
鞍山市	1430205	742904	23915	403252	258884		1250	52974
抚顺市	250952	56913	36017	43799	114203	20		80543
本溪市	138753	48829	21157	6765	62002			32165
丹东市	159711	30853	33430	18930	76298	200		21046
锦州市	221487	111503	17569	10696	81719			29498
营口市	171192	25986	844	790	143452		120	15222
阜新市	112290	82515	5085	4830	19860			9848
辽阳市	50727	16829	3857	5770	24271			17421
盘锦市	189668	6172	20771	81241	81484			12628
铁岭市	111127	39979	881	51193	19074			4637
朝阳市	148672	51448	34199	8766	54259			11851
葫芦岛市	171618	13433	5800	26850	125535			19125

4-C-4　物业、中介和其它房地产企业按登记注册类型分财务收支情况

单位：千元

分　组	营业收入	主营业务收入	营业成本	主营业务成本	营业税金及附加	主营业务税金及附加	主营业务利润	其他业务利润	费用合计
总　计	**12103005**	**11957202**	**6690525**	**6579697**	**567975**	**560574**	**4974289**	**157405**	**4270507**
其中：国有及国有控股	1886826	1810408	916790	866420	84580	82777	863965	22252	784250
按登记注册类型分组									
内资企业	**10686134**	**10546776**	**6052775**	**5949574**	**492571**	**485257**	**4353971**	**122678**	**3524736**
国有企业	1491156	1464168	709269	700415	66388	65071	702637	8443	633445
集体企业	705124	700950	430879	429689	20687	20545	249543	5941	136433
股份合作企业	169326	165215	81725	78008	8233	8173	78324	1887	87229
联营企业	16077	16077	9241	9241	847	847	5989	383	4233
国有联营企业	4550	4550	1758	1758	234	234	2558		2080
集体联营企业	9627	9627	6205	6205	477	477	2945		1535
国有与集体联营企业	1900	1900	1278	1278	136	136	486	383	618
有限责任公司	2516209	2487150	1444368	1425650	124102	120974	926583	28589	848949
国有独资公司	70416	70416	34192	33515	3533	3533	33367	74	42425
其他有限责任公司	2445793	2416734	1410176	1392135	120569	117441	893216	28515	806524
股份有限公司	384090	333932	258631	218023	16954	16496	98754	14534	77677
私营企业	5246733	5221865	3047396	3017853	245147	242939	2230979	61473	1673023
私营独资企业	836026	835626	581185	580659	43793	43645	521957	292	133343
私营合伙企业	71793	71788	33478	33478	3701	3701	33909	2533	30734
私营有限责任公司	4084953	4061370	2260526	2231909	184199	182255	1607529	57506	1432102
私营股份有限公司	253961	253081	172207	171807	13454	13338	67584	1142	76844
其他企业	157419	157419	71266	70695	10213	10212	61162	1428	63747
港、澳、台商投资企业	**803717**	**801181**	**322551**	**314924**	**39392**	**39326**	**369392**	**16558**	**453130**
合资经营企业(港或澳、台资)	350766	349179	65227	61715	18466	18466	267888	1979	253943
合作经营企业(港或澳、台资)	249414	249414	168516	168516	10509	10509	-1027		71918
港、澳、台商独资经营企业	203437	202488	88758	84643	10407	10341	102491	14579	127249
港、澳、台商投资股份有限公司	100	100	50	50	10	10	40		20
外商投资企业	**613154**	**609245**	**315199**	**315199**	**36012**	**35991**	**250926**	**18169**	**292641**
中外合资经营企业	129921	129921	92114	92114	9651	9637	28162	7296	75904
中外合作经营企业	45482	45482	30166	30166	2544	2544	12772	40	25541
外资企业	433967	430058	192919	192919	23628	23621	206397	10833	187566
外商投资股份有限公司	3784	3784			189	189	3595		3630

4-C-4 续表 单位：千元

分　　组			营业利润	职工工资和福利费	本年应交增值税	全部从业人员年平均人数(人)	资产减值损失	公允价值变动收益	投资收益
	税金	利息支出							
总　　计	**199786**	**185744**	**712439**	**2278222**	**300018**	**132072**	**130763**	**8296**	**77478**
其中：国有及国有控股	50871	18441	136169	460836	256053	24796	35906	7855	61902
按登记注册类型分组									
内资企业	**158397**	**97550**	**739898**	**2023924**	**297868**	**121244**	**128819**	**8296**	**74983**
国有企业	36335	14351	111134	396775	255527	21196	35840	8046	9422
集体企业	7726	3156	122828	113158	4704	8137	761	-16	13318
股份合作企业	5713	658	-7087	46711	128	3155	20		3
联营企业	305	10	2139	4979		277		1	
国有联营企业	50	10	478	2508		184			
集体联营企业	255		1410	2255		81		1	
国有与集体联营企业			251	216		12			
有限责任公司	39159	21680	124090	518990	22073	32195	18799	119	50031
国有独资公司	5753	27	-8984	19897	113	863			49248
其他有限责任公司	33406	21653	133074	499093	21960	31332	18799	119	783
股份有限公司	5337	1484	36523	54107	1480	2902	23004	-1	755
私营企业	59133	56210	329510	863460	13897	52023	50375	147	954
私营独资企业	6709	2006	75771	92675	2151	6081	18348	51	-6
私营合伙企业	2715	390	4572	16236	34	1033	585		1
私营有限责任公司	47309	53528	257143	714145	10750	41981	31410	95	959
私营股份有限公司	2400	286	-7976	40404	962	2928	32	1	
其他企业	4689	1	20761	25744	59	1359	20		500
港、澳、台商投资企业	**23326**	**40753**	**-3926**	**137123**	**1597**	**3957**			
合资经营企业(港或澳、台资)	8151	33773	17112	77222	67	2139			
合作经营企业(港或澳、台资)			-1529	9883		365			
港、澳、台商独资经营企业	15175	6980	-19529	49547	1530	1433			
港、澳、台商投资股份有限公司			20	471		20			
外商投资企业	**18063**	**47441**	**-23533**	**117175**	**553**	**6871**	**1944**		**2495**
中外合资经营企业	1146	326	-40432	45502	2	3988			
中外合作经营企业	2456	15901	-12729	5492		157	64		2495
外资企业	14143	31214	29663	65821	493	2707	1880		
外商投资股份有限公司	318		-35	360	58	19			

4-C-5　物业、中介和其它房地产企业按控股情况、隶属关系和营业状态分财务收支情况

单位：千元

分　组	营业收入	主营业务收入	营业成本	主营业务成本	营业税金及附加	主营业务税金及附加	主营业务利润	其他业务利润	费用合计
总　计	**12103005**	**11957202**	**6690525**	**6579697**	**567975**	**560574**	**4974289**	**157405**	**4270507**
一、按控股情况分组									
国有控股	1453497	1378264	794540	746907	64632	63088	571429	20108	544631
集体控股	1181673	1164603	675674	670724	42488	41915	449178	15900	301413
私人控股	6908524	6867197	4035289	3990210	326851	322112	2801675	78087	2178558
港澳台商控股	756817	755868	320448	316333	37307	37241	325865	14795	446650
外商控股	550627	546718	261992	261992	30802	30781	246824	18566	263865
其他	779222	773092	470394	464080	43483	43284	259148	6746	269906
二、按隶属关系分组									
中央	110811	107336	74427	68368	6780	5759	31850	-3439	33257
地方	11992194	11849866	6616098	6511329	561195	554815	4942439	160844	4237250
省	230846	230132	74724	73289	13614	13566	141910	3407	146916
市、地区	1783566	1723314	921803	874783	90603	87814	685483	28059	742314
县	1029632	1027026	548485	544873	45922	45612	427931	9035	304623
街道	296640	291031	178304	176342	16656	16514	98109	6571	87709
镇	24101	23908	13548	13548	1232	1229	8776	1	6625
乡	1132	1132	1046	1046	71	71	15	283	475
居委会	50	50			3	3	47		43
村民委员会	40569	40569	26116	25158	2219	2199	13549	-926	18416
其他	8585658	8512704	4852072	4802290	390875	387807	3566619	114414	2930129
三、按营业状态分组									
营业	11524204	11382526	6494762	6387747	539672	532697	4618129	152623	3915293
停业（歇业）	98320	95380	57200	56124	5503	5340	35796	2333	51077
筹建	6707	6707	4303	4303	309	309	2072		17229
当年关闭	3395	3395	1695	1695	90	90	1610	511	4535
当年破产	9917	9917	682	682	508	504	8727	-502	22265
其他	20848	20848	11155	11155	1176	1176	8381		6005

4-C-5 续表　　　　　　　　　　　　　　　　　　　　　　　　　　单位：千元

分　组	税金	利息支出	营业利润	职工工资和福利费	本年应交增值税	全部从业人员年平均人数（人）	资产减值损失	公允价值变动收益	投资收益
总　计	**199786**	**185744**	**712439**	**2278222**	**300018**	**132072**	**130763**	**8296**	**77478**
一、按控股情况分组									
国有控股	39024	17366	64017	261227	255957	15285	34766	-145	61902
集体控股	21164	9086	169642	224941	6071	15803	787	34	13381
私人控股	81795	67623	436170	1199664	33369	73815	83822	177	2065
港澳台商控股	20047	56452	-43924	137926	1597	3914			
外商控股	16687	31469	1524	86314	553	4038	1880		
其他	8530	2673	8163	158186	2373	9135	8359	227	126
二、按隶属关系分组									
中央	3487	449	-4426	14836	256	618	14		3540
地方	196299	185295	716865	2263386	299762	131454	130749	8296	73938
省	3968	1616	-149	37201	340	1819	10	8000	54850
市、地区	46498	19141	66670	370027	269762	20803	4808	-191	3490
县	16112	2849	136088	275318	5177	16156	30028	4	5
街道	7136	2610	17004	44077	160	2169	5	5	7
镇	71	547	2636	6980	7	508	1146	12	7
乡		80	-177	544		35			
居委会	3		4	42		5			
村民委员会	3310	1339	-6241	12163	256	820	82	54	28
其他	119201	157113	501030	1517034	24060	89139	94670	412	15551
三、按营业状态分组									
营业	184617	182790	686583	2014808	295675	116514	129605	8284	77469
停业（歇业）	1268	-11	-11821	46408	4179	4780	14	11	9
筹建	103		-15134	5034	32	434	4	1	1
当年关闭	20		-2414	2958		234			
当年破产	1028	1890	-14040	1947	15	136			
其他	297		2376	4286	19	313			-1

4-C-6 物业、中介和其它房地产企业按地区分财务收支情况

单位：千元

地 区	营业收入	主营业务收入	营业成本	主营业务成本	营业税金及附加	主营业务税金及附加	主营业务利润	其他业务利润	费用合计
全 省	**12103005**	**11957202**	**6690525**	**6579697**	**567975**	**560574**	**4974289**	**157405**	**4270507**
沈阳市	4467957	4447694	2190990	2183027	234871	231732	1991815	42806	1631637
大连市	4469707	4370686	2545450	2457767	183258	179919	1617722	88755	1829185
鞍山市	427606	425582	205226	201508	26602	26438	198647	3631	158145
抚顺市	372592	363684	211601	209598	13777	13578	141098	10714	82970
本溪市	380292	379998	170465	170179	12761	12750	196865	176	108072
丹东市	308822	307865	232521	231843	12587	12482	63934	911	54311
锦州市	190387	189865	116392	115870	11604	11604	62391	1378	60522
营口市	285628	285600	156863	156844	13908	13904	114882	1700	87595
阜新市	98001	97214	59832	59616	3280	3280	34244	692	25907
辽阳市	92871	92871	60656	60656	5637	5368	28143	-452	41751
盘锦市	206626	202191	120705	118075	7936	7936	77143	1880	48799
铁岭市	133967	128742	106853	103082	5498	5355	18848	3127	44651
朝阳市	206845	203749	141892	140692	7145	7144	52479	1118	42771
葫芦岛市	461704	461461	371079	370940	29111	29084	376078	969	54191

4-C-6 续表

单位：千元

地 区	税金	利息支出	营业利润	职工工资和福利费	本年应交增值税	全部从业人员年平均人数(人)	资产减值损失	公允价值变动收益	投资收益
全 省	**199786**	**185744**	**712439**	**2278222**	**300018**	**132072**	**130763**	**8296**	**77478**
沈阳市	79271	25326	428674	834180	260693	43452	17997	386	8353
大连市	61025	137825	-10117	844150	25475	46725	32312	-191	68843
鞍山市	26047	2121	44514	64444	48	4715		8000	
抚顺市	5029	6001	66620	83239		5870	41993	61	291
本溪市	2022	394	88969	70818	113	3548	1550		
丹东市	1875	271	10254	77865	6662	3967	1243		
锦州市	1683	1061	3247	51361		5584			
营口市	4079	2575	29078	39741	1047	3288			
阜新市	1610	-497	9836	28547	442	2476	4063		
辽阳市	1785	1854	-12106	43239	943	3166			-9
盘锦市	7796	466	31385	58428	1039	2812			
铁岭市	2932	1105	-3504	32509	394	2117	24369		
朝阳市	1788	6759	13442	30031	2642	2752	739		
葫芦岛市	2844	483	12147	19670	520	1600	6497	40	

4-D-1 物业管理企业按登记

分 组	单位数(个)	1.在管物业占地面积(平方米)	2.在管房屋建筑面积(平方米)
总 计	**3659**	**1105678680**	**739507137**
其中：国有及国有控股	412	73095630	70143408
按登记注册类型分组			
内资企业	**3533**	**1096963483**	**723111479**
国有企业	351	67515603	60829508
集体企业	175	8898034	13834513
股份合作企业	42	1358177	3057909
联营企业	5	105265	119545
国有联营企业	2	9165	46875
集体联营企业	3	96100	72670
有限责任公司	734	263693183	244369149
国有独资公司	11	282739	784514
其他有限责任公司	723	263410444	243584635
股份有限公司	100	6241396	11056493
私营企业	2066	746780444	386691326
私营独资企业	330	14743257	30114134
私营合伙企业	42	19460714	30711696
私营有限责任公司	1601	701102485	290382020
私营股份有限公司	93	11473988	35483476
其他企业	60	2371381	3153036
港、澳、台商投资企业	**41**	**3648217**	**4168045**
合资经营企业(港或澳、台资)	18	479855	1025918
合作经营企业(港或澳、台资)	3	72140	176160
港、澳、台商独资经营企业	18	3095722	2962967
港、澳、台商投资股份有限公司	2	500	3000
外商投资企业	**85**	**5066980**	**12227613**
中外合资经营企业	33	2001612	3084034
中外合作经营企业	6	807797	239012
外资企业	45	2250555	8894567
外商投资股份有限公司	1	7016	10000

注册类型分综合情况

其　中:			
(1)住宅	(2)办公用房	(3)商　业 营业用房	(4)厂房
575041933	**36048860**	**25519838**	**16063771**
43320039	6882059	2516357	12814694
566851425	**31956348**	**24218650**	**15900200**
37711267	4748227	1423551	12689075
9350914	604769	1144273	225439
2688780	39344	173810	32900
26663	66007	26875	
	20000	26875	
26663	46007		
216142529	6965214	5937404	471206
322017	91485	31012	
215820512	6873729	5906392	471206
6097336	278527	1367480	40000
292357144	18959757	13814710	2437686
24942249	650933	2640458	26718
16572673	832789	1633050	10000
223013660	15858548	8937884	2246272
27828562	1617487	603318	154696
2476792	294503	330547	3894
626830	**202913**	**709347**	
555364	127497	343057	
		176160	
71466	72416	190130	
	3000		
7563678	**3889599**	**591841**	**163571**
587084	2234850	244100	18000
86881	146731	5400	
6889713	1507018	333341	145571
	1000	9000	

4-D-2 物业管理企业按控股情况、隶属关系、资质等级和营业状态分综合情况

分 组	单位数(个)	1.在管物业占地面积(平方米)	2.在管房屋建筑面积(平方米)	其 中:			
				(1)住宅	(2)办公用房	(3)商 业营业用房	(4)厂房
总　计	**3659**	**1105678680**	**739507137**	**575041933**	**36048860**	**25519838**	**16063771**
一、按控股情况分组							
国有控股	293	71536173	67410606	41198444	6682531	2484217	12814394
集体控股	279	122862878	90212770	80967594	3108393	2743738	304398
私人控股	2546	886047200	536049538	418738713	22468683	17992950	2647475
港澳台商控股	38	3566903	4286517	806347	158725	692490	
外商控股	72	2618591	10064937	7501762	1815439	565241	163571
其他	299	16983743	27983446	23011870	1615541	937349	133733
二、按隶属关系分组							
中央	14	609013	628841	392774	149749	64620	
地方	3645	1105069667	738878296	574649159	35899111	25455218	16063771
省	40	622269	450494	313594	77075	37282	22542
市、地区	358	60549296	60348972	36866660	4842107	2659686	12741348
县	312	27188253	34036146	26637403	1659561	1171196	88786
街道	35	1697870	2525098	2018180	104802	180276	210789
镇	18	287475	818129	743016	6310	47553	2650
乡	2	20000	18000	16000		2000	
居委会	1						
村民委员会	28	528282	593904	512082	14051	60847	4000
其他	2851	1014176222	640087553	507542224	29195205	21296378	2993656
三、按资质等级分组							
一级	46	14313089	35719453	21799887	309156	2056504	2200
二级	88	25077510	68569539	52607236	11682881	1241881	29542
三级	1245	963861621	438952397	347236728	15977678	9843578	14035241
其他	2280	102426460	196265748	153398082	8079145	12377875	1996788
四、按营业状态分组							
营业	3172	1101518910	729383895	566914972	34854239	25249711	16059671
停业（歇业）	258	2261042	5006035	3780423	913278	173220	3900
筹建	86	449359	590275	520983	38100	17692	
当年关闭	15	198833	1710800	1697800		13000	
当年破产	2						
其他	13	277972	471763	343940	112523	15100	

4-D-3　物业管理企业按地区分综合情况

地　区	单位数(个)	1.在管物业占地面积(平方米)	2.在管房屋建筑面积(平方米)	其中:			
				(1)住　宅	(2)办公用房	(3)商业营业用房	(4)厂　房
全　省	**3659**	**1105678680**	**739507137**	**575041933**	**36048860**	**25519838**	**16063771**
沈阳市	1161	116366414	126263838	96860008	11357812	4575544	239405
大连市	1059	635626060	206962918	143281750	13248635	6550184	2644403
鞍山市	212	8486135	9681843	6654908	133222	1180361	34319
抚顺市	210	196379957	160029941	156502691	1436787	1982690	107773
本溪市	119	20305141	41408881	26369464	1501162	1623025	63426
丹东市	140	7954339	10146799	7642053	167923	679686	35568
锦州市	107	71131106	111918160	79274502	5067507	3675233	12693310
营口市	186	11823847	28455238	25712173	522167	1631911	33176
阜新市	74	18097317	15482301	14063103	529386	626735	200441
辽阳市	63	2514195	5706431	2666231	42146	172909	2550
盘锦市	96	5156270	8915552	5454740	1738528	499896	8580
铁岭市	85	2413052	4205525	2628534	101376	1406477	
朝阳市	73	5911274	6002498	4998289	118519	381630	820
葫芦岛市	74	3513573	4327212	2933487	83690	533557	

4-D-4 物业管理企业按登记注册类型

分　　组	年初存货	年末存货	固定资产原　价	所有者权益合计
总　计	**2865010**	**2975227**	**10615623**	**8730931**
其中：国有及国有控股	485437	481262	2038193	1526353
按登记注册类型分组				
内资企业	**1273733**	**1393565**	**7523711**	**5828428**
国有企业	32140	37683	1414038	1039144
集体企业	34527	23703	400166	248143
股份合作企业	4889	6763	93870	56832
联营企业	934	706	699	3078
国有联营企业	930	700	16	1060
集体联营企业	4	6	683	2018
有限责任公司	436084	344242	1846301	1524903
国有独资公司	48790	48928	199797	183671
其他有限责任公司	387294	295314	1646504	1341232
股份有限公司	223612	221005	156920	187584
私营企业	540297	752488	3516599	2665853
私营独资企业	86265	56705	455301	430678
私营合伙企业	1251	1388	27970	30053
私营有限责任公司	448989	685368	2745948	2091423
私营股份有限公司	3792	9027	287380	113699
其他企业	1250	6975	95118	102891
港、澳、台商投资企业	**127292**	**132167**	**1381309**	**2363831**
合资经营企业(港或澳、台资)	94203	93548	599151	438652
合作经营企业(港或澳、台资)	27510	14766	191305	452945
港、澳、台商独资经营企业	5579	23853	590643	1471224
港、澳、台商投资股份有限公司			210	1010
外商投资企业	**1463985**	**1449495**	**1710603**	**538672**
中外合资经营企业	525987	526053	958899	-249176
中外合作经营企业	376030	360780	15859	31516
外资企业	561854	562548	700379	737156
外商投资股份有限公司	114	114	35466	19176

分存货和所有者权益情况

单位：千元

实收资本							本年折旧
	国家资本	集体资本	法人资本	个人资本	港澳台资本	外商资本	
10868480	**2002393**	**342560**	**2829242**	**2142112**	**2566568**	**985605**	**775431**
2098765	1857293	24035	169538	47899			171869
6517264	**1734137**	**338399**	**2327096**	**2051802**	**65580**	**250**	**554122**
753157	655069	22280	45243	30565			98146
238588	16333	186949	18530	16776			19555
45656	620	7912	20980	16144			5541
2950	1500	950		500			36
1000	500			500			3
1950	1000	950					33
2364680	1042010	65394	849471	405555	2000	250	138385
984687	983137		1000	550			16995
1379993	58873	65394	848471	405005	2000	250	121390
160990	13919	2355	93760	50956			9542
2864227	2086	49399	1293641	1455521	63580		275085
411348		3419	258210	149719			30334
31678			5888	25790			2342
2346704	2086	44687	1018053	1218798	63080		230358
74497		1293	11490	61214	500		12051
87016	2600	3160	5471	75785			7832
2945175	**239746**		**120184**	**65776**	**2167357**	**352112**	**143882**
779234	239746		79971	65476	384541	9500	62072
221233			40213	300	180720		36343
1943708					1602096	341612	45454
1000						1000	13
1406041	**28510**	**4161**	**381962**	**24534**	**333631**	**633243**	**77427**
478741	28510	4161	250528	12959	42600	139983	28356
129708			109033	4800	12477	3398	1735
776342			22401	6775	278554	468612	46230
21250						21250	1106

4-D-5 物业管理企业按控股情况、隶属关系、资质等级

分组	年初存货	年末存货	固定资产原价	所有者权益合计
总计	**2865010**	**2975227**	**10615623**	**8730931**
一、按控股情况分组				
国有控股	484682	480690	1908146	1469490
集体控股	45016	37902	688694	475910
私人控股	888237	994736	4560276	3870270
港澳台商控股	291444	293685	1132172	2157813
外商控股	1011154	1003238	1601162	408180
其他	143722	164404	588623	289317
二、按隶属关系分组				
中央	1374	30	401275	389075
地方	2863636	2975197	10214348	8341856
省	25295	23304	407787	277329
市、地区	824719	673601	2409240	936327
县	173781	195492	835927	509831
街道	2737	10080	33892	25067
镇	433	891	38797	5988
乡			245	130
居委会				65
村民委员会	979	952	103790	104141
其他	1835692	2070877	6384670	6482978
三、按资质等级分组				
一级	54519	61711	271873	317385
二级	87160	31739	418188	495876
三级	424649	558048	1997005	2082111
其他	2298682	2323729	7928557	5835559
四、按营业状态分组				
营业	2862639	2972153	10272042	7326519
停业（歇业）	1291	2318	195350	181246
筹建	14	14	11909	1149907
当年关闭	10	20	2444	4970
当年破产				8000
其他	329	165	5988	6862

和营业状态分存货和所有者权益情况

单位：千元

实收资本							本年折旧
	国家资本	集体资本	法人资本	个人资本	港澳台资本	外商资本	
10868480	**2002393**	**342560**	**2829242**	**2142112**	**2566568**	**985605**	**775431**
2045953	1830311	3285	167138	45219			161028
401469	20353	228156	92300	60660			36194
3889458	22707	61620	1844667	1889284	69180	2000	345359
2751544	53246		135430	36122	2174634	352112	103910
1139620	28510	4161	140153	16499	320554	629743	75901
584794	19184	24638	446354	90668	2200	1750	41681
239407	230871	1860	6676				54082
10629073	1771522	340700	2822566	2142112	2566568	985605	721349
1170368	1052583	32669	40847	4608	39661		34298
1419325	529659	90906	455223	166014	175556	1967	157089
334936	91248	51302	76271	101610	11255	3250	48760
23650	2632	9074	9830	2114			2399
5255	865	1110	1050	2230			1917
50		50					35
100				100			
33149		23849	1950	7350			5766
7642240	94535	131740	2237395	1858086	2340096	980388	471085
191469	7190	6000	140711	37558		10	24554
501055	13604	6400	410546	64997	3108	2400	24329
1897616	275147	96578	793822	652736	52940	26393	195413
8278340	1706452	233582	1484163	1386821	2510520	956802	531135
9455767	1956204	318640	2710833	2028232	1460493	981365	755169
200559	4237	4800	98559	91753	220	990	7351
1145725	8000		13630	15490	1105355	3250	1210
4870	3010	360	300	1200			201
8000	8000						
6537	100	60	3620	2257	500		857

4-D-6 物业管理企业按地区

地　区	年初存货	年末存货	固定资产原　价	所有者权益合计	实收资本
全　省	**2865010**	**2975227**	**10615623**	**8730931**	**10868480**
沈阳市	469885	358688	3193413	3963489	3733160
大连市	2218019	2453987	4798905	3343928	5586939
鞍山市	22958	30187	859967	659888	638090
抚顺市	12893	16301	505205	248125	128221
本溪市	4805	6485	335881	-348018	91447
丹东市	6478	8970	115308	117015	93820
锦州市	2100	2541	75810	84249	79623
营口市	13884	11031	101745	79756	105389
阜新市	2321	3846	193263	171054	40959
辽阳市	1370	334	59720	38905	33630
盘锦市	10089	10229	118841	128953	113604
铁岭市	4150	6499	64342	76642	83964
朝阳市	7757	11817	120036	102574	87856
葫芦岛市	88301	54312	73187	64371	51778

分存货和所有者权益情况

单位：千元

						本　年
国家资本	集体资本	法人资本	个人资本	港澳台资本	外商资本	折　旧
2002393	**342560**	**2829242**	**2142112**	**2566568**	**985605**	**775431**
416990	121326	1076072	543978	1255606	319188	263556
1388743	119811	1202774	899822	1310742	665047	326130
14942	21320	385117	215461		1250	46057
13401	14366	19726	80708	20		56251
37594	5964	6357	41532			27950
12120	7794	18530	55176	200		9244
24728	4760	5496	44639			6426
24946	134	300	79889		120	9512
21637	1081	4500	13741			5008
3000	3857	5770	21003			2466
	16900	24660	72044			6656
15191	500	50295	17978			3418
28601	19247	5465	34543			6162
500	5500	24180	21598			6595

4-D-7 物业管理企业按登记

分组	营业收入	主营业务收入	营业成本	主营业务成本	营业税金及附加	主营业务税金及附加	主营业务利润
总计	**8410231**	**8292003**	**4930377**	**4850034**	**379909**	**374744**	**3258021**
其中：国有及国有控股	1192111	1116773	621493	573967	49941	48418	496758
按登记注册类型分组							
内资企业	**7463756**	**7348788**	**4450573**	**4377742**	**331195**	**326044**	**2911223**
国有企业	833713	807805	428492	422377	33623	32556	355843
集体企业	455551	451377	284269	283079	9253	9233	158637
股份合作企业	93867	89762	60059	57432	3134	3132	29134
联营企业	11096	11096	6508	6508	594	594	3994
国有联营企业	4050	4050	1498	1498	208	208	2344
集体联营企业	7046	7046	5010	5010	386	386	1650
国有与集体联营企业							
其他联营企业							
有限责任公司	1943160	1929440	1227138	1208951	91491	88907	619999
国有独资公司	59068	59068	29220	28543	3053	3053	27471
其他有限责任公司	1884092	1870372	1197918	1180408	88438	85854	592528
股份有限公司	343626	294079	234370	194362	15158	14702	84358
私营企业	3676655	3659141	2158683	2154550	172610	171588	1621662
私营独资企业	653590	653200	472891	472377	36025	35877	461029
私营合伙企业	39589	39589	18736	18736	2056	2056	18097
私营有限责任公司	2839991	2823747	1586666	1583447	127316	126558	1087369
私营股份有限公司	143485	142605	80390	79990	7213	7097	55167
其他企业	106088	106088	51054	50483	5332	5332	37596
港、澳、台商投资企业	**549816**	**548167**	**256607**	**249095**	**26261**	**26261**	**197395**
合资经营企业(港或澳、台资)	206664	205077	42644	39132	11153	11153	154792
合作经营企业(港或澳、台资)	249414	249414	168516	168516	10509	10509	-1027
港、澳、台商独资经营企业	93638	93576	45397	41397	4589	4589	43590
港、澳、台商投资股份有限公司	100	100	50	50	10	10	40
外商投资企业	**396659**	**395048**	**223197**	**223197**	**22453**	**22439**	**149403**
中外合资经营企业	117722	117722	85645	85645	8317	8303	23765
中外合作经营企业	45252	45252	30066	30066	2532	2532	12654
外资企业	229901	228290	107486	107486	11415	11415	109389
外商投资股份有限公司	3784	3784			189	189	3595

注册类型分财务收支情况

单位：千元

其他业务利润	费用合计			营业利润	职工工资和福利费	本年应交增值税	全部从业人员年平均人数（人）	资产减值损失	公允价值变动收益	投资收益
		税金	利息支出							
91976	**2699232**	**111251**	**112123**	**475124**	**1622626**	**286505**	**98123**	**116025**	**8248**	**69272**
14556	468346	26610	8971	68499	258180	253517	14550	35707	7818	54742
81629	**2193268**	**88464**	**41572**	**552449**	**1448936**	**286325**	**89340**	**114081**	**8248**	**66777**
1607	354783	18595	6749	27538	204266	252993	11423	35641	8009	2262
1782	75447	3167	2260	86538	54536	1035	3568	26	-15	13318
1576	25824	2063	1023	5032	31588	97	1961			3
	3045	23	10	949	3825		163		1	
	2020		10	324	1844		101			
	1025	23		625	1981		62		1	
19344	537726	20535	12132	114741	431907	20662	27817	13226	117	49662
74	21420	88	14	6125	15420	111	686			49248
19270	516306	20447	12118	108616	416487	20551	27131	13226	117	414
14373	67501	4232	1464	32143	48781	747	2590	23004	-1	755
41519	1091917	35426	17934	267568	655403	10738	40737	42184	137	277
252	87360	4022	290	57166	63459	1952	4406	18188	48	-6
2482	18724	1923	209	719	9689	6	655	407		
37693	917437	27448	17170	221293	547524	7841	33088	23587	88	283
1092	68396	2033	265	-11610	34731	939	2588	2	1	
1428	37025	4423		17940	18630	53	1081			500
2581	**303785**	**11752**	**35256**	**-32315**	**67972**	**67**	**2188**			
593	151087	4396	34430	4376	26343	67	874			
	71918			-1529	9883		364			
1988	80760	7356	826	-35182	31309		934			
	20			20	437		16			
7766	**202179**	**11035**	**35295**	**-45010**	**105718**	**113**	**6595**	**1944**		**2495**
6312	67238	851	53	-37161	43171	2	3919			
40	25423	2456	15901	-12729	5472		152	64		2495
1414	105888	7410	19341	4915	56715	53	2505	1880		
	3630	318		-35	360	58	19			

4-D-8 物业管理企业按控股情况、隶属关系、

分组	营业收入	主营业务收入	营业成本	主营业务成本	营业税金及附加	主营业务税金及附加	主营业务利润
总计	**8410231**	**8292003**	**4930377**	**4850034**	**379909**	**374744**	**3258021**
一、按控股情况分组							
国有控股	1020882	945925	574731	527234	43046	41551	379450
集体控股	731222	722705	473217	469357	19957	19900	233883
私人控股	5009191	4979887	3018559	2999894	236423	232967	2014097
港澳台商控股	520048	519986	261279	257279	25017	25017	162274
外商控股	319404	317793	163929	163929	16525	16511	137353
其他	629060	625664	387732	381440	31658	31543	209017
二、按隶属关系分组							
中央	74003	70528	56028	49969	4896	3875	16124
地方	8336228	8221475	4874349	4800065	375013	370869	3241897
省	188606	187892	59089	57654	11422	11382	118762
市、地区	1246914	1193925	735489	689226	58008	55599	374176
县	656709	655108	341736	340956	31028	30935	282290
街道	63725	62794	47646	47617	2912	2907	12204
镇	15786	15612	8964	8964	850	847	5667
乡	75	75	366	366			-291
居委会							
村民委员会	33312	33312	23109	22151	1819	1799	9699
其他	6131101	6072757	3657950	3633131	268974	267400	2439390
三、按资质等级分组							
一级	400941	400887	290590	290548	14844	14843	86282
二级	506685	503574	350219	346051	25866	25547	129833
三级	2913525	2847209	1705322	1650733	120234	119504	1050659
其他	4589080	4540333	2584246	2562702	218965	214850	1991247
四、按营业状态分组							
营业	8195817	8077970	4859012	4778698	371220	366087	3123953
停业（歇业）	31014	31014	19370	19370	1189	1189	10436
筹建	4060	4060	2812	2812	213	213	1026
当年关闭	2598	2598	1485	1485	40	40	1073
当年破产	70	70	62	62	4		4
其他	11202	11202	5470	5470	789	789	4943

资质等级和营业状态分财务收支情况

单位：千元

其他业务利润	费用合计	税金	利息支出	营业利润	职工工资和福利费	本年应交增值税	全部从业人员年平均人数(人)	资产减值损失	公允价值变动收益	投资收益
91976	**2699232**	**111251**	**112123**	**475124**	**1622626**	**286505**	**98123**	**116025**	**8248**	**69272**
12680	362670	26040	8864	46315	176328	253517	10636	34567	-182	54742
4759	141850	8098	3510	99525	144656	2348	9508	32	35	13381
57066	1414815	52707	26987	375814	930615	28826	59661	70059	165	1019
2005	300444	9781	51157	-64749	68022	67	2154			
6976	172648	8531	19394	-28319	76239	113	3799	1880		
5555	194457	5492	2104	23441	139831	1634	8149	8338	227	126
-3439	22643	1901	4	-9538	8879	208	376			2257
95415	2676589	109350	112119	484662	1613747	286297	97747	116025	8248	67015
918	116931	2686	1600	2799	27792	337	1341	10	8001	49248
17915	442063	25384	7332	33155	224251	267040	12910	3937	-191	3237
519	199388	7940	2866	86173	170791	1011	9404	29864	4	5
1171	20565	322	60	-7157	13904	5	905	5	5	7
	3835	25	40	1836	3054	7	218	1140		
283	112			-120	220		13			
	28	3		-28	12		1			
464	10111	1894	938	-396	9033	256	673	82	54	28
74145	1883556	71096	99283	368400	1164690	17641	72282	80987	375	14490
496	91031	1345	6959	5375	77841	916	5527	310		223
2373	107301	3149	3597	26857	162264	328	9934	72	23	33
46716	882381	32381	8484	231306	656867	21913	38948	46754	31	17016
42391	1618519	74376	93083	211586	725654	263348	43714	68889	8194	52000
89788	2568875	109961	112010	458539	1518100	286428	92475	114868	8242	69263
16	8538	401	6	2028	13929	26	1067	14	6	8
	9841	99		-8806	3512	32	292	3		1
	347	8		726	875		70			
	4				130		14			
	3767	219		1176	2664	19	160			

4-D-9 物业管理企业按地区分财务收支情况

单位：千元

地区	营业收入	主营业务收入	营业成本	主营业务成本	营业税金及附加	主营业务税金及附加	主营业务利润	其他业务利润	费用合计
全省	**8410231**	**8292003**	**4930377**	**4850034**	**379909**	**374744**	**3258021**	**91976**	**2699232**
沈阳市	2901221	2890919	1530165	1524407	149481	146960	1193100	22575	955248
大连市	3245956	3154600	1960945	1896812	124430	122260	1039133	53554	1189470
鞍山市	288217	286242	137729	134081	16565	16401	134921	3426	108831
抚顺市	229022	229010	135324	135254	8479	8479	85386	3070	49104
本溪市	301882	301588	126426	126140	11570	11570	163674	38	93210
丹东市	260803	259846	201083	200405	10264	10159	49674	757	44342
锦州市	102989	102989	65808	65808	6328	6328	30853	320	33047
营口市	213997	213997	124845	124845	10146	10146	79031	1370	61026
阜新市	58511	57724	46068	45852	1813	1813	10042	668	10286
辽阳市	74603	74603	57424	57424	2823	2734	13839	50	13680
盘锦市	188245	183815	116247	113617	7096	7096	64065	1880	39550
铁岭市	125602	120659	101131	99546	5300	5211	14968	3127	33199
朝阳市	62023	59084	43515	42315	1672	1671	15110	725	25227
葫芦岛市	357160	356927	283667	283528	23942	23916	364225	416	43012

4-D-9 续表

单位：千元

地区	税金	利息支出	营业利润	职工工资和福利费	本年应交增值税	全部从业人员年平均人数（人）	资产减值损失	公允价值变动收益	投资收益
全省	**111251**	**112123**	**475124**	**1622626**	**286505**	**98123**	**116025**	**8248**	**69272**
沈阳市	48318	9959	284572	575256	255267	30541	17174	372	1116
大连市	32959	85716	5979	620213	24452	37549	19472	-191	68147
鞍山市	9225	2225	29928	43726	48	3414		8000	
抚顺市	2475	5986	37312	53842		3896	41082	27	18
本溪市	1674	394	70502	54110	113	2654	1550		
丹东市	1334	30	5771	67829	2664	3466	1243		
锦州市	430	604	-1874	27377		2256			
营口市	2423	2383	19466	31385	986	2730			
阜新市	895	-66	441	22985	442	2162	4063		
辽阳市	734	-36	1158	27086	847	2115			-9
盘锦市	6248	206	27556	42641	1010	2238			
铁岭市	2770	1105	-4347	23130	394	1679	24369		
朝阳市	874	3414	-9432	18524	208	2098	575		
葫芦岛市	892	203	8092	14522	74	1325	6497	40	

4-E-1　中介服务企业按登记注册类型分综合情况

分　组	单位数(个)	房屋代理销售			房屋代理出租		
		成　交合同面积(平方米)	成　交合同数(个)	成　交合同金额(千元)	成　交合同面积(平方米)	成　交合同数(个)	成　交合同金额(千元)
总　计	**1802**	**4047756**	**42494**	**13810494**	**3434592**	**51415**	**228614**
其中：国有及国有控股	64	24497	350	61479	139228	1080	16564
按登记注册类型分组							
内资企业	**1779**	**3638481**	**35361**	**11339917**	**2565562**	**40704**	**217348**
国有企业	54	23297	335	54279	139228	1080	16564
集体企业	33	41285	523	79525	123940	1999	9760
股份合作企业	19	8674	209	24725	41664	918	2030
联营企业	1	5000	69	24150			
集体联营企业	1	5000	69	24150			
有限责任公司	211	684602	7319	1756953	347265	5376	38955
国有独资公司	5	1200	15	7200			
其他有限责任公司	206	683402	7304	1749753	347265	5376	38955
股份有限公司	34	1008	12	6393	77619	1527	484
私营企业	1407	2870485	26529	9375055	1800240	29111	149393
私营独资企业	147	289068	5419	943141	376859	6621	70646
私营合伙企业	40	26893	288	80697	218976	3649	20154
私营有限责任公司	1169	2526291	20632	8309714	1160803	18120	54442
私营股份有限公司	51	28233	190	41503	43602	721	4151
其他企业	20	4130	365	18837	35606	693	162
港、澳、台商投资企业	**8**	**407900**	**7108**	**2466452**	**859030**	**10511**	**10466**
合资经营企业(港或澳、台资)	3	391900	4908	2396450	838480	10504	10455
港、澳、台商独资经营企业	5	16000	2200	70002	20550	7	11
外商投资企业	**15**	**1375**	**25**	**4125**	**10000**	**200**	**800**
中外合资经营企业	4						
外资企业	11	1375	25	4125	10000	200	800

4-E-2 中介服务企业按控股情况、隶属关系和营业状态分综合情况

分 组	单位数(个)	房屋代理销售			房屋代理出租		
		成 交 合同面积(平方米)	成 交 合同数(个)	成 交 合同金额(千元)	成 交 合同面积(平方米)	成 交 合同数(个)	成 交 合同金额(千元)
总 计	**1802**	**4047756**	**42494**	**13810494**	**3434592**	**51415**	**228614**
一、按控股情况分组							
国有控股	54	21859	342	48817	138228	1070	16388
集体控股	60	55059	802	128900	194762	3002	15865
私人控股	1585	3534314	33652	11072856	2213470	36329	183853
港澳台商控股	7	407900	7108	2466452	859030	10511	10466
外商控股	13	1375	25	4125	10000	200	800
其他	66	20081	181	54870	8602	103	496
二、按隶属关系分组							
中央	5	500	2	5000	8890	195	270
地方	1797	4047256	42492	13805494	3425702	51220	228344
省	14	6450	120	22950	155000	1800	16650
市、地区	98	111024	1698	505557	132260	1933	9178
县	64	351075	2804	427538	60278	530	3384
街道	9	2000	12	8500	34500	77	5320
镇	6	26000	242	29800	12600	142	720
村委会	3						
其他	1603	3550707	37616	12811149	3031064	46738	193092
三、按营业状态分组							
营业	1578	3971705	41251	13671248	3300452	48762	218152
停业（歇业）	171	59833	682	78102	29630	573	2389
筹建	29	600	8	1320	740	14	6
当年关闭	6				770	6	17
其他	3	8450	169	25350	93500	1870	7480

4-E-3　中介服务企业按地区分综合情况

地　区	单位数（个）	房屋代理销售			房屋代理出租		
		成　交合同面积（平方米）	成　交合同数（个）	成　交合同金额（千元）	成　交合同面积（平方米）	成　交合同数（个）	成　交合同金额（千元）
全　省	**1802**	**4047756**	**42494**	**13810494**	**3434592**	**51415**	**228614**
沈阳市	552	1376733	6855	2358542	1137811	17957	77300
大连市	936	1851280	26542	10043198	1178913	15257	72928
鞍山市	72	88876	1107	219820	47300	649	3969
抚顺市	30	3898	72	5838	91132	2116	627
本溪市	35	58518	631	65296	119560	2596	1574
丹东市	15	113620	574	206560	100890	978	978
锦州市	46	92095	1022	242389	723558	11393	69351
营口市	41	396436	2869	550035	22000	328	1021
阜新市	19	40131	505	70454	5339	34	477
辽阳市	8	15800	2153	31800	110	2	9
盘锦市	12	200	1	450	180	1	2
铁岭市	6						
朝阳市	15				600	8	20
葫芦岛市	15	10169	163	16112	7199	96	358

4-E-4 中介服务企业按登记

分组	年初存货	年末存货	固定资产原价	所有者权益合计
总计	**337148**	**389800**	**2767618**	**2498554**
其中：国有及国有控股	35914	36613	513713	623025
按登记注册类型分组				
内资企业	**112545**	**169489**	**2715590**	**2223600**
国有企业	35913	36612	233468	202785
集体企业	5087	4109	61653	52029
股份合作企业	1021	1818	71681	71296
联营企业			260	4793
集体联营企业			260	4793
有限责任公司	41887	91673	1304166	891340
国有独资公司			279703	313694
其他有限责任公司	41887	91673	1024463	577646
股份有限公司	226	136	10120	22036
私营企业	28411	35141	856164	964101
私营独资企业	5085	4279	53971	41905
私营合伙企业	15		10018	13968
私营有限责任公司	22370	30041	764338	868735
私营股份有限公司	941	821	27837	39493
其他企业			178078	15220
港、澳、台商投资企业	**20**	**20**	**10414**	**30675**
合资经营企业(港或澳、台资)	20	20	4302	34573
港、澳、台商独资经营企业			6112	-3898
外商投资企业	**224583**	**220291**	**41614**	**244279**
中外合资经营企业	3064	3064	15851	82937
外资企业	221519	217227	25763	161342

注册类型分存货和所有者权益情况

单位：千元

实收资本							本年折旧
	国家资本	集体资本	法人资本	个人资本	港澳台资本	外商资本	
2362667	**583260**	**54604**	**476383**	**982575**	**14043**	**251802**	**235792**
499877	449402	920	44323	5232			67729
2048124	**581260**	**54604**	**432950**	**979215**		**95**	**232148**
80791	31426	920	43423	5022			11234
38210		36392	398	1420			4589
70706	55000	2274	1512	11910		10	1480
5000			5000				
5000			5000				
926729	490034	1342	188233	247039		81	113372
311676	311676						56456
615053	178358	1342	188233	247039		81	56916
19803			14080	5723			761
891918	4800	13646	178684	694784		4	65878
44990		1700	15473	27813		4	4226
13807	1500		1500	10807			826
792301	3300	11946	157916	619139			59112
40820			3795	37025			1714
14967		30	1620	13317			34834
29924			**8155**	**3000**	**14043**	**4726**	**909**
21067			8155	3000	8412	1500	58
8857					5631	3226	851
284619	**2000**		**35278**	**360**		**246981**	**2735**
88968	2000		35278	310		51380	760
195651				50		195601	1975

4-E-5 中介服务企业按控股情况、隶属关系

分组	年初存货	年末存货	固定资产原价	所有者权益合计
总计	**337148**	**389800**	**2767618**	**2498554**
一、按控股情况分组				
国有控股	35895	36604	449689	621475
集体控股	6099	5917	550939	144741
私人控股	70532	125739	1433297	1385878
港澳台商控股			8575	21591
外商控股	224583	220291	41143	237031
其他	20	1240	47250	85008
二、按隶属关系分组				
中央	16	16	58452	124868
地方	337132	389784	2709166	2373686
省	3831	3831	3783	113358
市、地区	56448	106408	459520	269432
县	351	399	311210	407840
街道	74	74	422982	14588
镇	20	30	2305	620
村委会			13835	21935
其他	276408	279042	1495531	1545913
三、按营业状态分组				
营业	336044	387498	2438033	2376720
停业（歇业）	1085	2293	87638	93993
筹建			3241	24100
当年关闭			577	420
其他			1736	1211

和营业状态分存货和所有者权益情况

单位：千元

实收资本							本年折旧
	国家资本	集体资本	法人资本	个人资本	港澳台资本	外商资本	
2362667	**583260**	**54604**	**476383**	**982575**	**14043**	**251802**	**235792**
498347	448572	920	44323	4532			64569
123986	55000	38746	11180	19060			28552
1364516	73300	14146	359750	917142		178	98828
18274				3000	10548	4726	909
267651	2000		27000	50		238601	2715
87093	3558	742	34110	36891	3495	8297	2550
45444	1961	1990	41493				3220
2317223	581299	52614	434890	982575	14043	251802	232572
113430	107506	4554	1310	30		30	313
247393	94740	1066	87625	55685		8277	50616
402734	303321	9731	3478	8079		78125	56935
8260		2130	630	5500			22755
620	150	50		420			68
21435		13435	8000				816
1523351	75582	21648	333847	912861	14043	165370	101069
2247288	579140	42494	433515	926424	14043	251672	190045
87619	3290	12060	33848	38291		130	7719
24030			8000	16030			222
420				420			64
1210			1000	210			92

4-E-6 中介服务企业按地区

地　区	年初存货	年末存货	固定资产原　价	所有者权益合计	实收资本
全　省	**337148**	**389800**	**2767618**	**2498554**	**2362667**
沈阳市	47327	95522	1483672	1245350	1078770
大连市	277080	282056	985709	951463	964704
鞍山市	8316	9551	136030	131363	110958
抚顺市	200	81	7415	10843	10411
本溪市	366	387	17378	13993	11610
丹东市	2163	886	9348	18002	15438
锦州市	805	707	16835	21019	17210
营口市	787	578	35468	55464	54730
阜新市	89	32	13021	54	66485
辽阳市			1286	2760	2710
盘锦市	15		3773	5476	5440
铁岭市			1450	1171	877
朝阳市			51216	37241	18858
葫芦岛市			5017	4355	4466

分存货和所有者权益情况

单位：千元

国家资本	集体资本	法人资本	个人资本	港澳台资本	外商资本	本年折旧
583260	**54604**	**476383**	**982575**	**14043**	**251802**	**235792**
335732	45915	218740	334055	10548	133780	161831
107800	1592	240835	492960	3495	118022	58171
64710	1050	11950	33248			3261
1841		1020	7550			558
837	1270	398	9105			974
	600	400	14438			556
		200	17010			1538
	510	490	53730			2835
60230	2586	80	3589			1354
			2710			61
	500	500	4440			473
	81		796			48
10200	500		8158			3782
1910		1770	786			350

4-E-7 中介服务企业按登记

分组	营业收入	主营业务收入	营业成本	主营业务成本	营业税金及附加	主营业务税金及附加	主营业务利润
总计	**1549845**	**1543439**	**602329**	**602089**	**74446**	**73555**	**849126**
其中：国有及国有控股	133899	133864	51148	51136	6898	6898	75812
按登记注册类型分组							
内资企业	1388777	1382371	561867	561627	65351	64460	744744
国有企业	124065	124030	46934	46922	6509	6509	70581
集体企业	23008	23008	12413	12413	1029	1029	9566
股份合作企业	48728	48723	12767	12767	3558	3558	32398
联营企业	39	39	12	12	2	2	25
集体联营企业	39	39	12	12	2	2	25
有限责任公司	299731	295021	83095	83093	15931	15791	194029
国有独资公司	6066	6066	1889	1889	242	242	3935
其他有限责任公司	293665	288955	81206	81204	15689	15549	190094
股份有限公司	24153	24122	14157	14137	1199	1197	8786
私营企业	842937	841312	387616	387410	35411	34663	409725
私营独资企业	121317	121307	70149	70137	4621	4621	43816
私营合伙企业	21596	21591	9514	9514	968	968	11109
私营有限责任公司	684700	683090	301192	300998	28985	28237	347075
私营股份有限公司	15324	15324	6761	6761	837	837	7725
其他企业	26116	26116	4873	4873	1712	1711	19634
港、澳、台商投资企业	137324	137324	32907	32907	7023	7023	97386
合资经营企业(港或澳、台资)	100960	100960	15800	15800	5171	5171	79989
港、澳、台商独资经营企业	36364	36364	17107	17107	1852	1852	17397
外商投资企业	23744	23744	7555	7555	2072	2072	6996
中外合资经营企业	8064	8064	2390	2390	1098	1098	4576
外资企业	15680	15680	5165	5165	974	974	2420

注册类型分财务收支情况

单位：千元

其他业务利润	费用合计			营业利润	职工工资和福利费	本年应交增值税	全部从业人员年平均人数(人)	资产减值损失	公允价值变动收益	投资收益
		税金	利息支出							
24401	**770720**	**29048**	**7147**	**96498**	**330116**	**6467**	**14899**	**12930**	**10**	**2155**
701	71224	6762	994	5289	35204	2363	1508	164		1502
7921	678039	26450	7740	77668	263408	6467	13243	12930	10	2155
701	51491	1151	981	19791	31904	2363	1380	164		1502
593	6954	881	5	3205	10803	4	693			
83	25966	1740	-152	6515	4352		209			
	130	2		-105	130		5			
	130	2		-105	130		5			
779	202230	13379	4062	-7235	56039	1088	2495	5566		-24
	19517	5604	13	-15582	3031		104			
779	182713	7775	4049	8347	53008	1088	2391	5566		-24
161	4970	340	19	3976	3327	648	205			
5604	368797	8707	2824	49285	153069	2358	8108	7180	10	677
2	31085	750	140	12876	22185	88	1207	159	3	
51	9166	348	1	1994	4630		261	178		1
5501	321790	7511	2662	33087	121668	2247	6367	6813	7	676
50	6756	98	21	1328	4586	23	273	30		
	17501	250	1	2236	3784	6	148	20		
9358	86265	2324	-857	11129	64011		1552			
	66867	2178	-859	13122	49014		1177			
9358	19398	146	2	-1993	14997		375			
7122	6416	274	264	7701	2697		104			
	2740	175	273	1836	680		18			
7122	3676	99	-9	5865	2017		86			

4-E-8 中介服务企业按控股情况、

分组	营业收入	主营业务收入	营业成本	主营业务成本	营业税金及附加	主营业务税金及附加	主营业务利润
总计	**1549845**	**1543439**	**602329**	**602089**	**74446**	**73555**	**849126**
一、按控股情况分组							
国有控股	110615	110580	43742	43730	5898	5898	60934
集体控股	151202	149440	47438	47438	9030	8893	93109
私人控股	1031186	1026628	440293	440087	45329	44576	532337
港澳台商控股	137324	137324	32907	32907	7023	7023	97386
外商控股	23744	23744	7555	7555	2072	2072	6996
其他	52392	52341	20547	20525	2995	2994	26928
二、按隶属关系分组							
中央	16316	16316	10891	10891	696	696	4729
地方	1533529	1527123	591438	591198	73750	72859	844397
省	7785	7785	3549	3549	412	412	3927
市、地区	165841	165775	48702	48670	9604	9603	107467
县	33221	33206	12195	12195	1452	1452	12441
街道	84397	82640	23793	23793	5042	4905	53942
镇	3226	3226	1941	1941	122	122	1163
村委会	1692	1692	1004	1004	93	93	595
其他	1237367	1232799	500254	500046	57025	56272	664862
三、按营业状态分组							
营业	1488485	1482079	580962	580722	71690	70799	812039
停业（歇业）	18860	18860	12056	12056	634	634	6170
筹建	574	574	376	376	24	24	160
当年关闭							
其他	785	785	150	150	43	43	456

隶属关系和营业状态分财务收支情况

单位：千元

其他业务利润	费用合计			营业利润	职工工资和福利费	本年应交增值税	全部从业人员年平均人数（人）	资产减值损失	公允价值变动收益	投资收益
		税金	利息支出							
24401	770720	29048	7147	96498	330116	6467	14899	12930	10	2155
701	58406	6717	994	3229	23259	2358	1036	164		1502
756	72671	7834	2411	21194	19365	7	1138			
6217	504077	11318	4330	37420	199894	3503	10134	12746	10	653
9358	86258	2324	-857	11136	64011		1551			
7122	5984	116	-9	8133	2647		102			
247	15342	694	278	11932	6258	592	376	20		
	3491	1177		1238	1956	41	64			1502
24401	767229	27871	7147	95260	328160	6426	14835	12930	10	653
368	3447	147	13	951	4040	3	167			
963	98054	3221	2973	10587	42288	2383	1745	25		
7226	24341	5870	-7	-4679	13142	473	822	164		
	41781	5439	2544	12161	6205	47	365			
	388	4	5	775	936		92			
	376			219	225		17			
15844	598842	13190	1619	75246	261324	3520	11627	12741	10	653
24401	737480	28716	7144	92637	305473	5915	13591	12929	4	2155
	4808	298	3	1362	10044	545	715		5	1
	528	4		-354	564		54	1	1	
	45			-45	205		16			
	194			262	146		7			-1

4-E-9 中介服务企业

地　区	营业收入	主营业务收入	营业成本	主营业务成本	营业税金及附加	主营业务税金及附加	主营业务利润	其他业务利润	费用合计
全　省	**1549845**	**1543439**	**602329**	**602089**	**74446**	**73555**	**849126**	**24401**	**770720**
沈阳市	619416	616140	240889	240865	32783	32781	330189	8328	299832
大连市	681484	678418	247848	247702	29052	28168	396296	15262	393946
鞍山市	59744	59695	18527	18457	4448	4448	36790	125	25109
抚顺市	22017	22017	11113	11113	807	807	10079	3	3846
本溪市	31824	31824	18352	18352	359	359	13113		5744
丹东市	15611	15611	8562	8562	736	736	6313	42	4106
锦州市	24618	24618	16489	16489	1430	1430	6699		4241
营口市	41253	41253	21924	21924	2161	2157	17168	218	10604
阜新市	17402	17402	9409	9409	503	503	7490		6276
辽阳市	2507	2507	1164	1164	153	153	1191		1132
盘锦市	7591	7586	900	900	309	309	6377		4392
铁岭市	2806	2806	1408	1408	62	62	1336		1409
朝阳市	20569	20569	3855	3855	1426	1426	15288	350	9426
葫芦岛市	3003	2993	1889	1889	217	216	797	73	657

按地区分财务收支情况

单位：千元

税金	利息支出	营业利润	职工工资和福利费	本年应交增值税	全部从业人员年平均人数(人)	资产减值损失	公允价值变动收益	投资收益
29048	**7147**	**96498**	**330116**	**6467**	**14899**	**12930**	**10**	**2155**
11866	1978	38386	122059	2946	6004	684	10	1630
12427	4352	10913	168126	409	6689	11925		525
2470	95	11766	7643		420			
158	6	6236	6230		378	157		
154		7369	6432		306			
428	219	2249	1793	345	71			
102	15	2458	3521		247			
281	5	6782	3398	56	263			
529	-431	1947	2311		107			
24		59	958	18	59			
116		1985	1159		64			
160		-73	624		36			
285	908	6212	4936	2247	194	164		
48		209	926	446	61			

4-F-1 其它房地产企业按

分　组	单位数(个)	年初存货	年末存货	固定资产原　价	所有者权益合计
总　计	**1077**	**2461370**	**2788581**	**7858668**	**6866878**
其中：国有及国有控股	366	198862	122353	2274373	1165763
按登记注册类型分组					
内资企业	**1028**	**972393**	**1012491**	**6423497**	**4394835**
国有企业	344	166219	114788	2204655	1055200
集体企业	166	58182	74319	702916	137503
股份合作企业	38	35479	50873	234915	187582
联营企业	3	8339	6009	1229	18234
国有联营企业	1			800	300
集体联营企业	1	60	50	100	300
国有与集体联营企业	1	8279	5959	329	17634
有限责任公司	121	223039	140136	1078355	807060
国有独资公司	5	22884		4853	5463
其他有限责任公司	116	200155	140136	1073502	801597
股份有限公司	14	1107	611	33151	42975
私营企业	328	480028	625755	1954081	2135513
私营独资企业	54	19985	16732	48972	118362
私营合伙企业	11	76	95	15255	25640
私营有限责任公司	252	459967	598588	1862833	1885319
私营股份有限公司	11		10340	27021	106192
其他企业	14			214195	10768
港、澳、台商投资企业	**22**	**1341648**	**1643517**	**351939**	**775970**
合资经营企业(港或澳、台资)	11	1330947	1641435	108270	251459
合作经营企业(港或澳、台资)	1				350000
港、澳、台商独资经营企业	8	10701	2082	243659	142511
港、澳、台商投资股份有限公司	2			10	32000
外商投资企业	**27**	**147329**	**132573**	**1083232**	**1696073**
中外合资经营企业	9	80077	65278	23602	126387
中外合作经营企业	4			235	8794
外资企业	14	67252	67295	1059395	1560892

登记注册类型分存货和所有者权益情况

单位：千元

实收资本	国家资本	集体资本	法人资本	个人资本	港澳台资本	外商资本	本年折旧
7216296	**1301595**	**615864**	**1510461**	**1625791**	**521221**	**1641364**	**469154**
1390822	1262335	25256	55343	43377	3721	790	94260
4546712	**1289812**	**585285**	**1061857**	**1609518**		**240**	**328878**
1238673	1197441	13441	16714	11077			90771
367940	7243	347399	5202	8096			41106
125646	30199	72790	14181	8476			14723
20600	18300	1300	1000				111
300	300						64
300		300					12
20000	18000	1000	1000				35
586455	31869	127936	231048	195602			64350
11895	11895						356
574560	19974	127936	231048	195602			63994
43468		2310	18558	22600			1501
2151670	1430	20079	774254	1355667		240	110465
112267	300		47410	64557			2296
23500		350	3600	19550			1195
1911958	1130	19729	710744	1180115		240	105312
103945			12500	91445			1662
12260	3330	30	900	8000			5851
807263	**11783**	**30579**	**293255**		**470856**	**790**	**36061**
296774	11783	30579	76349		177273	790	4474
350000			171500		178500		
128489			15406		113083		31585
32000			30000		2000		2
1862321			**155349**	**16273**	**50365**	**1640334**	**104215**
223518			151214	8000		64304	398
8794			4135	273		4386	10
1630009				8000	50365	1571644	103807

4-F-2 其它房地产企业按控股情况、隶属关系和

分 组	单位数(个)	年初存货	年末存货	固定资产原 价	所 有 者权益合计
总 计	**1077**	**2461370**	**2788581**	**7858668**	**6866878**
一、按控股情况分组					
国有控股	214	198399	121531	1910618	936993
集体控股	212	286384	319289	1048067	422274
私人控股	407	611790	696855	2481764	2461814
港澳台商控股	17	1005859	1312783	318490	694758
外商控股	24	246289	224880	1110173	1662488
其他	41	112186	112421	621959	454011
二、按隶属关系分组					
中央	13	17661	17660	101359	50423
地方	1064	2443709	2770921	7757309	6816455
省	21	6119	1854	239428	156083
市、地区	210	311375	350419	2360065	1704736
县	285	95141	47868	653760	81806
街道	24	19800	16018	292679	436349
镇	13	196	387	9797	11400
乡	5	410	820	770	810
居委会	1			750	720
村民委员会	11	75	75	172561	113288
其他	494	2010593	2353480	4027499	4311263
三、按营业状态分组					
营业	668	2375709	2697838	6050620	5332113
停业（歇业）	205	55286	61240	1026719	1274250
筹建	34			14552	94308
当年关闭	10	17543	17535	47275	48211
当年破产	2	12215	11041	370500	-88767
其他	6	205	105	4628	13522

营业状态分存货和所有者权益情况

单位：千元

实收资本	国家资本	集体资本	法人资本	个人资本	港澳台资本	外商资本	本年折旧
7216296	**1301595**	**615864**	**1510461**	**1625791**	**521221**	**1641364**	**469154**
1292812	1170723	24516	55043	38019	3721	790	75176
599654	35230	426412	57282	36688	44042		63111
2458538	2030	38079	922259	1495930		240	145573
763904	800		337856		425248		34598
1773706		30579	47810	8273	48210	1638834	105559
224110		94788	87299	40523		1500	25652
88677	65641	574	10741	8000	3721		2036
7127619	1235954	615290	1499720	1617791	517500	1641364	467118
216214	46446	93978	49900	25100		790	10496
1776696	894265	63808	165800	146732	44042	462049	102833
438740	257355	60257	3065	67698	50365		37654
180559	12530	166341	500	1188			22345
8858	5841	2917	100				1150
770	500	270					70
720			720				
32857		32407		450			7062
4472205	19017	195312	1279635	1376623	423093	1178525	285508
5375824	418957	562885	1326243	1430524	497975	1139240	415668
1560099	722433	44766	119146	166009	5721	502024	19762
103685			62160	24000	17425	100	644
63531	63331	100			100		339
9037	8837	200					14869
8008	855	7053		100			197

4-F-3 其它房地产企业按地区

地　区	单位数（个）	年初存货	年末存货	固定资产原　价	所有者权益合计
全　省	**1077**	**2461370**	**2788581**	**7858668**	**6866878**
沈阳市	399	1426742	1501300	2583974	2756172
大连市	255	941794	1182134	2828044	3089982
鞍山市	48	6	6	671467	753644
抚顺市	71	20460	20606	267962	120317
本溪市	46	340	323	50627	42843
丹东市	49	4402	28027	307625	-258542
锦州市	52	3324	2324	228237	141082
营口市	23	22954	105	29036	13545
阜新市	18	577	586	46072	38052
辽阳市	20	12217	11043	395713	-108405
盘锦市	25	798	18262	130218	76510
铁岭市	16	6	2	27161	25596
朝阳市	37	534	484	108846	60035
葫芦岛市	18	27216	23379	183686	116047

分存货和所有者权益情况

单位：千元

实收资本							本年折旧
	国家资本	集体资本	法人资本	个人资本	港澳台资本	外商资本	
7216296	**1301595**	**615864**	**1510461**	**1625791**	**521221**	**1641364**	**469154**
2793037	347485	302724	370396	628334	249641	894457	212203
3134431	63134	218135	1044387	790288	271580	746907	151528
681157	663252	1545	6185	10175			3656
112320	41671	21651	23053	25945			23734
35696	10398	13923	10	11365			3241
50453	18733	25036		6684			11246
124654	86775	12809	5000	20070			21534
11073	1040	200		9833			2875
4846	648	1418	250	2530			3486
14387	13829			558			14894
70624	6172	3371	56081	5000			5499
26286	24788	300	898	300			1171
41958	12647	14452	3301	11558			1907
115374	11023	300	900	103151			12180

4-F-4 其它房地产企业

分组	营业收入	主营业务收入	营业成本	主营业务成本	营业税金及附加	主营业务税金及附加	主营业务利润
总计	**2142929**	**2121760**	**1157819**	**1127574**	**113620**	**112275**	**867142**
其中：国有及国有控股	560816	559771	244149	241317	27741	27461	291395
按登记注册类型分组							
内资企业	**1833601**	**1815617**	**1040335**	**1010205**	**96025**	**94753**	**698004**
国有企业	533378	532333	233843	231116	26256	26006	276213
集体企业	226565	226565	134197	134197	10405	10283	81340
股份合作企业	26731	26730	8899	7809	1541	1483	16792
联营企业	4942	4942	2721	2721	251	251	1970
国有联营企业	500	500	260	260	26	26	214
集体联营企业	2542	2542	1183	1183	89	89	1270
国有与集体联营企业	1900	1900	1278	1278	136	136	486
其他联营企业							
有限责任公司	273318	262689	134135	133606	16680	16276	112555
国有独资公司	5282	5282	3083	3083	238	238	1961
其他有限责任公司	268036	257407	131052	130523	16442	16038	110594
股份有限公司	16311	15731	10104	9524	597	597	5610
私营企业	727141	721412	501097	475893	37126	36688	199592
私营独资企业	61119	61119	38145	38145	3147	3147	17112
私营合伙企业	10608	10608	5228	5228	677	677	4703
私营有限责任公司	560262	554533	372668	347464	27898	27460	173085
私营股份有限公司	95152	95152	85056	85056	5404	5404	4692
其他企业	25215	25215	15339	15339	3169	3169	3932
港、澳、台商投资企业	**116577**	**115690**	**33037**	**32922**	**6108**	**6042**	**74611**
合资经营企业(港或澳、台资)	43142	43142	6783	6783	2142	2142	33107
合作经营企业(港或澳、台资)							
港、澳、台商独资经营企业	73435	72548	26254	26139	3966	3900	41504
港、澳、台商投资股份有限公司							
外商投资企业	**192751**	**190453**	**84447**	**84447**	**11487**	**11480**	**94527**
中外合资经营企业	4135	4135	4079	4079	236	236	-179
中外合作经营企业	230	230	100	100	12	12	118
外资企业	188386	186088	80268	80268	11239	11232	94588
外商投资股份有限公司							

按登记注册类型分财务收支情况

单位：千元

其他业务利润	费用合计			营业利润	职工工资和福利费	本年应交增值税	全部从业人员年平均人数（人）	资产减值损失	公允价值变动收益	投资收益
		税金	利息支出							
41028	**800555**	**59487**	**66474**	**140817**	**325480**	**7046**	**19050**	**1808**	**38**	**6051**
6995	244680	17499	8476	62381	167452	173	8738	35	37	5658
33128	**653429**	**43483**	**48238**	**109781**	**311580**	**5076**	**18661**	**1808**	**38**	**6051**
6135	227171	16589	6621	63805	160605	171	8393	35	37	5658
3566	54032	3678	891	33085	47819	3665	3876	735	-1	
228	35439	1910	-213	-18634	10771	31	985	20		
383	1058	280		1295	1024		109			
	60	50		154	664		83			
	380	230		890	144		14			
383	618			251	216		12			
8466	108993	5245	5486	16584	31044	323	1883	7	2	393
	1488	61		473	1446	2	73			
8466	107505	5184	5486	16111	29598	321	1810	7	2	393
	5206	765	1	404	1999	85	107			
14350	212309	15000	35452	12657	54988	801	3178	1011		
38	14898	1937	1576	5729	7031	111	468	1		
	2844	444	180	1859	1917	28	117			
14312	192875	12350	33696	2763	44953	662	2526	1010		
	1692	269		2306	1087		67			
	9221	16		585	3330		130			
4619	**63080**	**9250**	**6354**	**17260**	**5140**	**1530**	**217**			
1386	35989	1577	202	-386	1865		88			
							1			
3233	27091	7673	6152	17646	3241	1530	124			
					34		4			
3281	**84046**	**6754**	**11882**	**13776**	**8760**	**440**	**172**			
984	5926	120		-5107	1651		51			
	118				20		5			
2297	78002	6634	11882	18883	7089	440	116			

4-F-5 其它房地产企业按控股情况、

分　组	营业收入	主营业务收入	营业成本	主营业务成本	营业税金及附加	主营业务税金及附加	主营业务利润
总　计	**2142929**	**2121760**	**1157819**	**1127574**	**113620**	**112275**	**867142**
一、按控股情况分组							
国有控股	322000	321759	176067	175943	15688	15639	131045
集体控股	299249	292458	155019	153929	13501	13122	122186
私人控股	868147	860682	576437	550229	45099	44569	255241
港澳台商控股	99445	98558	26262	26147	5267	5201	66205
外商控股	207479	205181	90508	90508	12205	12198	102475
其他	97770	95087	62115	62115	8830	8747	23203
二、按隶属关系分组							
中央	20492	20492	7508	7508	1188	1188	10997
地方	2122437	2101268	1150311	1120066	112432	111087	856145
省	34455	34455	12086	12086	1780	1772	19221
市、地区	370811	363614	137612	136887	22991	22612	203840
县	339702	338712	194554	191722	13442	13225	133200
街道	148518	145597	106865	104932	8702	8702	31963
镇	5089	5070	2643	2643	260	260	1946
乡	1057	1057	680	680	71	71	306
居委会	50	50			3	3	47
村民委员会	5565	5565	2003	2003	307	307	3255
其他	1217190	1207148	693868	669113	64876	64135	462367
三、按营业状态分组							
营业	1839902	1822477	1054788	1028327	96762	95811	682137
停业（歇业）	48446	45506	25774	24698	3680	3517	19190
筹建	2073	2073	1115	1115	72	72	886
当年关闭	797	797	210	210	50	50	537
当年破产	9847	9847	620	620	504	504	8723
其他	8861	8861	5535	5535	344	344	2982

隶属关系和营业状态分财务收支情况

单位：千元

其他业务利润	费用合计			营业利润	职工工资和福利费	本年应交增值税	全部从业人员年平均人数(人)	资产减值损失	公允价值变动收益	投资收益
		税金	利息支出							
41028	**800555**	**59487**	**66474**	**140817**	**325480**	**7046**	**19050**	**1808**	**38**	**6051**
6727	123555	6267	7508	14473	61640	82	3613	35	37	5658
10385	86892	5232	3165	48923	60920	3716	5157	755	-1	
14804	259666	17770	36306	22936	69155	1040	4020	1017	2	393
3432	59948	7942	6152	9689	5893	1530	209			
4468	85233	8040	12084	21710	7428	440	137			
944	60107	2344	291	-27210	12097	147	610	1		
	7123	409	445	3874	4001	7	178	14		-219
41028	793432	59078	66029	136943	321479	7039	18872	1794	38	6270
2121	26538	1135	3	-3899	5369		311		-1	5602
9181	202197	17893	8836	22928	103488	339	6148	846		253
1290	80894	2302	-10	54594	91385	3693	5930			
5400	25363	1375	6	12000	23968	108	899			
1	2402	42	502	25	2990		198	6	12	7
	363		80	-57	324		22			
	15			32	30		4			
-1390	7929	1416	401	-6064	2905		130			
24425	447731	34915	56211	57384	91020	2899	5230	942	27	408
38434	608938	45940	63636	135407	191235	3332	10448	1808	38	6051
2317	37731	569	-20	-15211	22435	3608	2998			
	6860			-5974	958		88			
511	4143	12		-3095	1878		148			
-502	22261	1028	1890	-14040	1817	15	122			
	2044	78		938	1476		146			

4-F-6 其它房地产企业按地区分财务收支情况

单位：千元

地　区	营业收入	主营业务收入	营业成本	主营业务成本	营业税金及附加	主营业务税金及附加	主营业务利润	其他业务利润
全　省	**2142929**	**2121760**	**1157819**	**1127574**	**113620**	**112275**	**867142**	**41028**
沈阳市	947320	940635	419936	417755	52607	51991	468526	11903
大连市	542267	537668	336657	313253	29776	29491	182293	19939
鞍山市	79645	79645	48970	48970	5589	5589	26936	80
抚顺市	121553	112657	65164	63231	4491	4292	45633	7641
本溪市	46586	46586	25687	25687	832	821	20078	138
丹东市	32408	32408	22876	22876	1587	1587	7947	112
锦州市	62780	62258	34095	33573	3846	3846	24839	1058
营口市	30378	30350	10094	10075	1601	1601	18683	112
阜新市	22088	22088	4355	4355	964	964	16712	24
辽阳市	15761	15761	2068	2068	2661	2481	13113	-502
盘锦市	10790	10790	3558	3558	531	531	6701	
铁岭市	5559	5277	4314	2128	136	82	2544	
朝阳市	124253	124096	94522	94522	4047	4047	22081	43
葫芦岛市	101541	101541	85523	85523	4952	4952	11056	480

4-F-6 续表

单位：千元

地　区	费用合计	税金	利息支出	营业利润	职工工资和福利费	本年应交增值税	全部从业人员年平均人数（人）	资产减值损失	公允价值变动收益	投资收益
全　省	**800555**	**59487**	**66474**	**140817**	**325480**	**7046**	**19050**	**1808**	**38**	**6051**
沈阳市	376557	19087	13389	105716	136865	2480	6907	139	4	5607
大连市	245769	15639	47757	-27009	55811	614	2487	915		171
鞍山市	24205	14352	-199	2820	13075		881			
抚顺市	30020	2396	9	23072	23167		1596	754	34	273
本溪市	9118	194		11098	10276		588			
丹东市	5863	113	22	2234	8243	3653	430			
锦州市	23234	1151	442	2663	20463		3081			
营口市	15965	1375	187	2830	4958	5	295			
阜新市	9345	186		7448	3251		207			
辽阳市	26939	1027	1890	-13323	15195	78	992			
盘锦市	4857	1432	260	1844	14628	29	510			
铁岭市	10043	2		916	8755		402			
朝阳市	8118	629	2437	16662	6571	187	460			
葫芦岛市	10522	1904	280	3846	4222		214			

第5篇

其他服务业企业生产经营及财务状况

5-1 按行业(中类)分组的

行业中类	单位数(个)	年初存货	年末存货	固定资产原价	所有者权益	
						实收资本
总 计	**41207**	**16672086**	**21098818**	**212297434**	**345874644**	**214234356**
信息传输、计算机服务和软件业	**6032**	**789366**	**1029673**	**104744677**	**61947210**	**39855116**
电信和其他信息传输服务业	775	363821	490639	100197964	50965111	30820550
电信	363	286962	406648	97184831	49007388	29334979
互联网信息服务	283	7865	11510	204008	260738	261700
广播电视传输服务	122	68898	72407	2802037	1690035	1221041
卫星传输服务	7	96	74	7088	6950	2830
计算机服务业	2471	110349	139753	1252704	2538005	1969654
计算机系统服务	476	66344	83605	297069	1486265	1021702
数据处理	45	3157	3664	36549	81552	85496
计算机维修	163	8878	9189	48476	98337	91348
其他计算机服务	1787	31970	43295	870610	871851	771108
软件业	2786	315196	399281	3294009	8444094	7064912
公共软件服务	2331	271389	324737	2939987	7365995	6265463
其他软件服务	455	43807	74544	354022	1078099	799449
金融业	**1316**	**125741**	**148795**	**1179569**	**11708683**	**10769698**
银行业	252					
中央银行	5					
商业银行	212					
其他银行	35					
证券业	45					
证券市场管理	2					
证券经纪与交易	34					
证券投资	7					
证券分析与咨询	2					
保险业	524					
人寿保险	156					
非人寿保险	178					
保险辅助服务	190					
其他金融活动	495	125741	148795	1179569	11708683	10769698
金融信托与管理	35					
金融租赁	1					
财务公司	9					
邮政储蓄	12					
典当	210	110049	128322	169729	1488892	1456962
其他未列明的金融活动	228	15692	20473	1009840	10219791	9312736
租赁和商务服务业	**16886**	**11881201**	**14674803**	**59900137**	**202311999**	**128641276**
租赁业	734	126264	97335	2457668	3686669	2398830
机械设备租赁	695	125337	96737	2448547	3660069	2385544
文化及日用品出租	39	927	598	9121	26600	13286
商务服务业	16152	11754937	14577468	57442469	198625330	126242446
企业管理服务	1997	10763979	12823781	34165059	174436268	106003402
法律服务	341	3324	1724	110399	119637	67563
咨询与调查	5183	143734	226651	3775899	9884934	8891983
广告业	3335	56416	75624	1235473	2226598	1955738
知识产权服务	141	1019	1088	86602	162020	153560
职业中介服务	1471	80746	78088	943910	1149888	960987
市场管理	870	631490	1290023	13432423	7752211	5866595
旅行社	1176	10750	12549	630247	820328	772164
其他商务服务	1638	63479	67940	3062457	2073446	1570454

其他服务业企业财务状况

单位：千元

						本年折旧	营业收入总计	主营业务收入
国家资本	集体资本	法人资本	个人资本	港澳台资本	外商资本			
118232701	**5016291**	**29962071**	**32729934**	**13814079**	**14479280**	**18507221**	**149275497**	**148205061**
14276234	**197900**	**2903984**	**3116797**	**10746188**	**8614013**	**9991396**	**57163882**	**56805726**
13540376	113897	178429	335614	9241989	7410245	9363437	40871567	40595852
12496657	1245	70231	123453	9241789	7401604	9088944	39439902	39222935
28435	2020	70342	152062	200	8641	23370	323386	323024
1015004	110632	35506	59899			250529	1105063	1046677
280		2350	200			594	3216	3216
533955	50261	318480	958218	7599	101141	119944	3083250	3059787
519713	41966	152744	281150	6000	20129	31925	1783369	1762668
	380	10225	8505		66386	3746	143929	143929
7530	760	13056	68002	500	1500	4836	139003	138547
6712	7155	142455	600561	1099	13126	79437	1016949	1014643
201903	33742	2407075	1822965	1496600	1102627	508015	13209065	13150087
144448	26442	2090428	1449919	1483726	1070500	484767	9721291	9667535
57455	7300	316647	373046	12874	32127	23248	3487774	3482552
1949583	**51751**	**5628009**	**3016657**	**5930**	**117768**	**85509**	**1511882**	**1498828**
1949583	51751	5628009	3016657	5930	117768	85509	1511882	1498828
16150	26651	825977	588084		100	16917	363248	363158
1933433	25100	4802032	2428573	5930	117668	68592	1148634	1135670
86841160	**3192024**	**15727227**	**17363264**	**2605052**	**2912549**	**5212862**	**41685714**	**41182649**
163208	20905	958916	635014	410	620377	189201	1226369	1222258
162208	20635	957126	624788	410	620377	188412	1197754	1193793
1000	270	1790	10226			789	28615	28465
86677952	3171119	14768311	16728250	2604642	2292172	5023661	40459345	39960391
84018520	1718134	9473846	9258828	1198626	335448	2891997	13418948	13002099
315	2482	8237	56529			12600	431852	430553
1175269	436058	2102501	2783564	603291	1791300	288407	3969085	3953576
98169	32602	686481	1127726	7346	3414	136758	5377972	5372455
1930	500	126271	23376	1401	82	7337	159696	159696
78834	124826	227742	526274	100	3211	84809	4990886	4986705
703618	738735	1586103	1928725	787459	121955	1341742	6240635	6203668
102113	31621	159928	473230	3640	1632	53278	3179122	3174787
499184	86161	397202	549998	2779	35130	206733	2691149	2676852

5-1 续表 1

行业中类	单位数(个)	年初存货	年末存货	固定资产原价	所有者权益	实收资本
科学研究、技术服务和地质勘查业	**7246**	**2135492**	**3081970**	**10793361**	**25590027**	**13116177**
研究与试验发展	1117	267030	608324	2307889	4826754	3735866
自然科学研究与试验发展	116	34132	43519	170877	236911	235475
工程和技术研究与试验发展	639	212478	539643	1828012	3938518	3063667
农业科学研究与试验发展	175	13746	17602	215632	423589	257538
医学研究与试验发展	174	6674	7556	75937	189675	144858
社会人文科学研究与试验发展	13		4	17431	38061	34328
专业技术服务业	3749	1396727	1980632	6224666	16498716	6053909
气象服务	22	143	273	19655	11048	6949
地震服务	5			480	2380	4148
海洋服务	9	253	172	6860	14033	8350
测绘服务	185	15253	12255	190208	241027	141911
技术检测	483	25597	26577	594899	649184	485186
环境监测	69	5438	5863	75268	62675	47281
工程技术与规划管理	2064	1287176	1865596	4411136	14487001	4522966
其他专业技术服务	912	62867	69896	926160	1031368	837118
科技交流和推广服务业	2272	360584	375239	1919703	3912311	2996444
技术推广服务	1624	164605	175286	1353635	2212370	1900909
科技中介服务	481	179897	179322	425404	1121475	923586
其他科技服务	167	16082	20631	140664	578466	171949
地质勘查业	108	111151	117775	341103	352246	329958
矿产地质勘查	39	103852	108414	224352	206783	198365
基础地质勘查	23	1534	1735	53038	44692	42044
地质勘查技术服务	46	5765	7626	63713	100771	89549
水利、环境和公共设施管理业	**896**	**617393**	**882242**	**18378127**	**31409511**	**10548971**
水利管理业	82	33833	20060	13915868	26442581	6304886
防洪管理	5			625	1350	1350
水资源管理	42	33333	18451	13900616	26419180	6281856
其他水利管理	35	500	1609	14627	22051	21680
环境管理业	172	10275	14297	1424554	1177331	950933
自然保护	13	6375	7166	653077	527310	344105
环境治理	159	3900	7131	771477	650021	606828
公共设施管理业	642	573285	847885	3037705	3789599	3293152
市政公共设施管理	85	7267	7667	203599	303890	282844
城市绿化管理	359	554066	827198	359169	1715498	1697553
游览景区管理	198	11952	13020	2474937	1770211	1312755
居民服务和其他服务业	**5092**	**509943**	**540100**	**5540315**	**3882381**	**3549725**
居民服务业	2899	320139	374088	4050658	2618473	2348164
家庭服务	190	6830	8060	99916	66214	60557
托儿所	6	451	451	5320	2062	2010
洗染服务	103	1618	4385	92305	68739	53531
理发及美容保健服务	718	18242	18316	536306	293796	276169
洗浴服务	981	23246	27445	2158419	1303191	1279103
婚姻服务	222	4324	2244	42618	91599	40815
殡葬服务	153	254631	301452	719637	484592	403516
摄影扩印服务	276	8676	7573	214245	142471	115704
其他居民服务	250	2121	4162	181892	165809	116759
其他服务业	2193	189804	166012	1489657	1263908	1201561
修理与维护	1486	155227	137336	926233	745906	718032
清洁服务	388	9745	9367	182654	206331	174037
其他未列明的服务	319	24832	19309	380770	311671	309492

单位：千元

国家资本	集体资本	法人资本	个人资本	港澳台资本	外商资本	本年折旧	营业收入总计	主营业务收入
5291231	**546423**	**2694153**	**3921819**	**194054**	**468497**	**978562**	**25666998**	**25560433**
1470237	198915	1137837	809573	47577	71727	221262	9776660	9755893
101124	10	19750	82571		32020	19420	320827	309456
1280075	177528	1049429	493382	29922	33331	177355	9216513	9208257
60700	6280	39543	149095		1920	16156	116677	116676
21830	14597	24355	61965	17655	4456	6505	82558	81903
6508	500	4760	22560			1826	40085	39601
2793887	186892	909593	1806216	131058	226263	563316	12641713	12566834
3970	933	1305	741			1865	39363	39363
	100		280		3768	79	8629	8629
	30	10	8310			802	20314	20314
10672	18271	12727	100206		35	22093	403282	393114
124031	33053	139038	166270	720	22074	63143	977374	975741
21235	1670	12890	11376	110		3827	99074	99074
2534634	107586	573932	1162639	72412	71763	332180	9679602	9618141
99345	25249	169691	356394	57816	128623	139327	1414075	1412458
857678	130352	625091	1222833	15419	145071	161624	2583709	2572850
374747	63817	487239	926773	2645	45688	106739	1610458	1601692
379396	57350	125471	251921	11924	97524	37954	702312	700946
103535	9185	12381	44139	850	1859	16931	270939	270212
169429	30264	21632	83197		25436	32360	664916	664856
89590	22591	5150	55598		25436	20067	316614	316614
31271	7623	1050	2100			5512	163242	163182
48568	50	15432	25499			6781	185060	185060
7141482	**468740**	**899418**	**923248**	**78192**	**1037891**	**762206**	**3251904**	**3225514**
6282808	2358	4170	15550			424622	459121	455506
600	100	150	500			49	1750	1750
6275717	1299	2420	2420			423666	412976	409639
6491	959	1600	12630			907	44395	44117
353021	31114	358451	170122	27492	10733	97611	795369	778681
5200		280384	46232	4912	7377	58232	303109	286724
347821	31114	78067	123890	22580	3356	39379	492260	491957
505653	435268	536797	737576	50700	1027158	239973	1997414	1991327
32026	98922	52597	49499	49800		14095	284128	283920
107635	150469	129568	282423	300	1027158	34533	856482	854857
365992	185877	354632	405654	600		191345	856804	852550
190493	**195331**	**624382**	**2315583**	**114089**	**109847**	**460711**	**9040124**	**9022704**
152244	89517	277928	1661195	94805	72475	311588	5923998	5915845
250	1966	6724	51609	8		11318	572558	572558
			710	1200	100	543	14227	14177
1287	2410	12094	32268	30	5442	8999	143082	142991
1320	8041	34326	216223	6916	9343	48853	1211728	1209460
3870	24875	142893	1012501	44626	50338	150677	2528206	2524822
1049	2721	9248	22217	5000	580	3790	93165	93151
122863	30920	22980	196476	25600	4677	48657	637559	636505
857	1821	32443	67464	11425	1694	22943	395733	394669
20748	16763	17220	61727		301	15808	327740	327512
38249	105814	346454	654388	19284	37372	149123	3116126	3106859
25173	45277	200901	406577	5773	34331	83030	2023860	2016506
2550	7462	40500	107313	13501	2711	19998	462043	460791
10526	53075	105053	140498	10	330	46095	630223	629562

5-1 续表 2

行业中类	单位数(个)	年初存货	年末存货	固定资产原价	所有者权益	
						实收资本
教育	**1011**	**19394**	**19797**	**1455937**	**1376841**	**1189193**
教育	1011	19394	19797	1455937	1376841	1189193
学前教育	178	738	655	86528	163587	49747
初等教育	7	52	121	2195	2450	2200
中等教育	40	1637	1456	300634	148430	132394
高等教育	13	142	142	11891	5709	5600
其他教育	773	16825	17423	1054689	1056665	999252
卫生、社会保障和社会福利业	**1235**	**167166**	**193020**	**4056358**	**1829592**	**1662637**
卫生	1149	165829	191879	3802081	1687897	1525734
医院	282	132734	159932	3354665	1396107	1262303
卫生院及社区医疗活动	109	12743	13262	141867	105793	78704
门诊部医疗活动	686	19299	17695	265595	140630	141915
计划生育技术服务活动	3			469	790	790
妇幼保健活动	3	45	11	105	200	445
专科疾病防治活动	17	386	313	14035	5041	4820
疾病预防控制及防疫活动	15	228	232	6456	6913	6379
其他卫生活动	34	394	434	18889	32423	30378
社会保障业	37	36	25	18514	9636	8106
社会保障业	37	36	25	18514	9636	8106
社会福利业	49	1301	1116	235763	132059	128797
提供住宿的社会福利	39	229	230	223808	118601	117370
不提供住宿的社会福利	10	1072	886	11955	13458	11427
文化、体育和娱乐业	**1493**	**426390**	**528418**	**6248953**	**5818400**	**4901563**
新闻出版业	141	358441	413257	1466877	2479888	1414223
新闻业	2	300	126	120	12	10
出版业	139	358141	413131	1466757	2479876	1414213
广播、电视、电影和音像业	225	11306	12522	596964	907301	526552
广播	3	424	460	2594	3839	2568
电视	57	7842	8422	199529	192768	123835
电影	116	1646	2108	303329	379436	282125
音像制作	49	1394	1532	91512	331258	118024
文化艺术业	347	18701	18849	163973	297063	325084
文艺创作与表演	134	1005	1184	65387	71109	67543
艺术表演场馆	22	585	490	36500	116666	146603
图书馆与档案馆	24	14	14	3121	15979	14497
文物及文化保护	4	69	71	2436	3255	1000
博物馆	16	20	10	20845	18809	19010
烈士陵园、纪念馆	1			18	65	50
群众文化活动	32	182	1124	15060	17629	16623
文化艺术经纪代理	59	13352	12640	12463	36452	38035
其他文化艺术	55	3474	3316	8143	17099	21723
体育	96	3418	4813	568571	197383	565092
体育组织	34	930	923	179115	23139	358889
体育场馆	38	2374	3427	174337	101933	133473
其他体育	24	114	463	215119	72311	72730
娱乐业	684	34524	78977	3452568	1936765	2070612
室内娱乐活动	388	8811	10419	604219	329980	303460
游乐园	26	4922	8968	1242547	639639	643683
休闲健身娱乐活动	222	20082	58695	1483185	859501	984227
其他娱乐活动	48	709	895	122617	107645	139242

单位：千元

国家资本	集体资本	法人资本	个人资本	港澳台资本	外商资本	本年折旧	营业收入总计	主营业务收入
360262	**122468**	**259887**	**432123**	**3620**	**10833**	**159243**	**1181935**	**1176542**
360262	122468	259887	432123	3620	10833	159243	1181935	1176542
2386	7645	6549	31789		1378	7799	106683	106440
		800	900		500	97	3247	3247
8009	10180	11238	102867		100	28988	45874	45874
3785			1815			740	18212	18212
346082	104643	241300	294752	3620	8855	121619	1007919	1002769
407972	**123734**	**349176**	**752278**	**2500**	**26977**	**291683**	**3485841**	**3479014**
393750	122213	284486	696356	2500	26429	275900	3416226	3410504
368380	73234	238791	553344	2500	26054	242104	2798795	2793973
14889	29792	3439	30584			10971	111017	110815
4260	9285	35514	92826		30	19591	449502	448834
20	50	720				27	2125	2125
		200			245	9	229	229
300	1490	1800	1230			807	19011	19011
4167	1240	560	412			625	9710	9680
1734	7122	3462	17960		100	1766	25837	25837
3140	1210	330	3426			1406	41941	41941
3140	1210	330	3426			1406	41941	41941
11082	311	64360	52496		548	14377	27674	26569
10418	311	63140	43486		15	13986	16834	16639
664		1220	9010		533	391	10840	9930
1774284	**117920**	**875835**	**888165**	**64454**	**1180905**	**565049**	**6287217**	**6253651**
1363131	16484	24249	10159		200	184032	2957614	2947371
			10			3	180	180
1363131	16484	24249	10149		200	184029	2957434	2947191
97578	8087	257241	160046		3600	60748	559732	553416
1518	50	400	600			296	2137	2137
23067	1000	39605	60163			16461	163974	163974
72884	6398	125829	73614		3400	29562	321149	314833
109	639	91407	25669		200	14429	72472	72472
63057	4093	31098	110452	100	116284	12654	332996	332086
24841	2250	9162	30806		484	6106	160600	159960
30063	920	650	14970		100000	1216	19848	19848
1794	213	5190	7300			255	7321	7273
300			700			84	985	985
	10		4000		15000	1708	1836	1836
			50			2	300	300
2243	700	5159	8521			1221	31051	31051
1568		7683	27984		800	1266	97519	97444
2248		3254	16121	100		796	13536	13389
42948	32680	169056	175282	10305	134821	36836	202911	200875
4100	30500	160999	153290	10000		20717	73531	72009
38718	2150	8057	17487	305	66756	10185	79060	78566
130	30		4505		68065	5934	50320	50300
207570	56576	394191	432226	54049	926000	270779	2233964	2219903
5080	32964	75108	186598	600	3110	38681	973627	973090
	257	10815	46500	20669	565442	119025	221116	211280
199245	23255	235527	155972	12780	357448	100054	925594	922279
3245	100	72741	43156	20000		13019	113627	113254

5-1 续表 3

行业中类	营业成本	主营业务成本	营业税金及附加	主营业务税金及附加	主营业务利润	其他业务利润	营业费用、管理费用、财务费用合计
总 计	**83120181**	**81350860**	**5423204**	**5369807**	**51817098**	**1149565**	**35908604**
信息传输、计算机服务和软件业	**27534322**	**26986337**	**1763333**	**1744238**	**17460558**	**58624**	**15256773**
电信和其他信息传输服务业	19562044	19165582	1220764	1204725	13416683	-45891	10050029
电信	18758192	18362595	1171509	1155475	12912756	-65120	9655176
互联网信息服务	187978	187113	14790	14785	116219	1205	84621
广播电视传输服务	614286	614286	34317	34317	386258	18024	309093
卫星传输服务	1588	1588	148	148	1450		1139
计算机服务业	1901720	1879714	133115	132018	912023	28087	537574
计算机系统服务	1165885	1146454	74164	73178	460008	21736	235375
数据处理	85973	85973	5148	5148	28300		46770
计算机维修	84470	84250	5685	5685	47966	1129	38568
其他计算机服务	565392	563037	48118	48007	375749	5222	216861
软件业	6070558	5941041	409454	407495	3131852	76428	4669170
公共软件服务	5678878	5551678	281862	280027	2519023	68331	2188853
其他软件服务	391680	389363	127592	127468	612829	8097	2480317
金融业	**595693**	**374647**	**46931**	**45900**	**1028253**	**-198265**	**473111**
银行业							
中央银行							
商业银行							
其他银行							
证券业							
证券市场管理							
证券经纪与交易							
证券投资							
证券分析与咨询							
保险业							
人寿保险							
非人寿保险							
保险辅助服务							
其他金融活动	595693	374647	46931	45900	1028253	-198265	473111
金融信托与管理							
金融租赁							
财务公司							
邮政储蓄							
典当	173114	172823	18251	18208	169011	603	112428
其他未列明的金融活动	422579	201824	28680	27692	859242	-198868	360683
租赁和商务服务业	**24159390**	**23735998**	**1670290**	**1645193**	**17746462**	**944731**	**10653647**
租赁业	658114	654181	77035	76778	487284	3558	294105
机械设备租赁	650669	646761	76210	75967	467050	3506	282042
文化及日用品出租	7445	7420	825	811	20234	52	12063
商务服务业	23501276	23081817	1593255	1568415	17259178	941173	10359542
企业管理服务	7724825	7485134	550577	534787	7174471	436872	3817245
法律服务	164760	143612	21572	21571	264804	1432	106985
咨询与调查	1887343	1853825	192302	191979	1860628	43902	1137976
广告业	3689523	3672508	220819	220347	1407743	27849	871974
知识产权服务	73304	70641	8306	8306	80368	1361	51991
职业中介服务	2910657	2840712	122468	122205	1944582	4880	1318023
市场管理	3317790	3312555	249009	242951	2628389	407468	1691441
旅行社	2517926	2506277	110715	110019	552365	7350	279510
其他商务服务	1215148	1196553	117487	116250	1345828	10059	1084397

单位：千元

税金	利息支出	营业利润	职工工资和福利费	本年应交增值税	全部从业人员年平均人数（人）	资产减值损失	公允价值变动收益	投资收益
1107000	**1191600**	**29032275**	**17877533**	**1145367**	**655359**	**2113709**	**24024**	**3954361**
201483	**197739**	**11413738**	**5255237**	**197894**	**121837**	**1478703**	**1350**	**35440**
92338	176034	8784076	2524922	7908	53321	1426674	3	17645
80989	125415	8639321	2347421	4963	46343	1409248		17645
1376	74	37400	64830	2559	2882	12247	5	2
9840	50545	107014	112162	386	4063	5179	-2	-2
133		341	509		33			
35829	3871	536353	558174	14896	20076	14233	50	2383
25702	2833	331068	284942	7853	6861	9733	8	1874
416	-414	6038	57340	505	1808			
908	74	11153	24796	1225	1197			13
8803	1378	188094	191096	5313	10210	4500	42	496
73316	17834	2093309	2172141	175090	48440	37796	1297	15412
62350	18099	1605747	2059302	90588	44947	34738	992	15515
10966	-265	487562	112839	84502	3493	3058	305	-103
7475	**30816**	**500743**	**129077**	**1046**	**3786**	**60810**		**95261**
7475	30816	500743	129077	1046	3786	60810		95261
2563	20836	59926	30938	646	1465	47664		1
4912	9980	440817	98139	400	2321	13146		95260
585411	**738830**	**10050566**	**5855207**	**671602**	**272136**	**170559**	**572**	**3749938**
9874	6307	200694	134428	4629	6563	9020	2	217
9516	6289	192471	130302	4629	6292	9020	2	217
358	18	8223	4126		271			
575537	732523	9849872	5720779	666973	265573	161539	570	3749721
364850	532112	5231925	1569419	649466	53343	-65949	-89	3343675
6752	158	160591	125334		3234	770	2	776
31701	12058	815008	617976	4323	30813	15438	906	5130
30612	7775	646783	444184	2752	21336	6856	-193	11955
992	19	30120	16745	13	915		1	
17977	14769	841604	1674470	2094	88307	10782	15	189560
94255	151324	1544397	424337	5164	19348	117971	-113	190626
10443	2223	290865	168036	507	8932	2874	-11	5351
17955	12085	288579	680278	2654	39345	72797	52	2648

5-1 续表 4

行业中类	营业成本	主营业务成本	营业税金及附加	主营业务税金及附加	主营业务利润	其他业务利润	营业费用、管理费用、财务费用合计
科学研究、技术服务和地质勘查业	**17360693**	**17108601**	**847058**	**843305**	**7292426**	**167626**	**4283412**
研究与试验发展	7921842	7876784	158107	157672	1703651	48918	715134
自然科学研究与试验发展	268556	238416	7580	7580	53707	9797	60232
工程和技术研究与试验发展	7507882	7495822	139596	139242	1571905	38018	598794
农业科学研究与试验发展	74602	73528	4123	4047	35300	512	24441
医学研究与试验发展	46937	45153	4447	4442	29364	556	23874
社会人文科学研究与试验发展	23865	23865	2361	2361	13375	35	7793
专业技术服务业	7146208	7079915	570122	568367	4676070	85685	2974689
气象服务	18861	18861	1849	1849	18216	793	10418
地震服务	4459	4459	211	211	3959		2168
海洋服务	9189	9189	755	755	10370		4766
测绘服务	187274	187274	18856	18856	180645	2031	93706
技术检测	521910	518892	44674	44584	397895	5573	250980
环境监测	62838	58378	4397	4397	35817	152	20869
工程技术与规划管理	5530254	5480182	430881	430188	3522796	64949	2238520
其他专业技术服务	811423	802680	68499	67527	506372	12187	353262
科技交流和推广服务业	1727684	1698569	89045	87482	736645	32907	485172
技术推广服务	1078547	1070037	51673	50791	466369	30685	283544
科技中介服务	454630	435345	28056	27375	212101	2058	141758
其他科技服务	194507	193187	9316	9316	58175	164	59870
地质勘查业	564959	453333	29784	29784	176060	116	108417
矿产地质勘查	199740	199696	13746	13746	97559		62571
基础地质勘查	236144	124744	7628	7628	30810		13570
地质勘查技术服务	129075	128893	8410	8410	47691	116	32276
水利、环境和公共设施管理业	**2096252**	**2075175**	**147000**	**145756**	**924909**	**28835**	**763517**
水利管理业	479690	474913	24269	24084	-45236	3770	198236
防洪管理	621	621	95	95	1034		475
水资源管理	453843	449256	21831	21646	-62808	3652	184634
其他水利管理	25226	25036	2343	2343	16538	118	13127
环境管理业	443174	429594	33443	33443	279247	9578	178903
自然保护	155715	147534	12112	12112	98853	8141	80357
环境治理	287459	282060	21331	21331	180394	1437	98546
公共设施管理业	1173388	1170668	89288	88229	690898	15487	386378
市政公共设施管理	199332	199091	15235	15135	67783	935	51993
城市绿化管理	574755	573579	30502	30224	239210	9813	107941
游览景区管理	399301	397998	43551	42870	383905	4739	226444
居民服务和其他服务业	**4831669**	**4815087**	**469744**	**469081**	**3690754**	**26539**	**1876394**
居民服务业	2964290	2957250	317638	317446	2613603	16835	1276893
家庭服务	350148	349039	20970	20967	202549	237	91692
托儿所	8303	8274	594	594	5309	200	2916
洗染服务	69605	69605	8997	8983	64309	116	30252
理发及美容保健服务	575758	575314	69011	68976	564990	3723	250138
洗浴服务	1225028	1223448	148110	148078	1152374	3218	558383
婚姻服务	47818	47810	4606	4575	40432	342	20798
殡葬服务	316537	312960	27771	27720	271627	6177	180983
摄影扩印服务	187137	186846	21635	21609	185871	2363	84974
其他居民服务	183956	183954	15944	15944	126142	459	56757
其他服务业	1867379	1857837	152106	151635	1077151	9704	599501
修理与维护	1231958	1223691	97265	96921	690489	6319	347934
清洁服务	265666	265247	22193	22081	170917	1285	101016
其他未列明的服务	369755	368899	32648	32633	215745	2100	150551

单位：千元

税金	利息支出	营业利润	职工工资和福利费	本年应交增值税	全部从业人员年平均人数（人）	资产减值损失	公允价值变动收益	投资收益
126205	**23200**	**3426469**	**3365383**	**183299**	**104731**	**148681**	**1148**	**53474**
17030	16433	1004855	874853	114323	16301	88578	7	4219
1561	619	3757	42740	1035	2097	1	2	-105
13754	14841	975268	770661	112619	10979	85545	-1	4315
1036	478	12454	39023	311	2049	2719	5	9
450	189	7759	19091	330	1026	313	1	
229	306	5617	3338	28	150			
75580	3908	2034367	2013541	59202	64876	37927	123	51545
247		9028	5859		335			
29	2	1791	1653		59			
99	-2	5604	3117		126			
2829	325	95309	65510	119	2715	87	40	70
8375	2758	167622	185912	2836	7637	336	4	1043
667	4	15582	10504	46	504			
54869	-195	1530082	1458028	49405	44398	33772	71	28679
8465	1016	209349	282958	6796	9102	3732	8	21753
30272	2617	313822	379250	9774	19974	15889	1018	-2290
19632	8417	225058	230546	7507	12795	14533	1017	-2592
8498	-6581	80628	111094	698	5461	480	1	168
2142	781	8136	37610	1569	1718	876		134
3323	242	73425	97739		3580	6287		
695	10	40601	54547		1761	5200		
1977	15	17240	18338		708	1082		
651	217	15584	24854		1111	5		
28877	**109219**	**270822**	**422494**	**3294**	**19385**	**12481**	**-136**	**6698**
8271	76805	-240527	61325	57	2050	1448		1
12		559	457		39			
8146	76785	-244815	51943	12	1600	1		1
113	20	3729	8925	45	411	1447		
6820	19931	150599	102698	831	4577	158	-148	6514
1879	15607	61286	26254		859	157	-149	6511
4941	4324	89313	76444	831	3718	1	1	3
13786	12483	360750	258471	2406	12758	10875	12	183
1551	225	18564	43658	46	2080	9585		2
4890	176	152209	116254	794	5698	1289	1	181
7345	12082	189977	98559	1566	4980	1	11	
87613	**38733**	**1896238**	**1183725**	**33961**	**64567**	**26471**	**99**	**11039**
64144	19028	1388462	725440	7891	38547	8392	6	8453
3169	5113	111097	56436	97	2896	60		1316
192	90	2593	1215		63			
1364	7	34266	18420	280	991			-1
11872	803	318755	147219	553	7812	710		-420
26291	5655	605319	337164	2206	18096	5014		7298
867	26	20310	17805	270	960	10		
14312	6668	121022	61170	3962	2895	1	3	
3816	625	103782	47952	490	2548	903	1	364
2261	41	71318	38059	33	2286	1694	2	-104
23469	19705	507776	458285	26070	26020	18079	93	2586
13101	4723	355342	237747	24152	13114	13404	70	2552
3096	100	73276	102675	1186	5422	4295	1	-9
7272	14882	79158	117863	732	7484	380	22	43

5-1 续表 5

行业中类	营业成本	主营业务成本	营业税金及附加	主营业务税金及附加	主营业务利润	其他业务利润	营业费用、管理费用、财务费用合计
教育	**666499**	**658623**	**48456**	**48253**	**450299**	**6308**	**315719**
教育	666499	658623	48456	48253	450299	6308	315719
学前教育	52966	52891	4978	4966	47833	1266	25500
初等教育	1635	1635	233	233	1379		429
中等教育	54390	54390	2389	2379	-11245	258	6516
高等教育	10943	8241	330	330	6583		7265
其他教育	546565	541466	40526	40345	405749	4784	276009
卫生、社会保障和社会福利业	**2185046**	**1976685**	**129748**	**129582**	**1094325**	**39845**	**700986**
卫生	2145752	1937556	126814	126658	1068200	39339	686869
医院	1798928	1592418	99615	99539	824848	35839	557215
卫生院及社区医疗活动	73170	73010	4549	4541	32743	632	16466
门诊部医疗活动	246033	245471	20053	19983	183013	2920	94512
计划生育技术服务活动	1934	1696	51	51	378	15	120
妇幼保健活动	125	125	9	9	95		36
专科疾病防治活动	8249	8237	936	935	9830	-101	5377
疾病预防控制及防疫活动	4566	4552	371	370	4758		3527
其他卫生活动	12747	12047	1230	1230	12535	34	9616
社会保障业	19467	19467	2215	2215	19971		8781
社会保障业	19467	19467	2215	2215	19971		8781
社会福利业	19827	19662	719	709	6154	506	5336
提供住宿的社会福利	10908	10759	642	632	5219	329	3306
不提供住宿的社会福利	8919	8903	77	77	935	177	2030
文化、体育和娱乐业	**3690617**	**3619707**	**300644**	**298499**	**2129112**	**75322**	**1585045**
新闻出版业	1965847	1965402	103728	103631	748472	37490	642154
新闻业	105	105	2	2	73		2
出版业	1965742	1965297	103726	103629	748399	37490	642152
广播、电视、电影和音像业	278413	275795	25184	25138	250510	13641	178090
广播	1099	1099	97	97	941	100	1144
电视	68132	68131	9016	9016	86702	612	55291
电影	177065	174838	11629	11583	127402	12889	97468
音像制作	32117	31727	4442	4442	35465	40	24187
文化艺术业	142124	137045	23091	23028	151360	2374	72965
文艺创作与表演	61880	61748	8949	8886	89244	1591	25903
艺术表演场馆	7988	7988	983	983	9370	70	7499
图书馆与档案馆	2573	2552	286	286	4194	280	3371
文物及文化保护	535	535	102	102	348	96	387
博物馆	767	767	105	105	964		878
烈士陵园、纪念馆	68	68	17	17	215		169
群众文化活动	23718	21520	794	794	8737	64	5967
文化艺术经纪代理	36033	33309	11338	11338	35362	126	24796
其他文化艺术	8562	8558	517	517	2926	147	3995
体育	150274	124919	13141	13141	62738	2721	87090
体育组织	79366	54011	2625	2625	15373	2232	30860
体育场馆	37298	37298	3819	3819	37449	489	36962
其他体育	33610	33610	6697	6697	9916		19268
娱乐业	1153959	1116546	135500	133561	916032	19096	604746
室内娱乐活动	478927	478447	66031	64493	429378	938	187426
游乐园	97033	67717	9870	9870	133693	8481	102335
休闲健身娱乐活动	517430	509821	54259	54118	305546	9077	287680
其他娱乐活动	60569	60561	5340	5080	47415	600	27305

单位：千元

税金	利息支出	营业利润	职工工资和福利费	本年应交增值税	全部从业人员年平均人数（人）	资产减值损失	公允价值变动收益	投资收益
11232	**1290**	**157490**	**268433**	**2926**	**13886**	**12679**	**78**	**1375**
11232	1290	157490	268433	2926	13886	12679	78	1375
733	23	24349	30068	323	1907	2200	56	
9		950	1179		74			
116	-34	-17153	25274	50	1019	4672		
10		676	5026	61	261			
10364	1301	148668	206886	2492	10625	5807	22	1375
14042	**8251**	**477040**	**673804**	**2539**	**27576**	**71637**	**107**	**-627**
13403	8162	464193	661070	2523	26762	71636	106	-628
8838	7388	346808	542038	1095	20307	61676	-1	-704
632	200	17462	27560	294	1402	4297	97	65
3201	541	91021	76575	1071	4174	3335	10	11
65	32	273	417		24			
		59	82		6			
278		4361	4083		233	20		
136	1	1231	3335	63	203			
253		2978	6980		413	2308		
538	-1	11478	5599	15	305			
538	-1	11478	5599	15	305			
101	90	1369	7135	1	509	1	1	1
45	-11	2272	5721	1	422	1	1	1
56	101	-903	1414		87			
44662	**43522**	**839169**	**724173**	**48806**	**27455**	**131688**	**20806**	**1763**
7364	11826	287856	330177	46782	7447	35759	21069	1094
		71	90		9			
7364	11826	287785	330087	46782	7438	35759	21069	1094
4262	1845	88028	74504	632	3469	83097	-300	-400
45		-103	675		51			
919	163	32147	29669		1301	323		
2788	1647	43828	37874	568	1820	82705	-300	-400
510	35	12156	6286	64	297	69		
2353	1232	101465	33901	71	2286	27	17	21
359	18	65002	13392	16	1032	26	2	-14
484	-7	3449	4163		282		1	
12	230	1379	2342		146			35
13	33	57	1413		138			
6		86	805		70			
2		46	115		8			
326	912	2834	3388	55	218	1		
1121	45	28138	5887		241		11	
30	1	474	2396		151		3	
2746	1854	-21528	26318	34	1266	4894		568
1146	518	-13255	5758		279	4894		
719	1336	976	12691	34	765			562
881		-9249	7869		222			6
27937	26765	383348	259273	1287	12987	7911	20	480
5717	3347	243663	118978	314	6483	7298	16	
6155	19959	39839	22818	13	1023	550		1
12923	3261	78945	100992	960	4789	56	3	479
3142	198	20901	16485		692	7	1	

5-2 按地区分组的其他服务业企业财务状况

单位：千元

地　区	年初库存	年末库存	固定资产原价	所有者权益合计	实收资本		
						国家资本	集体资本
全　省	**16672086**	**21098818**	**212297434**	**345874644**	**214234356**	**118232701**	**5016291**
沈阳市	10011656	12102478	62926411	154256764	119873463	87832979	1509719
大连市	4455619	6678459	62947552	96167342	54912980	9908527	2048222
鞍山市	158741	450833	12430315	16567081	6284552	1793272	240076
抚顺市	325047	327709	11454070	7372908	3448859	1952770	93403
本溪市	599260	224911	14526288	33209092	12145674	11438915	59163
丹东市	416032	440523	6411811	4253673	2883633	1316948	170531
锦州市	101100	106994	6621978	4254312	2496423	784640	410840
营口市	105007	133607	4718909	1614836	1331018	309391	18353
阜新市	118320	139712	3930141	2296976	1142195	342236	35717
辽阳市	153767	187081	7352423	3410308	1367253	421872	34673
盘锦市	37024	45064	5413390	7113305	1523148	664065	27199
铁岭市	48743	90937	5416860	4317410	2662193	488420	118368
朝阳市	66175	84858	2660608	7895973	2182515	572741	43908
葫芦岛市	75595	85652	5486678	3144664	1980450	405925	206119

5-2 续表 1

单位：千元

地　区	法人资本	个人资本	港澳台资本	外商资本	本年折旧	营业收入总计	主营业务收入	营业成本	主营业务成本
全　省	**29962071**	**32729934**	**13814079**	**14479280**	**18507221**	**149275497**	**148205061**	**83120181**	**81350860**
沈阳市	6892217	6338306	6423994	10876248	5959780	44974869	44705134	27061660	26222156
大连市	18910104	17448657	3531684	3065786	6100211	51362826	50791307	23699981	23387544
鞍山市	1500009	2693557	2051	55587	1394480	18455106	18437950	11859110	11855395
抚顺市	176877	431001	600550	194258	552358	3837099	3823935	2128463	2120304
本溪市	233801	407841	1000	4954	948514	5156491	5086374	3733161	3727296
丹东市	449144	888709	24009	34292	541842	3305048	3295985	2069206	1942499
锦州市	170286	546415	568344	15898	505558	4046979	4019598	2129760	2079996
营口市	285407	700691	10728	6448	410992	2684749	2669387	1320764	1317516
阜新市	153455	596337	9150	5300	265566	2117557	2101103	1494939	1236394
辽阳市	140632	397209	364016	8851	578726	2412266	2398619	1240806	1228957
盘锦市	329785	480781	20868	450	354621	4924090	4906765	3068124	3035358
铁岭市	172512	329065	1343438	210390	323128	1908763	1898655	1044152	1014441
朝阳市	166693	495987	902646	540	110302	1950323	1944579	1055420	1050629
葫芦岛市	381149	975378	11601	278	461143	2139331	2125670	1214635	1132375

5-2　续表 2　　　　单位：千元

地　区	营业税金及附加		主营业务利润	其他业务利润	营业费用、管理费用、财务费用总计			营业利润
		主营业务税金及附加				税金	利息支出	
全　省	**5423204**	**5369807**	**51817098**	**1149565**	**35908604**	**1107000**	**1191600**	**29032275**
沈阳市	1936863	1926573	11590386	-92282	11295362	242721	364009	4577724
大连市	1648245	1624275	22594808	1004926	14120813	283249	449161	15005810
鞍山市	693186	692508	5939730	91796	2194999	109951	43378	3751847
抚顺市	155323	154318	1549105	14958	809927	19351	13023	754339
本溪市	98084	83679	1768783	81765	1603650	300969	189944	1035495
丹东市	144003	142908	1024775	3183	589621	63543	25579	608489
锦州市	153238	153020	1701898	-5832	1022817	22533	62255	749323
营口市	87234	87197	855118	8315	640928	10566	22702	580423
阜新市	57271	57254	291095	32185	439780	8665	13405	121418
辽阳市	91880	91223	953553	8476	586409	18257	11231	350394
盘锦市	169218	169081	1642868	-2398	900583	3855	-89142	738892
铁岭市	66078	65776	623735	2770	535799	4607	9171	234854
朝阳市	64061	63944	451399	5740	549702	5803	59795	279450
葫芦岛市	58520	58051	829845	-4037	618214	12930	17089	243817

5-2　续表 3　　　　单位：千元

地　区	职工工资和福利费	本年应交增值税	全部从业人员年平均人数	资产减值损失	公允价值变动收益	投资收益
全　省	**17877533**	**1145367**	**655359**	**2113709**	**24024**	**3954361**
沈阳市	4812164	719260	170845	1052756	800	280434
大连市	7084835	251170	216712	610673	23395	2744841
鞍山市	1285541	56217	48294	145379		2079
抚顺市	568731	861	28229	84985	-313	-406
本溪市	791655	63212	28450	-378567		899819
丹东市	393558	1576	16950	13937		
锦州市	545138	5487	27651	129280		1244
营口市	293439	2532	14940	85402		23891
阜新市	316941	495	15702	67261		1426
辽阳市	300120	4008	13196	156651		
盘锦市	818683	36852	39107	45602	45	923
铁岭市	224847	2698	12384	65421	97	122
朝阳市	244938	779	14487	24533		-22
葫芦岛市	196943	220	8412	10396		10

5-3 按地区和行业(中类)分组

分　组	固定资产原价	所有者权益	本年折旧	营业收入 总　计
总　计	**212297434**	**345874644**	**18507221**	**149275497**
沈阳市	**62926411**	**154256764**	**5959780**	**44974869**
信息传输、计算机服务和软件业	**43139529**	**32973197**	**4116985**	**18387104**
电信和其他信息传输服务业	42215089	30043558	4034238	15814600
电信	41069885	29006463	3883593	15322034
互联网信息服务	35698	100848	2862	102363
广播电视传输服务	1109506	936247	147783	390203
计算机服务业	289967	1493765	28512	1066030
计算机系统服务	118815	1162579	11494	707897
数据处理	18752	35068	1442	53956
计算机维修	12780	36032	822	46836
其他计算机服务	139620	260086	14754	257341
软件业	634473	1435874	54235	1506474
公共软件服务	471317	1064903	40911	1136659
其他软件服务	163156	370971	13324	369815
金融业	**172327**	**1395305**	**18102**	**371817**
其他金融活动	172327	1395305	18102	371817
典当	35157	491286	4032	136444
其他未列明的金融活动	137170	904019	14070	235373
租赁和商务服务业	**12237434**	**91883965**	**1026172**	**12733904**
租赁业	391691	376894	37412	236282
机械设备租赁	387982	373519	37010	229915
文化及日用品出租	3709	3375	402	6367
商务服务业	11845743	91507071	988760	12497622
企业管理服务	6359357	82729031	512959	2736213
法律服务	4977	9784	664	13537
咨询与调查	1683485	4693292	136800	1309608
广告业	492276	1155213	52017	3415201
知识产权服务	43006	59800	4044	67217
职业中介服务	155021	353013	14582	684747
市场管理	2149424	1490695	159982	1955738
旅行社	105177	246161	11262	1231281
其他商务服务	853020	770082	96450	1084080
科学研究、技术服务和地质勘查业	**3337908**	**6178967**	**364284**	**7588397**
研究与试验发展	781031	1141582	97687	975987
自然科学研究与试验发展	66211	139179	12542	108553
工程和技术研究与试验发展	561785	647125	71447	722820
农业科学研究与试验发展	90569	226704	7424	58734
医学研究与试验发展	47235	91513	4668	52427
社会人文科学研究与试验发展	15231	37061	1606	33453
专业技术服务业	2054569	3422711	214711	5750161
气象服务	2504	3307	205	6548
测绘服务	19028	34044	2649	64767
技术检测	106674	134176	11114	236617
环境监测	10230	17476	970	41175
工程技术与规划管理	1461068	2575272	131479	4761456
其他专业技术服务	455065	658436	68294	639598
科技交流和推广服务业	440401	1492463	46532	740207
技术推广服务	269329	662775	24731	441697

的其他服务业企业财务状况

单位：千元

主营业务收　入	营业税金及附加	营业费用、管理费用、财务费用合计	营业利润	职工工资和福利费	本年应交增值税	全部从业人员年平均人数（人）
148205061	**5423204**	**35908604**	**29032275**	**17877533**	**1145367**	**655359**
44705134	**1936863**	**11295362**	**4577724**	**4812164**	**719260**	**170845**
18220476	**613029**	**4727704**	**2099948**	**1267238**	**30053**	**26638**
15673543	489089	4275986	1887780	1002174	3575	14022
15181167	462509	4139246	1826383	962001	2393	12319
102249	5279	26706	12121	22950	876	922
390127	21301	110034	49276	17223	306	781
1045718	43581	120584	85265	87015	5001	4209
688101	24856	59158	54970	34370	2342	1538
53956	3081	7523	429	7617	312	319
46836	2781	12486	4220	9295	288	542
256825	12863	41417	25646	35733	2059	1810
1501215	80359	331134	126903	178049	21477	8407
1135859	62175	236226	119852	138707	15497	6609
365356	18184	94908	7051	39342	5980	1798
365027	**14919**	**94348**	**-100855**	**23897**	**1041**	**886**
365027	14919	94348	-100855	23897	1041	886
136444	7685	22313	10355	8309	641	393
228583	7234	72035	-111210	15588	400	493
12706061	**634176**	**3451173**	**994439**	**1666831**	**609812**	**72031**
236282	11772	76794	19045	25966	1655	1529
229915	11487	74925	18560	24308	1655	1412
6367	285	1869	485	1658		117
12469779	622404	3374379	975394	1640865	608157	70502
2733615	166212	1182329	6229	559043	595448	16212
13537	701	6947	1169	3100		189
1308550	67182	368154	137535	206590	2728	10500
3414126	137499	452018	338459	218906	2531	10413
67217	3656	29572	7718	7620	13	381
684582	22111	126899	96047	267514	1215	13088
1934762	113965	618872	260225	105417	4680	4521
1230514	56558	86091	42102	40485	436	2226
1082876	54520	503497	85910	232190	1106	12972
7539926	**392167**	**1608477**	**1045707**	**1088346**	**24220**	**35181**
972677	51092	149754	100519	164833	7028	5954
108183	5200	20055	11749	15053	783	464
721020	38222	100673	68837	107904	5742	3258
58733	2864	6896	9952	27788	308	1474
51772	2843	14347	5215	11130	167	624
32969	1963	7783	4766	2958	28	134
5707402	299070	1286197	890789	791298	11280	22938
6548	408	1488	629	921		55
64767	3593	15232	4410	9424	114	438
236617	12903	53657	35747	37470	841	1564
41175	1076	5541	4786	3341	10	148
4718697	244045	1079068	730699	654898	6307	17812
639598	37045	131211	114518	85244	4008	2921
737865	35301	154330	49568	110813	5912	5316
440238	22259	77830	40845	60277	4315	3206

5-3 续表 1

行业中类	固定资产原价	所有者权益	本年折旧	营业收入总计
科技中介服务	80426	308899	8606	112998
其他科技服务	90646	520789	13195	185512
地质勘查业	61907	122211	5354	122042
矿产地质勘查	29749	50464	2519	48215
基础地质勘查	4120	8128	364	27564
地质勘查技术服务	28038	63619	2471	46263
水利、环境和公共设施管理业	**666943**	**17194534**	**54954**	**665629**
水利管理业	106522	15588940	7758	65460
防洪管理	405	600	25	295
水资源管理	101850	15584201	7362	41852
其他水利管理	4267	4139	371	23313
环境管理业	55494	58200	5408	258680
自然保护	6325	2550	1053	93731
环境治理	49169	55650	4355	164949
公共设施管理业	504927	1547394	41788	341489
市政公共设施管理	56611	114055	6299	107367
城市绿化管理	50557	1161979	4627	132591
游览景区管理	397759	271360	30862	101531
居民服务和其他服务业	**905777**	**867343**	**105117**	**1422133**
居民服务业	515733	475949	56553	715389
家庭服务	8593	7754	977	57046
托儿所	150	100	9	90
洗染服务	6971	8881	657	10750
理发及美容保健服务	21725	29782	2741	45719
洗浴服务	211351	120410	23661	159802
婚姻服务	9046	66625	826	28381
殡葬服务	149237	136170	14905	243132
摄影扩印服务	48085	48345	7465	81383
其他居民服务	60575	57882	5312	89086
其他服务业	390044	391394	48564	706744
修理与维护	191479	228689	19093	447412
清洁服务	31517	50076	3117	125635
其他未列明的服务	167048	112629	26354	133697
教育	**219428**	**328677**	**26463**	**310523**
教育	219428	328677	26463	310523
学前教育	24696	22298	2508	31814
初等教育	395	720	45	97
中等教育	16160	16922	1726	17161
高等教育	1639	1524	177	4320
其他教育	176538	287213	22007	257131
卫生、社会保障和社会福利业	**675418**	**560250**	**64430**	**666471**
卫生	652782	544414	62700	656306
医院	504072	409722	50320	498965
卫生院及社区医疗活动	29337	30404	2983	30007
门诊部医疗活动	103413	82518	8288	106452
计划生育技术服务活动	370	740	20	2055
妇幼保健活动	5		1	
专科疾病防治活动	1454	2461	101	3378
疾病预防控制及防疫活动	4201	4831	443	3362

单位：千元

主营业务收入	营业税金及附加	营业费用、管理费用、财务费用合计	营业利润	职工工资和福利费	本年应交增值税	全部从业人员年平均人数（人）
112842	6969	29890	16199	24656	370	967
184785	6073	46610	-7476	25880	1227	1143
121982	6704	18196	4831	21402		973
48215	2750	4183	543	12151		443
27504	1514	1455	643	558		35
46263	2440	12558	3645	8693		495
665429	**38092**	**176969**	**15290**	**79017**	**1987**	**4222**
65260	3808	81434	-64683	11909		583
295	16	101	116	156		13
41652	2362	72327	-66227	6506		406
23313	1430	9006	1428	5247		164
258680	15080	25330	61888	27754	739	1505
93731	6127	4847	31011	4303		204
164949	8953	20483	30877	23451	739	1301
341489	19204	70205	18085	39354	1248	2134
107367	6355	14184	8398	15185	46	857
132591	7344	17540	11568	12928	507	666
101531	5505	38481	-1881	11241	695	611
1417493	**77686**	**354936**	**151099**	**207083**	**12399**	**11704**
714481	40463	213062	102390	101324	4023	5849
57046	3233	9631	2717	4651	81	279
90	5	40	35	83		7
10697	596	3732	2653	2443		139
45719	2464	13748	7199	11548	132	723
159702	9259	58491	6872	30420	1479	2023
28381	1596	6412	5751	5829	220	284
243132	13735	67955	53942	18788	1619	836
80638	4694	27331	14059	13614	474	693
89076	4881	25722	9162	13948	18	865
703012	37223	141874	48709	105759	8376	5855
444463	22517	72507	25710	44658	6907	2596
125453	7050	13590	10302	41567	948	2085
133096	7656	55777	12697	19534	521	1174
310187	**15707**	**96194**	**41699**	**64754**	**1374**	**3830**
310187	15707	96194	41699	64754	1374	3830
31678	1637	9608	5550	10711	323	668
97	7	228	-143	255		14
17161	942	2591	4478	6002	50	281
4320	165	1313	630	1181	61	58
256931	12956	82454	31184	46605	940	2809
666224	**35366**	**113766**	**74046**	**121200**	**2506**	**6384**
656059	34829	111356	72332	117674	2506	6176
498944	26725	80392	46575	79629	1078	4100
29837	1690	2059	5354	6231	294	254
106426	5529	23463	18083	25921	1071	1491
2055	51	120	283	381		21
		3	-3	20		2
3378	171	1150	229	1770		117
3332	183	1285	198	1167	63	59

5-3 续表 2

行业中类	固定资产原价	所有者权益	本年折旧	营业收入总计
其他卫生活动	9930	13738	544	12087
社会保障业	163	930	14	1875
社会保障业	163	930	14	1875
社会福利业	22473	14906	1716	8290
提供住宿的社会福利	22473	14906	1716	8290
文化、体育和娱乐业	**1571647**	**2874526**	**183273**	**2828891**
新闻出版业	850655	1997852	121550	1953775
出版业	850655	1997852	121550	1953775
广播、电视、电影和音像业	242067	275973	19228	236567
广播	952	1581	95	952
电视	129002	125964	10961	86522
电影	103813	116678	7422	129393
音像制作	8300	31750	750	19700
文化艺术业	101971	211183	7457	255751
文艺创作与表演	49269	52023	4734	123807
艺术表演场馆	32480	105609	1156	14761
图书馆与档案馆	499	13084	83	2460
文物及文化保护	19	100	1	100
博物馆	471	790	39	645
群众文化活动	9447	6207	523	18612
文化艺术经纪代理	7752	29568	682	91970
其他文化艺术	2034	3802	239	3396
体育	52803	149329	4588	18723
体育组织	11952	94041	678	13483
体育场馆	39735	53417	3800	4083
其他体育	1116	1871	110	1157
娱乐业	324151	240189	30450	364075
室内娱乐活动	30359	32853	2647	42850
游乐园	4396	5520	409	3120
休闲健身娱乐活动	286757	199992	27181	317102
其他娱乐活动	2639	1824	213	1003
大连市	**62947552**	**96167342**	**6100211**	**51362826**
信息传输、计算机服务和软件业	**19857273**	**14772049**	**1873373**	**20863930**
电信和其他信息传输服务业	17095156	7529689	1405360	8598202
电信	16079174	6960387	1339040	8024549
互联网信息服务	91328	91618	10881	104971
广播电视传输服务	924643	477781	55439	468679
卫星传输服务	11	-97		3
计算机服务业	272222	498429	32869	970059
计算机系统服务	72347	217283	10058	657404
数据处理	16249	41727	2144	80339
计算机维修	8611	28840	867	43003
其他计算机服务	175015	210579	19800	189313
软件业	2489895	6743931	435144	11295669
公共软件服务	2318510	6057400	427045	8209801
其他软件服务	171385	686531	8099	3085868
金融业	**676695**	**8306566**	**50349**	**792305**
其他金融活动	676695	8306566	50349	792305
典当	31857	454849	4018	54422
其他未列明的金融活动	644838	7851717	46331	737883

单位：千元

主营业务收入	营业税金及附加	营业费用、管理费用、财务费用合计	营业利润	职工工资和福利费	本年应交增值税	全部从业人员年平均人数（人）
12087	480	2884	1613	2555		132
1875	100	347	581	792		58
1875	100	347	581	792		58
8290	437	2063	1133	2734		150
8290	437	2063	1133	2734		150
2814311	**115721**	**671795**	**256351**	**293798**	**35868**	**9969**
1947002	63597	432904	157918	196100	34371	4816
1947002	63597	432904	157918	196100	34371	4816
231907	9929	78850	28527	35157	351	1560
952	52	348	33	341		31
86522	4769	36722	23304	17980		636
124733	4135	37103	902	13677	287	714
19700	973	4677	4288	3159	64	179
255470	19584	49398	91581	17926	16	1108
123542	6852	16169	56603	7424	16	517
14761	785	4781	3525	2689		210
2444	126	1602	161	824		65
100	5	40		40		2
645	37	295	76	289		15
18612	422	1558	2527	1435		95
91970	11195	23448	28563	4791		173
3396	162	1505	126	434		31
18703	1195	19089	-33185	5741		345
13483	906	11872	-27130	1590		81
4083	228	7022	-6297	3864		240
1137	61	195	242	287		24
361229	21416	91554	11510	38874	1130	2140
42850	2517	14322	3151	12282	312	780
3120	340	2289	-1279	650	13	48
314256	18482	74511	9383	25712	805	1294
1003	77	432	255	230		18
50791307	**1648245**	**14120813**	**15005810**	**7084835**	**251170**	**216712**
20749743	**582689**	**6362324**	**5198565**	**2668392**	**153546**	**54352**
8534766	233381	1827011	3091201	410675	1465	9479
8019394	224879	1686339	3026379	331494	506	7079
104723	4274	36770	7361	27080	893	1196
410646	4228	103302	58058	52065	66	1201
3		600	-597	36		3
967823	35454	262012	224649	319656	4525	7516
656505	24847	118119	211299	213594	2462	3815
80339	1595	38119	4052	45165	193	1116
43003	559	19060	-5436	8602	537	247
187976	8453	86714	14734	52295	1333	2338
11247154	313854	4273301	1882715	1938061	147556	37357
8162038	205497	1892544	1408456	1870358	69146	35970
3085116	108357	2380757	474259	67703	78410	1387
791796	**17636**	**289891**	**531659**	**74048**		**1411**
791796	17636	289891	531659	74048		1411
54422	3035	33791	15693	6575		279
737374	14601	256100	515966	67473		1132

5-3 续表 3

行业中类	固定资产原价	所有者权益	本年折旧	营业收入总　计
租赁和商务服务业	**31542054**	**61603172**	**3084008**	**17902209**
租赁业	1769908	1835922	130127	570906
机械设备租赁	1767599	1815473	129929	563582
文化及日用品出租	2309	20449	198	7324
商务服务业	29772146	59767250	2953881	17331303
企业管理服务	17514358	48521583	1718747	7213500
法律服务	57140	73312	6824	273066
咨询与调查	1661443	4557724	119262	1535086
广告业	418334	744585	55548	1099398
知识产权服务	32340	89657	2157	27632
职业中介服务	454584	473754	45016	2474894
市场管理	7542994	4050892	912131	2881247
旅行社	202262	253939	18462	1041670
其他商务服务	1888691	1001804	75734	784810
科学研究、技术服务和地质勘查业	**2742505**	**5413059**	**329551**	**5788466**
研究与试验发展	636322	1966270	79217	1107270
自然科学研究与试验发展	13098	24900	1366	14008
工程和技术研究与试验发展	566410	1742533	71480	1058631
农业科学研究与试验发展	35833	105774	5280	27959
医学研究与试验发展	20981	93063	1091	6672
专业技术服务业	1407607	1880153	184697	3491791
气象服务	4779	5192	464	11507
地震服务	187	1669	28	5082
海洋服务	6050	13082	720	19351
测绘服务	96433	146581	13033	220740
技术检测	171406	249856	20094	401816
环境监测	40096	33041	849	6103
工程技术与规划管理	771400	1128677	95596	2315612
其他专业技术服务	317256	302055	53913	511580
科技交流和推广服务业	657575	1472125	61379	985645
技术推广服务	486759	1008140	42121	535086
科技中介服务	148868	443280	17823	422441
其他科技服务	21948	20705	1435	28118
地质勘查业	41001	94511	4258	203760
矿产地质勘查	18514	64145	1787	86396
基础地质勘查	11900	12425	1285	41284
地质勘查技术服务	10587	17941	1186	76080
水利、环境和公共设施管理业	**2001516**	**1913378**	**199270**	**1100799**
水利管理业	6731	8168	1115	9506
水资源管理	5857	3017	998	5198
其他水利管理	874	5151	117	4308
环境管理业	796459	639049	72936	310280
自然保护	631213	519221	56091	202548
环境治理	165246	119828	16845	107732
公共设施管理业	1198326	1266161	125219	781013
市政公共设施管理	73687	106676	2032	59172
城市绿化管理	183384	400355	19374	456766
游览景区管理	941255	759130	103813	265075

单位：千元

主营业务收　　入	营业税金及附加	营业费用、管理费用、财务费用合计	营业利润	职工工资和福利费	本年应交增值税	全部从业人员年平均人数（人）
17527138	**625312**	**4295468**	**7105457**	**2177586**	**6094**	**89994**
567035	46394	132546	127832	53620	2664	2198
559711	46313	129629	124270	52989	2664	2154
7324	81	2917	3562	631		44
16960103	578918	4162922	6977625	2123966	3430	87796
6882658	309288	1165949	4785473	426156	237	15587
271767	14030	69996	131198	94276		1732
1524705	71390	571538	410691	261498	1595	11746
1095086	41191	292362	114142	124230	45	5128
27632	1401	11359	3268	4483		234
2471558	33979	821521	429731	723813	69	31381
2875657	70221	818376	980245	179167	387	6713
1039102	7611	85813	57605	52713	69	2477
771938	29807	326008	65272	257630	1028	12798
5746156	**205661**	**1550687**	**1244733**	**1190948**	**64849**	**31498**
1100874	25266	230331	482642	287600	57064	3925
14008	398	5495	-1859	2455	39	129
1052235	24200	211708	490076	273860	56859	3295
27959	573	8358	-2265	5826	3	230
6672	95	4770	-3310	5459	163	271
3460508	141186	1084369	622804	721555	6373	20038
11507	471	6149	1669	763		41
5082	50	1540	1250	248		11
19351	708	4281	5534	2886		109
210634	9544	47487	71366	29083		888
400516	16393	118955	80390	86020	1504	2790
6103	318	4526	70	1534	36	54
2297352	98294	709164	402786	438368	2065	11831
509963	15408	192267	59739	162653	2768	4314
981014	30082	193040	102192	146077	1412	6869
531639	13946	117698	61346	74411	910	3192
421257	15241	66986	39906	65403	160	3385
28118	895	8356	940	6263	342	292
203760	9127	42947	37095	35716		666
86396	4378	29201	24012	23809		332
41284	1387	6961	11056	6635		169
76080	3362	6785	2027	5272		165
1082314	**32652**	**221641**	**249831**	**160518**	**1165**	**6153**
9395	101	965	1262	1402	57	59
5198	63	567	1179	767	12	31
4197	38	398	83	635	45	28
293592	7551	106733	43902	50292	92	1831
186163	5664	74237	28894	21691		633
107429	1887	32496	15008	28601	92	1198
779327	25000	113943	204667	108824	1016	4263
59108	1578	22429	-4741	15765		546
455144	12760	56188	107908	61505	244	2603
265075	10662	35326	101500	31554	772	1114

5-3 续表 4

行业中类	固定资产原价	所有者权益	本年折旧	营业收入总计
居民服务和其他服务业	**1304543**	**874268**	**122105**	**1486400**
居民服务业	942690	458152	87320	929968
家庭服务	19945	19631	2191	289061
托儿所	600	220	60	500
洗染服务	38335	20596	5279	18542
理发及美容保健服务	80073	43165	10307	56995
洗浴服务	542542	251781	39470	363756
婚姻服务	15743	12302	1353	20096
殡葬服务	182583	50153	22186	119412
摄影扩印服务	13774	12710	1649	9267
其他居民服务	49095	47594	4825	52339
其他服务业	361853	416116	34785	556432
修理与维护	253645	222041	22941	402049
清洁服务	91285	115861	10507	110728
其他未列明的服务	16923	78214	1337	43655
教育	**704103**	**761609**	**80610**	**286900**
教育	704103	761609	80610	286900
学前教育	37714	119106	4224	12531
中等教育	130433	90294	1320	3557
高等教育		30		
其他教育	535956	552179	75066	270812
卫生、社会保障和社会福利业	**895519**	**472731**	**83356**	**1123906**
卫生	714877	390894	70712	1109727
医院	575617	318678	57929	986489
卫生院及社区医疗活动	64122	40068	6134	34845
门诊部医疗活动	73929	25136	6532	84829
计划生育技术服务活动	99	50	7	70
妇幼保健活动	100	200	8	229
专科疾病防治活动		30		48
疾病预防控制及防疫活动	152	39	12	2782
其他卫生活动	858	6693	90	435
社会保障业	2520	1934	251	2258
社会保障业	2520	1934	251	2258
社会福利业	178122	79903	12393	11921
提供住宿的社会福利	169390	69762	12002	3100
不提供住宿的社会福利	8732	10141	391	8821
文化、体育和娱乐业	**3223344**	**2050510**	**277589**	**2017911**
新闻出版业	609302	477712	62110	986423
出版业	609302	477712	62110	986423
广播、电视、电影和音像业	210759	550404	29580	158982
广播	1606	2208	197	785
电视	28456	41570	2690	33311
电影	103589	215683	13585	123816
音像制作	77108	290943	13108	1070
文化艺术业	23725	51326	2268	36169
文艺创作与表演	7335	10656	702	8096
艺术表演场馆	227	9331	16	2239
图书馆与档案馆	609	1039	56	2030
博物馆	4374	2019	169	941

单位：千元

主营业务收　入	营业税金及附加	营业费用、管理费用、财务费用合计	营业利润	职工工资和福利费	本年应交增值税	全部从业人员年平均人数（人）
1480862	**47637**	**417706**	**212935**	**283222**	**12678**	**14813**
926833	32357	267702	170110	134995	599	6492
289061	7260	25886	36709	9762		355
500	31	399	20	140		7
18504	1326	7324	917	3339	280	172
54901	2553	29546	6950	17301	97	943
363716	18194	140399	84429	78820	169	3731
20082	892	6168	2874	4780	50	262
118791	165	45013	28162	11444		466
9157	410	3419	1992	3029	3	168
52121	1526	9548	8057	6380		388
554029	15280	150004	42825	148227	12079	8321
400776	8739	91517	32061	70876	11835	3604
109658	4747	43237	13874	37268	57	1769
43595	1794	15250	-3110	40083	187	2948
286600	**8661**	**115416**	**29640**	**81121**	**30**	**3836**
286600	8661	115416	29640	81121	30	3836
12424	163	6019	1871	6965		435
3557	51	1006	-1382	2336		120
						1
270619	8447	108391	29151	71820	30	3280
1122535	**31306**	**233245**	**210306**	**175411**	**33**	**6098**
1108551	31078	231210	209141	171834	17	5910
985719	27276	185546	204506	135855	17	4114
34845	1370	6198	3359	10310		445
84423	2268	36976	1228	24336		1247
70			-10	36		3
229	9	33	62	62		4
48	1	50	-99	48		2
2782	143	2117	141	875		74
435	11	290	-46	312		21
2258	108	577	588	794	15	27
2258	108	577	588	794	15	27
11726	120	1458	577	2783	1	161
2905	43	497	375	1663	1	96
8821	77	961	202	1120		65
2004163	**96691**	**634435**	**222684**	**273589**	**12775**	**8557**
983003	39263	203271	126901	130939	12377	2430
983003	39263	203271	126901	130939	12377	2430
157326	6373	61826	22324	19961	209	682
785	45	700	-160	279		16
33311	1929	6652	1487	3694		138
122160	4310	49278	25566	14651	209	514
1070	89	5196	-4569	1337		14
35572	1234	11892	864	8179		593
7721	321	3257	772	2962		296
2239	107	2441	-880	821		36
2030	113	326	991	291		10
941	53	581	-73	341		29

5-3 续表 5

行业中类	固定资产原价	所有者权益	本年折旧	营业收入总计
烈士陵园、纪念馆	18	65	2	300
群众文化活动	1920	9800	269	8643
文化艺术经纪代理	3858	5739	549	4935
其他文化艺术	5384	12677	505	8985
体育	421942	6915	28232	105504
体育组织	148145	-77419	19526	49754
体育场馆	62500	16019	3048	20883
其他体育	211297	68315	5658	34867
娱乐业	1957616	964153	155399	730833
室内娱乐活动	174193	99361	5809	90443
游乐园	999210	384289	90017	176275
休闲健身娱乐活动	734487	412459	52431	412601
其他娱乐活动	49726	68044	7142	51514
鞍山市	**12430315**	**16567081**	**1394480**	**18455106**
信息传输、计算机服务和软件业	**6726338**	**596554**	**980441**	**3066059**
电信和其他信息传输服务业	6283661	234224	944059	2411334
电信	6223093	183678	940662	2385358
互联网信息服务	20814	21974	1434	16180
广播电视传输服务	33900	22430	1410	7169
卫星传输服务	5854	6142	553	2627
计算机服务业	415685	322500	33967	574394
计算机系统服务	48722	42408	3881	179664
数据处理	635	206	37	1378
计算机维修	10737	11356	802	20597
其他计算机服务	355591	268530	29247	372755
软件业	26992	39830	2415	80331
公共软件服务	20187	33451	1943	70795
其他软件服务	6805	6379	472	9536
金融业	**34338**	**241787**	**3051**	**51597**
其他金融活动	34338	241787	3051	51597
典当	10856	76618	908	15678
其他未列明的金融活动	23482	165169	2143	35919
租赁和商务服务业	**2159215**	**3841383**	**155255**	**2603606**
租赁业	86348	1314749	5529	133131
机械设备租赁	84261	1312869	5411	119736
文化及日用品出租	2087	1880	118	13395
商务服务业	2072867	2526634	149726	2470475
企业管理服务	312610	984420	15830	314732
法律服务	3559	4190	274	20791
咨询与调查	166130	167553	8808	535242
广告业	90202	72511	6710	330960
知识产权服务	3095	2561	268	43553
职业中介服务	59345	34951	3967	195117
市场管理	1285404	1099498	105273	583995
旅行社	109286	110709	5444	249375
其他商务服务	43236	50241	3152	196710
科学研究、技术服务和地质勘查业	**1103885**	**10597629**	**66017**	**7722940**
研究与试验发展	254613	1377214	30003	7172107
自然科学研究与试验发展	2703	4265	140	16889

单位：千元

主营业务收　入	营业税金及附加	营业费用、管理费用、财务费用合计	营业利润	职工工资和福利费	本年应交增值税	全部从业人员年平均人数（人）
300	17	169	46	115		8
8643	213	1722	296	971		49
4860	115	1321	-411	1006		59
8838	295	2075	123	1672		106
103488	8013	51685	-5510	13531	34	490
48232	1273	17714	11999	2672		116
20389	836	16868	-2297	4118	34	225
34867	5904	17103	-15212	6741		149
724774	41808	305761	78105	100979	155	4362
90371	7361	38696	5450	21285		1130
170757	8099	80629	42135	15649		580
412132	24251	166582	23807	54785	155	2335
51514	2097	19854	6713	9260		317
18437950	**693186**	**2194999**	**3751847**	**1285541**	**56217**	**48294**
3063456	**131871**	**537840**	**1177973**	**190277**	**3678**	**6737**
2408741	96281	436212	989080	99008	706	1577
2382765	94978	431871	983542	94635	706	1332
16180	897	2618	3824	3009		169
7169	291	1409	860	1100		60
2627	115	314	854	264		16
574384	31253	93865	160565	85809	2315	4818
179664	12029	32598	46913	15350	270	700
1378	69	171	353	361		19
20597	1175	1366	8036	1322	293	79
372745	17980	59730	105263	68776	1752	4020
80331	4337	7763	28328	5460	657	342
70795	3937	6404	25558	4575	600	277
9536	400	1359	2770	885	57	65
51597	**3334**	**12711**	**13870**	**4008**		**222**
51597	3334	12711	13870	4008		222
15678	711	5945	4417	2039		116
35919	2623	6766	9453	1969		106
2592238	**141943**	**395780**	**717059**	**241031**		**12806**
133131	7095	54486	9641	30795		1430
119736	6715	47371	5827	29155		1337
13395	380	7115	3814	1640		93
2459107	134848	341294	707418	210236		11376
314153	20730	71451	47458	54120		1938
20791	1133	2034	5435	1683		93
534913	28368	80603	168805	43628		2847
330960	19115	34048	104022	22374		1318
43553	2424	6297	14874	1437		91
195117	11978	26813	59243	19634		1175
574535	23564	76049	184221	35764		1957
248375	19236	18011	77516	14292		828
196710	8300	25988	45844	17304		1129
7720480	**102129**	**343780**	**479608**	**419977**	**50192**	**6584**
7172047	74073	246177	351769	359193	49960	2955
16889	778	2690	3566	938		61

5-3 续表 6

行业中类	固定资产原价	所有者权益	本年折旧	营业收入总计
工程和技术研究与试验发展	243621	1367616	29266	7123416
农业科学研究与试验发展	3989	3523	177	11089
医学研究与试验发展	2100	810	200	14081
社会人文科学研究与试验发展	2200	1000	220	6632
专业技术服务业	602231	9095267	18206	354170
测绘服务	8646	3257	775	24462
技术检测	29457	18238	1774	58335
环境监测	11160	1730	992	23950
工程技术与规划管理	518800	9057366	12331	190774
其他专业技术服务	34168	14676	2334	56649
科技交流和推广服务业	244231	122908	17525	179670
技术推广服务	200466	91859	15315	114896
科技中介服务	30705	12463	1128	27854
其他科技服务	13060	18586	1082	36920
地质勘查业	2810	2240	283	16993
矿产地质勘查	1560	1400	161	11971
基础地质勘查	750	240	72	4059
地质勘查技术服务	500	600	50	963
水利、环境和公共设施管理业	**381521**	**222083**	**41304**	**254403**
水利管理业	3773	2968	401	19380
防洪管理	56	150	6	120
水资源管理	3317	2018	351	18060
其他水利管理	400	800	44	1200
环境管理业	150732	78326	12788	123721
环境治理	150732	78326	12788	123721
公共设施管理业	227016	140789	28115	111302
市政公共设施管理	28473	23226	1594	31310
城市绿化管理	22920	12812	1540	50699
游览景区管理	175623	104751	24981	29293
居民服务和其他服务业	**1397153**	**690381**	**109234**	**3380584**
居民服务业	1050808	550271	79962	2389621
家庭服务	6340	5220	447	58315
洗染服务	29289	22199	1172	80080
理发及美容保健服务	281393	130363	20743	723815
洗浴服务	576524	305299	47491	1261117
婚姻服务	6242	3610	420	21355
殡葬服务	39604	21493	807	23066
摄影扩印服务	70780	26506	6402	132989
其他居民服务	40636	35581	2480	88884
其他服务业	346345	140110	29272	990963
修理与维护	215687	80694	17360	651508
清洁服务	12631	13105	545	90116
其他未列明的服务	118027	46311	11367	249339
教育	**74742**	**53502**	**4304**	**189270**
教育	74742	53502	4304	189270
学前教育	8825	8207	320	31469
中等教育	13236	17940	166	11758
高等教育	1040	320	113	1400
其他教育	51641	27035	3705	144643

单位：千元

主营业务收　入	营业税金及附加	营业费用、管理费用、财务费用合计	营业利润	职工工资和福利费	本年应交增值税	全部从业人员年平均人数（人）
7123356	71458	237639	341993	353957	49960	2676
11089	313	2735	1702	2414		137
14081	1126	3103	3657	1504		65
6632	398	10	851	380		16
354170	20689	60943	77876	36198		2002
24462	1241	2278	5843	4692		331
58335	3395	8067	15927	5901		361
23950	1825	4694	5885	1580		76
190774	10690	35248	35826	19534		954
56649	3538	10656	14395	4491		280
177270	6540	33612	45929	22995	232	1523
112496	2801	26024	32115	18373	232	1284
27854	1757	5252	3700	3407		159
36920	1982	2336	10114	1215		80
16993	827	3048	4034	1591		104
11971	564	2594	3305	1024		56
4059	243	298	567	287		22
963	20	156	162	280		26
254403	**14614**	**71785**	**46850**	**21622**	**69**	**1068**
19380	1124	2565	7863	1322		78
120	7	110	-81	91		9
18060	1037	2083	7596	1047		58
1200	80	372	348	184		11
123721	6694	29705	23256	10469		448
123721	6694	29705	23256	10469		448
111302	6796	39515	15731	9831	69	542
31310	2418	4873	6294	2021		100
50699	3234	7823	14357	3659		182
29293	1144	26819	-4920	4151	69	260
3380255	**217232**	**592454**	**932165**	**293250**	**2278**	**15019**
2389292	154948	440093	680945	221044		11126
58315	3161	12076	22443	2966		187
80080	5451	12488	24402	8372		401
723815	46203	136472	205746	69052		3586
1260788	84741	234270	345354	118933		5748
21355	1080	3340	5824	3122		157
23066	845	9243	8398	2624		178
132989	8001	21013	41573	10535		535
88884	5466	11191	27205	5440		334
990963	62284	152361	251220	72206	2278	3893
651508	43168	97884	194295	50808	2278	2623
90116	4676	21261	23771	1972		162
249339	14440	33216	33154	19426		1108
189270	**11716**	**33123**	**54849**	**21435**		**1230**
189270	11716	33123	54849	21435		1230
31469	1619	5143	8634	5413		341
11758	631	1652	2308	2713		153
1400	70	364	406	312		26
144643	9396	25964	43501	12997		710

5-3 续表 7

行业中类	固定资产原价	所有者权益	本年折旧	营业收入 总 计
卫生、社会保障和社会福利业	**201818**	**136787**	**14561**	**445509**
卫生	190900	132261	14015	426121
医院	127422	113343	11156	190333
卫生院及社区医疗活动	4011	1680	137	13729
门诊部医疗活动	54549	15168	2378	208475
专科疾病防治活动	4400	1450	314	13407
其他卫生活动	518	620	30	177
社会保障业	7138	1126	358	16339
社会保障业	7138	1126	358	16339
社会福利业	3780	3400	188	3049
提供住宿的社会福利	3780	3400	188	3049
文化、体育和娱乐业	**351305**	**186975**	**20313**	**741138**
新闻出版业	1610	1125	121	1773
出版业	1610	1125	121	1773
广播、电视、电影和音像业	37798	21691	2769	106598
电视	11115	2814	941	24515
电影	21593	11466	1346	32076
音像制作	5090	7411	482	50007
文化艺术业	3908	3003	340	19533
文艺创作与表演	3908	3003	340	19533
体育	62858	27834	2750	57018
体育组织	18419	5517	479	7131
体育场馆	43050	21612	2176	38667
其他体育	1389	705	95	11220
娱乐业	245131	133322	14333	556216
室内娱乐活动	176388	72098	12092	430271
游乐园	2300	115	14	1629
休闲健身娱乐活动	65557	60109	2138	123396
其他娱乐活动	886	1000	89	920
抚顺市	**11454070**	**7372908**	**552358**	**3837099**
信息传输、计算机服务和软件业	**4245501**	**1290503**	**310496**	**1466071**
电信和其他信息传输服务业	4213455	1259006	308984	1406354
电信	4191766	1241771	305790	1375326
互联网信息服务	5145	5820	331	7391
广播电视传输服务	16544	11415	2863	23637
计算机服务业	15859	17896	719	30627
计算机系统服务	7010	9304	359	15382
计算机维修	555	1074	8	580
其他计算机服务	8294	7518	352	14665
软件业	16187	13601	793	29090
公共软件服务	16184	13551	793	29064
其他软件服务	3	50		26
金融业	**4683**	**46943**	**752**	**26075**
其他金融活动	4683	46943	752	26075
典当	4143	36593	731	23445
其他未列明的金融活动	540	10350	21	2630
租赁和商务服务业	**285935**	**725238**	**21705**	**544321**
租赁业	18214	25363	1300	13263
机械设备租赁	17974	25183	1300	13263

单位：千元

主营业务收入	营业税金及附加	营业费用、管理费用、财务费用合计	营业利润	职工工资和福利费	本年应交增值税	全部从业人员年平均人数(人)
445293	**20800**	**59354**	**120558**	**37015**		**1757**
425905	19682	56351	113838	35852		1689
190333	7596	31896	42180	19195		722
13729	798	235	5359	529		40
208259	10516	21171	62012	15488		880
13407	763	3004	4229	593		39
177	9	45	58	47		8
16339	966	2551	6023	596		30
16339	966	2551	6023	596		30
3049	152	452	697	567		38
3049	152	452	697	567		38
740958	**49547**	**148172**	**208915**	**56926**		**2871**
1773	91	536	404	371		28
1773	91	536	404	371		28
106598	6868	22058	31513	3776		224
24515	1702	5136	6396	1057		55
32076	1880	3151	12898	1498		101
50007	3286	13771	12219	1221		68
19533	1124	4553	5785	804		59
19533	1124	4553	5785	804		59
57018	2818	11282	13914	3303		193
7131	309	1152	1593	1167		61
38667	1853	8557	7818	1610		97
11220	656	1573	4503	526		35
556036	38646	109743	157299	48672		2367
430091	30380	82339	119442	40230		1913
1629	98	20	859	157		10
123396	8117	27091	36698	8069		426
920	51	293	300	216		18
3823935	**155323**	**809927**	**754339**	**568731**	**861**	**28229**
1460506	**44349**	**324683**	**309280**	**97889**	**668**	**2749**
1401409	40500	315985	293212	87003		2147
1370381	39311	302002	292079	78074		1855
7391	276	1059	1681	1447		98
23637	913	12924	-548	7482		194
30387	1963	3414	7505	4217	392	302
15382	613	2263	3411	2454	357	165
580	25	169	112	405		26
14425	1325	982	3982	1358	35	111
28710	1886	5284	8563	6669	276	300
28684	1885	5283	8561	6651	276	299
26	1	1	2	18		1
26075	**1424**	**14732**	**4023**	**2627**		**111**
26075	1424	14732	4023	2627		111
23445	1302	14066	3788	2137		84
2630	122	666	235	490		27
544151	**24829**	**101920**	**83613**	**178039**		**11282**
13263	496	1209	1778	3966		128
13263	496	1209	1778	3966		126

5-3 续表 8

行业中类	固定资产原价	所有者权益	本年折旧	营业收入总计
文化及日用品出租	240	180		
商务服务业	267721	699875	20405	531058
企业管理服务	83743	500349	5270	81537
法律服务	4454	4998	609	14954
咨询与调查	23647	32762	868	42094
广告业	21181	37666	2141	64912
知识产权服务	58	454	12	790
职业中介服务	58510	69367	4335	215395
市场管理	47944	16903	3233	19924
旅行社	14004	23626	1609	60571
其他商务服务	14180	13750	2328	30881
科学研究、技术服务和地质勘查业	**751485**	**524051**	**31935**	**838444**
研究与试验发展	423239	116514	4569	241802
自然科学研究与试验发展	60	20	2	90
工程和技术研究与试验发展	413385	113198	2143	229813
农业科学研究与试验发展	9237	2515	2376	7511
医学研究与试验发展	557	781	48	4388
专业技术服务业	169626	208620	18864	530697
海洋服务	10	51	2	136
测绘服务	9933	4936	277	9170
技术检测	53906	36969	9345	39579
环境监测	1224	1841	62	8042
工程技术与规划管理	103843	162866	9122	469639
其他专业技术服务	710	1957	56	4131
科技交流和推广服务业	146380	193117	8022	62478
技术推广服务	25424	28587	951	44364
科技中介服务	120180	163590	7026	16924
其他科技服务	776	940	45	1190
地质勘查业	12240	5800	480	3467
矿产地质勘查	5100	5200		1399
基础地质勘查	7140	600	480	2068
水利、环境和公共设施管理业	**4721754**	**4138171**	**96550**	**257514**
水利管理业	4337421	3813728	92880	148282
水资源管理	4335671	3812628	92830	146899
其他水利管理	1750	1100	50	1383
环境管理业	295956	298764	166	29748
环境治理	295956	298764	166	29748
公共设施管理业	88377	25679	3504	79484
市政公共设施管理	1619	2227	10	11552
城市绿化管理	3436	5225	165	11791
游览景区管理	83322	18227	3329	56141
居民服务和其他服务业	**244295**	**183458**	**8255**	**259585**
居民服务业	222440	165284	6422	211923
家庭服务	1159	1244	49	4470
洗染服务	120	140	3	150
理发及美容保健服务	10588	15421	413	41390
洗浴服务	66205	45296	4901	116819
婚姻服务	958	973	19	2577
殡葬服务	140292	95721	544	37499

单位：千元

主营业务收入	营业税金及附加	营业费用、管理费用、财务费用合计	营业利润	职工工资和福利费	本年应交增值税	全部从业人员年平均人数（人）
						2
530888	24333	100711	81835	174073		11154
81467	3696	24382	-1238	32413		1540
14954	947	4657	2902	4198		158
41994	2281	7783	7085	12121		628
64912	3140	10243	12969	11943		635
790	47	475	12	280		14
215395	7588	31211	47808	86915		6550
19924	1610	5714	3743	4136		262
60571	3443	5783	4699	6912		398
30881	1581	10463	3855	15155		969
838232	**28789**	**150151**	**230832**	**98484**		**4968**
241802	3424	40263	65743	22434		1115
90	4	14	32	60		5
229813	3127	37128	61892	20948		1004
7511	127	2864	2344	1108		84
4388	166	257	1475	318		22
530485	19799	99283	150295	60251		2931
136	8	262	-169	120		9
9170	452	2496	1233	2695		109
39579	1833	10704	2724	9849		376
8042	512	1013	2441	802		49
469427	16805	84107	143769	46088		2346
4131	189	701	297	697		42
62478	5216	10025	14188	14742		877
44364	4351	7263	12563	10619		656
16924	806	2540	1371	3807		204
1190	59	222	254	316		17
3467	350	580	606	1057		45
1399	265	198	545	315		25
2068	85	382	61	742		20
254955	**15024**	**66167**	**10672**	**26305**		**1082**
145723	8411	40051	-15436	9283		248
144340	8255	39885	-15816	8975		227
1383	156	166	380	308		21
29748	2036	7319	5835	4335		193
29748	2036	7319	5835	4335		193
79484	4577	18797	20273	12687		641
11552	511	1132	-118	1679		116
11791	494	2006	1682	4556		239
56141	3572	15659	18709	6452		286
259245	**17015**	**29768**	**67011**	**42754**	**193**	**3021**
211583	14739	24085	54991	35236		2432
4470	231	387	1093	1034		57
150	2	10	58	35		4
41350	1730	6317	10280	6522		389
116819	6192	10878	28981	20926		1598
2577	115	430	438	366		28
37199	5979	4170	12590	4062		217

5-3 续表 9

行业中类	固定资产原价	所有者权益	本年折旧	营业收入总计
摄影扩印服务	2913	6229	484	8418
其他居民服务	205	260	9	600
其他服务业	21855	18174	1833	47662
修理与维护	19562	14579	1675	36390
清洁服务	2183	3095	154	10132
其他未列明的服务	110	500	4	1140
教育	**31325**	**27122**	**1945**	**60365**
教育	31325	27122	1945	60365
学前教育	5471	5574	162	18298
初等教育	1500	1450	46	3000
中等教育	2100	500		1559
其他教育	22254	19598	1737	37508
卫生、社会保障和社会福利业	**849852**	**148820**	**44583**	**272689**
卫生	849062	147120	44560	268259
医院	845028	134982	44086	256167
卫生院及社区医疗活动	1663	2027	116	4527
门诊部医疗活动	891	2785	146	4248
其他卫生活动	1480	7326	212	3317
社会保障业	790	1700	23	4430
社会保障业	790	1700	23	4430
文化、体育和娱乐业	**319240**	**288602**	**36137**	**112035**
新闻出版业	489	555	28	2503
出版业	489	555	28	2503
广播、电视、电影和音像业	21824	17960	3949	8471
电视	50	350	10	769
电影	21589	16990	3902	7132
音像制作	185	620	37	570
文化艺术业	2305	4547	110	3957
文艺创作与表演	160	240	5	1380
艺术表演场馆	167	700	7	1377
图书馆与档案馆	25	100	5	65
文物及文化保护	1803	2555	82	875
群众文化活动	125	832	6	80
其他文化艺术	25	120	5	180
体育	20420	2347	502	5503
体育组织	360	500	14	1303
体育场馆	19710	1227	474	3100
其他体育	350	620	14	1100
娱乐业	274202	263193	31548	91601
室内娱乐活动	36366	29753	3019	39703
游乐园	232444	227080	28354	34826
休闲健身娱乐活动	1468	1090	24	3482
其他娱乐活动	3924	5270	151	13590
本溪市	**14526288**	**33209092**	**948514**	**5156491**
信息传输、计算机服务和软件业	**3508429**	**1348190**	**247754**	**1340984**
电信和其他信息传输服务业	3438382	1281243	240511	1151585
电信	3437859	1280743	240461	1149820
互联网信息服务	523	500	50	1765
计算机服务业	42912	38902	4072	84044

单位：千元

主营业务收　入	营业税金及附加	营业费用、管理费用、财务费用合计	营业利润	职工工资和福利费	本年应交增值税	全部从业人员年平均人数(人)
8418	449	1813	1411	2131		128
600	41	80	140	160		11
47662	2276	5683	12020	7518	193	589
36390	1856	4563	9643	4796	193	354
10132	374	913	2288	2612		225
1140	46	207	89	110		10
60365	**3631**	**10163**	**15735**	**11923**		**730**
60365	3631	10163	15735	11923		730
18298	1160	1486	5803	2281		200
3000	220	144	1036	320		22
1559	60	110	389	777		36
37508	2191	8423	8507	8545		472
272689	**15227**	**82998**	**19354**	**90554**		**2832**
268259	15049	82801	17793	90136		2810
256167	14342	78840	16285	86572		2608
4527	313	951	640	1191		81
4248	168	1772	180	1708		90
3317	226	1238	688	665		31
4430	178	197	1561	418		22
4430	178	197	1561	418		22
107717	**5035**	**29345**	**13819**	**20156**		**1454**
2503	130	240	760	468		22
2503	130	240	760	468		22
8471	348	2116	-171	1883		122
769	33	150	20	100		5
7132	281	1871	-211	1658		110
570	34	95	20	125		7
3957	208	762	811	1833		165
1380	20	30	360	172		13
1377	74	242	375	178		10
65	4	45		45		3
875	97	346	70	1350		131
80	6	59	6	52		5
180	7	40		36		3
5503	332	975	1061	1665		87
1303	34	122	376	299		18
3100	248	803	255	1166		59
1100	50	50	430	200		10
87283	4017	25252	11358	14307		1058
39703	2054	5506	10454	7015		557
30508	1044	17485	-2297	5140		336
3482	196	351	1067	611		40
13590	723	1910	2134	1541		125
5086374	**98084**	**1603650**	**1035495**	**791655**	**63212**	**28450**
1333807	**30549**	**264140**	**167170**	**116566**	**621**	**3129**
1148692	28488	244613	134690	89408		1735
1146927	28487	243531	134090	89168		1723
1765	1	1082	600	240		12
84038	1388	10810	20350	16614	241	983

5-3 续表 10

行业中类	固定资产原价	所有者权益	本年折旧	营业收入总计
计算机系统服务	5853	7750	699	18137
数据处理	663	4301	113	7996
计算机维修	2425	1698	207	5550
其他计算机服务	33971	25153	3053	52361
软件业	27135	28045	3171	105355
公共软件服务	24812	24799	2979	94864
其他软件服务	2323	3246	192	10491
金融业	**85381**	**169751**	**2898**	**88225**
其他金融活动	85381	169751	2898	88225
典当	16451	77158	1436	50562
其他未列明的金融活动	68930	92593	1462	37663
租赁和商务服务业	**6062097**	**27530302**	**552836**	**2414498**
租赁业	24101	14287	1947	23644
机械设备租赁	24101	14287	1947	23644
商务服务业	6037996	27516015	550889	2390854
企业管理服务	5770717	27298257	528931	1778891
法律服务	11112	9690	1074	22845
咨询与调查	50791	33107	4747	106029
广告业	28851	21558	2947	84845
知识产权服务	1784	2216	172	7807
职业中介服务	21283	18163	1849	58336
市场管理	47741	39294	2536	60309
旅行社	60217	38489	4561	199683
其他商务服务	45500	55241	4072	72109
科学研究、技术服务和地质勘查业	**267450**	**282050**	**22957**	**494444**
研究与试验发展	6276	4618	716	13940
工程和技术研究与试验发展	4914	3206	527	12002
农业科学研究与试验发展	984	984	180	1702
医学研究与试验发展	378	428	9	236
专业技术服务业	153552	192322	14731	356365
气象服务	8822	1538	905	5267
测绘服务	7150	4270	751	8803
技术检测	41800	30492	3886	36608
环境监测	3000	100	309	1698
工程技术与规划管理	89001	148627	8599	279467
其他专业技术服务	3779	7295	281	24522
科技交流和推广服务业	71333	57094	5553	112708
技术推广服务	58051	48038	4236	83935
科技中介服务	6697	5568	541	18266
其他科技服务	6585	3488	776	10507
地质勘查业	36289	28016	1957	11431
矿产地质勘查	32967	25053	1716	6489
基础地质勘查	2762	2431	229	3243
地质勘查技术服务	560	532	12	1699
水利、环境和公共设施管理业	**4134929**	**3649894**	**94424**	**300072**
水利管理业	3961182	3586590	83481	73030
防洪管理	125	100	12	1335
水资源管理	3960907	3586140	83458	70295
其他水利管理	150	350	11	1400

单位：千元

主营业务收　　入	营业税金及附加	营业费用、管理费用、财务费用合计	营业利润	职工工资和福利费	本年应交增值税	全部从业人员年平均人数(人)
18131	235	1077	3328	2269	171	108
7996	400	952	1152	4101		350
5550	100	873	1248	1191	35	59
52361	653	7908	14622	9053	35	466
101077	673	8717	12130	10544	380	411
90586	540	8393	10066	8614	349	314
10491	133	324	2064	1930	31	97
88225	**1632**	**6252**	**28510**	**5881**	**3**	**341**
88225	1632	6252	28510	5881	3	341
50562	1105	2791	15943	3127	3	175
37663	527	3461	12567	2754		166
2352402	**29037**	**1054910**	**596119**	**424939**	**50732**	**13616**
23644	292	3499	5849	2546		174
23644	292	3499	5849	2546		174
2328758	28745	1051411	590270	422393	50732	13442
1716956	15012	951442	440207	339983	50732	8417
22845	370	1689	4537	3211		178
106029	1493	15045	24587	16216		916
84845	1184	13581	20895	12584		746
7807	121	1044	1966	723		53
58336	1527	7819	12817	9335		547
60151	741	11708	15612	4745		285
199683	7076	38535	58182	14424		762
72106	1221	10548	11467	21172		1538
494425	**11721**	**104300**	**149201**	**104666**	**10238**	**4380**
13940	99	3547	3904	3106		170
12002	89	2788	3467	2533		143
1702	2	712	508	420		12
236	8	47	-71	153		15
356346	10510	80434	106737	75392	10238	2887
5267	102	866	1457	1094		49
8803	223	2599	2106	2653		116
36589	735	7239	9719	10096		454
1698	92	838	368	196		8
279467	8932	66689	90837	56784	10238	2031
24522	426	2203	2250	4569		229
112708	1027	18522	35953	24304		1202
83935	601	17061	28375	17906		936
18266	324	708	4981	3634		143
10507	102	753	2597	2764		123
11431	85	1797	2607	1864		121
6489	33	1351	1225	960		67
3243	52	46	805	424		29
1699		400	577	480		25
299848	**12904**	**71427**	**-2075**	**35383**		**1632**
73030	3821	16885	-68669	8981		235
1335	72	264	524	79		4
70295	3699	16071	-69643	8847		226
1400	50	550	450	55		5

5-3 续表 11

行业中类	固定资产原价	所有者权益	本年折旧	营业收入总计
环境管理业	31531	8623	2657	29008
自然保护	15539	5539	1088	6830
环境治理	15992	3084	1569	22178
公共设施管理业	142216	54681	8286	198034
市政公共设施管理	1623	130	62	1790
城市绿化管理	22792	27911	1687	37970
游览景区管理	117801	26640	6537	158274
居民服务和其他服务业	**175002**	**94903**	**12261**	**296460**
居民服务业	119840	49261	8045	199454
家庭服务	7151	2937	782	16658
托儿所	1750	342	175	1768
洗染服务	4338	1670	450	5890
理发及美容保健服务	3121	5672	255	12423
洗浴服务	58485	23269	3136	66674
婚姻服务	2370	418	297	2457
殡葬服务	23215	493	1228	8194
摄影扩印服务	8085	5313	631	23906
其他居民服务	11325	9147	1091	61484
其他服务业	55162	45642	4216	97006
修理与维护	37154	35411	2603	72370
清洁服务	6457	3464	543	13999
其他未列明的服务	11551	6767	1070	10637
教育	**143729**	**74369**	**9150**	**144901**
教育	143729	74369	9150	144901
学前教育	96	708	20	675
其他教育	143633	73661	9130	144226
卫生、社会保障和社会福利业	**74069**	**16965**	**3055**	**30528**
卫生	73489	16352	3035	29108
医院	46000	6540	1690	8088
卫生院及社区医疗活动	6895	5524	160	2802
门诊部医疗活动	19141	2845	1043	15082
疾病预防控制及防疫活动	1453	1443	142	3136
社会保障业	380	510	3	1140
社会保障业	380	510	3	1140
社会福利业	200	103	17	280
提供住宿的社会福利	200	103	17	280
文化、体育和娱乐业	**75202**	**42668**	**3179**	**46379**
广播、电视、电影和音像业	21422	19021	952	14362
电视	17419	14760	579	8200
电影	4003	4261	373	6162
文化艺术业	1940	499	39	2084
文艺创作与表演	30	20		310
艺术表演场馆	1876	476	37	1471
图书馆与档案馆	34	3	2	303
体育	4008	5592	392	2640
体育场馆	4008	5592	392	2640
娱乐业	47832	17556	1796	27293
室内娱乐活动	27333	8896	1458	20587
游乐园	423	890	32	1890
休闲健身娱乐活动	10076	2770	106	3181
其他娱乐活动	10000	5000	200	1635

单位：千元

主营业务收　　入	营业税金及附加	营业费用、管理费用、财务费用合计	营业利润	职工工资和福利费	本年应交增值税	全部从业人员年平均人数（人）
29008	543	4926	6539	3271		171
6830	321	1273	1381	260		22
22178	222	3653	5158	3011		149
197810	8540	49616	60055	23131		1226
1790		610	582	390		20
37970	762	5940	4955	6085		327
158050	7778	43066	54518	16656		879
296460	**9214**	**60483**	**72204**	**48555**	**108**	**2701**
199454	6554	41576	44931	26359	14	1526
16658	86	2180	4608	3076	14	191
1768	6	22	433	197		16
5890	170	1229	1445	1093		63
12423	504	2228	3238	2256		131
66674	2195	21507	10318	12295		697
2457	18	623	651	415		26
8194	210	3299	760	1083		51
23906	861	6969	5628	2271		136
61484	2504	3519	17850	3673		215
97006	2660	18907	27273	22196	94	1175
72370	2282	13719	21039	11552	94	593
13999	201	2075	3342	5738		292
10637	177	3113	2892	4906		290
144300	**1071**	**20155**	**9161**	**32333**	**1510**	**1277**
144300	1071	20155	9161	32333	1510	1277
675		39	117	437		23
143625	1071	20116	9044	31896	1510	1254
30528	**611**	**10237**	**6338**	**8640**		**471**
29108	604	10179	6121	8520		462
8088	165	4187	1501	2758		146
2802	87	761	509	1163		80
15082	324	5157	3297	3442		176
3136	28	74	814	1157		60
1140	7	35	185	85		4
1140	7	35	185	85		4
280		23	32	35		5
280		23	32	35		5
46379	**1345**	**11746**	**8867**	**14692**		**903**
14362	249	5175	1398	4491		347
8200	199	4488	-163	2521		261
6162	50	687	1561	1970		86
2084	29	253	482	673		37
310		20	50	124		10
1471	17	35	429	439		23
303	12	198	3	110		4
2640	192	1926	-126	725		50
2640	192	1926	-126	725		50
27293	875	4392	7113	8803		469
20587	761	2790	4982	7013		378
1890	102	324	750	224		8
3181	12	717	945	1176		63
1635		561	436	390		20

5-3 续表 12

行业中类	固定资产原价	所有者权益	本年折旧	营业收入总计
丹东市	**6411811**	**4253673**	**541842**	**3305048**
信息传输、计算机服务和软件业	**3383991**	**1139896**	**344136**	**1447182**
电信和其他信息传输服务业	3351203	1091291	341981	1397066
电信	3317200	1080813	340119	1364519
互联网信息服务	697	7118	58	5044
广播电视传输服务	33206	3160	1799	27263
卫星传输服务	100	200	5	240
计算机服务业	18358	19445	1313	20210
计算机系统服务	1758	2900	120	5221
计算机维修	749	1640	42	1437
其他计算机服务	15851	14905	1151	13552
软件业	14430	29160	842	29906
公共软件服务	13606	27358	788	27039
其他软件服务	824	1802	54	2867
金融业	**26717**	**135253**	**2176**	**39973**
其他金融活动	26717	135253	2176	39973
典当	10399	57180	1058	9671
其他未列明的金融活动	16318	78073	1118	30302
租赁和商务服务业	**1607358**	**2187980**	**111423**	**843960**
租赁业	44553	17616	2733	34282
机械设备租赁	44433	17486	2726	34152
文化及日用品出租	120	130	7	130
商务服务业	1562805	2170364	108690	809678
企业管理服务	498032	1715045	25139	183135
法律服务	2706	3071	203	17521
咨询与调查	32803	42608	2287	80247
广告业	30843	40851	1960	83480
知识产权服务	430	430	23	1360
职业中介服务	6080	11306	396	31802
市场管理	933941	292138	74532	269288
旅行社	43233	45274	3077	99071
其他商务服务	14737	19641	1073	43774
科学研究、技术服务和地质勘查业	**289728**	**269969**	**17445**	**235701**
研究与试验发展	4518	6830	276	19590
工程和技术研究与试验发展	3800	6050	229	18572
农业科学研究与试验发展	508	480	35	518
医学研究与试验发展	210	300	12	500
专业技术服务业	138626	100308	8886	150326
气象服务	445	50	23	958
地震服务	20	240	1	728
测绘服务	17767	20765	1138	15753
技术检测	27291	14832	2340	14350
环境监测	1580	1100	121	3920
工程技术与规划管理	85594	58052	4890	104285
其他专业技术服务	5929	5269	373	10332
科技交流和推广服务业	99799	149368	5098	33468
技术推广服务	93481	139994	4736	21444

单位：千元

主营业务收　　入	营业税金及附加	营业费用、管理费用、财务费用合计	营业利润	职工工资和福利费	本年应交增值税	全部从业人员年平均人数（人）
3295985	**144003**	**589621**	**608489**	**393558**	**1576**	**16950**
1440794	**48675**	**375096**	**269487**	**110923**	**494**	**3331**
1390678	45869	360893	262621	101062	475	2883
1358131	44471	350856	258572	93256	450	2587
5044	307	1453	568	726	25	37
27263	1079	8576	3411	7042		257
240	12	8	70	38		2
20210	1156	2332	4273	3495	19	220
5221	340	278	1286	174		15
1437	65	72	239	448		25
13552	751	1982	2748	2873	19	180
29906	1650	11871	2593	6366		228
27039	1479	11357	2246	5981		202
2867	171	514	347	385		26
39973	**2156**	**4017**	**6252**	**3529**		**181**
39973	2156	4017	6252	3529		181
9671	559	1252	1803	1133		62
30302	1597	2765	4449	2396		119
843856	**44390**	**102427**	**132755**	**113402**	**556**	**6175**
34282	1650	2077	5383	2115	310	129
34152	1648	2074	5368	2074	310	126
130	2	3	15	41		3
809574	42740	100350	127372	111287	246	6046
183135	8331	30117	27512	38175	40	2161
17521	884	3690	3693	4309		148
80243	4319	12371	15665	11964		632
83380	4551	7009	19341	9972	69	534
1360	79	86	321	194		17
31802	1705	4598	6602	4390		199
269288	15287	29682	34551	23122	77	1106
99071	5275	6968	11668	7209		434
43774	2309	5829	8019	11952	60	815
235650	**11507**	**46551**	**38718**	**50040**	**49**	**2315**
19590	907	2276	3092	4534		201
18572	878	2020	2944	4237		182
518	17	101	90	147		9
500	12	155	58	150		10
150301	7827	32770	25214	31353	49	1568
958	48	20	124	174		6
728	40	128	-2	89		8
15753	919	3147	2775	2026		96
14350	639	3407	1839	3039	9	186
3920	237	842	278	696		9
104260	5393	24256	17262	23686	40	1168
10332	551	970	2938	1643		95
33442	1079	8055	6566	7702		247
21444	429	1839	4575	6377		184

5-3 续表 13

行业中类	固定资产原价	所有者权益	本年折旧	营业收入总计
科技中介服务	6318	9374	362	12024
地质勘查业	46785	13463	3185	32317
矿产地质勘查	31013	5360	1639	5770
基础地质勘查	12126	6406	1286	23417
地质勘查技术服务	3646	1697	260	3130
水利、环境和公共设施管理业	**183018**	**72271**	**9759**	**62947**
水利管理业	39	500	6	
防洪管理	39	500	6	
公共设施管理业	182979	71771	9753	62947
城市绿化管理	3134	5150	228	9764
游览景区管理	179845	66621	9525	53183
居民服务和其他服务业	**263145**	**183126**	**17913**	**328712**
居民服务业	239901	170806	16282	293881
家庭服务	252	380	14	200
洗染服务	6346	11860	496	2917
理发及美容保健服务	47193	19203	3272	41595
洗浴服务	165783	122712	10754	202108
婚姻服务	850	1244	53	1492
殡葬服务	1700	898	143	6036
摄影扩印服务	13645	10360	1201	30936
其他居民服务	4132	4149	349	8597
其他服务业	23244	12320	1631	34831
修理与维护	19968	10850	1422	27749
清洁服务	3186	1070	195	6960
其他未列明的服务	90	400	14	122
教育	**8724**	**6070**	**466**	**3951**
教育	8724	6070	466	3951
中等教育	7030	5000	360	3100
其他教育	1694	1070	106	851
卫生、社会保障和社会福利业	**258962**	**84209**	**13814**	**131110**
卫生	257682	84149	13745	130034
医院	250577	76988	13375	125064
卫生院及社区医疗活动	5340	4700	271	1757
门诊部医疗活动	1280	1049	72	1628
疾病预防控制及防疫活动	150	100	8	330
其他卫生活动	335	1312	19	1255
社会保障业	1100	30	60	880
社会保障业	1100	30	60	880
社会福利业	180	30	9	196
提供住宿的社会福利	180	30	9	196
文化、体育和娱乐业	**390168**	**174899**	**24710**	**211512**
新闻出版业	3110	2120	156	5590
出版业	3110	2120	156	5590
广播、电视、电影和音像业	20853	5855	1679	8506
电影	20459	5716	1658	7764
音像制作	394	139	21	742
文化艺术业	47	60	3	259
文艺创作与表演	47	60	3	259
体育	62	216	5	199

单位：千元

主营业务收　入	营业税金及附加	营业费用、管理费用、财务费用合计	营业利润	职工工资和福利费	本年应交增值税	全部从业人员年平均人数（人）
11998	650	6216	1991	1325		63
32317	1694	3450	3846	6451		299
5770	161	1545	156	1776		54
23417	1374	1415	2864	3909		204
3130	159	490	826	766		41
60947	**3148**	**7943**	**14850**	**8776**		**444**
				131		13
				131		13
60947	3148	7943	14850	8645		431
9764	560	537	2153	3578		140
51183	2588	7406	12697	5067		291
328242	**16651**	**23490**	**82533**	**40423**	**457**	**2169**
293711	14991	19704	77474	32734		1672
200	4	25	60	135		11
2917	147	630	376	1223		79
41545	2165	3622	9324	4924		250
202108	10279	12965	55423	21007		1027
1492	129	133	336	442		37
6036	158	500	1132	877		35
30816	1623	1406	8450	2585		126
8597	486	423	2373	1541		107
34531	1660	3786	5059	7689	457	497
27449	1277	3457	3502	5452	384	333
6960	375	320	1553	2202	73	162
122	8	9	4	35		2
3951	**240**	**582**	**1068**	**1299**		**51**
3951	240	582	1068	1299		51
3100	200	500	900	920		35
851	40	82	168	379		16
131110	**6657**	**15616**	**8518**	**39871**		**1203**
130034	6597	15269	8444	39325		1179
125064	6486	14469	7606	36767		1039
1757	27	401	235	920		59
1628	20	156	317	872		35
330	17	19	40	96		8
1255	47	224	246	670		38
880	50	310	20	441		17
880	50	310	20	441		17
196	10	37	54	105		7
196	10	37	54	105		7
211462	**10579**	**13899**	**54308**	**25295**	**20**	**1081**
5540	257	2179	-340	1153	20	52
5540	257	2179	-340	1153	20	52
8506	407	1631	1210	2199		132
7764	374	1449	1035	1953		117
742	33	182	175	246		15
259	13	148	64	67		4
259	13	148	64	67		4
199	12	44	43	75		5

5-3 续表 14

行业中类	固定资产原价	所有者权益	本年折旧	营业收入总计
体育场馆	62	216	5	199
娱乐业	366096	166648	22867	196958
室内娱乐活动	48101	27394	4081	123737
游乐园	3080	2100	157	3015
休闲健身娱乐活动	264962	115110	13840	30380
其他娱乐活动	49953	22044	4789	39826
锦州市	**6621978**	**4254312**	**505558**	**4046979**
信息传输、计算机服务和软件业	**4765899**	**2377137**	**372675**	**1773306**
电信和其他信息传输服务业	4733028	2289313	369417	1710202
电信	4558281	2209262	355547	1655620
互联网信息服务	4933	4229	365	3247
广播电视传输服务	169814	75822	13505	51335
计算机服务业	14651	10994	1333	16515
计算机系统服务	1500	2809	142	755
计算机维修	468	1200	72	1715
其他计算机服务	12683	6985	1119	14045
软件业	18220	76830	1925	46589
公共软件服务	16632	73100	1782	43311
其他软件服务	1588	3730	143	3278
金融业	**38202**	**70996**	**2971**	**29526**
其他金融活动	38202	70996	2971	29526
典当	35031	55975	2708	27109
其他未列明的金融活动	3171	15021	263	2417
租赁和商务服务业	**895030**	**1145532**	**52345**	**1205867**
租赁业	41501	30249	3831	128693
机械设备租赁	41501	30249	3831	128693
商务服务业	853529	1115283	48514	1077174
企业管理服务	309416	834151	6529	140278
法律服务	11605	3188	1089	11702
咨询与调查	23577	15717	2160	40048
广告业	31233	22581	2789	25423
知识产权服务	1872	2560	219	2086
职业中介服务	99302	49188	7384	557735
市场管理	288637	74714	20469	110219
旅行社	24713	16925	1987	61621
其他商务服务	63174	96259	5888	128062
科学研究、技术服务和地质勘查业	**218713**	**208491**	**20511**	**417832**
研究与试验发展	7621	4972	723	10944
工程和技术研究与试验发展	3544	2072	341	6638
农业科学研究与试验发展	350	520	10	1232
医学研究与试验发展	3727	2380	372	3074
专业技术服务业	153332	143266	15568	265927
气象服务	2261	571	224	2634
测绘服务	9334	6529	923	20134
技术检测	20666	22703	1881	19668
环境监测	715	1219	37	665
工程技术与规划管理	120007	110864	12488	222380
其他专业技术服务	349	1380	15	446
科技交流和推广服务业	40530	44508	2215	64246

单位：千元

主营业务收　入	营业税金及附加	营业费用、管理费用、财务费用合计	营业利润	职工工资和福利费	本年应交增值税	全部从业人员年平均人数(人)
199	12	44	43	75		5
196958	9890	9897	53331	21801		888
123737	6061	4919	34888	12138		500
3015	177	465	743	705		27
30380	1535	1293	7445	4904		235
39826	2117	3220	10255	4054		126
4019598	**153238**	**1022817**	**749323**	**545138**	**5487**	**27651**
1753337	**50408**	**414444**	**382188**	**181122**	**3741**	**5467**
1690233	47661	399117	365777	171284	39	4851
1635651	45055	377872	365417	163965	34	4282
3247	129	1067	-228	964	5	63
51335	2477	20178	588	6355		506
16515	658	4273	4450	3088	50	218
755	37	289	291	249		16
1715	57	291	131	255	21	22
14045	564	3693	4028	2584	29	180
46589	2089	11054	11961	6750	3652	398
43311	2003	10255	11596	6059	3633	350
3278	86	799	365	691	19	48
29526	**1786**	**18894**	**262**	**1765**	**2**	**105**
29526	1786	18894	262	1765	2	105
27109	1426	17408	-235	1465	2	85
2417	360	1486	497	300		20
1200017	**50935**	**323438**	**252570**	**182834**	**1103**	**11776**
128693	6344	10455	17545	5380		464
128693	6344	10455	17545	5380		464
1071324	44591	312983	235025	177454	1103	11312
134638	4329	55663	12875	12613	873	903
11702	536	4815	1917	3412		192
40048	1955	16362	6546	9363		611
25423	1249	13652	1741	4197	30	331
2086	104	1470	312	833		42
557735	23564	131143	141790	97189		6008
110219	5797	30577	40831	13484		834
61621	2233	7759	4204	5480		352
127852	4824	51542	24809	30883	200	2039
416622	**16487**	**99567**	**45580**	**64476**	**226**	**3693**
10944	440	2833	862	2666	58	161
6638	292	1312	199	2131	58	121
1232	6	431	160	260		27
3074	142	1090	503	275		13
265717	11117	85538	36277	47662		2437
2634	132	1506	598	1302		66
20134	1000	7446	2920	5481		233
19458	1010	11241	2532	4304		397
665	37	404	224	121		11
222380	8921	64388	30127	36254		1710
446	17	553	-124	200		20
63246	1109	7135	7412	6988	168	724

5-3 续表 15

行业中类	固定资产原价	所有者权益	本年折旧	营业收入总计
技术推广服务	40313	43962	2201	61594
科技中介服务	217	546	14	2652
地质勘查业	17230	15745	2005	76715
矿产地质勘查	4005	3334	300	15372
基础地质勘查	13125	12411	1695	59693
地质勘查技术服务	100		10	1650
水利、环境和公共设施管理业	**239359**	**225933**	**3408**	**173312**
水利管理业	500	500	48	729
其他水利管理	500	500	48	729
环境管理业	701	289	21	502
环境治理	701	289	21	502
公共设施管理业	238158	225144	3339	172081
市政公共设施管理	200	450	10	32700
城市绿化管理	19206	24556	1581	31488
游览景区管理	218752	200138	1748	107893
居民服务和其他服务业	**232107**	**143397**	**17991**	**361333**
居民服务业	136192	73497	10364	188682
家庭服务	35076	24476	3387	109589
洗染服务	80	140	10	142
理发及美容保健服务	9783	3348	906	8620
洗浴服务	44156	39080	2601	22095
婚姻服务	1988	300	189	1532
殡葬服务	27816	2140	1893	35310
摄影扩印服务	17276	3418	1376	11121
其他居民服务	17	595	2	273
其他服务业	95915	69900	7627	172651
修理与维护	38865	10921	3127	33084
清洁服务	3246	1438	264	4238
其他未列明的服务	53804	57541	4236	135329
教育	**108011**	**1708**	**25090**	**9632**
教育	108011	1708	25090	9632
学前教育	1308	432	116	1301
中等教育	102647		24557	5245
其他教育	4056	1276	417	3086
卫生、社会保障和社会福利业	**61269**	**47871**	**5988**	**46080**
卫生	61268	47771	5988	46009
医院	59276	47165	5849	42758
门诊部医疗活动	980	170	40	55
其他卫生活动	1012	436	99	3196
社会保障业	1	100		71
社会保障业	1	100		71
文化、体育和娱乐业	**63388**	**33247**	**4579**	**30091**
广播、电视、电影和音像业	18295	-1248	466	572
电影	18295	-1248	466	572
文化艺术业	18144	17276	1785	1383
文艺创作与表演	12	41	1	77
文物及文化保护	14		1	10
博物馆	16000	16000	1500	250
群众文化活动	1265	90	248	432

单位：千元

主营业务收　入	营业税金及附加	营业费用、管理费用、财务费用合计	营业利润	职工工资和福利费	本年应交增值税	全部从业人员年平均人数（人）
60594	1088	6914	7388	6878		713
2652	21	221	24	110	168	11
76715	3821	4061	1029	7160		371
15372	853	1253	38	1500		150
59693	2885	2806	946	5593		219
1650	83	2	45	67		2
173312	**13281**	**52088**	**5894**	**18116**		**1197**
729	36	453	110	390		20
729	36	453	110	390		20
502	11	40	3	828		102
502	11	40	3	828		102
172081	13234	51595	5781	16898		1075
32700	1962	1941	3397	1342		46
31488	912	3814	2154	4528		364
107893	10360	45840	230	11028		665
361013	**17264**	**91203**	**76815**	**66714**	**343**	**3756**
188362	8742	50433	49117	31134	2	1612
109589	5662	31596	36238	17541	2	767
142	7	69	39	90		9
8620	446	2891	1894	2285		132
21775	1012	8285	5237	5613		377
1532	87	668	452	277		18
35310	954	1602	3684	2096		121
11121	565	5178	1603	2862		152
273	9	144	-30	370		36
172651	8522	40770	27698	35580	341	2144
33084	1440	6040	1642	4451	315	317
4238	207	1639	962	1153	2	85
135329	6875	33091	25094	29976	24	1742
9632	**363**	**1642**	**-24090**	**10885**		**362**
9632	363	1642	-24090	10885		362
1301	65	490	355	400		24
5245	120	24	-24820	9029		214
3086	178	1128	375	1456		124
46048	**1670**	**16270**	**2722**	**15264**		**1023**
45977	1669	16190	2735	15264		1017
42726	1503	14823	2560	14092		903
55	3	23	1	50		5
3196	163	1344	174	1122		109
71	1	80	-13			6
71	1	80	-13			6
30091	**1044**	**5271**	**7382**	**3962**	**72**	**272**
572	19	1697	-641	340	72	34
572	19	1697	-641	340	72	34
1383	66	535	37	529		63
77	3	73	1	21		2
10		1	-13	23		2
250	15	2	83	175		26
432	20	432	-20	220		24

5-3 续表 16

行业中类	固定资产原价	所有者权益	本年折旧	营业收入总计
文化艺术经纪代理	853	1145	35	614
娱乐业	26949	17219	2328	28136
室内娱乐活动	22829	13608	2043	26551
休闲健身娱乐活动	3620	2950	250	1476
其他娱乐活动	500	661	35	109
营口市	**4718909**	**1614836**	**410992**	**2684749**
信息传输、计算机服务和软件业	**3794912**	**73059**	**346440**	**1646756**
电信和其他信息传输服务业	3744282	26383	342474	1593171
电信	3629335	4574	336408	1558106
互联网信息服务	3362	2800	286	3211
广播电视传输服务	111585	19009	5780	31854
计算机服务业	43356	33436	3357	35436
计算机系统服务	890	1250	70	1703
数据处理	250	250	10	260
计算机维修	2438	1763	175	3775
其他计算机服务	39778	30173	3102	29698
软件业	7274	13240	609	18149
公共软件服务	4834	9640	433	16208
其他软件服务	2440	3600	176	1941
金融业	**47553**	**295869**	**2953**	**33341**
其他金融活动	47553	295869	2953	33341
典当	6841	52790	674	14666
其他未列明的金融活动	40712	243079	2279	18675
租赁和商务服务业	**479916**	**656192**	**33315**	**519856**
租赁业	5757	6791	731	8135
机械设备租赁	5101	6205	667	6736
文化及日用品出租	656	586	64	1399
商务服务业	474159	649401	32584	511721
企业管理服务	147982	343216	10648	276618
法律服务	2491	2692	179	5644
咨询与调查	27863	133744	2218	44943
广告业	24312	28394	1728	39435
知识产权服务	945	298	96	642
职业中介服务	14562	23480	1176	21018
市场管理	221407	100655	13445	32713
旅行社	11383	13636	850	34479
其他商务服务	23214	3286	2244	56229
科学研究、技术服务和地质勘查业	**79362**	**84102**	**5893**	**164987**
研究与试验发展	13062	1600	588	14070
自然科学研究与试验发展	12962	1500	583	13970
工程和技术研究与试验发展	100	100	5	100
专业技术服务业	53072	75728	4444	126146
气象服务	80	300	6	1189
海洋服务	800	900	80	827
测绘服务	490	650	39	2015
技术检测	7046	9856	579	11991
环境监测	950	700	41	1800
工程技术与规划管理	40319	58560	3462	105011
其他专业技术服务	3387	4762	237	3313

单位：千元

主营业务收　　入	营业税金及附加	营业费用、管理费用、财务费用合计	营业利润	职工工资和福利费	本年应交增值税	全部从业人员年平均人数（人）
614	28	27	-14	90		9
28136	959	3039	7986	3093		175
26551	887	2313	7570	2640		139
1476	66	619	420	383		29
109	6	107	-4	70		7
2669387	**87234**	**640928**	**580423**	**293439**	**2532**	**14940**
1642399	**48207**	**359092**	**456417**	**122339**	**206**	**3398**
1588814	45453	351381	448917	113026	2	2836
1553758	44188	344000	448749	105839	2	2511
3211	162	756	576	385		20
31845	1103	6625	-408	6802		305
35436	1993	4075	5443	6369	17	390
1703	78	269	207	362		29
260	3	5	52	96		4
3775	168	254	768	557		36
29698	1744	3547	4416	5354	17	321
18149	761	3636	2057	2944	187	172
16208	670	3059	2134	2372	187	150
1941	91	577	-77	572		22
28887	**1159**	**5652**	**7611**	**2898**		**104**
28887	1159	5652	7611	2898		104
14599	800	4953	2306	1993		70
14288	359	699	5305	905		34
519142	**15019**	**173874**	**52811**	**84309**	**1353**	**6225**
7985	458	593	1625	829		61
6736	381	434	1278	673		49
1249	77	159	347	156		12
511157	14561	173281	51186	83480	1353	6164
276054	4139	82836	22047	27281	1254	1706
5644	363	1545	1094	663		39
44943	2457	10885	7806	8492		546
39435	2181	4641	6367	5138		358
642	33	104	159	125		9
21018	908	4693	3557	5754		468
32713	1636	16879	4058	4487		314
34479	1552	4072	5195	3157		189
56229	1292	47626	903	28383	99	2535
159306	**7147**	**50681**	**13310**	**31408**	**236**	**1515**
8489	59	7638	-7479	3147	213	87
8389	50	7620	-7501	3122	213	85
100	9	18	22	25		2
126050	6197	35493	17574	24183	20	1186
1189	125	105	252	425		12
827	39	223	239	111		8
2015	95	374	292	561		36
11951	652	1586	1551	1680		106
1800	90	625	385	240		16
104955	5109	31117	15138	20625		974
3313	87	1463	-283	541	20	34

5-3 续表 17

行业中类	固定资产原价	所有者权益	本年折旧	营业收入总计
科技交流和推广服务业	10877	3091	769	22422
技术推广服务	7019	-8120	529	14323
科技中介服务	2847	2250	177	4558
其他科技服务	1011	8961	63	3541
地质勘查业	2351	3683	92	2349
地质勘查技术服务	2351	3683	92	2349
水利、环境和公共设施管理业	**47230**	**66155**	**3337**	**35600**
水利管理业	10752	10733	441	2167
水资源管理	10162	10103	381	1390
其他水利管理	590	630	60	777
环境管理业	1033	1450	118	2333
环境治理	1033	1450	118	2333
公共设施管理业	35445	53972	2778	31100
市政公共设施管理	19951	33250	1604	11437
城市绿化管理	6680	5672	635	14413
游览景区管理	8814	15050	539	5250
居民服务和其他服务业	**161662**	**382397**	**12165**	**206831**
居民服务业	112379	330077	8110	110213
家庭服务	1396	975	88	1693
洗染服务	1695	1625	182	4203
理发及美容保健服务	10885	10441	820	28767
洗浴服务	75659	297058	5422	42558
婚姻服务	1766	2383	129	4111
殡葬服务	7652	5528	462	11090
摄影扩印服务	10366	9872	845	12738
其他居民服务	2960	2195	162	5053
其他服务业	49283	52320	4055	96618
修理与维护	45466	47766	3792	89323
清洁服务	2040	1887	169	3318
其他未列明的服务	1777	2667	94	3977
教育	**9647**	**7909**	**699**	**11935**
教育	9647	7909	699	11935
其他教育	9647	7909	699	11935
卫生、社会保障和社会福利业	**74131**	**23697**	**4139**	**33657**
卫生	74120	23597	4138	33302
医院	59839	15237	3490	26411
卫生院及社区医疗活动	12231	6695	456	4485
门诊部医疗活动	2050	1665	192	2406
社会保障业	11	100	1	355
社会保障业	11	100	1	355
文化、体育和娱乐业	**24496**	**25456**	**2051**	**31786**
新闻出版业	120	100	12	1000
出版业	120	100	12	1000
广播、电视、电影和音像业	4730	4610	382	1358
电视	4500	4510	360	1100
电影	230	100	22	258
文化艺术业	1230	1310	103	1955
文艺创作与表演	730	1010	80	1135
其他文化艺术	500	300	23	820

单位：千元

主营业务收入	营业税金及附加	营业费用、管理费用、财务费用合计	营业利润	职工工资和福利费	本年应交增值税	全部从业人员年平均人数（人）
22418	764	6191	3156	3382	3	203
14319	505	3999	1335	2227	3	136
4558	225	1162	990	767		48
3541	34	1030	831	388		19
2349	127	1359	59	696		39
2349	127	1359	59	696		39
35600	**2367**	**3620**	**1634**	**5274**		**434**
2167	77	435	217	593		47
1390	41	283	85	420		32
777	36	152	132	173		15
2333	163	224	180	766		59
2333	163	224	180	766		59
31100	2127	2961	1237	3915		328
11437	1184	1976	474	1287		105
14413	687	381	634	798		62
5250	256	604	129	1830		161
206675	**10314**	**30634**	**38198**	**31026**	**737**	**2216**
110067	5335	18179	20105	17265	15	1284
1693	88	516	196	346		23
4203	229	482	728	495		38
28767	1363	4764	5293	4748		373
42458	2157	8138	6379	6742		513
4111	198	695	690	700		49
11090	464	1123	2788	1633		110
12692	606	1406	2917	1626		115
5053	230	1055	1114	975	15	63
96608	4979	12455	18093	13761	722	932
89313	4614	11082	16335	12607	722	847
3318	172	375	898	499		35
3977	193	998	860	655		50
11935	**745**	**3188**	**3391**	**2373**		**160**
11935	745	3188	3391	2373		160
11935	745	3188	3391	2373		160
33657	**734**	**9837**	**931**	**9295**		**573**
33302	711	9605	831	9208		565
26411	459	8507	-144	7295		419
4485	137	715	491	1537		125
2406	115	383	484	376		21
355	23	232	100	87		8
355	23	232	100	87		8
31786	**1542**	**4350**	**6120**	**4517**		**315**
1000	40	20	340	33		3
1000	40	20	340	33		3
1358	62	167	305	162		14
1100	50	83	257	122		12
258	12	84	48	40		2
1955	100	392	376	289		13
1135	57	92	176	89		7
820	43	300	200	200		6

5-3 续表 18

行业中类	固定资产原价	所有者权益	本年折旧	营业收入总计
体育	1500	1800	90	1780
体育场馆	1500	1800	90	1780
娱乐业	16916	17636	1464	25693
室内娱乐活动	9839	10491	869	14740
休闲健身娱乐活动	4079	4473	383	7473
其他娱乐活动	2998	2672	212	3480
阜新市	**3930141**	**2296976**	**265566**	**2117557**
信息传输、计算机服务和软件业	**1840920**	**975793**	**207939**	**802000**
电信和其他信息传输服务业	1833150	956314	207038	782055
电信	1832207	954293	207000	776875
互联网信息服务	50	1881	12	890
广播电视传输服务	878	140	25	4251
卫星传输服务	15		1	39
计算机服务业	1591	4454	98	8078
计算机系统服务	805	1192	31	2225
计算机维修	460	2562	45	3401
其他计算机服务	326	700	22	2452
软件业	6179	15025	803	11867
公共软件服务	6144	14372	800	11184
其他软件服务	35	653	3	683
金融业	**6553**	**127048**	**289**	**4857**
其他金融活动	6553	127048	289	4857
典当	6523	60548	286	4807
其他未列明的金融活动	30	66500	3	50
租赁和商务服务业	**470418**	**593275**	**17942**	**278149**
租赁业	5758	6724	181	5305
机械设备租赁	5758	6724	181	5305
商务服务业	464660	586551	17761	272844
企业管理服务	278011	363388	8808	94622
法律服务	775	279	46	1744
咨询与调查	7151	61051	520	20135
广告业	4171	10372	377	16872
知识产权服务	450	380	10	1203
职业中介服务	3892	4530	290	21007
市场管理	146884	127879	6338	53998
旅行社	7071	8070	311	37735
其他商务服务	16255	10602	1061	25528
科学研究、技术服务和地质勘查业	**1197787**	**404471**	**13946**	**528624**
研究与试验发展	134190	140085	4795	168576
自然科学研究与试验发展	73980	65140	4565	164050
工程和技术研究与试验发展	1278	14985	123	176
农业科学研究与试验发展	58932	59960	107	4350
专业技术服务业	1000649	131154	4699	179274
测绘服务	1825	2369	96	5612
技术检测	22675	18811	2183	12903
环境监测	460	1100	41	1358
工程技术与规划管理	974402	104240	2319	75657
其他专业技术服务	1287	4634	60	83744
科技交流和推广服务业	44756	117283	2562	93842

单位：千元

主营业务收　　入	营业税金及附加	营业费用、管理费用、财务费用合计	营业利润	职工工资和福利费	本年应交增值税	全部从业人员年平均人数（人）
1780	95	147	221	453		41
1780	95	147	221	453		41
25693	1245	3624	4878	3580		244
14740	700	1968	3199	1893		131
7473	364	961	1194	1171		68
3480	181	695	485	516		45
2101103	**57271**	**439780**	**121418**	**316941**	**495**	**15702**
797929	**22876**	**216919**	**67303**	**68287**	**476**	**2635**
777984	22180	213719	65911	63215		2354
772804	22111	213070	64966	62136		2287
890	3	62	15	168		12
4251	59	576	924	839		52
39	7	11	6	72		3
8078	322	1397	528	1927	37	127
2225	93	204	46	459		39
3401	185	509	396	586	37	41
2452	44	684	86	882		47
11867	374	1803	864	3145	439	154
11184	367	1679	723	2939	434	142
683	7	124	141	206	5	12
4850	**333**	**799**	**134**	**737**		**44**
4850	333	799	134	737		44
4800	330	766	120	597		38
50	3	33	14	140		6
276768	**9231**	**49849**	**19315**	**63685**		**3649**
5305	31	672	1801	636		39
5305	31	672	1801	636		39
271463	9200	49177	17514	63049		3610
93745	3254	15147	3695	20056		1172
1744	81	844	184	1785		91
19721	901	3672	1050	4430		268
16872	706	2821	1048	2397		156
1203	70	33	30	60		5
21007	806	4156	1395	11028		623
53908	1392	6505	3211	8242		506
37735	1313	3104	3848	2746		169
25528	677	12895	3053	12305		620
523204	**16953**	**80137**	**16023**	**67767**	**5**	**4126**
163156	1047	24990	-2435	20873		1364
158630	1000	23770	-2770	20130		1316
176	7	299	-204	403		28
4350	40	921	539	340		20
179274	12887	22750	9562	32106	5	1538
5612	149	1263	950	807	5	47
12903	886	3792	1787	5016		268
1358	38	501	219	595		36
75657	4378	14713	5090	23515		1086
83744	7436	2481	1516	2173		101
93842	864	27032	8307	10637		959

5-3 续表 19

行业中类	固定资产原价	所有者权益	本年折旧	营业收入总计
技术推广服务	37300	74347	2127	40580
科技中介服务	7456	42936	435	53262
地质勘查业	18192	15949	1890	86932
矿产地质勘查	18162	15549	1890	86478
地质勘查技术服务	30	400		454
水利、环境和公共设施管理业	**46335**	**37999**	**2504**	**49970**
水利管理业	1790	510	88	3926
水资源管理	20	10	2	780
其他水利管理	1770	500	86	3146
环境管理业	1730	2720	77	2657
环境治理	1730	2720	77	2657
公共设施管理业	42815	34769	2339	43387
市政公共设施管理	2832	6376	242	5735
城市绿化管理	3985	5689	247	14013
游览景区管理	35998	22704	1850	23639
居民服务和其他服务业	**52042**	**52247**	**3517**	**124916**
居民服务业	29782	22835	2089	63131
家庭服务	110	120	11	3723
洗染服务	54	158	3	132
理发及美容保健服务	1451	1403	124	2601
洗浴服务	9692	7802	811	30205
婚姻服务	10	30		35
殡葬服务	16707	11742	998	23429
摄影扩印服务	248	100	3	1910
其他居民服务	1510	1480	139	1096
其他服务业	22260	29412	1428	61785
修理与维护	18165	24852	1198	30886
清洁服务	805	580	25	3379
其他未列明的服务	3290	3980	205	27520
教育	**62131**	**33661**	**1934**	**25404**
教育	62131	33661	1934	25404
学前教育	1620	120		468
中等教育	26608	16554	590	1522
高等教育	8712	3735	326	10583
其他教育	25191	13252	1018	12831
卫生、社会保障和社会福利业	**236364**	**53169**	**16383**	**286331**
卫生	232053	50722	16155	276084
医院	211231	39312	14680	264196
卫生院及社区医疗活动	5852	6392	122	2309
门诊部医疗活动	2862	2720	191	2055
专科疾病防治活动	7352		390	2154
其他卫生活动	4756	2298	772	5370
社会保障业	3233	1447	184	8430
社会保障业	3233	1447	184	8430
社会福利业	1078	1000	44	1817
提供住宿的社会福利	1078	1000	44	1817
文化、体育和娱乐业	**17591**	**19313**	**1112**	**17306**
广播、电视、电影和音像业	8283	1758	634	6137
电视	5245		524	5400

单位：千元

主营业务收　　入	营业税金及附加	营业费用、管理费用、财务费用合计	营业利润	职工工资和福利费	本年应交增值税	全部从业人员年平均人数（人）
40580	612	4964	4954	6863		690
53262	252	22068	3353	3774		269
86932	2155	5365	589	4151		265
86478	2126	5350	579	3915		252
454	29	15	10	236		13
49823	**1606**	**7762**	**8151**	**8464**		**558**
3926	165	602	562	404		26
780	53	126	-89	140		7
3146	112	476	651	264		19
2657	99	377	718	803		38
2657	99	377	718	803		38
43240	1342	6783	6871	7257		494
5591	175	1098	631	435		31
14010	750	1944	371	2978		246
23639	417	3741	5869	3844		217
123470	**3323**	**29864**	**6245**	**19804**	**14**	**1098**
63031	2255	18938	1384	10614		616
3723	159	1064	749	2570		217
132	7	36	-35	96		7
2601	28	764	196	439		28
30205	1653	6210	-2102	3294		212
35		8	2	22		2
23329	296	10490	2436	3847		130
1910	106	61	3	58		4
1096	6	305	135	288		16
60439	1068	10926	4861	9190	14	482
29540	775	6041	2867	6853	14	348
3379	142	934	-492	1388		98
27520	151	3951	2486	949		36
25404	**681**	**11357**	**1871**	**11160**		**608**
25404	681	11357	1871	11160		608
468		32	126	290		27
1522	300	350	627	2978		146
10583		5283	-838	3008		161
12831	381	5692	1956	4884		274
282349	**1555**	**39529**	**517**	**71211**		**2649**
272102	1123	37451	-1010	69589		2527
260214	760	32148	-1836	64846		2295
2309	29	306	29	910		58
2055	40	242	552	600		28
2154		1164		1624		72
5370	294	3591	245	1609		74
8430	432	1903	1501	1215		63
8430	432	1903	1501	1215		63
1817		175	26	407		59
1817		175	26	407		59
17306	**713**	**3564**	**1859**	**5826**		**335**
6137	252	1677	115	2424		139
5400	186	1518		2310		113

5-3 续表 20

行业中类	固定资产原价	所有者权益	本年折旧	营业收入总计
电影	3038	1758	110	737
文化艺术业	1475	1473	65	1716
艺术表演场馆	250	250		
图书馆与档案馆	625	723	60	952
群众文化活动	600	500	5	764
体育	967	800	57	1976
其他体育	967	800	57	1976
娱乐业	6866	15282	356	7477
室内娱乐活动	6324	5152	270	4377
休闲健身娱乐活动	542	10130	86	3100
辽阳市	**7352423**	**3410308**	**578726**	**2412266**
信息传输、计算机服务和软件业	**3131691**	**1115676**	**306029**	**1266077**
电信和其他信息传输服务业	3089623	1080591	302663	1196722
电信	2969994	1049555	293988	1151706
互联网信息服务	967	1723	77	1995
广播电视传输服务	118662	29313	8598	43021
计算机服务业	33985	27285	2772	49591
计算机系统服务	1370	1386	121	7979
计算机维修	1392	1402	122	3028
其他计算机服务	31223	24497	2529	38584
软件业	8083	7800	594	19764
公共软件服务	8083	7800	594	19764
金融业	**3948**	**120328**	**338**	**7885**
其他金融活动	3948	120328	338	7885
典当	3298	15659	232	1729
其他未列明的金融活动	650	104669	106	6156
租赁和商务服务业	**573822**	**267947**	**39479**	**399237**
租赁业	27062	10054	2144	12854
机械设备租赁	27062	10054	2144	12854
商务服务业	546760	257893	37335	386383
企业管理服务	104050	17160	8085	16824
法律服务	2516	1858	144	13923
咨询与调查	16628	16432	1602	41124
广告业	14386	7626	1059	27070
知识产权服务	1495	1795	151	3068
职业中介服务	6279	4983	543	57530
市场管理	378332	187323	23564	162445
旅行社	10938	10912	1097	35800
其他商务服务	12136	9804	1090	28599
科学研究、技术服务和地质勘查业	**145473**	**86761**	**14885**	**162852**
研究与试验发展	4088	4325	405	4684
工程和技术研究与试验发展	3428	3225	320	3104
农业科学研究与试验发展	320	800	51	1080
医学研究与试验发展	340	300	34	500
专业技术服务业	40818	43557	3298	78958
测绘服务	1812	1498	169	3465
技术检测	7740	5616	564	12380
工程技术与规划管理	31046	36063	2549	62667
其他专业技术服务	220	380	16	446

单位：千元

主营业务收　　入	营业税金及附加	营业费用、管理费用、财务费用合计	营业利润	职工工资和福利费	本年应交增值税	全部从业人员年平均人数（人）
737	66	159	115	114		26
1716	32	674	337	893		55
				24		2
952	31	378	149	659		33
764	1	296	188	210		20
1976	26	347	788	115		4
1976	26	347	788	115		4
7477	403	866	619	2394		137
4377	225	700	366	1576		100
3100	178	166	253	818		37
2398619	**91880**	**586409**	**350394**	**300120**	**4008**	**13196**
1256376	**37213**	**278288**	**218599**	**80465**	**1173**	**2376**
1187111	33927	269002	201738	66831	872	1641
1142095	32385	256267	185697	60992	872	1381
1995	75	242	403	982		50
43021	1467	12493	15638	4857		210
49501	2520	7187	11994	9738		525
7979	380	1076	1705	1327		48
3028	164	503	875	693		30
38494	1976	5608	9414	7718		447
19764	766	2099	4867	3896	301	210
19764	766	2099	4867	3896	301	210
7863	**146**	**5695**	**1654**	**1639**		**65**
7863	146	5695	1654	1639		65
1729	83	539	446	503		29
6134	63	5156	1208	1136		36
396367	**21859**	**95479**	**58461**	**85044**	**140**	**4742**
12764	653	3657	2432	2435		115
12764	653	3657	2432	2435		115
383603	21206	91822	56029	82609	140	4627
14057	932	4820	3020	2226		134
13923	703	3713	2812	3033		116
41111	2386	8888	10191	8750		360
27070	1320	4439	5264	4200	77	184
3068	184	701	919	252		14
57530	3043	7311	4954	35715		2127
162445	9486	44810	13749	15543		834
35800	1864	6373	10175	4338		195
28599	1288	10767	4945	8552	63	663
162374	**8489**	**52459**	**30333**	**37955**		**1444**
4684	185	665	485	746		42
3104	105	405	275	591		30
1080	60	240	100	110		9
500	20	20	110	45		3
78896	4250	32484	11320	26557		950
3403	163	1380	388	893		51
12380	738	3195	2357	3643		183
62667	3331	27898	8430	21959		707
446	18	11	145	62		9

5-3 续表 21

行业中类	固定资产原价	所有者权益	本年折旧	营业收入 总 计
科技交流和推广服务业	20378	16488	1560	31890
技术推广服务	8783	9738	697	10153
科技中介服务	5545	2200	611	17785
其他科技服务	6050	4550	252	3952
地质勘查业	80189	22391	9622	47320
矿产地质勘查	80189	22391	9622	47320
水利、环境和公共设施管理业	**3166544**	**1609311**	**193002**	**138871**
水利管理业	3120655	1564061	190523	104506
水资源管理	3120655	1564061	190523	104506
环境管理业	3140	5260	293	2038
环境治理	3140	5260	293	2038
公共设施管理业	42749	39990	2186	32327
市政公共设施管理	5724	4101	325	11011
城市绿化管理	2739	3289	226	11069
游览景区管理	34286	32600	1635	10247
居民服务和其他服务业	**197245**	**143272**	**14481**	**305369**
居民服务业	169903	119217	12352	235772
家庭服务	1192	1649	92	8592
洗染服务	1413	890	96	615
理发及美容保健服务	10158	7225	796	23380
洗浴服务	70883	28051	6649	101249
婚姻服务	1700	1600	107	2539
殡葬服务	78874	75367	4136	83604
摄影扩印服务	5246	4022	432	13083
其他居民服务	437	413	44	2710
其他服务业	27342	24055	2129	69597
修理与维护	25292	21555	2039	64447
清洁服务	2050	2500	90	5150
教育	**12642**	**22367**	**1424**	**21954**
教育	12642	22367	1424	21954
学前教育	2525	2110	280	2664
其他教育	10117	20257	1144	19290
卫生、社会保障和社会福利业	**62931**	**23777**	**5550**	**69688**
卫生	61324	19577	5550	69688
医院	59992	17668	5435	62941
卫生院及社区医疗活动	682	370	45	1095
门诊部医疗活动	650	1539	70	5652
社会福利业	1607	4200		
提供住宿的社会福利	1607	4200		
文化、体育和娱乐业	**58127**	**20869**	**3538**	**40333**
广播、电视、电影和音像业	6350	2300	559	5755
电视	1250	1000	50	
电影	5100	1300	509	5755
文化艺术业	2185	570	64	761
文艺创作与表演	196	90	23	290
艺术表演场馆	1500	300		
图书馆与档案馆	489	180	41	471
娱乐业	49592	17999	2915	33817
室内娱乐活动	31064	6910	1723	27109
休闲健身娱乐活动	17526	10549	1080	5708
其他娱乐活动	1002	540	112	1000

单位：千元

主营业务收入	营业税金及附加	营业费用、管理费用、财务费用合计	营业利润	职工工资和福利费	本年应交增值税	全部从业人员年平均人数（人）
31474	1688	5748	9112	3140		139
9737	500	2506	1972	1173		66
17785	1088	2862	6438	1450		46
3952	100	380	702	517		27
47320	2366	13562	9416	7512		313
47320	2366	13562	9416	7512		313
138871	**6513**	**40010**	**-45018**	**21483**		**642**
104506	5345	36703	-48982	16804		340
104506	5345	36703	-48982	16804		340
2038	171	33	109	396		27
2038	171	33	109	396		27
32327	997	3274	3855	4283		275
11011	518	1139	2083	1393		78
11069	382	824	1298	2154		136
10247	97	1311	474	736		61
305198	**13582**	**56281**	**69703**	**45972**	**2695**	**2502**
235666	10989	46601	56551	38561	1591	2093
8592	120	3955	1050	6311		408
615	32	129	151	172		12
23380	1373	3821	5611	5542		258
101148	4625	17689	31070	15524	7	867
2539	115	414	743	411		27
83604	3838	17737	13093	7709	1584	364
13078	809	1937	4303	1919		92
2710	77	919	530	973		65
69532	2593	9680	13152	7411	1104	409
64382	2483	8950	12162	6936	1104	377
5150	110	730	990	475		32
21954	**947**	**1851**	**2802**	**1792**		**106**
21954	947	1851	2802	1792		106
2664	119	214	572	519		35
19290	828	1637	2230	1273		71
69688	**1471**	**46196**	**5742**	**18559**		**885**
69688	1471	46196	5742	18559		883
62941	1125	45071	3564	17160		819
1095	32	294	229	396		20
5652	314	831	1949	1003		44
						2
						2
39928	**1660**	**10150**	**8118**	**7211**		**434**
5755	315	466	1826	780		55
						12
5755	315	466	1826	780		43
729	15	771	-112	474		29
290	15	199	43	204		12
				12		1
439		572	-155	258		16
33444	1330	8913	6404	5957		350
27109	1073	3841	6957	4056		204
5708	197	5059	-923	1793		137
627	60	13	370	108		9

5-3 续表 22

行业中类	固定资产原价	所有者权益	本年折旧	营业收入总计
盘锦市	**5413390**	**7113305**	**354621**	**4924090**
信息传输、计算机服务和软件业	**2498031**	**1091406**	**162938**	**1259822**
电信和其他信息传输服务业	2406909	1017580	147784	1014808
电信	2363272	999405	140640	942190
互联网信息服务	39036	19451	6793	71232
广播电视传输服务	4601	-1276	351	1386
计算机服务业	50968	39593	8007	195226
计算机系统服务	34382	35666	4803	182324
计算机维修	3849	1712	792	4716
其他计算机服务	12737	2215	2412	8186
软件业	40154	34233	7147	49788
公共软件服务	36153	34133	6467	47804
其他软件服务	4001	100	680	1984
金融业	**4321**	**472890**	**579**	**42792**
其他金融活动	4321	472890	579	42792
典当	2527	25630	351	14976
其他未列明的金融活动	1794	447260	228	27816
租赁和商务服务业	**2065302**	**5000261**	**57527**	**1225346**
租赁业	11112	11092	1402	28953
机械设备租赁	11112	11092	1402	28953
商务服务业	2054190	4989169	56125	1196393
企业管理服务	1869271	4814284	23841	133587
法律服务	6441	3547	1318	26278
咨询与调查	31924	78074	6942	124383
广告业	30158	29203	6603	124476
知识产权服务	837	600	154	2431
职业中介服务	20733	12356	2871	523373
市场管理	18776	18148	1064	17214
旅行社	17232	12393	3479	69643
其他商务服务	58818	20564	9853	175008
科学研究、技术服务和地质勘查业	**382835**	**275251**	**73080**	**1237127**
研究与试验发展	19119	29777	1376	35296
自然科学研究与试验发展	1863	1808	222	3257
工程和技术研究与试验发展	16379	27669	1001	30591
农业科学研究与试验发展	468	200	82	768
医学研究与试验发展	409	100	71	680
专业技术服务业	276058	187862	61498	1046491
测绘服务	10815	1232	1875	9004
技术检测	46534	38887	4139	84228
环境监测	2421	1492	264	7324
工程技术与规划管理	115844	119034	41646	870339
其他专业技术服务	100444	27217	13574	75596
科技交流和推广服务业	69574	44363	7227	98090
技术推广服务	64675	41709	6511	91688
科技中介服务	4739	2639	688	6134
其他科技服务	160	15	28	268
地质勘查业	18084	13249	2979	57250
矿产地质勘查	939	1000	234	3665
基础地质勘查	270	1470	67	1863
地质勘查技术服务	16875	10779	2678	51722

单位：千元

主营业务收入	营业税金及附加	营业费用、管理费用、财务费用合计	营业利润	职工工资和福利费	本年应交增值税	全部从业人员年平均人数（人）
4906765	**169218**	**900583**	**738892**	**818683**	**36852**	**39107**
1254973	**43376**	**294269**	**243954**	**92494**	**3104**	**2292**
1009959	29697	263720	222374	68361	760	1556
937341	26742	249749	213139	62055		1283
71232	2954	12120	9701	5856	760	242
1386	1	1851	-466	450		31
195226	11238	21611	10226	16365	2243	442
182324	10622	19734	7629	13916	2243	363
4716	215	749	958	558		18
8186	401	1128	1639	1891		61
49788	2441	8938	11354	7768	101	294
47804	2342	8621	10857	7160	101	275
1984	99	317	497	608		19
42792	**1444**	**9708**	**3946**	**4580**		**166**
42792	1444	9708	3946	4580		166
14976	702	3425	2447	818		40
27816	742	6283	1499	3762		126
1215796	**38989**	**260384**	**132858**	**468020**	**10**	**26887**
28953	1098	5530	4044	3284		139
28953	1098	5530	4044	3284		139
1186843	37891	254854	128814	464736	10	26748
124037	1748	44469	10158	31287		1796
26278	1292	4816	4518	3489		149
124383	5849	20516	17714	16405		673
124476	5877	20906	19051	14059		601
2431	121	379	302	230		15
523373	10867	115568	35822	368564	10	22085
17214	462	3067	1497	1595		101
69643	3039	10178	10417	9580		408
175008	8636	34955	29335	19527		920
1237115	**27295**	**95885**	**101410**	**116388**	**33240**	**3991**
35296	913	4756	6561	3792		171
3257	150	584	540	957		35
30591	689	3989	5790	2662		127
768	39	98	109	116		6
680	35	85	122	57		3
1046479	20928	68962	69764	92335	31203	2917
9004	462	2350	1375	2332		113
84216	3021	16963	7578	10356	452	443
7324	120	1054	533	545		35
870339	13759	38368	46636	59604	30751	1335
75596	3566	10227	13642	19498		991
98090	3052	10726	16033	11748	2037	611
91688	2715	9884	14750	10908	2037	567
6134	323	808	1234	814		43
268	14	34	49	26		1
57250	2402	11441	9052	8513		292
3665	188	761	650	418		11
1863	87	204	306	140		5
51722	2127	10476	8096	7955		276

5-3 续表 23

行业中类	固定资产原价	所有者权益	本年折旧	营业收入总计
水利、环境和公共设施管理业	**96086**	**82180**	**12151**	**108124**
水利管理业	2038	100	346	1705
水资源管理	2038	100	346	1705
环境管理业	10080	5956	1292	18853
环境治理	10080	5956	1292	18853
公共设施管理业	83968	76124	10513	87566
市政公共设施管理	10970	11900	1860	8918
城市绿化管理	20583	13734	3275	41808
游览景区管理	52415	50490	5378	36840
居民服务和其他服务业	**201699**	**86587**	**30566**	**698996**
居民服务业	136375	47016	18996	460544
家庭服务	17876	648	3216	17995
托儿所	2820	1400	299	11869
洗染服务	3594	220	647	19411
理发及美容保健服务	48938	16012	7888	205553
洗浴服务	29882	15709	3332	120521
婚姻服务	1472	1030	363	6546
殡葬服务	12411	6540	90	5729
摄影扩印服务	11134	4536	1832	59175
其他居民服务	8248	921	1329	13745
其他服务业	65324	39571	11570	238452
修理与维护	34609	27887	6015	131824
清洁服务	22575	9072	4143	82371
其他未列明的服务	8140	2612	1412	24257
教育	**19523**	**6990**	**2541**	**35567**
教育	19523	6990	2541	35567
学前教育	1750	1750	60	1810
中等教育	400	100	68	1622
高等教育	500	100	124	1909
其他教育	16873	5040	2289	30226
卫生、社会保障和社会福利业	**117914**	**88790**	**10191**	**149987**
卫生	92295	62874	10154	146850
医院	82821	57448	9463	117940
卫生院及社区医疗活动	5914	2616	254	13086
门诊部医疗活动	3560	2810	437	15824
社会保障业	130	752	27	1835
社会保障业	130	752	27	1835
社会福利业	25489	25164	10	1302
提供住宿的社会福利	25000	25000	10	
不提供住宿的社会福利	489	164		1302
文化、体育和娱乐业	**27679**	**8950**	**5048**	**166329**
广播、电视、电影和音像业	1297	900	321	4589
电视	1082	300	268	2657
电影	215	600	53	1932
文化艺术业	903	850	116	3770
其他文化艺术	200	200	24	155

单位：千元

主营业务收入	营业税金及附加	营业费用、管理费用、财务费用合计	营业利润	职工工资和福利费	本年应交增值税	全部从业人员年平均人数（人）
106104	**3231**	**16221**	**7784**	**17003**	**68**	**729**
1705	85	210	220	201		16
1705	85	210	220	201		16
18853	472	2429	2428	2032		92
18853	472	2429	2428	2032		92
85546	2674	13582	5136	14770	68	621
8918	385	2034	1461	3232		118
41808	1549	5628	2221	8000	38	267
34820	740	5920	1454	3538	30	236
698911	**33689**	**143196**	**176662**	**67643**	**430**	**3005**
460494	22071	96813	125275	48404	324	1933
17995	841	3393	5353	5448		212
11819	552	2455	2105	795		33
19411	1016	4035	3437	854		54
205553	9685	43219	57360	19569	324	765
120521	6073	25942	30018	12485		507
6546	299	1601	2037	795		36
5729	42	937	1041	1275		47
59175	2923	12346	19763	4105		165
13745	640	2885	4161	3078		114
238417	11618	46383	51387	19239	106	1072
131789	6439	26136	31504	11459		625
82371	3894	15484	14926	5637	106	326
24257	1285	4763	4957	2143		121
35507	**1459**	**9710**	**6377**	**9155**		**412**
35507	1459	9710	6377	9155		412
1810		1625	185	916		65
1622	81	221	218	182		12
1909	95	305	478	525		15
30166	1283	7559	5496	7532		320
149238	**5055**	**38284**	**15615**	**32916**		**1003**
146818	4968	37686	15067	32239		927
117940	4280	30038	11664	26705		676
13054	17	3909	792	3446		151
15824	671	3739	2611	2088		100
1835	87	251	310	490		18
1835	87	251	310	490		18
585		347	238	187		58
				60		50
585		347	238	127		8
166329	**14680**	**32926**	**50286**	**10484**		**622**
4589	197	892	890	2270		76
2657	118	479	566	1730		56
1932	79	413	324	540		20
3770	158	959	1117	579		37
155	10	75	25	54		5

5-3 续表 24

行业中类	固定资产原价	所有者权益	本年折旧	营业收入总　计
体育	792	100	135	7292
体育场馆	792	100	135	7292
娱乐业	24687	7100	4476	150678
室内娱乐活动	22524	6400	4068	136960
休闲健身娱乐活动	2163	700	408	13718
铁岭市	**5416860**	**4317410**	**323128**	**1908763**
信息传输、计算机服务和软件业	**2364962**	**1586536**	**241393**	**1295873**
电信和其他信息传输服务业	2359933	1577568	241129	1289285
电信	2191835	1519328	232784	1263334
互联网信息服务	500	951	86	737
广播电视传输服务	167598	57289	8259	25214
计算机服务业	4134	6627	219	2158
计算机系统服务	3000	120	120	100
计算机维修	1076	6007	96	1825
其他计算机服务	58	500	3	233
软件业	895	2341	45	4430
公共软件服务	895	2341	45	4430
金融业	**4041**	**58032**	**366**	**3775**
其他金融活动	4041	58032	366	3775
典当	2081	37382	167	2868
其他未列明的金融活动	1960	20650	199	907
租赁和商务服务业	**185370**	**228940**	**8271**	**222735**
租赁业	12581	18021	783	13453
机械设备租赁	12581	18021	783	13453
商务服务业	172789	210919	7488	209282
企业管理服务	117246	119379	3684	139178
法律服务	2085	890	158	5116
咨询与调查	7924	6625	522	11389
广告业	5164	8020	252	10021
知识产权服务	60	348	3	218
职业中介服务	16259	24122	962	18717
市场管理	14422	34730	1258	9688
旅行社	6235	13431	437	11875
其他商务服务	3394	3374	212	3080
科学研究、技术服务和地质勘查业	**86471**	**268213**	**5565**	**115180**
研究与试验发展	14919	25003	568	4816
工程和技术研究与试验发展	4555	9110	134	3311
农业科学研究与试验发展	10364	15893	434	1505
专业技术服务业	59550	118494	4678	105956
测绘服务	1032	932	53	2848
技术检测	31438	18244	2838	19915
环境监测	282	325	41	364
工程技术与规划管理	26698	98793	1730	82229
其他专业技术服务	100	200	16	600
科技交流和推广服务业	10979	123227	273	3560
技术推广服务	10279	2611	172	2410
科技中介服务	330	120246	47	510
其他科技服务	370	370	54	640
地质勘查业	1023	1489	46	848
矿产地质勘查	152	388	10	547
基础地质勘查	845	581	34	51
地质勘查技术服务	26	520	2	250

单位：千元

主营业务收　　入	营业税金及附加	营业费用、管理费用、财务费用合计	营业利润	职工工资和福利费	本年应交增值税	全部从业人员年平均人数（人）
7292	344	1550	1322	600		40
7292	344	1550	1322	600		40
150678	13981	29525	46957	7035		469
136960	13291	26592	43958	6285		419
13718	690	2933	2999	750		50
1898655	**66078**	**535799**	**234854**	**224847**	**2698**	**12384**
1292106	**37439**	**411069**	**261785**	**95350**	**14**	**3822**
1285898	37282	409538	261138	94361	14	3748
1260215	36281	391913	284387	91960		3599
737	12	177	92	201		14
24946	989	17448	-23341	2200	14	135
2158	123	576	327	362		28
100	10	5	15	11		1
1825	99	535	261	315		24
233	14	36	51	36		3
4050	34	955	320	627		46
4050	34	955	320	627		46
3759	**193**	**2195**	**-1811**	**1015**		**53**
3759	193	2195	-1811	1015		53
2852	182	1251	567	660		40
907	11	944	-2378	355		13
222337	**10610**	**36042**	**16696**	**46233**	**1795**	**4168**
13453	346	656	-237	512		26
13453	346	656	-237	512		26
208884	10264	35386	16933	45721	1795	4142
139178	6971	16101	15338	8871	882	818
5116	334	680	140	826		61
11389	637	4375	322	4006		229
10021	628	3366	-598	1870		123
218	12	66	-5	95		7
18327	606	3371	265	24300	800	2401
9688	441	5207	738	2634	20	240
11875	479	1510	628	1460	2	108
3072	156	710	105	1659	91	155
115091	**5365**	**20967**	**3665**	**14835**	**17**	**971**
4816	238	1771	-902	656		87
3311	157	730	-142	210		51
1505	81	1041	-760	446		36
105867	4917	18179	3668	12948	13	787
2848	132	407	530	555		38
19915	993	2743	1668	1679	13	139
364	11	156	1	123		6
82140	3757	14849	1259	10431		594
600	24	24	210	160		10
3560	167	883	678	734	4	58
2410	87	610	459	488	4	38
510	25	128	104	126		11
640	55	145	115	120		9
848	43	134	221	497		39
547	29	116	142	118		10
51	1	3	-8	50		5
250	13	15	87	329		24

5-3 续表 25

行业中类	固定资产原价	所有者权益	本年折旧	营业收入总计
水利、环境和公共设施管理业	**2455507**	**1947929**	**48241**	**31445**
水利管理业	2359552	1857737	47370	18401
水资源管理	2358832	1857168	47305	17533
其他水利管理	720	569	65	868
环境管理业	59540	57070	203	3180
环境治理	59540	57070	203	3180
公共设施管理业	36415	33122	668	9864
城市绿化管理	6491	11302	261	6745
游览景区管理	29924	21820	407	3119
居民服务和其他服务业	**67317**	**55660**	**2041**	**48252**
居民服务业	56084	48363	1477	37784
家庭服务	816	1150	63	5116
洗染服务	70	360	4	250
理发及美容保健服务	1095	3890	123	1560
洗浴服务	23106	17976	317	4647
婚姻服务	293	826	23	935
殡葬服务	24392	19464	592	22871
摄影扩印服务	6022	3837	333	1885
其他居民服务	290	860	22	520
其他服务业	11233	7297	564	10468
修理与维护	10643	6747	533	9718
清洁服务	580	500	29	200
其他未列明的服务	10	50	2	550
教育	**12123**	**11687**	**788**	**11323**
教育	12123	11687	788	11323
学前教育	20	50		30
初等教育	100	80	4	100
中等教育	20	120	1	200
其他教育	11983	11437	783	10993
卫生、社会保障和社会福利业	**135216**	**88356**	**13733**	**162132**
卫生	133366	88256	13363	161870
医院	129107	84180	13052	158900
卫生院及社区医疗活动	1100	620	94	530
门诊部医疗活动	1830	1856	195	2316
专科疾病防治活动	829	1100	2	24
疾病预防控制及防疫活动	500	500	20	100
社会保障业	1850	100	370	262
社会保障业	1850	100	370	262
文化、体育和娱乐业	**105853**	**72057**	**2730**	**18048**
广播、电视、电影和音像业	1536	6750	109	6788
广播	36	50	4	400
电视	800	700	60	1150
电影	700	6000	45	5238
文化艺术业	2493	850	173	3060
图书馆与档案馆	790	650	3	540
群众文化活动	1703	200	170	2520

单位：千元

主营业务收入	营业税金及附加	营业费用、管理费用、财务费用合计	营业利润	职工工资和福利费	本年应交增值税	全部从业人员年平均人数(人)
30867	**1507**	**18911**	**-50233**	**11031**	**5**	**474**
17823	838	15877	-52295	8066		250
16955	779	15773	-52552	7708		218
868	59	104	257	358		32
3180	155	712	1213	480		30
3180	155	712	1213	480		30
9864	514	2322	849	2485	5	194
6745	336	1103	727	1457	5	103
3119	178	1219	122	1028		91
47058	**1721**	**17934**	**-3752**	**11711**	**810**	**802**
37757	1180	16318	-5717	9762	789	674
5116	124	973	-148	2560		186
250	14	88	95	208		13
1560	70	281	550	600		44
4647	240	1456	1067	2899	17	179
935	62	164	135	493		21
22871	546	12851	-7936	2123	759	173
1858	106	373	462	685	13	45
520	18	132	58	194		13
9301	541	1616	1965	1949	21	128
8551	506	1410	1952	1823	21	117
200	12	30	-22	80		8
550	23	176	35	46		3
7277	**580**	**1703**	**2061**	**4157**		**332**
7277	580	1703	2061	4157		332
30	1	9	10	17		1
100	5	37	38	504		28
200	4	32	79	97		9
6947	570	1625	1934	3539		294
162112	**8057**	**15169**	**10022**	**37566**		**1564**
161850	8042	14778	10198	37406		1556
158900	7946	14202	9853	36585		1490
530	30	53	112	150		15
2296	65	482	193	583		46
24	1	9	2	48		3
100		32	38	40		2
262	15	391	-176	160		8
262	15	391	-176	160		8
18048	**606**	**11809**	**-3579**	**2949**	**57**	**198**
6788	86	1024	629	398		28
400		96	24	55		4
1150		32	141	80		8
5238	86	896	464	263		16
3060	132	2100	27	610	55	36
540		200	190	110		11
2520	132	1900	-163	500	55	25

5-3 续表 26

行业中类	固定资产原价	所有者权益	本年折旧	营业收入总计
体育	2980	1950	65	416
体育场馆	2980	1950	65	416
娱乐业	98844	62507	2383	7784
室内娱乐活动	7720	4550	365	4004
游乐园	694	19645	42	361
休闲健身娱乐活动	90430	38312	1976	3419
朝阳市	**2660608**	**7895973**	**110302**	**1950323**
信息传输、计算机服务和软件业	**1847366**	**1706085**	**75036**	**1216473**
电信和其他信息传输服务业	1841671	1700213	74005	1208762
电信	1831992	1690488	73466	1200322
互联网信息服务	30	130	2	5
广播电视传输服务	8541	8890	502	8128
卫星传输服务	1108	705	35	307
计算机服务业	3945	3937	890	2834
计算机系统服务	466	750	12	79
计算机维修	2686	2951	773	2400
其他计算机服务	793	236	105	355
软件业	1750	1935	141	4877
公共软件服务	1750	1935	141	4877
金融业	**7612**	**145896**	**502**	**9677**
其他金融活动	7612	145896	502	9677
典当	4169	31234	241	4321
其他未列明的金融活动	3443	114662	261	5356
租赁和商务服务业	**547479**	**5201741**	**18644**	**372287**
租赁业	7304	4889	483	7857
机械设备租赁	7304	4889	483	7857
商务服务业	540175	5196852	18161	364430
企业管理服务	277539	5005180	5348	85915
法律服务	305	1568	3	2828
咨询与调查	26890	34701	1219	44943
广告业	29971	30523	1747	37033
知识产权服务	179	370	18	689
职业中介服务	16269	28347	658	50789
市场管理	157737	74130	5778	69311
旅行社	10415	14330	291	26703
其他商务服务	20870	7703	3099	46219
科学研究、技术服务和地质勘查业	**126474**	**694860**	**8495**	**199108**
研究与试验发展	8891	7964	339	7578
自然科学研究与试验发展		99		10
工程和技术研究与试验发展	4813	1629	339	7339
农业科学研究与试验发展	4078	6236		229
专业技术服务业	82305	634646	6410	146940
地震服务	273	471	50	2819
测绘服务	4198	7652	231	9676
技术检测	18344	12044	1450	20631
环境监测	1320	394	8	425
工程技术与规划管理	54724	611018	4517	110321
其他专业技术服务	3446	3067	154	3068
科技交流和推广服务业	34586	51798	1623	44113

单位：千元

主营业务收入	营业税金及附加	营业费用、管理费用、财务费用合计	营业利润	职工工资和福利费	本年应交增值税	全部从业人员年平均人数（人）
416	11	45	37	80		8
416	11	45	37	80		8
7784	377	8640	-4272	1861	2	126
4004	211	363	1255	844	2	75
361	10	1123	-1072	293		14
3419	156	7154	-4455	724		37
1944579	**64061**	**549702**	**279450**	**244938**	**779**	**14487**
1216012	**35122**	**318417**	**257668**	**60608**	**80**	**2781**
1208762	34884	315883	257952	59099		2660
1200322	34602	313454	257012	57563		2563
5		1	2	72		6
8128	268	2222	930	1365		82
307	14	206	8	99		9
2373	107	1720	-626	607	16	52
79	4	11	3	42	2	4
1944	85	1699	-686	489	14	40
350	18	10	57	76		8
4877	131	814	342	902	64	69
4877	131	814	342	902	64	69
8421	**342**	**6219**	**1171**	**2022**		**67**
8421	342	6219	1171	2022		67
4321	220	3369	732	1374		39
4100	122	2850	439	648		28
369113	**13842**	**122265**	**5671**	**83901**	**7**	**6283**
7857	255	792	1170	861		55
7857	255	792	1170	861		55
361256	13587	121473	4501	83040	7	6228
84488	918	19158	-7930	12121		690
2828	136	1087	683	1051		64
43703	2297	13294	1416	9395		606
37033	1587	8880	1389	9379		607
689	19	238	-11	318		26
50789	2178	21765	2114	12445		1321
68804	3530	17660	1816	19961		1261
26703	501	1970	1715	3217		227
46219	2421	37421	3309	15153	7	1426
199068	**9345**	**62641**	**7165**	**60842**	**26**	**2935**
7578	364	133	94	1273		69
10		4		25		2
7339	363	85	119	1200		62
229	1	44	-25	48		5
146940	7423	56196	3134	48419	21	2014
2819	121	500	543	1316		40
9676	542	3877	587	2214		131
20631	1039	7431	2657	5024	17	249
425	18	275	-126	480		32
110321	5512	43620	-623	38378	4	1508
3068	191	493	96	1007		54
44073	1532	6223	3942	11006	5	843

5-3 续表 27

行业中类	固定资产原价	所有者权益	本年折旧	营业收入总　计
技术推广服务	29994	45843	1386	39045
科技中介服务	4592	5955	237	5068
地质勘查业	692	452	123	477
矿产地质勘查	692	452	123	477
水利、环境和公共设施管理业	**35132**	**63750**	**1040**	**21834**
水利管理业	1176	1223	16	4250
水资源管理	288	444	14	2458
其他水利管理	888	779	2	1792
环境管理业	1223	13312	22	125
环境治理	1223	13312	22	125
公共设施管理业	32733	49215	1002	17459
市政公共设施管理	1012	1399	52	2736
城市绿化管理	8931	25136	380	14603
游览景区管理	22790	22680	570	120
居民服务和其他服务业	**48419**	**42842**	**3506**	**63530**
居民服务业	34851	31239	2401	46199
理发及美容保健服务	2998	3102	149	3694
洗浴服务	22957	20618	1722	25712
婚姻服务	27	15	2	14
殡葬服务	5542	3543	380	13069
摄影扩印服务	2627	3239	115	2777
其他居民服务	700	722	33	933
其他服务业	13568	11603	1105	17331
修理与维护	10332	8317	951	12637
清洁服务	3236	3286	154	4694
教育	**22397**	**17565**	**1827**	**35498**
教育	22397	17565	1827	35498
中等教育	2000	1000	200	150
其他教育	20397	16565	1627	35348
卫生、社会保障和社会福利业	**20467**	**19544**	**1035**	**20399**
卫生	16635	15984	930	17156
医院	16615	15964	929	17106
门诊部医疗活动	20	20	1	50
社会保障业	1098	407	105	2526
社会保障业	1098	407	105	2526
社会福利业	2734	3153		717
不提供住宿的社会福利	2734	3153		717
文化、体育和娱乐业	**5262**	**3690**	**217**	**11517**
新闻出版业	1471	412	52	6370
出版业	1471	412	52	6370
广播、电视、电影和音像业	102	130	3	224
电影	13	32	2	39
音像制作	89	98	1	185
文化艺术业	600	600		
文物及文化保护	600	600		
体育	239	500	20	1860
体育组织	239	500	20	1860
娱乐业	2850	2048	142	3063
室内娱乐活动	1438	1416	56	2473
休闲健身娱乐活动	423	42	10	40
其他娱乐活动	989	590	76	550

单位：千元

主营业务收　　入	营业税金及附加	营业费用、管理费用、财务费用合计	营业利润	职工工资和福利费	本年应交增值税	全部从业人员年平均人数（人）
39005	1255	5022	3536	9403	5	748
5068	277	1201	406	1603		95
477	26	89	-5	144		9
477	26	89	-5	144		9
21834	**605**	**4155**	**1435**	**5048**		**411**
4250	225	961	232	1187		86
2458	112	106	184	308		22
1792	113	855	48	879		64
125	7	55	-14	33		6
125	7	55	-14	33		6
17459	373	3139	1217	3828		319
2736	137	117	190	669		37
14603	227	2962	1016	2655		245
120	9	60	11	504		37
62910	**2251**	**17847**	**2581**	**15461**	**640**	**933**
45788	1536	14827	2239	10669	534	624
3610	184	284	449	805		60
25418	990	9932	601	5508	534	372
14	1	5	7	45		2
13036	169	4026	776	2644		87
2777	145	514	292	1330		82
933	47	66	114	337		21
17122	715	3020	342	4792	106	309
12428	524	2640	-192	2926	106	184
4694	191	380	534	1866		125
35498	**1569**	**5873**	**3423**	**9636**	**12**	**545**
35498	1569	5873	3423	9636	12	545
150		30	50	240		13
35348	1569	5843	3373	9396	12	532
20206	**388**	**8499**	**-1709**	**5350**		**314**
17156	220	6730	-564	4762		262
17106	219	6720	-583	4750		260
50	1	10	19	12		2
2526	168	1047	198	421		38
2526	168	1047	198	421		38
524		722	-1343	167		14
524		722	-1343	167		14
11517	**597**	**3786**	**2045**	**2070**	**14**	**218**
6370	348	3002	1802	1023	14	87
6370	348	3002	1802	1023	14	87
224	15	226	-17	138		11
39		39		30		5
185	15	187	-17	108		6
						3
						3
1860	103		-93	30		3
1860	103		-93	30		3
3063	131	558	353	879		114
2473	100	333	374	769		77
40	3	5	22	10		30
550	28	220	-43	100		7

5-3 续表 28

行业中类	固定资产原价	所有者权益	本年折旧	营业收入总计
葫芦岛市	**5486678**	**3144664**	**461143**	**2139331**
信息传输、计算机服务和软件业	**3639835**	**901129**	**405761**	**1332245**
电信和其他信息传输服务业	3592422	878138	403794	1297421
电信	3488938	826628	399446	1270143
互联网信息服务	925	1695	133	4355
广播电视传输服务	102559	49815	4215	22923
计算机服务业	45071	20742	1816	28048
计算机系统服务	151	868	15	4499
计算机维修	250	100	13	140
其他计算机服务	44670	19774	1788	23409
软件业	2342	2249	151	6776
公共软件服务	880	1212	46	5491
其他软件服务	1462	1037	105	1285
金融业	**67198**	**122019**	**183**	**10037**
其他金融活动	67198	122019	183	10037
典当	396	15990	75	2550
其他未列明的金融活动	66802	106029	108	7487
租赁和商务服务业	**788707**	**1446071**	**33940**	**419739**
租赁业	11778	14018	598	9611
机械设备租赁	11778	14018	598	9611
商务服务业	776929	1432053	33342	410128
企业管理服务	522727	1190825	18178	223918
法律服务	233	570	15	1903
咨询与调查	15643	11544	452	33814
广告业	14391	17495	880	18846
知识产权服务	51	551	10	1000
职业中介服务	11791	42328	780	80426
市场管理	198780	145212	12139	14546
旅行社	8081	12433	411	19615
其他商务服务	5232	11095	477	16060
科学研究、技术服务和地质勘查业	**63285**	**302153**	**3998**	**172896**
专业技术服务业	32671	264628	2626	58511
气象服务	764	90	38	11260
测绘服务	1745	6312	84	6833
技术检测	9922	38460	956	8353
环境监测	1830	2157	92	2250
工程技术与规划管理	18390	217569	1452	29765
其他专业技术服务	20	40	4	50
科技交流和推广服务业	28304	24478	1286	111370
技术推广服务	21762	22887	1026	109243
科技中介服务	6484	1529	259	1836
其他科技服务	58	62	1	291
地质勘查业	2310	13047	86	3015
矿产地质勘查	1310	12047	66	2515
地质勘查技术服务	1000	1000	20	500

单位：千元

主营业务收　入	营业税金及附加	营业费用、管理费用、财务费用合计	营业利润	职工工资和福利费	本年应交增值税	全部从业人员年平均人数（人）
2125670	**58520**	**618214**	**243817**	**196943**	**220**	**8412**
1323812	**37530**	**372488**	**303401**	**103287**	**40**	**2130**
1289262	36072	366969	301685	99415		1832
1261984	35510	355006	298909	94283		1542
4355	421	508	684	750		41
22923	141	11455	2092	4382		249
27940	1359	3718	1404	2912	40	246
4499	20	294	-35	365	6	20
140	7	2	31	80		8
23301	1332	3422	1408	2467	34	218
6610	99	1801	312	960		52
5336	36	1164	169	461		34
1274	63	637	143	499		18
10037	**427**	**1998**	**4317**	**431**		**30**
10037	427	1998	4317	431		30
2550	111	559	1544	208		15
7487	316	1439	2773	223		15
417263	**10118**	**190638**	**-117258**	**39353**		**2502**
9611	151	1139	2786	1483		76
9611	151	1139	2786	1483		76
407652	9967	189499	-120044	37870		2426
223918	5017	153381	-132919	5074		269
1903	62	472	309	298		24
31844	787	4490	5595	5118		251
18816	591	4008	2693	2935		202
1000	35	167	255	95		7
80136	1608	11155	-541	7874		334
14360	877	6335	-100	6040		414
19615	535	3343	2911	2023		159
16060	455	6148	1753	8413		766
172784	**4003**	**17129**	**20184**	**19251**	**1**	**1130**
58399	3322	11091	9353	13284		683
11260	563	284	4299	1180		106
6833	341	3370	534	2094		88
8301	437	2000	1146	1835		121
2250	23	400	518	251		24
29705	1955	5035	2846	7904		342
50	3	2	10	20		2
111370	624	3650	10786	4982	1	403
109243	524	1930	10845	4643	1	379
1836	98	1716	-69	218		17
291	2	4	10	121		7
3015	57	2388	45	985		44
2515	7	2368	-5	905		39
500	50	20	50	80		5

5-3 续表 29

行业中类	固定资产原价	所有者权益	本年折旧	营业收入总计
水利、环境和公共设施管理业	**202253**	**185923**	**2262**	**51384**
水利管理业	3737	6823	149	7779
水资源管理	1019	-710	96	2300
其他水利管理	2718	7533	53	5479
环境管理业	16935	8312	1630	14244
环境治理	16935	8312	1630	14244
公共设施管理业	181581	170788	483	29361
市政公共设施管理	897	100	5	400
城市绿化管理	4331	12688	307	22762
游览景区管理	176353	158000	171	6199
居民服务和其他服务业	**289909**	**82500**	**1559**	**57023**
居民服务业	283680	76506	1215	41437
家庭服务	10	30	1	100
理发及美容保健服务	6905	4769	316	15616
洗浴服务	261194	8130	410	10943
婚姻服务	153	243	9	1095
殡葬服务	9612	55340	293	5118
摄影扩印服务	4044	3984	175	6145
其他居民服务	1762	4010	11	2420
其他服务业	6229	5994	344	15586
修理与维护	5366	5597	281	14463
清洁服务	863	397	63	1123
教育	**27412**	**23605**	**2002**	**34712**
教育	27412	23605	2002	34712
学前教育	2503	3232	109	5623
初等教育	200	200	2	50
其他教育	24709	20173	1891	29039
卫生、社会保障和社会福利业	**392428**	**64626**	**10865**	**47354**
卫生	392228	63926	10855	45712
医院	387068	58880	10650	43437
卫生院及社区医疗活动	4720	4697	199	1845
门诊部医疗活动	440	349	6	430
社会保障业	100	500	10	1540
社会保障业	100	500	10	1540
社会福利业	100	200	10	102
提供住宿的社会福利	100	200	10	102
文化、体育和娱乐业	**15651**	**16638**	**573**	**13941**
新闻出版业	120	12	3	180
新闻业	120	12	3	180
广播、电视、电影和音像业	1648	1197	117	823
电视	610	800	18	350
电影	692	100	69	275
音像制作	346	297	30	198
文化艺术业	3047	3516	131	2598
文艺创作与表演	2997	3316	126	2098
图书馆与档案馆	50	200	5	500
娱乐业	10836	11913	322	10340
室内娱乐活动	9741	11098	181	9822
休闲健身娱乐活动	1095	815	141	518

单位：千元

主营业务收 入	营业税金及 附 加	营业费用、管理费用、财务费用合计	营业利润	职工工资和福利费	本年应交增 值 税	全部从业人员年平均人数（人）
51207	**1456**	**4818**	**5757**	**4454**		**339**
7612	233	1095	-928	652		49
2300		500	-770	220		17
5312	233	595	-158	432		32
14244	461	1020	4542	1239		75
14244	461	1020	4542	1239		75
29351	762	2703	2143	2563		215
400	12	460	-87	260		26
22762	505	1251	1165	1373		118
6189	245	992	1065	930		71
54912	**2165**	**10598**	**11839**	**10107**	**179**	**828**
39326	1478	8562	8667	7339		614
100	1	10	29	36		3
15616	243	2181	4665	1628		130
8843	500	2221	1672	2698		245
1095	14	137	370	108		11
5118	370	2037	156	965		80
6134	337	1208	1326	1202		107
2420	13	768	449	702		38
15586	687	2036	3172	2768	179	214
14463	645	1988	2822	2550	179	196
1123	42	48	350	218		18
34662	**1086**	**4762**	**9503**	**6410**		**407**
34662	1086	4762	9503	6410		407
5623	214	835	1126	2119		88
50	1	20	19	100		10
28989	871	3907	8358	4191		309
47337	**851**	**11986**	**4080**	**10952**		**820**
45695	771	11067	3525	10702		799
43420	733	10376	3077	9829		716
1845	19	584	353	777		74
430	19	107	95	96		9
1540	80	860	600	100		6
1540	80	860	600	100		6
102		59	-45	150		15
102		59	-45	150		15
13656	**884**	**3797**	**1994**	**2698**		**226**
180	2	2	71	90		9
180	2	2	71	90		9
823	64	285	120	525		45
350	30	31	139	75		5
275	22	175	-59	360		32
198	12	79	40	90		8
2598	396	528	96	1045		84
2098	396	478	56	1000		80
500		50	40	45		4
10055	422	2982	1707	1038		88
9537	410	2744	1617	952		80
518	12	238	90	86		8

5-4 按登记注册类型分组

登记注册类型	年初库存	年末库存	固定资产原价	所有者权益合计	实收资本	国家资本
总计	**16672086**	**21098818**	**212297434**	**345874644**	**214234356**	**118232701**
内资企业	**15606737**	**19596948**	**146167662**	**299145477**	**183821255**	**117524981**
国有企业	9213970	11404943	54379956	93460503	58589014	57103961
集体企业	166720	199027	3433754	5329763	3374032	156259
股份合作企业	119501	121146	1063862	2700058	2333472	254136
联营企业	10270	10947	81209	59570	88195	19270
国有联营企业	5829	6259	43359	-4086	38387	9770
集体联营企业	3179	3698	17650	34593	25953	
国有与集体联营企业	1262	990	12747	17796	12650	9500
其他联营企业			7453	11267	11205	
有限责任公司	2943222	3858042	42162063	136343480	78392161	55940086
国有独资公司	688854	502693	21021174	108148916	55024705	53354601
其他有限责任公司	2254368	3355349	21140889	28194564	23367456	2585485
股份有限公司	267548	306307	16699020	8218982	5941775	3347902
私营企业	2828140	3601048	26398269	50913462	33278664	479041
私营独资企业	356245	368167	6856908	6039190	5614090	21634
私营合伙企业	30041	39094	710055	690581	591078	4431
私营有限责任公司	2133193	2890954	17133161	29714239	25243914	448279
私营股份有限公司	308661	302833	1698145	14469452	1829582	4697
其他企业	57366	95488	1949529	2119659	1823942	224326
港、澳、台商投资企业	**145210**	**261385**	**26053463**	**20433184**	**13628173**	**274705**
合资经营企业(港或澳、台资)	6407	6564	384816	1926392	1911646	72460
合作经营企业(港或澳、台资)	1770	5116	882194	530428	540630	700
港、澳、台商独资经营企业	59129	153783	12169988	8826756	6728756	200000
港、澳、台商投资股份有限公司	77904	95922	12616465	9149608	4447141	1545
外商投资企业	**920139**	**1240485**	**40076309**	**26295983**	**16784928**	**433015**
中外合资经营企业	37123	49864	3347698	2516573	2400539	237793
中外合作经营企业	107851	110813	674805	638614	624727	19990
外资企业	763762	1060769	23168331	14011786	13275347	175232
外商投资股份有限公司	11403	19039	12885475	9129010	484315	

的其他服务业企业财务状况

单位：千元

集体资本	法人资本	个人资本	港澳台资本	外商资本	本年折旧	营业收入总　计	主营业务收　入
5016291	**29962071**	**32729934**	**13814079**	**14479280**	**18507221**	**149275497**	**148205061**
4977631	**27838398**	**32269580**	**165737**	**1044928**	**11950382**	**110603650**	**109938430**
113217	1159505	203623		8708	4038868	25985501	25797090
2461815	269397	484483		2078	319995	4088378	4028517
419400	1486379	173318	204	35	103714	1271200	1266966
19433	8545	40947			15085	150365	149365
	500	28117			11563	47537	47537
16283	5475	4195			1630	67626	67626
3150					1101	17106	16106
	2570	8635			791	18096	18096
1027295	14695411	5866711	18582	844076	3145407	25424067	25262665
	1067783	2321		600000	1194204	4116892	4040947
1027295	13627628	5864390	18582	244076	1951203	21307175	21221718
320930	1043827	1227107	100	1909	1869328	14141786	14045812
569608	8213144	23684538	145046	187287	2324728	37200790	37051786
88999	1099224	4293776	6970	103487	554584	9665576	9654299
10774	140398	417394	16345	1736	57057	1426758	1424223
415893	6525555	17652103	121233	80851	1591947	23920254	23823181
53942	447967	1321265	498	1213	121140	2188202	2150083
45933	962190	588853	1805	835	133257	2341563	2336229
	458314	**67393**	**12798446**	**29315**	**2621339**	**14384228**	**14047562**
	423314	33723	1368942	13207	58665	206007	205232
		12972	526958		41613	30565	30565
	15000	19182	6478466	16108	1323540	6880379	6629562
	20000	1516	4424080		1197521	7267277	7182203
38660	**1665359**	**392961**	**849896**	**13405037**	**3935500**	**24287619**	**24219069**
5841	1080731	183939	44631	847604	307086	1765460	1744300
32000	279454	13875	260	279148	49540	199062	187043
819	45609	122382	800093	12131212	2489353	16931094	16902584
	259565	72765	4912	147073	1089521	5392003	5385142

5-4 续表

登记注册类型	营业成本	主营业务成本	营业税金及附加	主营业务税金及附加	主营业务利润	其他业务利润	营业费用、管理费用、财务费用合计
总　计	**83120181**	**81350860**	**5423204**	**5369807**	**51817098**	**1149565**	**35908604**
内资企业	**65275232**	**63841386**	**4210238**	**4184981**	**39169249**	**977226**	**26234584**
国有企业	16728843	15801349	909720	905001	7667995	-28154	5999367
集体企业	2221561	2209631	157192	156394	1606394	-20390	1019423
股份合作企业	471246	468847	37301	36774	756740	6884	284549
联营企业	93584	93584	6947	6927	48774	97	25713
国有联营企业	20248	20248	2198	2198	25091		13642
集体联营企业	56898	56898	3181	3181	7467		5020
国有与集体联营企业	8125	8125	834	814	7167		4438
其他联营企业	8313	8313	734	734	9049	97	2613
有限责任公司	18195912	18021314	832703	830565	6943776	323735	5123828
国有独资公司	3456974	3445369	116296	116107	1131588	74757	1489857
其他有限责任公司	14738938	14575945	716407	714458	5812188	248978	3633971
股份有限公司	5227756	5187070	448962	443251	5458283	66948	4643351
私营企业	21077310	20806537	1691243	1680375	15750256	621784	8616262
私营独资企业	5326167	5253650	494228	493021	3797920	32712	1805949
私营合伙企业	777487	755581	68617	68563	591951	4678	282250
私营有限责任公司	13587457	13451999	1031764	1024264	8988805	567068	6056535
私营股份有限公司	1386199	1345307	96634	94527	2371580	17326	471528
其他企业	1259020	1253054	126170	125694	937031	6322	522091
港、澳、台商投资企业	**6637837**	**6406545**	**473285**	**460772**	**4943549**	**109910**	**2893289**
合资经营企业(港或澳、台资)	124092	123750	7674	7674	63673	4734	59216
合作经营企业(港或澳、台资)	8746	8741	2655	2655	19058		40930
港、澳、台商独资经营企业	2800329	2723088	269697	257622	3066330	174759	1085282
港、澳、台商投资股份有限公司	3704670	3550966	193259	192821	1794488	-69583	1707861
外商投资企业	**11207112**	**11102929**	**739681**	**724054**	**7704300**	**62429**	**6780731**
中外合资经营企业	766322	734215	58769	57700	857830	34301	557434
中外合作经营企业	82230	74251	11335	11335	88869	4084	94045
外资企业	7713268	7649999	537961	523418	5039264	18117	5053156
外商投资股份有限公司	2645292	2644464	131616	131601	1718337	5927	1076096

单位：千元

税金	利息支出	营业利润	职工工资和福利费	本年应交增值税	全部从业人员年平均人数（人）	资产减值损失	公允价值变动收益	投资收益
1107000	**1191600**	**29032275**	**17877533**	**1145367**	**655359**	**2113709**	**24024**	**3954361**
958436	**1171040**	**19803677**	**14082393**	**1102236**	**579336**	**1160465**	**23868**	**3914191**
143205	236946	2479072	3869948	142269	134042	597940	21535	55156
39204	8260	812896	1068677	4633	58023	89964	156	192193
5117	4439	522204	143736	3396	7079	718	1	46273
864	498	23238	16601	401	878	2125		
514	64	11449	4161	88	242			
233	10	2527	7683		420			
78	424	2729	3731		151	2125		
39		6533	1026	313	65			
412387	606574	3466495	2636046	151788	89593	-77181	1270	1688929
285958	379060	652753	551325	51574	12724	-378948	-36	1250997
126429	227514	2813742	2084721	100214	76869	301767	1306	437932
39662	98038	3703609	799356	679749	17763	317761	2	-41533
294388	194949	8350971	5220562	116241	254139	227198	902	1968310
91487	25517	2072815	1355424	23143	73228	18459	-215	1564
15728	1214	323015	241523	1929	10488	21287	5	740
173705	155207	3924563	3364164	87590	160058	181184	1122	182587
13468	13011	2030578	259451	3579	10365	6268	-10	1783419
23609	21336	445192	327467	3759	17819	1940	2	4863
18576	**-38936**	**4127454**	**803814**	**1912**	**14691**	**361922**		**735**
733	177	19790	45468	536	1832	13		607
1061	40	-21766	7867	26	195			
10970	49255	2615667	264848	1300	7377	213888		
5812	-88408	1513763	485631	50	5287	148021		128
129988	**59496**	**5101144**	**2991326**	**41219**	**61332**	**591322**	**156**	**39435**
6501	17684	425429	208079	14824	6181	13492	304	13070
842	2084	11497	27793	48	957		1	
97667	20198	3368808	2057553	23012	39910	323079		19854
24978	19530	1295410	697901	3335	14284	254751	-149	6511

5-5 按控股情况分组的其他服务业企业财务状况

单位：千元

控股情况	年初库存	年末库存	固定资产原价	所有者权益合计	实收资本		
						国家资本	集体资本
总　计	**16672086**	**21098818**	**212297434**	**345874644**	**214234356**	**118232701**	**5016291**
国有控股	10353707	12465699	95840235	210743041	118824255	113576948	249456
集体控股	338192	384820	5688475	11011887	7476804	415757	3298545
私人控股	4591990	6024687	41246881	70192409	47874987	3253150	906828
港澳台商控股	263595	481215	21407918	18375482	13591205	271000	10
外商控股	900621	1202988	36406871	22386065	15191804	236182	36769
其他	223981	539409	11707054	13165760	11275301	479664	524683

5-5 续表 1

单位：千元

控股情况					本年折旧	营业收入总计		营业成本	
	法人资本	个人资本	港澳台资本	外商资本			主营业务收入		主营业务成本
总　计	**29962071**	**32729934**	**13814079**	**14479280**	**18507221**	**149275497**	**148205061**	**83120181**	**81350860**
国有控股	3880824	476103	9565	631359	7515293	48050409	47687819	31661514	30661436
集体控股	2825123	933314	204	3861	545485	7605463	7528477	4170026	4153762
私人控股	15532567	27558286	201901	422255	3614707	49434708	49241867	26872866	26471590
港澳台商控股	425908	89945	12711489	92853	2319042	13335821	12995007	5888756	5674430
外商控股	1095179	198310	804647	12820717	3553105	21549319	21498312	9923735	9856107
其他	6202470	3473976	86273	508235	959589	9299777	9253579	4603284	4533535

5-5　续表 2　　　　单位：千元

控股情况	营业税金及附加	主营业务税金及附加	主营业务利润	其他业务利润	营业费用、管理费用、财务费用总计	税金	利息支出	营业利润
总　计	**5423204**	**5369807**	**51817098**	**1149565**	**35908604**	**1107000**	**1191600**	**29032275**
国有控股	1418386	1412847	14275736	129522	10088978	472429	669541	6442522
集体控股	260284	258356	2985766	1521	1733204	54378	27955	1613263
私人控股	2209596	2192328	19158268	752409	12915867	385043	370882	10338095
港澳台商控股	442338	430134	4696626	119348	2706830	15255	-45403	4033090
外商控股	673367	657740	6555018	54313	6115001	114665	36058	4369939
其他	419233	418402	4145684	92452	2348724	65230	132567	2235366

5-5　续表 3　　　　单位：千元

控股情况	职工工资和福利费	本年应交增值税	全部从业人员年平均人数（人）	资产减值损失	公允价值变动收益	投资收益
总　计	**17877533**	**1145367**	**655359**	**2113709**	**24024**	**3954361**
国有控股	5487049	262598	168481	499456	21500	1196676
集体控股	1787710	17428	82483	131948	169	239743
私人控股	6587810	801892	303145	513548	1128	2303271
港澳台商控股	618914	1862	11168	361867		128
外商控股	2494696	40264	52036	549948	156	28718
其他	901354	21323	38046	56942	1071	185825

5-6 按行业(中类)分组的国有控股

行业中类	年初库存	年末库存	固定资产原价	所有者权益合计	实收资本
总　计	**10353707**	**12465699**	**95840235**	**210743041**	**118824255**
信息传输、计算机服务和软件业	**111792**	**170100**	**46210723**	**22012858**	**13961647**
电信和其他信息传输服务业	87353	159667	46040055	20870629	13284407
电信	48618	115490	43357703	19290590	12149703
互联网信息服务			19839	16288	26310
广播电视传输服务	38735	44177	2662466	1563739	1108394
卫星传输服务			47	12	
计算机服务业	2268	1651	21994	907594	521653
计算机系统服务	2198	1631	8829	899215	512171
数据处理			250	250	250
计算机维修	70	20	10365	6861	7212
其他计算机服务			2550	1268	2020
软件业	22171	8782	148674	234635	155587
公共软件服务	19082	2859	110108	158058	88907
其他软件服务	3089	5923	38566	76577	66680
金融业	**9545**	**9452**	**199026**	**2129141**	**1755675**
其他金融活动	9545	9452	199026	2129141	1755675
典当	8466	8447	5315	54225	46008
其他未列明的金融活动	1079	1005	193711	2074916	1709667
租赁和商务服务业	**9463293**	**11200352**	**23768030**	**138644904**	**87041987**
租赁业	41039	13782	331545	1507168	1457439
机械设备租赁	41039	13782	331507	1506180	1456429
文化及日用品出租			38	988	1010
商务服务业	9422254	11186570	23436485	137137736	85584548
企业管理服务	9070905	10256858	17443700	132761513	83118671
法律服务	4		2253	1381	1160
咨询与调查	968	1709	1010084	946292	865619
广告业	1163	1552	201013	387774	197642
知识产权服务	7	6	2405	6765	1820
职业中介服务	2347	2286	51714	130712	86207
市场管理	334413	910339	2715907	1881775	746114
旅行社	3258	3133	82126	152627	123283
其他商务服务	9189	10687	1927283	868897	444032
科学研究、技术服务和地质勘查业	**255057**	**505141**	**5370693**	**16119925**	**5947027**
研究与试验发展	52853	300625	1514663	2830232	1907393
自然科学研究与试验发展	29061	37944	94496	71841	76964
工程和技术研究与试验发展	22904	261675	1377935	2669530	1785812
农业科学研究与试验发展	515	694	22528	53674	13319
医学研究与试验发展	373	312	15289	24377	22530
社会人文科学研究与试验发展			4415	10810	8768
专业技术服务业	77784	104688	3040183	11453118	2910117
气象服务	95	99	13420	8851	5558
测绘服务	439	401	24299	15547	10741

其他服务业企业财务状况

单位：千元

国家资本	集体资本	法人资本	个人资本	港澳台资本	外商资本	本年折旧	营业收入总计	主营业务收入
113576948	**249456**	**3880824**	**476103**	**9565**	**631359**	**7515293**	**48050409**	**47687819**
13748858	**98300**	**85950**	**14879**	**5550**	**8110**	**4476707**	**14438545**	**14304020**
13157551	98000	25059	3797			4460948	13957178	13827794
12124034		25059	610			4219378	12992823	12921749
26310						1504	11791	11791
1007207	98000		3187			240065	952369	894059
						1	195	195
517733	300	1988	1632			1576	43810	43810
510083	300	1738	50			760	38385	38385
		250				10	260	260
7030			182			559	1678	1678
620			1400			247	3487	3487
73574		58903	9450	5550	8110	14183	437557	432416
22894		42903	9450	5550	8110	11986	344048	338907
50680		16000				2197	93509	93509
1324113		**425592**	**5970**			**17428**	**368403**	**358024**
1324113		425592	5970			17428	368403	358024
5600		35608	4800			546	26105	26105
1318513		389984	1170			16882	342298	331919
83858282	**49928**	**2265365**	**260804**		**607608**	**1671287**	**11826587**	**11722494**
158513		696169	2757		600000	55327	181778	179343
157513		696169	2747		600000	55323	180493	178058
1000			10			4	1285	1285
83699769	49928	1569196	258047		7608	1615960	11644809	11543151
81643693	42336	1328220	104422			1189313	5303181	5215797
145	100	285	630			213	7055	7055
808010	2380	39474	15678		77	37705	209360	208249
93003		100669	3970			30191	1533421	1533061
930		683	207			212	8883	8883
68282	33	12180	5656		56	4348	747052	745328
577397	850	64652	96795		6420	259923	2290160	2286883
95058	100	10165	17960			7799	666933	666644
413251	4129	12868	12729		1055	86256	878764	871251
5044871	**51135**	**777179**	**70491**	**720**	**2631**	**380588**	**15274705**	**15190412**
1353952	2680	540185	8246		2330	117035	8509597	8490471
70124		1100	5740			6311	182525	171524
1243590	2680	535006	2206		2330	104929	8283864	8276518
12600		719				3540	19325	19325
21630		600	300			1724	5637	5342
6008		2760				531	18246	17762
2707409	18340	158058	25289	720	301	194544	5559836	5499838
3890	513	955	200			1303	20548	20548
8672	489	700	880			2174	51708	41540

5-6 续表 1

行业中类	年初库存	年末库存	固定资产原价	所有者权益合计	
					实收资本
技术检测	9043	7514	213393	176259	137118
环境监测	236	138	42389	33607	22145
工程技术与规划管理	48362	74311	2675114	11115951	2643777
其他专业技术服务	19609	22225	71568	102903	90778
科技交流和推广服务业	117561	93871	601013	1633266	938697
技术推广服务	51650	51826	320502	668834	459517
科技中介服务	63329	41090	212614	474972	376696
其他科技服务	2582	955	67897	489460	102484
地质勘查业	6859	5957	214834	203309	190820
矿产地质勘查	4689	3689	143377	118822	112281
基础地质勘查	1422	1620	44662	31137	30771
地质勘查技术服务	748	648	26795	53350	47768
水利、环境和公共设施管理业	**49345**	**39934**	**14928566**	**27418236**	**7107426**
水利管理业	32519	18273	13892269	26424430	6288517
防洪管理			530	700	700
水资源管理	32519	17324	13883660	26412221	6276726
其他水利管理		949	8079	11509	11091
环境管理业	1909	3333	405931	381170	370701
自然保护			15200	5300	5300
环境治理	1909	3333	390731	375870	365401
公共设施管理业	14917	18328	630366	612636	448208
市政公共设施管理	3022	3470	56002	75297	67543
城市绿化管理	9440	9338	12578	22780	20117
游览景区管理	2455	5520	561786	514559	360548
居民服务和其他服务业	**51389**	**58859**	**332371**	**317152**	**212087**
居民服务业	41950	49641	266216	239668	165435
家庭服务			882	260	250
托儿所			100		
洗染服务	24	29	3217	5018	5015
理发及美容保健服务	100	120	667	898	660
洗浴服务	103	106	7914	6235	5910
婚姻服务	25	110	733	1411	819
殡葬服务	40958	48357	216877	173714	129150
摄影扩印服务	365	369	6586	2757	1837
其他居民服务	375	550	29240	49375	21794
其他服务业	9439	9218	66155	77484	46652
修理与维护	3198	4002	30873	30279	27129
清洁服务	2076	1171	13639	19774	3250
其他未列明的服务	4165	4045	21643	27431	16273
教育	**6408**	**4778**	**626882**	**459702**	**397385**
教育	6408	4778	626882	459702	397385
学前教育	17	19	2299	1773	1386
中等教育	1055	901	133230	21335	7669
高等教育			8712	3735	3735
其他教育	5336	3858	482641	432859	384595

单位：千元

						本年折旧	营业收入总计	
国家资本	集体资本	法人资本	个人资本	港澳台资本	外商资本			主营业务收入
108518	7672	15418	4757	720	33	26463	310300	310281
20735		100	1310			1014	8521	8521
2479483	9305	137935	16786		268	155904	4947674	4897863
86111	361	2950	1356			7686	221085	221085
815381	7724	78636	36956			46926	707378	702269
341786	7533	77301	32897			19258	293218	288933
374111	191	1335	1059			17719	308445	308334
99484			3000			9949	105715	105002
168129	22391	300				22083	497894	497834
89590	22391	300				15253	276706	276706
30771						4738	134903	134843
47768						2092	86285	86285
7021896	**25754**	**23662**	**33342**	**2580**	**192**	**482130**	**783033**	**778600**
6282408	199	910	5000			422114	424487	420983
600	100					37	1630	1630
6275717	99	910				421675	396172	392835
6091			5000			402	26685	26518
342971	25000	20	130	2580		4906	122283	122283
5200			100			1064	6715	6715
337771	25000	20	30	2580		3842	115568	115568
396517	555	22732	28212		192	55110	236263	235334
28934	200	13757	24652			4052	83993	83849
11540		7925	460		192	1312	62316	61531
356043	355	1050	3100			49746	89954	89954
177164	**5584**	**17239**	**10236**		**1864**	**34773**	**424507**	**424290**
141496	3857	9645	8573		1864	27823	301813	301763
150			100			208	1996	1996
						10	40	40
1287		1864			1864	241	2810	2810
560			100			121	2370	2370
3090	300	201	2319			438	17910	17910
729	60		30			51	2095	2095
117213	3497	6440	2000			24199	232611	232561
757		1020	60			566	3881	3881
17710		120	3964			1989	38100	38100
35668	1727	7594	1663			6950	122694	122527
23422	500	2344	863			2158	63206	63206
2450			800			2355	10826	10659
9796	1227	5250				2437	48662	48662
343768	**11622**	**40010**	**1228**	**715**	**42**	**87268**	**337437**	**332468**
343768	11622	40010	1228	715	42	87268	337437	332468
886	400	100				110	4286	4286
7569			100			25386	10922	10922
3735						326	10583	10583
331578	11222	39910	1128	715	42	61446	311646	306677

5-6 续表 2

行业中类	年初库存	年末库存	固定资产原价	所有者权益合计	实收资本
卫生、社会保障和社会福利业	**72190**	**86338**	**2219521**	**586276**	**583708**
卫生	71998	86147	2210831	574739	575769
医院	68801	82826	2164447	540510	549737
卫生院及社区医疗活动	2711	2745	19810	12803	7571
门诊部医疗活动	355	470	13060	13262	12184
妇幼保健活动	45	11	100	100	100
专科疾病防治活动	64	44	7402	301	300
疾病预防控制及防疫活动	19	49	2868	4199	4197
其他卫生活动	3	2	3144	3564	1680
社会保障业	24	17	4468	4765	3820
社会保障业	24	17	4468	4765	3820
社会福利业	168	174	4222	6772	4119
提供住宿的社会福利		1	999	3455	3455
不提供住宿的社会福利	168	173	3223	3317	664
文化、体育和娱乐业	**334688**	**390745**	**2184423**	**3054847**	**1817313**
新闻出版业	326495	380631	1424606	2377267	1325236
出版业	326495	380631	1424606	2377267	1325236
广播、电视、电影和音像业	1826	2772	323916	508419	181565
广播			36	50	50
电视	1253	1967	127272	95927	35647
电影	573	805	119529	121940	65759
音像制作			77079	290502	80109
文化艺术业	87	152	50019	39366	64009
文艺创作与表演		60	5473	28161	25491
艺术表演场馆	3	6	35059	444	30063
图书馆与档案馆			1883	2096	2024
文物及文化保护	69	71	1803	2555	300
博物馆			1000	1000	1000
群众文化活动	15	15	2851	2803	2323
文化艺术经纪代理			460	560	560
其他文化艺术			1490	1747	2248
体育	66	96	62354	37340	42114
体育组织	3	3	2202	3235	2466
体育场馆	4	34	59862	33477	39018
其他体育	59	59	290	628	630
娱乐业	6214	7094	323528	92455	204389
室内娱乐活动	18		4797	5750	5700
休闲健身娱乐活动	6196	7094	317615	85956	197735
其他娱乐活动			1116	749	954

单位：千元

						本年折旧	营业收入总计	
国家资本	集体资本	法人资本	个人资本	港澳台资本	外商资本			主营业务收入
372026	**6600**	**159202**	**37763**		**8117**	**125026**	**1393164**	**1387285**
364767	6500	159122	37263		8117	124323	1373446	1368477
349183	5200	150699	36538		8117	120944	1279632	1274865
5787	1300	469	15			1314	39309	39107
3650		7854	680			832	42104	42104
		100				8	226	226
300						393	2544	2544
4167			30			284	5132	5132
1680						548	4499	4499
3140	100	80	500			606	15658	15658
3140	100	80	500			606	15658	15658
4119						97	4060	3150
3455						97	2041	2041
664							2019	1109
1685970	**533**	**86625**	**41390**		**2795**	**240086**	**3204028**	**3190226**
1320547		4289	400			177198	2825514	2817781
1320547		4289	400			177198	2825514	2817781
85922	453	80710	14480			33020	143672	140581
	50					4	400	400
21417		700	13530			9839	65631	65631
64396	403	10	950			10092	76791	73700
109		80000				13085	850	850
62019	80	560	1350			2318	26171	25874
24841		500	150			538	11715	11450
30063						1125	7301	7301
1764		60	200			92	2796	2764
300						82	875	875
			1000					
2243	80					305	1885	1885
560						24	863	863
2248						152	736	736
40948		666	500			4442	49889	49889
2100		366				204	2073	2073
38718		300				4214	38175	38175
130			500			24	9641	9641
176534		400	24660		2795	23108	158782	156101
4560		100	1040			754	2086	2086
171239		300	23401		2795	22266	154423	151742
735			219			88	2273	2273

5-6 续表 3

行业中类	营业成本	主营业务成本	营业税金及附加	主营业务税金及附加	主营业务利润	其他业务利润	营业费用、管理费用、财务费用合计
总　计	**31661514**	**30661436**	**1418386**	**1412847**	**14275736**	**129522**	**10088978**
信息传输、计算机服务和软件业	**7455602**	**7302515**	**480547**	**479838**	**5168348**	**59852**	**3207767**
电信和其他信息传输服务业	7208713	7058226	472761	472052	5097812	50693	3026648
电信	6673187	6522852	445016	444307	4767074	33275	2741252
互联网信息服务	12026	11874	770	770	-1350		1627
广播电视传输服务	523419	523419	26963	26963	332016	17418	283739
卫星传输服务	81	81	12	12	72		30
计算机服务业	25212	25212	1959	1959	16623		7414
计算机系统服务	21404	21404	1768	1768	15199		6894
数据处理	200	200	3	3	57		5
计算机维修	1203	1203	72	72	403		220
其他计算机服务	2405	2405	116	116	964		295
软件业	221677	219077	5827	5827	53913	9159	173705
公共软件服务	163660	161060	4827	4827	32214	4973	153734
其他软件服务	58017	58017	1000	1000	21699	4186	19971
金融业	**288659**	**68114**	**5878**	**5044**	**278038**	**-211993**	**150807**
其他金融活动	288659	68114	5878	5044	278038	-211993	150807
典当	3430	3430	1427	1427	20761	42	18552
其他未列明的金融活动	285229	64684	4451	3617	257277	-212035	132255
租赁和商务服务业	**8320890**	**8108718**	**316135**	**314129**	**3862624**	**133083**	**3314355**
租赁业	118104	118104	9192	9192	52045	2533	30591
机械设备租赁	117642	117642	9179	9179	51235	2533	29774
文化及日用品出租	462	462	13	13	810		817
商务服务业	8202786	7990614	306943	304937	3810579	130550	3283764
企业管理服务	4081578	3886630	143203	141773	1804037	92563	1949168
法律服务	3794	3794	231	231	2771	23	1165
咨询与调查	68691	65178	9045	9045	127301	429	82891
广告业	1171428	1171428	34633	34628	283482	16420	152928
知识产权服务	4933	4933	475	475	3463		4158
职业中介服务	511172	506888	20413	20406	217493	1491	168197
市场管理	1489317	1487674	45323	45136	752049	16789	408598
旅行社	582512	581134	17333	17072	67858	1198	51840
其他商务服务	289361	282955	36287	36171	552125	1637	464819
科学研究、技术服务和地质勘查业	**11482339**	**11292069**	**382326**	**380839**	**3399910**	**56442**	**1882930**
研究与试验发展	7063557	7027407	111909	111584	1390398	16030	473837
自然科学研究与试验发展	178034	147944	1352	1352	21991	49	32714
工程和技术研究与试验发展	6859477	6853801	109035	108710	1353162	15437	431914
农业科学研究与试验发展	10397	10358	272	272	8695	423	4799
医学研究与试验发展	3107	2762	246	246	2334	86	2133
社会人文科学研究与试验发展	12542	12542	1004	1004	4216	35	2277
专业技术服务业	3460334	3420554	222847	222363	1713105	34474	1172789
气象服务	8114	8114	1032	1032	11355	790	9616
测绘服务	23725	23725	2127	2127	15526		10071

单位：千元

税金	利息支出	营业利润	职工工资和福利费	本年应交增值税	全部从业人员年平均人数	资产减值损失	公允价值变动收益	投资收益
472429	**669541**	**6442522**	**5487049**	**262598**	**168481**	**499456**	**21500**	**1196676**
36264	**192860**	**2811764**	**1028820**	**11045**	**21751**	**547742**	**-1**	**18251**
24815	191162	2763526	958570	1751	20324	547729		17644
17591	141231	2688569	857683	1660	16914	547719		17644
17		-2480	5227		134			
7207	49931	77365	95563	91	3271	10		
		72	97		5			
105	2	9225	5334	139	272			
98		8319	3981	139	194			
1		52	96		4			
		183	721		44			
6	2	671	536		30			
11344	1696	39013	64916	9155	1155	13	-1	607
6378	1817	24492	44826	3767	975	13	-1	607
4966	-121	14521	20090	5388	180			
1366		**-33621**	**38546**		**543**			**44313**
1366		-33621	38546		543			44313
10		2738	2343		102			
1356		-36359	36203		441			44313
349214	**359123**	**1705211**	**1731957**	**61629**	**74066**	**-210107**	**374**	**1128270**
396	5398	23989	14656	62	711	1771	1	1
354	5398	23996	13850	62	642	1771	1	1
42		-7	806		69			
348818	353725	1681222	1717301	61567	73355	-211878	373	1128269
318006	314459	903543	778086	59839	23083	-246280	-194	1108344
54		1888	3382		124			
3057	98	52334	36027	145	2069	767	750	500
2978	4070	199639	58119	13	1509	635		9717
		-683	556		42			
1270	155	51547	449600	23	26125	2932		280
17900	33530	362264	95837	961	3797	28436	-183	5375
1640	69	21747	28266	65	1279	1632		4670
3913	1344	88943	267428	521	15327			-617
51080	**17136**	**1634797**	**1698551**	**139358**	**38033**	**98803**	**41**	**6559**
11673	11347	857121	668248	104101	7991	73893	-1	3797
425	700	-10437	24208	213	1434			60
10793	10192	860978	637623	103888	6206	73893	-1	3737
216	21	4319	3868		192			
20	128	287	1550		97			
219	306	1974	999		62			
26862	2587	698828	833308	33116	21691	24906	42	2604
233		2576	2990		168			
278	3	5617	10584	5	426	84	40	50

5-6 续表 4

行业中类	营业成本	主营业务成本	营业税金及附加	主营业务税金及附加	主营业务利润	其他业务利润	营业费用、管理费用、财务费用合计
技术检测	142660	140896	14513	14513	151821	482	104658
环境监测	4246	4246	433	433	3842	102	2121
工程技术与规划管理	3143511	3105495	196978	196494	1455318	33100	972283
其他专业技术服务	138078	138078	7764	7764	75243		74040
科技交流和推广服务业	500898	498080	25435	24757	171902	5927	156297
技术推广服务	201253	198822	10725	10725	78257	5836	74463
科技中介服务	223651	223267	13042	12364	72229	91	44690
其他科技服务	75994	75991	1668	1668	21416		37144
地质勘查业	457550	346028	22135	22135	124505	11	80007
矿产地质勘查	176489	176489	12023	12023	83028		55029
基础地质勘查	215028	103628	6204	6204	25011		11563
地质勘查技术服务	66033	65911	3908	3908	16466	11	13415
水利、环境和公共设施管理业	**659995**	**654550**	**38835**	**38553**	**74295**	**11158**	**302645**
水利管理业	457772	452995	22559	22374	-55916	3467	192237
防洪管理	537	537	88	88	1005		365
水资源管理	442849	438262	20908	20723	-67680	3467	182431
其他水利管理	14386	14196	1563	1563	10759		9441
环境管理业	64717	64517	5166	5166	52327	1012	31059
自然保护	3750	3750	321	321	2644		1274
环境治理	60967	60767	4845	4845	49683	1012	29785
公共设施管理业	137506	137038	11110	11013	77884	6679	79349
市政公共设施管理	60431	60190	5144	5047	16974	691	14312
城市绿化管理	53195	52968	2573	2573	5620	5978	8067
游览景区管理	23880	23880	3393	3393	55290	10	56970
居民服务和其他服务业	**181913**	**181768**	**20015**	**20008**	**198470**	**4306**	**144151**
居民服务业	125596	125576	14876	14869	149614	4044	95805
家庭服务	1138	1138	99	99	759	6	331
托儿所	20	20			20		10
洗染服务	752	752	163	163	1895		1142
理发及美容保健服务	1053	1053	75	75	1242		1188
洗浴服务	10391	10391	859	859	6554	475	5069
婚姻服务	1189	1189	120	120	735	231	652
殡葬服务	87221	87201	11391	11389	122424	3309	81981
摄影扩印服务	1853	1853	216	211	1817	16	1867
其他居民服务	21979	21979	1953	1953	14168	7	3565
其他服务业	56317	56192	5139	5139	48856	262	48346
修理与维护	27617	27584	2095	2095	33403	52	26392
清洁服务	2049	1957	724	724	7978	75	5902
其他未列明的服务	26651	26651	2320	2320	7475	135	16052
教育	**234361**	**230891**	**9559**	**9559**	**83937**	**717**	**80953**
教育	234361	230891	9559	9559	83937	717	80953
学前教育	2032	2032	161	161	2093		1405
中等教育	33319	33319	669	669	-23416		976
高等教育	7130	4438			3087		5283
其他教育	191880	191102	8729	8729	102173	717	73289

单位：千元

		营业利润	职工工资和福利费	本年应交增值税	全部从业人员年平均人数	资产减值损失	公允价值变动收益	投资收益
税金	利息支出							
3792	1244	50696	63731	488	2513	174		1
124		1823	1848	31	92			
21875	1143	636913	653649	31415	16914	24647	2	2553
560	197	1203	100506	1177	1578	1		
9840	2975	29173	120243	2141	5763	4		158
4110	2171	10777	49899	1371	2227	1		25
4555	38	28064	52267	373	2871	3		
1175	766	-9668	18077	397	665			133
2705	227	49675	76752		2588			
475	10	33165	47400		1389			
1761		13448	16884		610			
469	217	3062	12468		589			
10065	**82242**	**-208631**	**138844**	**772**	**6086**	**7467**	**12**	**1**
8161	76754	-245726	55289		1701			
7		640	235		17			
8124	76754	-247684	49087		1451			
30		1318	5967		233			
190	-14	22555	36194	703	1636		1	1
		1370	252		21			
190	-14	21185	35942	703	1615		1	1
1714	5502	14540	47361	69	2749	7467	11	
567	113	4917	12695		689	7467		
177	33	3901	9505		540			
970	5356	5722	25161	69	1520		11	
3077	**1544**	**83080**	**68613**	**5058**	**2987**	**1418**	**2**	**419**
2702	1606	69558	39443	2803	1822		1	
		434	454		22			
		10	10		1			
51		753	898		42			
57		54	936		41			
52	5	2066	4735	445	267			
10	1	365	860		53			
2499	1600	55300	26854	2343	1050		1	
6		-34	1067		63			
27		10610	3629	15	283			
375	-62	13522	29170	2255	1165	1418	1	419
143	38	7604	9298	2071	488	1408		418
130	-62	2151	1311	15	57			
102	-38	3767	18561	169	620	10	1	1
4251	**182**	**10072**	**74544**	**1550**	**3292**	**8437**	**1**	
4251	182	10072	74544	1550	3292	8437	1	
13		688	2293		129			
		-24042	13834		454	4655		
		-838	3008		161			
4238	182	34264	55409	1550	2548	3782	1	

5-6 续表 5

行业中类	营业成本	主营业务成本	营业税金及附加	主营业务税金及附加	主营业务利润	其他业务利润	营业费用、管理费用、财务费用合计
卫生、社会保障和社会福利业	**956053**	**750012**	**42208**	**42194**	**335903**	**35536**	**286910**
卫生	946827	740807	41299	41285	327236	35359	280950
医院	897959	692108	37683	37673	286125	35462	258178
卫生院及社区医疗活动	24649	24489	1339	1335	13117		5810
门诊部医疗活动	20433	20433	1759	1759	19888		9593
妇幼保健活动	125	125	9	9	92		30
专科疾病防治活动	1156	1147	8	8	1389	-103	1214
疾病预防控制及防疫活动	1751	1751	272	272	3109		2819
其他卫生活动	754	754	229	229	3516		3306
社会保障业	6793	6793	813	813	8025		4341
社会保障业	6793	6793	813	813	8025		4341
社会福利业	2433	2412	96	96	642	177	1619
提供住宿的社会福利	1095	1090	96	96	855		550
不提供住宿的社会福利	1338	1322			-213	177	1069
文化、体育和娱乐业	**2081702**	**2072799**	**122883**	**122683**	**874211**	**40421**	**718460**
新闻出版业	1893673	1893394	99684	99684	707012	34607	603554
出版业	1893673	1893394	99684	99684	707012	34607	603554
广播、电视、电影和音像业	62556	61766	7511	7480	70217	3549	50179
广播	280	280			120		96
电视	22554	22553	3435	3435	39537	612	19276
电影	39558	38769	3986	3955	29966	2937	25657
音像制作	164	164	90	90	594		5150
文化艺术业	11124	10842	1274	1234	12133	1337	10895
文艺创作与表演	5001	5001	675	635	5814	1202	3669
艺术表演场馆	2232	2232	349	349	3213		4384
图书馆与档案馆	758	744	52	52	1810	18	1408
文物及文化保护	458	458	97	97	320	96	346
博物馆							
群众文化活动	1203	1045	61	61	779		662
文化艺术经纪代理	766	656	17	17	190	21	59
其他文化艺术	706	706	23	23	7		367
体育	25800	25800	2593	2593	21496	-3	13364
体育组织	280	280	115	115	1678		1429
体育场馆	21748	21748	1899	1899	14528	-3	10633
其他体育	3772	3772	579	579	5290		1302
娱乐业	88549	80997	11821	11692	63353	931	40468
室内娱乐活动	1137	1137	98	98	792		384
休闲健身娱乐活动	86213	78661	11600	11471	61610	931	39753
其他娱乐活动	1199	1199	123	123	951		331

单位：千元

税金	利息支出	营业利润	职工工资和福利费	本年应交增值税	全部从业人员年平均人数	资产减值损失	公允价值变动收益	投资收益
2739	**4906**	**108391**	**336759**	**321**	**11580**	**4467**		**-2231**
2479	4901	105480	333221	306	11364	4467		-2231
1836	4905	87022	313474	306	10383	33		-2231
165		7505	6949		346	1		
319	-1	10319	7444		360	2125		
		62	26		2			
		72	1814		82			
134	1	290	1614		107			
25	-4	210	1900		84	2308		
229	-1	3711	2778	15	167			
229	-1	3711	2778	15	167			
31	6	-800	760		49			
		305	466		27			
31	6	-1105	294		22			
14373	**11548**	**331459**	**370415**	**42865**	**10143**	**41229**	**21071**	**1094**
6891	11471	270514	311566	42671	6785	34101	21069	1094
6891	11471	270514	311566	42671	6785	34101	21069	1094
2629	28	24699	28906	194	1433	4755		
		24	55		4			
701	-2	20978	11044		562			
1926	30	8251	16438	194	851	4755		
2		-4554	1369		16			
678	50	4241	8015		613	1	1	
137	-7	3347	2059		144			
384	-7	337	2822		207		1	
1	3	578	824		51			
13	33	70	1350		131			
			45		14			
118	12	117	465		42	1		
25	16	152	172		10			
		-360	278		14			
556	-1	8129	5819		346	2072		
10		249	805		45	2072		
354	-1	3892	4618		279			
192		3988	396		22			
3619		23876	16109		966	300	1	
3		468	1033		75	300	1	
3615		22788	14904		881			
1		620	172		10			

5-7 按地区分组的国有控股其他服务业企业财务状况

单位：千元

地区	年初库存	年末库存	固定资产原价	所有者权益合计	实收资本		
						国家资本	集体资本
全省	**10353707**	**12465699**	**95840235**	**210743041**	**118824255**	**113576948**	**249456**
沈阳市	8185932	9764985	34555840	116527439	85129780	84955133	5400
大连市	874855	1549611	17097897	26989930	12191135	9056939	140980
鞍山市	17811	258515	5624785	11168441	2678809	1756487	18243
抚顺市	190777	147633	7790267	5347930	1662638	1640200	
本溪市	534344	157796	10096045	31143352	11528499	11380990	4021
丹东市	341867	339242	1140344	1660470	1506487	1275477	
锦州市	14257	9877	3617198	1960699	809148	765476	3416
营口市	75125	96291	2763884	590535	368619	194451	1730
阜新市	70392	79391	2413459	973491	300168	285287	6825
辽阳市	16863	12615	3750917	1738527	396391	318092	23741
盘锦市	8824	9814	2163435	5016197	751917	638682	200
铁岭市	11134	21180	3056759	2252626	578126	448945	38111
朝阳市	8020	8342	551394	5036370	572915	549788	959
葫芦岛市	3506	10407	1218011	337034	349623	311001	5830

5-7 续表 1

单位：千元

地区					本年折旧	营业收入总计		营业成本	
	法人资本	个人资本	港澳台资本	外商资本			主营业务收入		主营业务成本
全省	**3880824**	**476103**	**9565**	**631359**	**7515293**	**48050409**	**47687819**	**31661514**	**30661436**
沈阳市	96830	69804	2580	33	2820489	14987892	14876914	9722030	9216842
大连市	2202468	160864	6985	622899	1495944	13756948	13639947	6784451	6727277
鞍山市	796324	107755			878520	8591190	8589888	7249464	7249177
抚顺市	21140	1030		268	300595	1985862	1982523	947974	947064
本溪市	93171	50317			639224	2244639	2177842	2034169	2033270
丹东市	231000	10			70599	418788	413253	397712	272535
锦州市	23569	16687			269139	1230262	1216775	927601	902190
营口市	146898	25540			269779	1071842	1058286	618212	617840
阜新市	1426	6630			147048	1000381	989419	810920	560179
辽阳市	41206	5235		8117	290817	382870	381850	238334	238110
盘锦市	106220	6815			80253	1626481	1615736	1247110	1244642
铁岭市	77927	13101		42	93829	340955	335460	331718	307695
朝阳市	16965	5203			31534	167212	165592	131358	127272
葫芦岛市	25680	7112			127523	245087	244334	220461	217343

5-7　续表 2

单位：千元

地　　区	营业税金及附加	主营业务税金及附加	主营业务利　　润	其他业务利　　润	营业费用、管理费用、财务费用总　　计	税金	利息支出	营业利润
全　　省	**1418386**	**1412847**	**14275736**	**129522**	**10088978**	**472429**	**669541**	**6442522**
沈阳市	621976	620199	4223372	-144816	3542214	80839	241798	1222323
大连市	360055	357638	6267338	111024	3122752	52176	121837	3684298
鞍山市	160286	160286	1230108	35725	445585	16917	24127	735568
抚顺市	71060	70444	965015	11019	512170	3826	11144	463864
本溪市	23828	23828	614128	70228	1048084	279006	178793	424869
丹东市	18739	18473	85374	1535	88332	18410	10672	25589
锦州市	41616	41441	260800	-2072	205615	8890	10943	65457
营口市	28953	28951	210184	4826	265568	3655	20558	108607
阜新市	19857	19851	33108	31757	208416	2408	12378	-40467
辽阳市	15526	15433	126225	2107	147617	4022	2621	-117063
盘锦市	29590	29589	287331	1649	230043	140	5750	94190
铁岭市	15058	14990	-23224	4694	83459	558	7585	-83527
朝阳市	7367	7279	-9183	1516	62176	680	7846	-34505
葫芦岛市	4475	4445	5160	330	126947	902	13489	-106681

5-7　续表 3

单位：千元

地　　区	职工工资和福利费	本年应交增值税	全部从业人员年平均人数（人）	资产减值损失	公允价值变动收益	投资收益
全　　省	**5487049**	**262598**	**168481**	**499456**	**21500**	**1196676**
沈阳市	1753435	49501	51442	422893	22	134114
大连市	1278682	74400	32289	52015	21438	135131
鞍山市	496331	50317	6732	56518		1503
抚顺市	239363	20	9369	8440		
本溪市	428776	52517	12104	-380087		899769
丹东市	89015	20	3430	2766		
锦州市	210970	1223	6746	100968		1244
营口市	133882	1487	4136	45218		23891
阜新市	202166	5	8790	41273		60
辽阳市	64362	1584	2327	99870		
盘锦市	469490	30751	25369	184		914
铁岭市	65103	773	2873	26554	40	50
朝阳市	35323		1859	22844		
葫芦岛市	20151		1015			

5-8 按地区和行业(中类)分组的

分　组	固定资产原　价	所有者权益	本年折旧	营业收入总　计
总　计	**95840235**	**210743041**	**7515293**	**48050409**
沈阳市	**34555840**	**116527439**	**2820489**	**14987892**
信息传输、计算机服务和软件业	**24679104**	**19268245**	**2016998**	**5179589**
电信和其他信息传输服务业	24591461	18269127	2011555	5101416
电信	23504120	17348823	1866873	4785552
互联网信息服务	10385	9500	520	840
广播电视传输服务	1076956	910804	144162	315024
计算机服务业	10674	897253	639	22390
计算机系统服务	7422	897420	625	21527
计算机维修	3157	-467		8
其他计算机服务	95	300	14	855
软件业	76969	101865	4804	55783
公共软件服务	39252	49885	2741	24997
其他软件服务	37717	51980	2063	30786
金融业	**65287**	**136816**	**8679**	**171148**
其他金融活动	65287	136816	8679	171148
典当	200	1000	10	300
其他未列明的金融活动	65087	135816	8669	170848
租赁和商务服务业	**6640255**	**76227384**	**485802**	**3624617**
租赁业	21946	131769	1661	12385
机械设备租赁	21928	130791	1658	11230
文化及日用品出租	18	978	3	1155
商务服务业	6618309	76095615	484141	3612232
企业管理服务	3988692	74395444	336027	1412619
咨询与调查	865273	570705	23996	57896
广告业	68104	116082	6428	1072403
知识产权服务	778	4500	87	2228
职业中介服务	16867	88265	1582	90491
市场管理	1305708	540360	90540	418878
旅行社	21925	64412	2258	232091
其他商务服务	350962	315847	23223	325626
科学研究、技术服务和地质勘查业	**1422145**	**2721759**	**121021**	**3480069**
研究与试验发展	399912	379179	26608	323334
自然科学研究与试验发展	2181	1470	623	2800
工程和技术研究与试验发展	370673	307084	22959	293048
农业科学研究与试验发展	11839	48334	1042	5977
医学研究与试验发展	10804	11481	1453	3263
社会人文科学研究与试验发展	4415	10810	531	18246
专业技术服务业	844248	1578100	76885	2867346
气象服务	2504	3307	205	6548
测绘服务	1306	4123	194	6668
技术检测	32579	31603	3421	109763
环境监测	713	500	74	791
工程技术与规划管理	777248	1466765	66300	2667024
其他专业技术服务	29898	71802	6691	76552
科技交流和推广服务业	138399	708085	14731	221251
技术推广服务	76447	223756	4236	111314
科技中介服务	8739	20375	1172	24806
其他科技服务	53213	463954	9323	85131

国有控股其他服务业企业财务状况

单位：千元

主营业务收　入	营业税金及附加	营业费用、管理费用、财务费用合计	营业利润	职工工资和福利费	本年应交增值税	全部从业人员年平均人数（人）
47687819	**1418386**	**10088978**	**6442522**	**5487049**	**262598**	**168481**
14876914	**621976**	**3542214**	**1222323**	**1753435**	**49501**	**51442**
5133275	**207954**	**1043050**	**322861**	**421667**	**3581**	**7818**
5055102	205510	1024621	317819	413863	995	7466
4739238	188281	927416	284972	401820	918	6935
840	16	2	173	448		16
315024	17213	97203	32674	11595	77	515
22390	1004	6958	829	2904	139	156
21527	961	6679	906	2674	139	141
8		166	-159	101		8
855	43	113	82	129		7
55783	1440	11471	4213	4900	2447	196
24997	884	4293	4350	3030	4	125
30786	556	7178	-137	1870	2443	71
165449	**1547**	**49849**	**-123926**	**7771**		**111**
165449	1547	49849	-123926	7771		111
300	20	75		75		5
165149	1527	49774	-123926	7696		106
3621863	**148800**	**1075980**	**499521**	**481462**	**8401**	**19161**
12385	612	3753	1218	4073	42	300
11230	601	2939	1240	3297	42	233
1155	11	814	-22	776		67
3609478	148188	1072227	498303	477389	8359	18861
1410046	71298	540606	240840	263299	6900	8100
57896	2896	10397	17337	6743	145	357
1072403	17616	74467	116295	25347	13	789
2228	127	1007	37	166		10
90331	5066	28370	5599	29093	23	1734
418857	24550	159867	88430	36982	896	1254
232091	11881	22179	2044	8731	65	369
325626	14754	235334	27721	107028	317	6248
3434347	**165479**	**716255**	**377491**	**543795**	**3647**	**13608**
321055	18346	64217	-3529	62766	112	1569
2800	186	259	251	58		3
291548	16818	59510	-7783	59834	112	1377
5977	170	989	1627	1037		75
2968	168	1182	402	838		52
17762	1004	2277	1974	999		62
2826197	135576	585764	388693	425702	1821	9626
6548	408	1488	629	921		55
6668	369	830	1129	1991		22
109763	5722	24361	16531	14829	222	634
791	43	357	-42	116		8
2625875	125056	539591	372866	385988	422	8541
76552	3978	19137	-2420	21857	1177	366
219017	7779	55330	-8292	37624	1714	1659
109878	5640	19466	2419	19710	1112	1018
24721	1201	4125	1138	4164	205	165
84418	938	31739	-11849	13750	397	476

5-8 续表 1

分　组	固定资产原　价	所有者权益	本年折旧	营业收入总　计
地质勘查业	39586	56395	2797	68138
矿产地质勘查	23049	21474	1711	40735
基础地质勘查	2902	1260	195	12604
地质勘查技术服务	13635	33661	891	14799
水利、环境和公共设施管理业	**398216**	**15770902**	**26357**	**160226**
水利管理业	105347	15586957	7627	61839
防洪管理	405	600	25	295
水资源管理	101114	15583301	7286	40530
其他水利管理	3828	3056	316	21014
环境管理业	16971	18295	1228	54135
环境治理	16971	18295	1228	54135
公共设施管理业	275898	165650	17502	44252
市政公共设施管理	12899	15794	1121	22995
城市绿化管理	3237	2877	401	11931
游览景区管理	259762	146979	15980	9326
居民服务和其他服务业	**98683**	**106445**	**8699**	**170025**
居民服务业	71114	64770	6350	122876
家庭服务	63	50	4	230
理发及美容保健服务	240	270	29	31
洗浴服务	447	1399	35	7077
婚姻服务	9	10	1	200
殡葬服务	50362	50964	5066	103401
摄影扩印服务	200	200	20	324
其他居民服务	19793	11877	1195	11613
其他服务业	27569	41675	2349	47149
修理与维护	17827	24112	993	30227
清洁服务	556	862	54	220
其他未列明的服务	9186	16701	1302	16702
教育	**28882**	**20013**	**4874**	**56905**
教育	28882	20013	4874	56905
学前教育	478	381	45	855
中等教育	3965	4655	238	3850
其他教育	24439	14977	4591	52200
卫生、社会保障和社会福利业	**154252**	**143441**	**13668**	**170965**
卫生	153163	139262	13565	167745
医院	145921	129697	12819	149347
卫生院及社区医疗活动	2800	2600	324	11070
门诊部医疗活动	1376	2527	127	4325
专科疾病防治活动	50	301	3	390
疾病预防控制及防疫活动	2716	4137	272	2513
其他卫生活动	300		20	100
社会保障业	90	724	6	1258
社会保障业	90	724	6	1258
社会福利业	999	3455	97	1962
提供住宿的社会福利	999	3455	97	1962
文化、体育和娱乐业	**1069016**	**2132434**	**134391**	**1974348**
新闻出版业	812046	1898860	114883	1833500
出版业	812046	1898860	114883	1833500
广播、电视、电影和音像业	143313	143888	10421	78852

单位：千元

主营业务收　入	营业税金及附加	营业费用、管理费用、财务费用合计	营业利润	职工工资和福利费	本年应交增值税	全部从业人员年平均人数（人）
68078	3778	10944	619	17703		754
40735	2366	3859	-39	10543		348
12544	691	372	-362	356		23
14799	721	6713	1020	6804		383
160026	**8665**	**105742**	**-61450**	**40222**	**703**	**2190**
61639	3627	80522	-64831	11487		552
295	16	101	116	156		13
40330	2304	72197	-66262	6311		391
21014	1307	8224	1315	5020		148
54135	2390	10708	3455	17118	703	957
54135	2390	10708	3455	17118	703	957
44252	2648	14512	-74	11617		681
22995	1594	4491	2545	7214		393
11931	607	1719	293	1479		69
9326	447	8302	-2912	2924		219
170025	**9811**	**67643**	**41150**	**19732**	**2063**	**977**
122876	7449	39415	35344	13056	445	615
230	13	12		144		8
31	2	17	10	576		14
7077	392	2298	398	1379	445	74
200	11	2	68	48		4
103401	6413	35414	32080	8862		345
324	17	48	48	45		3
11613	601	1624	2740	2002		167
47149	2362	28228	5806	6676	1618	362
30227	1490	19903	5018	3262	1577	156
220	12	103	25	118		8
16702	860	8222	763	3296	41	198
56705	**3056**	**24923**	**3733**	**8840**	**40**	**514**
56705	3056	24923	3733	8840	40	514
855	43	884	-72	653		23
3850	231	572	125	1691		84
52000	2782	23467	3680	6496	40	407
170795	**8949**	**18915**	**4745**	**26296**	**306**	**1452**
167575	8787	18091	4007	25202	306	1377
149347	7878	15548	532	21677	306	1184
10900	532	466	2606	838		60
4325	226	1104	650	1627		80
390	8	50	72	190		10
2513	138	858	147	840		40
100	5	65		30		3
1258	66	289	455	663		51
1258	66	289	455	663		51
1962	96	535	283	431		24
1962	96	535	283	431		24
1964429	**67715**	**439857**	**158198**	**203650**	**30760**	**5611**
1829237	60018	397313	143757	179445	30566	4282
1829237	60018	397313	143757	179445	30566	4282
75761	4329	28724	19149	14127	194	594

5-8 续表 2

分　组	固定资产原　价	所有者权益	本年折旧	营业收入总　计
电视	83205	55576	6612	32512
电影	60108	88312	3809	46340
文化艺术业	34766	29358	1286	8724
文艺创作与表演	1026	26407	113	990
艺术表演场馆	31658	-532	1083	5430
群众文化活动	1511	1923	52	1405
文化艺术经纪代理	460	560	24	863
其他文化艺术	111	1000	14	36
体育	34901	32533	3484	1794
体育场馆	34896	32435	3483	1794
其他体育	5	98	1	
娱乐业	43990	27795	4317	51478
室内娱乐活动	891	2100	95	201
休闲健身娱乐活动	43099	25695	4222	51277
大连市	**17097897**	**26989930**	**1495944**	**13756948**
信息传输、计算机服务和软件业	**7114790**	**59174**	**648913**	**5256216**
电信和其他信息传输服务业	7054665	-56401	641662	4947261
电信	6169389	-486024	588860	4510924
互联网信息服务	4394	3121	691	8447
广播电视传输服务	880882	426502	52111	427890
计算机服务业	195	-159		61
计算机系统服务		-500		1
计算机维修	76	298		30
其他计算机服务	119	43		30
软件业	59930	115734	7251	308894
公共软件服务	59081	91137	7117	246171
其他软件服务	849	24597	134	62723
金融业	**122787**	**1507310**	**7718**	**136500**
其他金融活动	122787	1507310	7718	136500
典当	586	25517	10	6073
其他未列明的金融活动	122201	1481793	7708	130427
租赁和商务服务业	**7151771**	**21881248**	**548274**	**4440376**
租赁业	265950	1290380	50169	32686
机械设备租赁	265950	1290380	50169	32686
商务服务业	6885821	20590868	498105	4407690
企业管理服务	4144027	18405187	259081	1497095
法律服务	635	806	57	4344
咨询与调查	113777	358635	11633	82535
广告业	120127	257626	23046	422485
知识产权服务	1327	1877	110	5700
职业中介服务	9954	16943	1039	132258
市场管理	1000176	1106638	150543	1650930
旅行社	23107	35798	3128	340784
其他商务服务	1472691	407358	49468	271559
科学研究、技术服务和地质勘查业	**987080**	**1932022**	**106945**	**2290309**
研究与试验发展	458022	1004288	56154	850736
自然科学研究与试验发展	4187	2623	395	144
工程和技术研究与试验发展	449489	988624	55512	847279
农业科学研究与试验发展	1652	1104	149	3276

单位：千元

主营业务收入	营业税金及附加	营业费用、管理费用、财务费用合计	营业利润	职工工资和福利费	本年应交增值税	全部从业人员年平均人数（人）
32512	1819	8605	18614	3944		104
43249	2510	20119	535	10183	194	490
8459	442	5795	193	4249		328
725	80	1309	10	1559		118
5430	308	4219	-102	2251		178
1405	35	203	131	223		19
863	17	59	152	172		10
36	2	5	2	44		3
1794	94	6210	-6460	2920		188
1794	94	6208	-6458	2905		187
		2	-2	15		1
49178	2832	1815	1559	2909		219
201	20	32	16	640		50
48977	2812	1783	1543	2269		169
13639947	**360055**	**3122752**	**3684298**	**1278682**	**74400**	**32289**
5192395	**130855**	**1320884**	**2049931**	**152369**	**6360**	**2990**
4884103	126917	1165225	2019414	96748		2137
4505799	123719	1065939	1973126	46642		1102
8447	630	931	-2474	4040		83
369857	2568	98355	48762	46066		952
61	3	67	-59	93		7
1		14	-19	20		1
30	2	22	-8	21		3
30	1	31	-32	52		3
308231	3935	155592	30576	55528	6360	846
245508	3491	142799	15918	37308	3415	737
62723	444	12793	14658	18220	2945	109
136207	**2352**	**81564**	**83569**	**25349**		**235**
136207	2352	81564	83569	25349		235
6073	330	5947	-261	331		11
130134	2022	75617	83830	25018		224
4419981	**89733**	**745717**	**699908**	**318038**	**331**	**12364**
30251	1984	14294	3972	2056	20	63
30251	1984	14294	3972	2056	20	63
4389730	87749	731423	695936	315982	311	12301
1492476	42799	204494	323871	65582	226	1592
4344	171	263	1534	1460		22
81757	4256	39743	23800	14608		541
422225	15151	69863	73748	27754		437
5700	291	3097	-984	276		21
130694	4398	20025	12324	47947		1861
1647993	9701	209981	234090	39779	65	1561
340495	1296	18551	7310	10172		383
264046	9686	165406	20243	108404	20	5883
2263451	**79746**	**573063**	**609059**	**514023**	**55029**	**9423**
844950	19723	146077	476497	232543	54466	1867
144	28	684	-646	209		9
841493	19660	144139	477585	230058	54466	1792
3276	35	518	239	1955		51

5-8 续表 3

分　组	固定资产原　价	所有者权益	本年折旧	营业收入总　计
医学研究与试验发展	2694	11937	98	37
专业技术服务业	237877	296085	26870	877668
气象服务	3191	3860	304	7886
测绘服务	511	619	32	15048
技术检测	56761	57998	7313	116450
环境监测	39495	31693	764	1232
工程技术与规划管理	131937	180584	18087	611316
其他专业技术服务	5982	21331	370	125736
科技交流和推广服务业	253499	549536	20047	377487
技术推广服务	189868	385715	11406	114067
科技中介服务	55364	151030	8561	252394
其他科技服务	8267	12791	80	11026
地质勘查业	37682	82113	3874	184418
矿产地质勘查	17675	54379	1690	76971
基础地质勘查	11900	12425	1285	41284
地质勘查技术服务	8107	15309	899	66163
水利、环境和公共设施管理业	**150874**	**267212**	**11319**	**68059**
环境管理业	22673	4838	2454	31742
自然保护		100		15
环境治理	22673	4738	2454	31727
公共设施管理业	128201	262374	8865	36317
市政公共设施管理	5235	9531	110	2261
城市绿化管理	3874	7789	393	22581
游览景区管理	119092	245054	8362	11475
居民服务和其他服务业	**113694**	**112673**	**18943**	**109462**
居民服务业	92810	86983	15678	51024
洗染服务	3217	5018	241	2810
理发及美容保健服务	427	628	92	2339
洗浴服务	1069	1467	184	2068
婚姻服务	185	155	4	236
殡葬服务	83117	48854	14798	39427
摄影扩印服务	43	98		340
其他居民服务	4752	30763	359	3804
其他服务业	20884	25690	3265	58438
修理与维护	6287	3061	768	24872
清洁服务	11083	17412	2154	8580
其他未列明的服务	3514	5217	343	24986
教育	**289250**	**309737**	**46854**	**66345**
教育	289250	309737	46854	66345
学前教育	850	148	5	708
中等教育	10	126	1	305
其他教育	288390	309463	46848	65332
卫生、社会保障和社会福利业	**175663**	**57637**	**10098**	**285053**
卫生	175146	57043	10046	283651
医院	167902	46380	9437	276542
卫生院及社区医疗活动	4861	2814	376	2163
门诊部医疗活动	2131	7687	213	2101
妇幼保健活动	100	100	8	226
疾病预防控制及防疫活动	152	62	12	2619

单位：千元

主营业务收　入	营业税金及附加	营业费用、管理费用、财务费用合计	营业利润	职工工资和福利费	本年应交增值税	全部从业人员年平均人数（人）
37		736	-681	321		15
859025	36844	309686	75863	185107	539	3845
7886	433	5772	405	297		26
4942	215	203	227	168		11
116450	4550	52560	22929	26980	266	729
1232	53	1032	-161	493	31	21
602779	28522	198551	51160	82757	242	2059
125736	3071	51568	1303	74412		999
375058	15037	76962	24096	62338	24	3103
111638	4055	43677	-2357	17115	24	558
252394	10389	29534	26030	42517		2430
11026	593	3751	423	2706		115
184418	8142	40338	32603	34035		608
76971	3849	28522	20376	23133		308
41284	1387	6961	11056	6635		169
66163	2906	4855	1171	4267		131
67274	**1788**	**21794**	**14338**	**22845**		**945**
31742	399	11872	11877	14291		462
15	1	14		12		1
31727	398	11858	11877	14279		461
35532	1389	9922	2461	8554		483
2261	94	4973	-3632	1719		110
21796	836	3734	1806	3923		224
11475	459	1215	4287	2912		149
109295	**2651**	**40041**	**18479**	**23251**	**580**	**684**
51024	421	24546	14401	7773		320
2810	163	1142	753	898		42
2339	73	1171	44	360		27
2068	101	1152	255	1113		52
236	11	162	22	165		9
39427		19608	12692	4659		157
340	26	147	15	104		7
3804	47	1164	620	474		26
58271	2230	15495	4078	15478	580	364
24872	317	5305	805	3385	437	163
8413	604	4971	1682	573	15	18
24986	1309	5219	1591	11520	128	183
66234	**1837**	**23891**	**10352**	**14177**		**693**
66234	1837	23891	10352	14177		693
708	14	256	438	340		29
305	18	30	26	136		10
65221	1805	23605	9888	13701		654
284283	**1731**	**65855**	**53760**	**59139**	**15**	**1620**
282881	1686	65515	53420	58772		1601
275772	1429	61750	54157	55817		1453
2163	38	626	-197	1209		39
2101	76	1148	-745	946		40
226	9	30	62	26		2
2619	134	1961	143	774		67

5-8 续表 4

分 组	固定资产原 价	所有者权益	本年折旧	营业收入总 计
社会保障业	517	594	52	1323
社会保障业	517	594	52	1323
社会福利业				79
提供住宿的社会福利				79
文化、体育和娱乐业	**991988**	**862917**	**96880**	**1104628**
新闻出版业	608878	476340	62094	981389
出版业	608878	476340	62094	981389
广播、电视、电影和音像业	108954	319333	16086	22050
电视	20253	24241	2042	16453
电影	11706	4699	964	4887
音像制作	76995	290393	13080	710
文化艺术业	4429	2037	438	2043
文艺创作与表演	3000	790	300	820
图书馆与档案馆	50	500		523
其他文化艺术	1379	747	138	700
体育	2298	3737	220	2861
体育组织	2202	3235	204	2073
体育场馆	71	472	14	577
其他体育	25	30	2	211
娱乐业	267429	61470	18042	96285
室内娱乐活动	986	1550	92	585
休闲健身娱乐活动	266316	59761	17938	93977
其他娱乐活动	127	159	12	1723
鞍山市	**5624785**	**11168441**	**878520**	**8591190**
信息传输、计算机服务和软件业	**4347744**	**62470**	**792502**	**986270**
电信和其他信息传输服务业	4339671	53537	791851	969040
电信	4339671	53537	791851	969040
计算机服务业	8073	8933	651	17230
计算机系统服务	941	1903	92	15590
计算机维修	7132	7030	559	1640
租赁和商务服务业	**359822**	**598717**	**16261**	**372825**
租赁业	1655	48019	251	6852
机械设备租赁	1655	48019	251	6852
商务服务业	358167	550698	16010	365973
企业管理服务	100216	359961	4227	73830
咨询与调查	22140	6713	1084	45066
广告业	733	317	46	14577
职业中介服务	1931	1766	182	17676
市场管理	218366	165734	9733	152742
旅行社	7527	9116	60	14262
其他商务服务	7254	7091	678	47820
科学研究、技术服务和地质勘查业	**641875**	**10313222**	**34685**	**6999980**
研究与试验发展	144812	1259006	24109	6905085
工程和技术研究与试验发展	144812	1259006	24109	6905085
专业技术服务业	469009	9029852	9838	71850
测绘服务	1175	300	118	794
技术检测	3210	2800	175	5864
环境监测	1460	210	138	380

单位：千元

主营业务收　入	营业税金及附加	营业费用、管理费用、财务费用合计	营业利润	职工工资和福利费	本年应交增值税	全部从业人员年平均人数（人）
1323	45	325	318	332	15	16
1323	45	325	318	332	15	16
79		15	22	35		3
79		15	22	35		3
1100827	**49362**	**249943**	**144902**	**149491**	**12085**	**3335**
977969	39088	200962	126529	130302	12085	2404
977969	39088	200962	126529	130302	12085	2404
22050	1605	10569	-1645	4921		148
16453	1161	4380	1980	2000		66
4887	356	1041	955	1628		71
710	88	5148	-4580	1293		11
2043	55	441	294	581		24
820	5	27	214	312		11
523	29	52	442	35		2
700	21	362	-362	234		11
2861	149	2047	338	1091		62
2073	115	1429	249	805		45
577	21	426	83	241		14
211	13	192	6	45		3
95904	8465	35924	19386	12596		697
585	40	227	137	193		10
93596	8330	35586	18586	12331		684
1723	95	111	663	72		3
8589888	**160286**	**445585**	**735568**	**496331**	**50317**	**6732**
986255	**56236**	**115022**	**277125**	**84070**	**706**	**804**
969025	55367	114838	269732	82449	706	733
969025	55367	114838	269732	82449	706	733
17230	869	184	7393	1621		71
15590	799	152	7043	1022		38
1640	70	32	350	599		33
371598	**18715**	**61236**	**56263**	**54989**		**2426**
6852	412	3932	1722	1736		61
6852	412	3932	1722	1736		61
364746	18303	57304	54541	53253		2365
73251	3901	7807	-7242	28626		698
44737	918	26886	7810	10448		941
14577	874	2128	5750	324		15
17676	961	1667	4974	837		39
152423	9092	14064	29091	7506		358
14262	788	1493	4958	487		46
47820	1769	3259	9200	5025		268
6999920	**74089**	**218369**	**341178**	**338032**	**49542**	**2545**
6905025	69180	192001	330035	324405	49310	1979
6905025	69180	192001	330035	324405	49310	1979
71850	4116	21020	9215	12553		512
794	40	40	79	213		13
5864	297	907	1358	765		47
380	19	50	70	443		20

5-8 续表 5

分 组	固定资产原价	所有者权益	本年折旧	营业收入总计
工程技术与规划管理	452531	9025142	8924	57481
其他专业技术服务	10633	1400	483	7331
科技交流和推广服务业	27254	23714	637	13374
技术推广服务	9497	18024	172	11051
科技中介服务	17757	5690	465	2323
地质勘查业	800	650	101	9671
矿产地质勘查	800	650	101	9671
水利、环境和公共设施管理业	**149145**	**92124**	**24773**	**45735**
水利管理业	3317	2018	351	18060
水资源管理	3317	2018	351	18060
公共设施管理业	145828	90106	24422	27675
市政公共设施管理	22096	16561	1102	11227
城市绿化管理	100	100	10	50
游览景区管理	123632	73445	23310	16398
居民服务和其他服务业	**4060**	**1547**	**114**	**17968**
居民服务业	660	290	63	16200
家庭服务		110		50
婚姻服务	60	60	3	70
其他居民服务	600	120	60	16080
其他服务业	3400	1257	51	1768
修理与维护	3200	1000	40	1600
其他未列明的服务	200	257	11	168
教育	**10533**	**7614**	**397**	**27036**
教育	10533	7614	397	27036
学前教育	778	450	40	2048
其他教育	9755	7164	357	24988
卫生、社会保障和社会福利业	**86794**	**86025**	**8915**	**63926**
卫生	86794	86025	8915	63926
医院	83307	84851	8735	26048
卫生院及社区医疗活动	2364	1174	102	11001
门诊部医疗活动	1123		78	26877
文化、体育和娱乐业	**24812**	**6722**	**873**	**77450**
广播、电视、电影和音像业	9332	4829	343	13895
电视	400	400	20	1600
电影	8932	4429	323	12295
文化艺术业	1405	893	122	9589
文艺创作与表演	1405	893	122	9589
体育	5875	500	302	44797
体育场馆	5615		281	35367
其他体育	260	500	21	9430
娱乐业	8200	500	106	9169
休闲健身娱乐活动	8200	500	106	9169
抚顺市	**7790267**	**5347930**	**300595**	**1985862**
信息传输、计算机服务和软件业	**1504925**	**342978**	**126130**	**755852**
电信和其他信息传输服务业	1504425	342478	126085	754652
电信	1489446	333763	123395	735154
广播电视传输服务	14979	8715	2690	19498
软件业	500	500	45	1200
公共软件服务	500	500	45	1200

单位：千元

主营业务收入	营业税金及附加	营业费用、管理费用、财务费用合计	营业利润	职工工资和福利费	本年应交增值税	全部从业人员年平均人数（人）
57481	3362	18590	6513	10113		389
7331	398	1433	1195	1019		43
13374	309	2834	-877	910	232	46
11051	86	715	710	500	232	25
2323	223	2119	-1587	410		21
9671	484	2514	2805	164		8
9671	484	2514	2805	164		8
45735	**2245**	**23474**	**2943**	**4385**	**69**	**270**
18060	1037	2083	7596	1047		58
18060	1037	2083	7596	1047		58
27675	1208	21391	-4653	3338	69	212
11227	915	505	1119	408		25
50	1	3	11	25		2
16398	292	20883	-5783	2905	69	185
17968	**1062**	**538**	**5713**	**1155**		**77**
16200	969	469	5586	304		22
50		45	5	40		4
70	4	250	20	30		3
16080	965	174	5561	234		15
1768	93	69	127	851		55
1600	80	40	280	652		40
168	13	29	-153	199		15
27036	**1587**	**2628**	**11191**	**1744**		**130**
27036	1587	2628	11191	1744		130
2048	104	226	205	863		53
24988	1483	2402	10986	881		77
63926	**2206**	**13747**	**14508**	**9619**		**328**
63926	2206	13747	14508	9619		328
26048	203	10960	377	7960		256
11001	660	100	4184	110		11
26877	1343	2687	9947	1549		61
77450	**4146**	**10571**	**26647**	**2337**		**152**
13895	779	1428	6330	738		51
1600	72	200	400	142		8
12295	707	1228	5930	596		43
9589	575	2115	3063	117		10
9589	575	2115	3063	117		10
44797	2334	4644	14595	1178		63
35367	1768	3536	10611	842		45
9430	566	1108	3984	336		18
9169	458	2384	2659	304		28
9169	458	2384	2659	304		28
1982523	**71060**	**512170**	**463864**	**239363**	**20**	**9369**
755142	**21477**	**218916**	**259615**	**26589**	**20**	**777**
754142	21421	218861	259506	26179		748
734644	20643	206902	261040	19264		573
19498	778	11959	-1534	6915		175
1000	56	55	109	410	20	29
1000	56	55	109	410	20	29

5-8 续表 6

分组	固定资产原价	所有者权益	本年折旧	营业收入总计
金融业	**620**	**11500**	**100**	**16886**
其他金融活动	620	11500	100	16886
典当	600	11000	100	16126
其他未列明的金融活动	20	500		760
租赁和商务服务业	**98591**	**315930**	**6125**	**120014**
租赁业	8600	12000	40	8050
机械设备租赁	8600	12000	40	8050
商务服务业	89991	303930	6085	111964
企业管理服务	67682	279108	2886	52612
法律服务	10	60	2	150
咨询与调查	313	942	44	2471
广告业	1908	5287	107	9699
职业中介服务	3385	2754	540	10422
市场管理	2135	1711	53	5553
旅行社	4010	4993	584	11155
其他商务服务	10548	9075	1869	19902
科学研究、技术服务和地质勘查业	**668228**	**403699**	**28024**	**640320**
研究与试验发展	409310	106043	3760	218904
工程和技术研究与试验发展	400881	104862	1406	211433
农业科学研究与试验发展	8259	1000	2326	5651
医学研究与试验发展	170	181	28	1820
专业技术服务业	128954	130136	16249	398881
测绘服务	7857	2296	221	6810
技术检测	51445	32385	9292	26129
环境监测	661	1020	34	5812
工程技术与规划管理	68991	94435	6702	360130
科技交流和推广服务业	122824	166920	7535	20467
技术推广服务	4062	6830	582	9448
科技中介服务	118752	160050	6951	10819
其他科技服务	10	40	2	200
地质勘查业	7140	600	480	2068
基础地质勘查	7140	600	480	2068
水利、环境和公共设施管理业	**4635164**	**4121392**	**92846**	**181856**
水利管理业	4332515	3812341	92515	143184
水资源管理	4331815	3811941	92480	142584
其他水利管理	700	400	35	600
环境管理业	295534	297057	87	29081
环境治理	295534	297057	87	29081
公共设施管理业	7115	11994	244	9591
城市绿化管理	739	3474	92	6841
游览景区管理	6376	8520	152	2750
居民服务和其他服务业	**9414**	**10694**	**530**	**18960**
居民服务业	9414	10694	530	18960
洗浴服务	1500	1390	45	4134
婚姻服务	61	188	7	360
殡葬服务	7530	7727	445	13331
摄影扩印服务	298	1279	28	1035
其他居民服务	25	110	5	100

单位：千元

主营业务收　入	营业税金及附加	营业费用、管理费用、财务费用合计	营业利润	职工工资和福利费	本年应交增值税	全部从业人员年平均人数（人）
16886	**972**	**12176**	**1647**	**1650**		**62**
16886	972	12176	1647	1650		62
16126	933	12025	1538	1531		55
760	39	151	109	119		7
119944	**5783**	**36234**	**2532**	**47789**		**2411**
8050	280	120	1150	2512		52
8050	280	120	1150	2512		52
111894	5503	36114	1382	45277		2359
52542	2621	17968	-5493	22726		915
150	9	90	15	75		4
2471	109	523	445	770		44
9699	339	1464	2494	1858		105
10422	584	4811	96	5482		385
5553	337	1594	1224	1007		57
11155	617	1263	455	1690		92
19902	887	8401	2146	11669		757
640320	**15294**	**120252**	**185582**	**62150**		**2815**
218904	2245	37026	60001	19890		978
211433	2163	34607	57368	19083		907
5651	26	2398	2000	654		59
1820	56	21	633	153		12
398881	12071	79468	123156	36261		1545
6810	334	2345	541	2130		85
26129	1432	9396	877	7275		248
5812	307	679	1922	536		27
360130	9998	67048	119816	26320		1185
20467	893	3376	2364	5257		272
9448	325	1563	2275	3093		162
10819	556	1713	69	2020		102
200	12	100	20	144		8
2068	85	382	61	742		20
2068	85	382	61	742		20
179297	**10485**	**47613**	**-8450**	**15901**		**566**
140625	7708	39268	-16150	8660		213
140025	7668	39238	-16285	8580		205
600	40	30	135	80		8
29081	2000	7114	5767	4100		173
29081	2000	7114	5767	4100		173
9591	777	1231	1933	3141		180
6841	255	1099	861	2877		158
2750	522	132	1072	264		22
18960	**2773**	**2503**	**5718**	**3439**		**185**
18960	2773	2503	5718	3439		185
4134	193	994	479	1156		73
360	15	47	66	99		8
13331	2497	1045	5162	1788		77
1035	62	357	11	346		22
100	6	60		50		5

5-8 续表 7

分　　组	固定资产原　　价	所有者权益	本年折旧	营业收入总　　计
教育	**1242**	**1939**	**229**	**2363**
教育	1242	1939	229	2363
学前教育	97	86		
其他教育	1145	1853	229	2363
卫生、社会保障和社会福利业	**827338**	**118127**	**41764**	**238567**
卫生	826548	116427	41741	234137
医院	825633	114126	41558	229887
卫生院及社区医疗活动	500	750	100	1920
门诊部医疗活动	395	1435	79	2203
其他卫生活动	20	116	4	127
社会保障业	790	1700	23	4430
社会保障业	790	1700	23	4430
文化、体育和娱乐业	**44745**	**21671**	**4847**	**11044**
新闻出版业	439	429	18	2250
出版业	439	429	18	2250
广播、电视、电影和音像业	20148	14917	3728	5637
电视	50	350	10	769
电影	20098	14567	3718	4868
文化艺术业	1958	3655	98	1420
艺术表演场馆	25	200	5	400
图书馆与档案馆	25	100	5	65
文物及文化保护	1803	2555	82	875
群众文化活动	105	800	6	80
体育	19280	570	436	437
体育场馆	19280	570	436	437
娱乐业	2920	2100	567	1300
室内娱乐活动	2920	2100	567	1300
本溪市	**10096045**	**31143352**	**639224**	**2244639**
信息传输、计算机服务和软件业	**104799**	**16393**	**9442**	**97779**
电信和其他信息传输服务业	96876		7849	25589
电信	96876		7849	25589
计算机服务业	752	567	74	2809
计算机系统服务	416	342	41	1237
其他计算机服务	336	225	33	1572
软件业	7171	15826	1519	69381
公共软件服务	7171	15826	1519	69381
金融业	**3974**	**15778**	**371**	**2190**
其他金融活动	3974	15778	371	2190
典当	3574	5778	351	1719
其他未列明的金融活动	400	10000	20	471
租赁和商务服务业	**5724544**	**27350415**	**527396**	**1768054**
租赁业	674	562	67	1989
机械设备租赁	674	562	67	1989
商务服务业	5723870	27349853	527329	1766065
企业管理服务	5682295	27283547	525294	1687608
法律服务	1346	335	131	1677
咨询与调查	3485	2085	319	6434

单位：千元

主营业务收入	营业税金及附加	营业费用、管理费用、财务费用合计	营业利润	职工工资和福利费	本年应交增值税	全部从业人员年平均人数(人)
2363	**133**	**767**	**82**	**620**		**21**
2363	133	767	82	620		21
						1
2363	133	767	82	620		20
238567	**13645**	**70608**	**16714**	**76976**		**2232**
234137	13467	70411	15153	76558		2210
229887	13285	68524	15091	74635		2099
1920	96	850	10	930		62
2203	79	942	51	903		43
127	7	95	1	90		6
4430	178	197	1561	418		22
4430	178	197	1561	418		22
11044	**498**	**3101**	**424**	**4249**		**300**
2250	115	147	758	378		16
2250	115	147	758	378		16
5637	198	1786	-391	1474		93
769	33	150	20	100		5
4868	165	1636	-411	1374		88
1420	131	580	86	1567		143
400	24	130	10	120		5
65	4	45		45		3
875	97	346	70	1350		131
80	6	59	6	52		4
437	16	463	-344	630		33
437	16	463	-344	630		33
1300	38	125	315	200		15
1300	38	125	315	200		15
2177842	**23828**	**1048084**	**424869**	**428776**	**52517**	**12104**
93488	**1153**	**13448**	**13112**	**8119**	**328**	**135**
25576	853	7317	8645	4126		45
25576	853	7317	8645	4126		45
2809	19	48	885	510		25
1237	7	27	384	245		12
1572	12	21	501	265		13
65103	281	6083	3582	3483	328	65
65103	281	6083	3582	3483	328	65
2190	**41**	**314**	**353**	**394**		**31**
2190	41	314	353	394		31
1719	40	18	165	298		25
471	1	296	188	96		6
1706119	**13500**	**936064**	**443000**	**333424**	**50679**	**8155**
1989	13	101	501	232		19
1989	13	101	501	232		19
1704130	13487	935963	442499	333192	50679	8136
1625673	12472	926151	424721	323008	50679	7442
1677	9	331	448	340		19
6434	60	408	1677	811		49

5-8 续表 8

分　组	固定资产原　价	所有者权益	本年折旧	营业收入总　计
广告业	551	719	32	5039
职业中介服务	4867	2429	365	6348
市场管理	24007	24507	639	33825
旅行社	2917	6065	181	14455
其他商务服务	4402	30166	368	10679
科学研究、技术服务和地质勘查业	**83098**	**53902**	**6984**	**110254**
研究与试验发展	858	1163	49	3360
工程和技术研究与试验发展	637	1065	44	3167
医学研究与试验发展	221	98	5	193
专业技术服务业	51151	42538	4484	78720
气象服务	5464	1113	570	3480
测绘服务	691	2091	126	1855
技术检测	19902	22587	1438	18148
工程技术与规划管理	23146	14257	2213	44207
其他专业技术服务	1948	2490	137	11030
科技交流和推广服务业	31089	10201	2451	28174
技术推广服务	26719	6788	1944	20774
科技中介服务	1824	2049	169	4685
其他科技服务	2546	1364	338	2715
水利、环境和公共设施管理业	**4008558**	**3610507**	**85728**	**107273**
水利管理业	3957632	3585240	83300	68276
防洪管理	125	100	12	1335
水资源管理	3957507	3585140	83288	66941
环境管理业	15200	5200	1064	6700
自然保护	15200	5200	1064	6700
公共设施管理业	35726	20067	1364	32297
城市绿化管理	890	890	100	1700
游览景区管理	34836	19177	1264	30597
居民服务和其他服务业	**18905**	**11800**	**1596**	**23787**
居民服务业	5943	4258	445	12519
托儿所	100		10	40
洗浴服务	2270	516	120	2620
殡葬服务	1215	-1007	80	4848
其他居民服务	2358	4749	235	5011
其他服务业	12962	7542	1151	11268
修理与维护	2729	1336	272	3216
清洁服务	1500	1000	100	1796
其他未列明的服务	8733	5206	779	6256
教育	**122246**	**64759**	**6512**	**116447**
教育	122246	64759	6512	116447
学前教育	96	708	20	675
其他教育	122150	64051	6492	115772
卫生、社会保障和社会福利业	**7515**	**1274**	**294**	**4908**
卫生	7515	1274	294	4908
门诊部医疗活动	7515	1274	294	4908
文化、体育和娱乐业	**22406**	**18524**	**901**	**13947**
广播、电视、电影和音像业	20496	18045	862	12173
电视	17319	14660	571	7747

单位：千元

主营业务收入	营业税金及附加	营业费用、管理费用、财务费用合计	营业利润	职工工资和福利费	本年应交增值税	全部从业人员年平均人数（人）
5039	266	1320	660	654		37
6348	226	374	1117	637		48
33825	85	2927	9808	1490		74
14455	145	2686	2439	2115		118
10679	224	1766	1629	4137		349
110235	**2930**	**31550**	**22504**	**29916**		**1295**
3360	23	491	841	709		47
3167	17	445	915	576		34
193	6	46	-74	133		13
78701	2620	28491	14011	22201		952
3480	59	850	944	470		21
1855	95	1776	-16	344		16
18129	571	3025	5109	4420		200
44207	1594	21407	6800	13909		571
11030	301	1433	1174	3058		144
28174	287	2568	7652	7006		296
20774	186	2229	5981	4894		204
4685	65	156	1340	1388		60
2715	36	183	331	724		32
107273	**4969**	**38789**	**-63036**	**19035**		**787**
68276	3682	15801	-69964	7982		191
1335	72	264	524	79		4
66941	3610	15537	-70488	7903		187
6700	320	1260	1370	240		20
6700	320	1260	1370	240		20
32297	967	21728	5558	10813		576
1700		700	480	500		26
30597	967	21028	5078	10313		550
23787	**659**	**6765**	**5276**	**6502**		**370**
12519	409	3118	2321	1507		79
40		10	10	10		1
2620	63	422	631	528		29
4848	97	2236	310	597		25
5011	249	450	1370	372		24
11268	250	3647	2955	4995		291
3216	39	521	984	975		49
1796	96	720	440	520		21
6256	115	2406	1531	3500		221
115895	**344**	**12389**	**2292**	**25408**	**1510**	**903**
115895	344	12389	2292	25408	1510	903
675		39	117	437		23
115220	344	12350	2175	24971	1510	880
4908		**3480**	**39**	**1624**		**90**
4908		3480	39	1624		90
4908		3480	39	1624		90
13947	**232**	**5285**	**1329**	**4354**		**338**
12173	203	5052	897	3805		311
7747	164	4391	-177	2468		258

5-8 续表 9

分　组	固定资产原　价	所有者权益	本年折旧	营业收入总　计
电影	3177	3385	291	4426
文化艺术业	1910	479	39	1774
艺术表演场馆	1876	476	37	1471
图书馆与档案馆	34	3	2	303
丹东市	**1140344**	**1660470**	**70599**	**418788**
信息传输、计算机服务和软件业	**438700**	**28136**	**33184**	**109893**
电信和其他信息传输服务业	438700	28136	33184	109893
电信	408707	28106	31684	94454
广播电视传输服务	29993	30	1500	15439
租赁和商务服务业	**416126**	**1533800**	**21195**	**95274**
租赁业	530	693	51	1093
机械设备租赁	510	683	50	963
文化及日用品出租	20	10	1	130
商务服务业	415596	1533107	21144	94181
企业管理服务	386976	1490847	19474	43035
咨询与调查	1447	923	110	1242
广告业	7504	6903	377	2064
知识产权服务	300	100	15	955
职业中介服务	417	879	35	6364
市场管理	6746	9402	372	5533
旅行社	9756	21730	522	29192
其他商务服务	2450	2323	239	5796
科学研究、技术服务和地质勘查业	**45217**	**29283**	**3636**	**79949**
研究与试验发展	2870	5190	173	16022
工程和技术研究与试验发展	2870	5190	173	16022
专业技术服务业	24342	12009	1884	31478
测绘服务	1134	725	96	1515
技术检测	15676	2309	1396	7727
工程技术与规划管理	7532	8975	392	22236
科技交流和推广服务业	3760	3936	191	7554
技术推广服务	318	200	18	340
科技中介服务	3442	3736	173	7214
地质勘查业	14245	8148	1388	24895
矿产地质勘查	400	1860	30	2100
基础地质勘查	10199	4591	1098	19665
地质勘查技术服务	3646	1697	260	3130
水利、环境和公共设施管理业	**4395**	**8759**	**285**	**8749**
公共设施管理业	4395	8759	285	8749
城市绿化管理	1300	700	104	1070
游览景区管理	3095	8059	181	7679
居民服务和其他服务业	**1636**	**1684**	**127**	**1358**
居民服务业	1636	1684	127	1358
婚姻服务	80	74	4	180
其他居民服务	1556	1610	123	1178
卫生、社会保障和社会福利业	**218676**	**52259**	**11137**	**114678**
卫生	218676	52259	11137	114678
医院	212976	46620	10847	111468
卫生院及社区医疗活动	5000	4150	250	1400
门诊部医疗活动	420	189	26	910
其他卫生活动	280	1300	14	900

单位：千元

主营业务收　入	营业税金及附加	营业费用、管理费用、财务费用合计	营业利润	职工工资和福利费	本年应交增值税	全部从业人员年平均人数（人）
4426	39	661	1074	1337		53
1774	29	233	432	549		27
1471	17	35	429	439		23
303	12	198	3	110		4
413253	**18739**	**88332**	**25589**	**89015**	**20**	**3430**
104538	**3063**	**33290**	**-1621**	**17019**		**559**
104538	3063	33290	-1621	17019		559
89099	2671	26870	-4160	11014		338
15439	392	6420	2539	6005		221
95170	**4836**	**19942**	**7673**	**15231**		**887**
1093	51	23	292	159		6
963	49	20	277	129		4
130	2	3	15	30		2
94077	4785	19919	7381	15072		881
43035	2018	12943	3501	6850		399
1238	71	646	-77	334		18
1964	108	1283	199	610		29
955	57	42	276	84		8
6364	391	387	202	475		16
5533	311	1965	1093	765		51
29192	1530	1925	2059	1610		99
5796	299	728	128	4344		261
79923	**4108**	**16807**	**11314**	**17956**		**812**
16022	804	1003	2833	2235		55
16022	804	1003	2833	2235		55
31478	1451	8187	4772	9420		462
1515	77	110	120	816		17
7727	374	1819	1047	1686		109
22236	1000	6258	3605	6918		336
7528	430	5766	1134	821		37
340	28	132	-29	87		6
7188	402	5634	1163	734		31
24895	1423	1851	2575	5480		258
2100	85	153	2	986		21
19665	1179	1208	1747	3728		196
3130	159	490	826	766		41
8749	**439**	**3522**	**2493**	**871**		**43**
8749	439	3522	2493	871		43
1070	120	270	190	73		7
7679	319	3252	2303	798		36
1358	**82**	**51**	**300**	**525**		**48**
1358	82	51	300	525		48
180	10	38	36	107		7
1178	72	13	264	418		41
114678	**5814**	**11610**	**5722**	**35031**		**947**
114678	5814	11610	5722	35031		947
111468	5773	11107	5221	33141		839
1400	10	360	140	785		50
910	1	118	216	525		26
900	30	25	145	580		32

5-8 续表 10

分　　组	固定资产原　　价	所有者权益	本年折旧	营业收入总　　计
文化、体育和娱乐业	**15594**	**6549**	**1035**	**8887**
新闻出版业	3010	1620	151	5270
出版业	3010	1620	151	5270
广播、电视、电影和音像业	12554	4899	882	3378
电影	12470	4790	877	3238
音像制作	84	109	5	140
文化艺术业	30	30	2	239
文艺创作与表演	30	30	2	239
锦州市	**3617198**	**1960699**	**269139**	**1230262**
信息传输、计算机服务和软件业	**3051901**	**1418777**	**221625**	**703623**
电信和其他信息传输服务业	3050351	1418617	221503	703223
电信	2876777	1340728	207799	651584
互联网信息服务	4460	3067	269	1904
广播电视传输服务	169114	74822	13435	49735
计算机服务业	50	50	2	30
计算机系统服务	50	50	2	30
软件业	1500	110	120	370
公共软件服务	1500	110	120	370
租赁和商务服务业	**308568**	**419031**	**7137**	**195121**
租赁业	28484	22000	2911	118178
机械设备租赁	28484	22000	2911	118178
商务服务业	280084	397031	4226	76943
企业管理服务	256098	315525	1942	34502
法律服务	3	30		20
咨询与调查	189	213	31	1909
广告业	820	19	74	744
职业中介服务	197	908	18	1481
市场管理	2240	130	198	642
旅行社	5470	2774	471	12516
其他商务服务	15067	77432	1492	25129
科学研究、技术服务和地质勘查业	**137877**	**112836**	**14275**	**282602**
研究与试验发展	1400	680	140	324
医学研究与试验发展	1400	680	140	324
专业技术服务业	116091	94675	11797	199025
气象服务	2261	571	224	2634
测绘服务	2964	450	322	8881
技术检测	12538	14262	1131	12754
工程技术与规划管理	98174	78512	10115	174320
其他专业技术服务	154	880	5	436
科技交流和推广服务业	3860	1886	358	8599
技术推广服务	3743	1440	352	6005
科技中介服务	117	446	6	2594
地质勘查业	16526	15595	1980	74654
矿产地质勘查	4005	3334	300	15372
基础地质勘查	12521	12261	1680	59282

单位：千元

主营业务收　　入	营业税金及附加	营业费用、管理费用、财务费用合计	营业利润	职工工资和福利费	本年应交增值税	全部从业人员年平均人数（人）
8837	**397**	**3110**	**-292**	**2382**	**20**	**134**
5220	240	2150	-430	1050	20	46
5220	240	2150	-430	1050	20	46
3378	145	815	79	1282		85
3238	143	813	53	1206		80
140	2	2	26	76		5
239	12	145	59	50		3
239	12	145	59	50		3
1216775	**41616**	**205615**	**65457**	**210970**	**1223**	**6746**
694826	**19788**	**108287**	**42051**	**142775**	**34**	**3174**
694426	19768	108122	41964	142640	34	3167
642787	17273	87470	41699	135967	34	2661
1904	106	594	-331	639		30
49735	2389	20058	596	6034		476
30	1	22	5	20		2
30	1	22	5	20		2
370	19	143	82	115		5
370	19	143	82	115		5
190431	**7593**	**34351**	**16596**	**16571**	**964**	**1078**
118178	5811	8132	15329	3824		206
118178	5811	8132	15329	3824		206
72253	1782	26219	1267	12747	964	872
29812	794	18896	-625	8255	780	507
20	1	2	7	36		3
1909	96	1504	178	252		17
744	52	177		153		11
1481	13	84	111	445		41
642	32	109	155	79		4
12516	625	2619	991	1682		82
25129	169	2828	450	1845	184	207
282602	**11890**	**58399**	**28059**	**36904**	**168**	**1961**
324	16	148	7	105		5
324	16	148	7	105		5
199025	8067	53451	26744	29173		1547
2634	132	1506	598	1302		66
8881	420	1623	2396	1301		62
12754	699	9178	1612	2479		251
174320	6800	40675	22187	23931		1152
436	16	469	-49	160		16
8599	92	907	324	703	168	57
6005	74	715	303	623		49
2594	18	192	21	80	168	8
74654	3715	3893	984	6923		352
15372	853	1253	38	1500		150
59282	2862	2640	946	5423		202

5-8 续表 11

分　组	固定资产原　价	所有者权益	本年折旧	营业收入总　计
水利、环境和公共设施管理业	**404**	**550**	**27**	**34323**
公共设施管理业	404	550	27	34323
市政公共设施管理	200	450	10	32700
游览景区管理	204	100	17	1623
居民服务和其他服务业	**6645**	**1750**	**625**	**3560**
居民服务业	5945	1100	558	2379
殡葬服务	1000	1000	50	400
摄影扩印服务	4945	100	508	1979
其他服务业	700	650	67	1181
修理与维护	200	150	20	951
清洁服务	500	500	47	230
教育	**102928**	**-292**	**24609**	**6072**
教育	102928	-292	24609	6072
中等教育	102647		24557	5245
其他教育	281	-292	52	827
卫生、社会保障和社会福利业	**6628**	**6926**	**593**	**4484**
卫生	6628	6926	593	4484
医院	6628	6926	593	4484
文化、体育和娱乐业	**2247**	**1121**	**248**	**477**
文化艺术业	2247	1121	248	477
文艺创作与表演	12	41	1	77
博物馆	1000	1000		
群众文化活动	1235	80	247	400
营口市	**2763884**	**590535**	**269779**	**1071842**
信息传输、计算机服务和软件业	**2571413**	**21459**	**257832**	**738179**
电信和其他信息传输服务业	2569086	20009	257608	736872
电信	2458901	1000	252004	705518
互联网信息服务	600	600	24	600
广播电视传输服务	109585	18409	5580	30754
计算机服务业	2250	950	210	1290
数据处理	250	250	10	260
其他计算机服务	2000	700	200	1030
软件业	77	500	14	17
公共软件服务	77	500	14	17
金融业	**3708**	**192288**	**258**	**17213**
其他金融活动	3708	192288	258	17213
其他未列明的金融活动	3708	192288	258	17213
租赁和商务服务业	**105231**	**303316**	**6263**	**215661**
商务服务业	105231	303316	6263	215661
企业管理服务	103324	294489	6092	211215
咨询与调查	426	303	36	817
广告业	723	454	65	817
职业中介服务	548	7770	49	1834
其他商务服务	210	300	21	978
科学研究、技术服务和地质勘查业	**35715**	**24530**	**2498**	**65619**
研究与试验发展	12962	1500	583	13970
自然科学研究与试验发展	12962	1500	583	13970
专业技术服务业	17453	22472	1663	40419
测绘服务	200	200	15	511

单位：千元

主营业务收　入	营业税金及 附 加	营业费用、管理费用、财务费用合计	营业利润	职工工资和福利费	本年应交增 值 税	全部从业人员年平均人数（人）
34323	**1969**	**2179**	**3587**	**2188**		**119**
34323	1969	2179	3587	2188		119
32700	1962	1941	3397	1342		46
1623	7	238	190	846		73
3560	**186**	**1570**	**-111**	**1112**	**57**	**77**
2379	122	1441	-91	628		35
400	22	150	70	130		9
1979	100	1291	-161	498		26
1181	64	129	-20	484	57	42
951	52	21	-24	384	57	32
230	12	108	4	100		10
6072	**147**	**196**	**-24792**	**9210**		**232**
6072	147	196	-24792	9210		232
5245	120	24	-24820	9029		214
827	27	172	28	181		18
4484	**20**	**160**	**86**	**1954**		**70**
4484	20	160	86	1954		70
4484	20	160	86	1954		70
477	**23**	**473**	**-19**	**256**		**35**
477	23	473	-19	256		35
77	3	73	1	21		2
				45		14
400	20	400	-20	190		19
1058286	**28953**	**265568**	**108607**	**133882**	**1487**	**4136**
735195	**21695**	**157392**	**81932**	**95386**	**2**	**2360**
733888	21631	157254	81760	95060	2	2347
702543	20580	150739	82236	88228	2	2041
600	18	100	152	100		5
30745	1033	6415	-628	6732		301
1290	63	135	172	186		11
260	3	5	52	96		4
1030	60	130	120	90		7
17	1	3		140		2
17	1	3		140		2
12826	**344**	**498**	**5170**	**703**		**23**
12826	344	498	5170	703		23
12826	344	498	5170	703		23
215097	**3064**	**69377**	**20503**	**15322**	**1254**	**776**
215097	3064	69377	20503	15322	1254	776
210651	2840	67160	19867	14451	1254	705
817	35	605	116	296		27
817	45	135	147	256		17
1834	98	1179	185	208		17
978	46	298	188	111		10
59998	**2376**	**30783**	**-1372**	**16315**	**216**	**588**
8389	50	7620	-7501	3122	213	85
8389	50	7620	-7501	3122	213	85
40383	2160	17273	5874	10846		375
511	20	50	30	250		11

5-8 续表 12

分　组	固定资产原　价	所有者权益	本年折旧	营业收入总　计
技术检测	448	801	47	1223
工程技术与规划管理	16805	21471	1601	38685
科技交流和推广服务业	3893	-2125	210	9037
技术推广服务	2882	-11086	148	5646
科技中介服务	150	150	6	300
其他科技服务	861	8811	56	3091
地质勘查业	1407	2683	42	2193
地质勘查技术服务	1407	2683	42	2193
水利、环境和公共设施管理业	**23113**	**41593**	**1631**	**15333**
水利管理业	9693	9693	350	1020
水资源管理	9693	9693	350	1020
环境管理业	350	550	50	500
环境治理	350	550	50	500
公共设施管理业	13070	31350	1231	13813
市政公共设施管理	10088	20250	940	1797
城市绿化管理	1878	1100	181	8869
游览景区管理	1104	10000	110	3147
居民服务和其他服务业	**1836**	**2326**	**60**	**1054**
居民服务业	1836	2326	60	1054
婚姻服务	180	180	18	240
殡葬服务	1500	2000	30	500
其他居民服务	156	146	12	314
教育	**373**	**2620**	**46**	**4183**
教育	373	2620	46	4183
其他教育	373	2620	46	4183
卫生、社会保障和社会福利业	**22495**	**2403**	**1191**	**14600**
卫生	22495	2403	1191	14600
医院	22495	2403	1191	14600
阜新市	**2413459**	**973491**	**147048**	**1000381**
信息传输、计算机服务和软件业	**780899**	**572408**	**112320**	**297866**
电信和其他信息传输服务业	780899	572408	112320	297866
电信	780064	572388	112299	294674
广播电视传输服务	820	20	20	3153
卫星传输服务	15		1	39
租赁和商务服务业	**251566**	**150356**	**6427**	**81277**
商务服务业	251566	150356	6427	81277
企业管理服务	235454	144903	5364	50957
法律服务	255	50	23	834
咨询与调查	50	180	3	577
广告业	102	200	10	996
职业中介服务	1626	1170	139	4124
市场管理	1218	853	54	721
旅行社	1080	350	85	5592
其他商务服务	11781	2650	749	17476
科学研究、技术服务和地质勘查业	**1073279**	**202521**	**9382**	**300421**
研究与试验发展	75780	66140	4698	168315
自然科学研究与试验发展	73980	65140	4565	164050
工程和技术研究与试验发展	1100		110	15

单位：千元

主营业务收　　入	营业税金及附加	营业费用、管理费用、财务费用合计	营业利润	职工工资和福利费	本年应交增值税	全部从业人员年平均人数（人）
1223	75	283	263	248		12
38649	2065	16940	5581	10348		352
9033	44	4533	210	1716	3	94
5642	23	3474	-656	1304	3	73
300	12	38	81	59		5
3091	9	1021	785	353		16
2193	122	1357	45	631		34
2193	122	1357	45	631		34
15333	**754**	**557**	**601**	**2111**		**183**
1020	31	186	42	250		20
1020	31	186	42	250		20
500	50	50	100	100		5
500	50	50	100	100		5
13813	673	321	459	1761		158
1797	77	120	120	345		32
8869	436	62	339	85		5
3147	160	139		1331		121
1054	**50**	**221**	**113**	**427**	**15**	**27**
1054	50	221	113	427	15	27
240	12	11	43	108		6
500	25	130	15	240		16
314	13	80	55	79	15	5
4183	**349**	**1766**	**1942**	**474**		**20**
4183	349	1766	1942	474		20
4183	349	1766	1942	474		20
14600	**321**	**4974**	**-282**	**3144**		**159**
14600	321	4974	-282	3144		159
14600	321	4974	-282	3144		159
989419	**19857**	**208416**	**-40467**	**202166**	**5**	**8790**
297375	**8888**	**86677**	**-53631**	**47421**		**1717**
297375	8888	86677	-53631	47421		1717
294183	8848	86178	-54456	46739		1680
3153	33	488	819	610		34
39	7	11	6	72		3
80400	**3313**	**22632**	**3247**	**28086**		**1545**
80400	3313	22632	3247	28086		1545
50080	2382	9542	774	13529		822
834	39	269	66	1356		66
577	32	11	131	150		6
996	50	153	215	299		12
4124	176	420	-325	1581		107
721	43	108	69	459		33
5592	170	302	289	360		23
17476	421	11827	2028	10352		476
295001	**5481**	**40588**	**5428**	**43999**	**5**	**2370**
162895	1042	24633	-2266	20366		1323
158630	1000	23770	-2770	20130		1316
15	2	3	4	36		2

5-8 续表 13

分　组	固定资产原　价	所有者权益	本年折旧	营业收入总　计
农业科学研究与试验发展	700	1000	23	4250
专业技术服务业	974695	79979	2536	35879
测绘服务	200	540	2	696
技术检测	10597	4067	1578	7347
工程技术与规划管理	963898	75372	956	27836
科技交流和推广服务业	5545	41668	349	11690
技术推广服务	5345	31368	329	9370
科技中介服务	200	10300	20	2320
地质勘查业	17259	14734	1799	84537
矿产地质勘查	17259	14734	1799	84537
水利、环境和公共设施管理业	**14754**	**3871**	**576**	**12836**
水利管理业	20	10	2	780
水资源管理	20	10	2	780
环境管理业	13	200	1	
环境治理	13	200	1	
公共设施管理业	14721	3661	573	12056
市政公共设施管理	1712	811	225	5402
城市绿化管理	59	250	1	100
游览景区管理	12950	2600	347	6554
居民服务和其他服务业	**12637**	**8892**	**849**	**19611**
居民服务业	12637	8892	849	19611
殡葬服务	12637	8892	849	19611
教育	**51850**	**27227**	**1382**	**16386**
教育	51850	27227	1382	16386
中等教育	26608	16554	590	1522
高等教育	8712	3735	326	10583
其他教育	16530	6938	466	4281
卫生、社会保障和社会福利业	**219746**	**5995**	**15442**	**265453**
卫生	218959	5048	15308	259597
医院	209063	2900	14408	254071
专科疾病防治活动	7352		390	2154
其他卫生活动	2544	2148	510	3372
社会保障业	787	947	134	5856
社会保障业	787	947	134	5856
文化、体育和娱乐业	**8728**	**2221**	**670**	**6531**
广播、电视、电影和音像业	8283	1758	634	6137
电视	5245		524	5400
电影	3038	1758	110	737
文化艺术业	445	463	36	394
图书馆与档案馆	445	463	36	394
辽阳市	**3750917**	**1738527**	**290817**	**382870**
信息传输、计算机服务和软件业	**317387**	**29313**	**76019**	**83032**
电信和其他信息传输服务业	317387	29313	76019	83032
电信	198725		67421	40011
广播电视传输服务	118662	29313	8598	43021
租赁和商务服务业	**127591**	**28337**	**7298**	**25915**
商务服务业	127591	28337	7298	25915
企业管理服务	7498	309	677	1764

单位：千元

主营业务收　入	营业税金及附加	营业费用、管理费用、财务费用合计	营业利润	职工工资和福利费	本年应交增值税	全部从业人员年平均人数（人）
4250	40	860	500	200		5
35879	2048	8861	5007	17536	5	709
696	47	224	175	120	5	8
7347	539	2062	537	3397		177
27836	1462	6575	4295	14019		524
11690	371	1928	2120	2535		97
9370	269	1797	1983	2003		74
2320	102	131	137	532		23
84537	2020	5166	567	3562		241
84537	2020	5166	567	3562		241
12692	**426**	**2665**	**1985**	**3320**		**195**
780	53	126	-89	140		7
780	53	126	-89	140		7
				132		11
				132		11
11912	373	2539	2074	3048		177
5258	174	968	646	297		22
100	5	10	15	95		9
6554	194	1561	1413	2656		146
19561	**261**	**9961**	**932**	**3077**		**96**
19561	261	9961	932	3077		96
19561	261	9961	932	3077		96
16386	**355**	**9039**	**316**	**8301**		**417**
16386	355	9039	316	8301		417
1522	300	350	627	2978		146
10583		5283	-838	3008		161
4281	55	3406	527	2315		110
261473	**874**	**34886**	**1083**	**65317**		**2300**
255617	512	33343	166	64388		2247
250091	325	29058	102	61564		2132
2154		1164		1624		72
3372	187	3121	64	1200		43
5856	362	1543	917	929		53
5856	362	1543	917	929		53
6531	**259**	**1968**	**173**	**2645**		**150**
6137	252	1677	115	2424		139
5400	186	1518		2310		113
737	66	159	115	114		26
394	7	291	58	221		11
394	7	291	58	221		11
381850	**15526**	**147617**	**-117063**	**64362**	**1584**	**2327**
83022	**2612**	**22196**	**-87895**	**6963**		**319**
83022	2612	22196	-87895	6963		319
40001	1145	9703	-103533	2106		109
43021	1467	12493	15638	4857		210
25415	**1347**	**17291**	**872**	**7557**		**463**
25415	1347	17291	872	7557		463
1264	97	1437	30	717		51

5-8 续表 14

分组	固定资产原价	所有者权益	本年折旧	营业收入总计
咨询与调查	14	50	1	50
职业中介服务	1133	1051	81	3722
市场管理	115927	26267	6237	16110
其他商务服务	3019	660	302	4269
科学研究、技术服务和地质勘查业	**97382**	**42687**	**10918**	**76193**
研究与试验发展	2690	2100	277	526
工程和技术研究与试验发展	2690	2100	277	526
专业技术服务业	11174	11570	861	23079
测绘服务	1036	538	107	1913
技术检测	280	110	21	200
工程技术与规划管理	9858	10922	733	20966
科技交流和推广服务业	3329	6626	158	5268
技术推广服务	329	4126	8	1716
其他科技服务	3000	2500	150	3552
地质勘查业	80189	22391	9622	47320
矿产地质勘查	80189	22391	9622	47320
水利、环境和公共设施管理业	**3121100**	**1565061**	**190568**	**107126**
水利管理业	3120655	1564061	190523	104506
水资源管理	3120655	1564061	190523	104506
公共设施管理业	445	1000	45	2620
市政公共设施管理	445	1000	45	2620
居民服务和其他服务业	**47708**	**45399**	**2644**	**37619**
居民服务业	47708	45399	2644	37619
洗浴服务	454	100	36	345
殡葬服务	47254	45299	2608	37274
教育	**8715**	**18932**	**1032**	**15413**
教育	8715	18932	1032	15413
其他教育	8715	18932	1032	15413
卫生、社会保障和社会福利业	**29045**	**8318**	**2297**	**37101**
卫生	29045	8318	2297	37101
医院	28945	8218	2282	36481
门诊部医疗活动	100	100	15	620
文化、体育和娱乐业	**1989**	**480**	**41**	**471**
文化艺术业	1989	480	41	471
艺术表演场馆	1500	300		
图书馆与档案馆	489	180	41	471
盘锦市	**2163435**	**5016197**	**80253**	**1626481**
信息传输、计算机服务和软件业	**105183**	**-16119**	**9565**	**46015**
电信和其他信息传输服务业	102656	-16219	9135	44103
电信	98055	-14943	8784	42717
广播电视传输服务	4601	-1276	351	1386
软件业	2527	100	430	1912
公共软件服务	2527	100	430	1912
金融业	**1115**	**234519**	**109**	**21892**
其他金融活动	1115	234519	109	21892
其他未列明的金融活动	1115	234519	109	21892

单位：千元

主营业务收入	营业税金及附加	营业费用、管理费用、财务费用合计	营业利润	职工工资和福利费	本年应交增值税	全部从业人员年平均人数（人）
50	2	5	13	20		2
3722	193	2923	606	682		27
16110	913	12034	-231	4672		251
4269	142	892	454	1466		132
75715	**3625**	**25628**	**13636**	**17568**		**582**
526	28	167	-94	394		13
526	28	167	-94	394		13
23017	1122	11513	3536	9179		224
1851	118	807	278	497		28
200	18	212	24	67		3
20966	986	10494	3234	8615		193
4852	109	386	778	483		32
1300	29	36	156	83		14
3552	80	350	622	400		18
47320	2366	13562	9416	7512		313
47320	2366	13562	9416	7512		313
107126	**5453**	**36708**	**-48878**	**16864**		**345**
104506	5345	36703	-48982	16804		340
104506	5345	36703	-48982	16804		340
2620	108	5	104	60		5
2620	108	5	104	60		5
37619	**1782**	**8512**	**3631**	**5284**	**1584**	**189**
37619	1782	8512	3631	5284	1584	189
345	25	95	90	132		10
37274	1757	8417	3541	5152	1584	179
15413	**661**	**1040**	**1544**	**357**		**16**
15413	661	1040	1544	357		16
15413	661	1040	1544	357		16
37101	**46**	**35670**	**182**	**9499**		**396**
37101	46	35670	182	9499		396
36481	15	35635	31	9289		382
620	31	35	151	210		14
439		**572**	**-155**	**270**		**17**
439		572	-155	270		17
				12		1
439		572	-155	258		16
1615736	**29590**	**230043**	**94190**	**469490**	**30751**	**25369**
45629	**1420**	**10834**	**-5878**	**3047**		**97**
43717	1325	10476	-6329	2707		85
42331	1324	8625	-5863	2257		54
1386	1	1851	-466	450		31
1912	95	358	451	340		12
1912	95	358	451	340		12
21892	**518**	**5015**	**342**	**2274**		**67**
21892	518	5015	342	2274		67
21892	518	5015	342	2274		67

5-8 续表 15

分 组	固定资产原价	所有者权益	本年折旧	营业收入总计
租赁和商务服务业	**1917842**	**4670197**	**31124**	**702016**
商务服务业	1917842	4670197	31124	702016
企业管理服务	1855333	4652911	22198	85400
咨询与调查	1669	4730	398	6734
广告业	10	10	1	
职业中介服务	7780	750	134	467629
市场管理	3505	2510	206	650
旅行社	2328	100	419	1787
其他商务服务	47217	9186	7768	139816
科学研究、技术服务和地质勘查业	**115325**	**107308**	**37717**	**815076**
研究与试验发展	1186	1108	145	1561
自然科学研究与试验发展	1186	1108	145	1561
专业技术服务业	113907	106034	37569	811002
测绘服务	4810	932	825	2481
技术检测	330	350	35	510
工程技术与规划管理	85814	99752	36709	808011
其他专业技术服务	22953	5000		
科技交流和推广服务业	232	166	3	2513
技术推广服务	232	166	3	2513
水利、环境和公共设施管理业	**3327**	**10900**	**499**	**4991**
公共设施管理业	3327	10900	499	4991
市政公共设施管理	3327	10900	499	4991
居民服务和其他服务业	**7819**	**6540**	**254**	**4716**
居民服务业	7819	6540	254	4716
家庭服务	819	100	204	1716
殡葬服务	7000	6440	50	3000
教育	**1130**	**430**	**114**	**5160**
教育	1130	430	114	5160
其他教育	1130	430	114	5160
卫生、社会保障和社会福利业	**11694**	**2422**	**871**	**26615**
卫生	11205	2258	871	25313
医院	7020	1200	714	13787
卫生院及社区医疗活动	4185	1008	157	11366
门诊部医疗活动		50		160
社会福利业	489	164		1302
不提供住宿的社会福利	489	164		1302
铁岭市	**3056759**	**2252626**	**93829**	**340955**
信息传输、计算机服务和软件业	**432868**	**106120**	**29707**	**65454**
电信和其他信息传输服务业	432868	106120	29707	65454
电信	275696	56120	22348	42485
广播电视传输服务	157172	50000	7359	22969
金融业	**1180**	**20000**	**118**	**687**
其他金融活动	1180	20000	118	687
其他未列明的金融活动	1180	20000	118	687
租赁和商务服务业	**43489**	**-16680**	**1177**	**12429**
商务服务业	43489	-16680	1177	12429
企业管理服务	39810	-22949	703	2371
咨询与调查	160	80	20	454
职业中介服务	479	1700	62	1849
市场管理	1814	1000	348	3825
旅行社	876	3189	27	3763
其他商务服务	350	300	17	167

单位：千元

主营业务收入	营业税金及附加	营业费用、管理费用、财务费用合计	营业利润	职工工资和福利费	本年应交增值税	全部从业人员年平均人数（人）
692466	**16093**	**172601**	**54455**	**400221**		**23909**
692466	16093	172601	54455	400221		23909
75850	538	36892	2343	26171		1557
6734	335	1347	1138	752		30
		60		45		3
467629	8165	105746	26527	361263		21765
650	19	50	101	110		10
1787	89	286	447	1152		48
139816	6947	28220	23899	10728		496
815076	**10960**	**29392**	**40088**	**50625**	**30751**	**849**
1561	88	381	229	689		21
1561	88	381	229	689		21
811002	10872	28901	39859	49836	30751	819
2481	129	1417	49	1058		49
510	28	443	39	379		27
808011	10715	27041	39771	48399	30751	733
						10
2513		110		100		9
2513		110		100		9
4991	**220**	**1309**	**618**	**1310**		**56**
4991	220	1309	618	1310		56
4991	220	1309	618	1310		56
4716	**122**	**651**	**1486**	**1385**		**47**
4716	122	651	1486	1385		47
1716	86	274	429	270		10
3000	36	377	1057	1115		37
5100	**73**	**1275**	**500**	**1260**		**61**
5100	73	1275	500	1260		61
5100	73	1275	500	1260		61
25866	**184**	**8966**	**2579**	**9368**		**283**
25281	184	8619	2341	9241		275
13787	178	5272	1689	6314		166
11334	3	3268	642	2867		103
160	3	79	10	60		6
585		347	238	127		8
585		347	238	127		8
335460	**15058**	**83459**	**-83527**	**65103**	**773**	**2873**
64672	**2197**	**30301**	**-40780**	**7305**	**14**	**276**
64672	2197	30301	-40780	7305	14	276
41971	1311	13659	-17317	5619		180
22701	886	16642	-23463	1686	14	96
687		**904**	**-2072**	**297**		**8**
687		904	-2072	297		8
687		904	-2072	297		8
12429	**457**	**7813**	**156**	**2997**		**231**
12429	457	7813	156	2997		231
2371	96	1535	43	928		63
454	15	298	21	414		16
1849	2	2023	-176	200		12
3825	214	3778	-167	1214		120
3763	120	149	378	101		6
167	10	30	57	140		14

5-8 续表 16

分　组	固定资产原价	所有者权益	本年折旧	营业收入总计
科学研究、技术服务和地质勘查业	**26502**	**143021**	**1673**	**69681**
专业技术服务业	25822	22600	1626	69021
测绘服务	335	332	23	558
技术检测	5692	4298	219	879
工程技术与规划管理	19795	17970	1384	67584
科技交流和推广服务业	680	120421	47	660
技术推广服务	670	420	46	650
科技中介服务	10	120001	1	10
水利、环境和公共设施管理业	**2413707**	**1912143**	**47301**	**17738**
水利管理业	2358232	1856668	47285	17453
水资源管理	2358232	1856668	47285	17453
环境管理业	55000	55000		
环境治理	55000	55000		
公共设施管理业	475	475	16	285
游览景区管理	475	475	16	285
居民服务和其他服务业	**6011**	**4141**	**184**	**9582**
居民服务业	6001	4091	182	9032
洗浴服务	1764	783		130
婚姻服务	150	706	12	714
殡葬服务	3987	2542	160	8138
摄影扩印服务	100	60	10	50
其他服务业	10	50	2	550
其他未列明的服务	10	50	2	550
教育	**2370**	**817**	**237**	**6340**
教育	2370	817	237	6340
其他教育	2370	817	237	6340
卫生、社会保障和社会福利业	**129006**	**81664**	**13365**	**156954**
卫生	127156	81564	12995	156692
医院	127156	81564	12995	156692
社会保障业	1850	100	370	262
社会保障业	1850	100	370	262
文化、体育和娱乐业	**1626**	**1400**	**67**	**2090**
广播、电视、电影和音像业	836	750	64	1550
广播	36	50	4	400
电视	800	700	60	1150
文化艺术业	790	650	3	540
图书馆与档案馆	790	650	3	540
朝阳市	**551394**	**5036370**	**31534**	**167212**
信息传输、计算机服务和软件业	**286314**	**64920**	**23042**	**52576**
电信和其他信息传输服务业	286314	64920	23042	52576
电信	283970	62868	22823	50990
广播电视传输服务	2312	2040	219	1430
卫星传输服务	32	12		156
租赁和商务服务业	**230826**	**4928621**	**5775**	**38702**
租赁业	3706	1745	177	545
机械设备租赁	3706	1745	177	545

单位：千元

主营业务收　　入	营业税金及附加	营业费用、管理费用、财务费用合计	营业利润	职工工资和福利费	本年应交增值税	全部从业人员年平均人数（人）
69592	**3157**	**8626**	**1359**	**7653**		**423**
68932	3157	8193	1388	7443		405
558	33	145	167	320		24
879	37	145	228	274		22
67495	3087	7903	993	6849		359
660		433	-29	210		18
650		359	43	160		13
10		74	-72	50		5
17160	**792**	**15923**	**-52520**	**7996**		**234**
16875	775	15763	-52583	7676		215
16875	775	15763	-52583	7676		215
				180		5
				180		5
285	17	160	63	140		14
285	17	160	63	140		14
9582	**288**	**4226**	**-209**	**1198**	**759**	**101**
9032	265	4050	-244	1152	759	98
130	8	2	27	42		4
714	51	62	106	276		12
8138	203	3971	-395	800	759	80
50	3	15	18	34		2
550	23	176	35	46		3
550	23	176	35	46		3
2294	**317**	**829**	**1115**	**1000**		**100**
2294	317	829	1115	1000		100
2294	317	829	1115	1000		100
156954	**7850**	**14509**	**9069**	**36412**		**1477**
156692	7835	14118	9245	36252		1469
156692	7835	14118	9245	36252		1469
262	15	391	-176	160		8
262	15	391	-176	160		8
2090		**328**	**355**	**245**		**23**
1550		128	165	135		12
400		96	24	55		4
1150		32	141	80		8
540		200	190	110		11
540		200	190	110		11
165592	**7367**	**62176**	**-34505**	**35323**		**1859**
52576	**1601**	**21188**	**-24972**	**7034**		**365**
52576	1601	21188	-24972	7034		365
50990	1523	20654	-25436	6506		333
1430	73	515	398	503		30
156	5	19	66	25		2
37275	**2052**	**21677**	**-9465**	**7214**		**536**
545	29	236	-195	64		4
545	29	236	-195	64		4

5-8 续表 17

分　　组	固定资产原　　价	所有者权益	本年折旧	营业收入总　　计
商务服务业	227120	4926876	5598	38157
企业管理服务	196448	4917029	4438	17714
法律服务	4	100		30
咨询与调查	1141	733	30	3175
广告业	431	157	5	4597
知识产权服务		288		
职业中介服务	2520	4282	121	2829
市场管理	23154	148	938	317
旅行社	3100	3100	62	1126
其他商务服务	322	1039	4	8369
科学研究、技术服务和地质勘查业	**21308**	**25413**	**1779**	**51312**
研究与试验发展	4861	3835	339	7460
工程和技术研究与试验发展	4783	1599	339	7289
农业科学研究与试验发展	78	2236		171
专业技术服务业	15936	21145	1412	43022
测绘服务	2080	2401	93	3978
技术检测	3935	2689	397	3306
环境监测	60	184	4	306
工程技术与规划管理	9861	15871	918	35432
科技交流和推广服务业	511	433	28	830
技术推广服务	156	100	4	150
科技中介服务	355	333	24	680
水利、环境和公共设施管理业	**1682**	**6001**	**49**	**3573**
水利管理业	1139	721	14	3040
水资源管理	288	99	14	1998
其他水利管理	851	622		1042
环境管理业	190	30	22	125
环境治理	190	30	22	125
公共设施管理业	353	5250	13	408
城市绿化管理	93	5100	6	288
游览景区管理	260	150	7	120
居民服务和其他服务业	**1010**	**1503**	**29**	**3567**
居民服务业	1010	1503	29	3567
洗浴服务	410	580	18	1536
殡葬服务	600	923	11	2031
教育	**5564**	**5526**	**718**	**11971**
教育	5564	5526	718	11971
其他教育	5564	5526	718	11971
卫生、社会保障和社会福利业	**3468**	**3778**	**14**	**1856**
卫生	400	425	3	150
医院	400	425	3	150
社会保障业	334	200	11	989
社会保障业	334	200	11	989
社会福利业	2734	3153		717
不提供住宿的社会福利	2734	3153		717
文化、体育和娱乐业	**1222**	**608**	**128**	**3655**
新闻出版业	233	18	52	3105
出版业	233	18	52	3105
娱乐业	989	590	76	550
其他娱乐活动	989	590	76	550

单位：千元

主营业务收入	营业税金及附加	营业费用、管理费用、财务费用合计	营业利润	职工工资和福利费	本年应交增值税	全部从业人员年平均人数(人)
36730	2023	21441	-9270	7150		532
16287	535	12427	-10340	3043		167
30	2	210	-182	115		10
3175	220	518	-255	429		21
4597	132	1878	131	819		54
		12	-12	30		3
2829	139	186	300	730		48
317	26	187	101	35		14
1126	56	345	323	134		10
8369	913	5678	664	1815		205
51312	**2438**	**11190**	**487**	**16137**		**617**
7460	364	73	68	1024		49
7289	363	39	115	1002		47
171	1	34	-47	22		2
43022	2006	10572	405	14813		547
3978	230	501	442	1376		80
3306	171	267	142	932		54
306	11	3	34	260		16
35432	1594	9801	-213	12245		397
830	68	545	14	300		21
150	10	8	32	37		3
680	58	537	-18	263		18
3573	**193**	**968**	**96**	**863**		**79**
3040	157	753	165	610		61
1998	85	98	137	156		11
1042	72	655	28	454		50
125	7	55	-14	33		3
125	7	55	-14	33		3
408	29	160	-55	220		15
288	20	100	-66	148		10
120	9	60	11	72		5
3567	**157**	**416**	**44**	**579**		**36**
3567	157	416	44	579		36
1536	77	106	186	385		25
2031	80	310	-142	194		11
11971	**608**	**2027**	**705**	**2612**		**150**
11971	608	2027	705	2612		150
11971	608	2027	705	2612		150
1663	**67**	**1508**	**-1257**	**393**		**32**
150		50	50	50		7
150		50	50	50		7
989	67	736	36	176		11
989	67	736	36	176		11
524		722	-1343	167		14
524		722	-1343	167		14
3655	**251**	**3202**	**-143**	**491**		**44**
3105	223	2982	-100	391		37
3105	223	2982	-100	391		37
550	28	220	-43	100		7
550	28	220	-43	100		7

5-8 续表 18

分 组	固定资产原 价	所有者权益	本年折旧	营业收入总 计
葫芦岛市	**1218011**	**337034**	**127523**	**245087**
信息传输、计算机服务和软件业	**474696**	**38584**	**119428**	**66201**
电信和其他信息传输服务业	474696	38584	119428	66201
电信	377306	-5776	115388	44131
广播电视传输服务	97390	44360	4040	22070
金融业	**355**	**10930**	**75**	**1887**
其他金融活动	355	10930	75	1887
典当	355	10930	75	1887
租赁和商务服务业	**391808**	**254232**	**1033**	**134306**
商务服务业	391808	254232	1033	134306
企业管理服务	379847	245202	910	132459
职业中介服务	10	45	1	25
市场管理	10911	2515	62	434
旅行社	30	1000	2	210
其他商务服务	1010	5470	58	1178
科学研究、技术服务和地质勘查业	**15662**	**7722**	**1051**	**12920**
专业技术服务业	9524	5923	870	12446
工程技术与规划管理	9524	5923	870	12446
科技交流和推广服务业	6138	1799	181	474
技术推广服务	234	987	10	174
科技中介服务	5904	812	171	300
水利、环境和公共设施管理业	**4127**	**7221**	**171**	**15215**
水利管理业	3719	6721	147	6329
水资源管理	1019	-710	96	2300
其他水利管理	2700	7431	51	4029
公共设施管理业	408	500	24	8886
城市绿化管理	408	500	24	8886
居民服务和其他服务业	**2313**	**1758**	**119**	**3238**
居民服务业	1683	1138	54	898
婚姻服务	8	38	2	95
殡葬服务	675	80	52	650
摄影扩印服务	1000	1020		153
其他服务业	630	620	65	2340
修理与维护	630	620	65	2340
教育	**1799**	**380**	**264**	**2816**
教育	1799	380	264	2816
其他教育	1799	380	264	2816
卫生、社会保障和社会福利业	**327201**	**16007**	**5377**	**8004**
卫生	327101	15507	5367	6464
医院	327001	15200	5362	6075
卫生院及社区医疗活动	100	307	5	389
社会保障业	100	500	10	1540
社会保障业	100	500	10	1540
文化、体育和娱乐业	**50**	**200**	**5**	**500**
文化艺术业	50	200	5	500
图书馆与档案馆	50	200	5	500

单位：千元

主营业务收　入	营业税金及附加	营业费用、管理费用、财务费用合计	营业利润	职工工资和福利费	本年应交增值税	全部从业人员年平均人数（人）
244334	**4475**	**126947**	**-106681**	**20151**		**1015**
65632	**1608**	**26282**	**-20086**	**9056**		**360**
65632	1608	26282	-20086	9056		360
43562	1478	14942	-22116	4946		130
22070	130	11340	2030	4110		230
1887	**104**	**487**	**1296**	**108**		**6**
1887	104	487	1296	108		6
1887	104	487	1296	108		6
134306	**849**	**93440**	**-90050**	**3056**		**124**
134306	849	93440	-90050	3056		124
132459	812	91310	-88747	901		65
25	1	2	7	20		25
434		1934	-1500	1739		10
210	16	42	54	32		3
1178	20	152	136	364		21
12920	**753**	**2028**	**-16**	**3478**		**145**
12446	737	1409	305	3238		123
12446	737	1409	305	3238		123
474	16	619	-321	240		22
174		182	-83	190		19
300	16	437	-238	50		3
15048	**437**	**1402**	**-958**	**933**		**74**
6162	144	1032	-930	633		44
2300		500	-770	220		17
3862	144	532	-160	413		27
8886	293	370	-28	300		30
8886	293	370	-28	300		30
3238	**131**	**1053**	**558**	**947**		**73**
898	14	451	17	307		25
95	6	80	4	27		4
650		362	-22	240		18
153	8	9	35	40		3
2340	117	602	541	640		48
2340	117	602	541	640		48
2816	**92**	**183**	**1092**	**541**		**35**
2816	92	183	1092	541		35
2816	92	183	1092	541		35
7987	**501**	**2022**	**1443**	**1987**		**194**
6447	421	1162	843	1887		188
6058	421	1022	723	1677		167
389		140	120	210		21
1540	80	860	600	100		6
1540	80	860	600	100		6
500		**50**	**40**	**45**		**4**
500		50	40	45		4
500		50	40	45		4

第6篇

行政事业单位财务状况

6-1 按行业(中类)分组的

行业中类	固定资产原价	本年收入总计	#财政拨款	#事业收入	#经营收入	本年支出总计	#工资福利支出	#商品和服务支出
总计	**243865374**	**190868469**	**127907499**	**43035000**	**7877274**	**186187769**	**54796729**	**63802190**
交通运输、仓储和邮政业	**1593397**	**1962135**	**575151**	**699007**	**381513**	**1679696**	**423932**	**289384**
道路运输业	1424510	1867639	542935	667806	352203	1588031	386661	265241
公路旅客运输	35335	9429	2963	200	6126	3070	2325	529
道路运输辅助活动	1389175	1858210	539972	667606	346077	1584961	384336	264712
城市公共交通业	400	1516	1429	87		1516	1233	283
水上运输业	15562	38972	5682	5120	26522	36229	12807	5201
水上运输辅助活动	11566	31761	5682	1790	24289	29328	10623	4848
航空运输业	8277	1313	868	445		1313	456	496
装卸搬运和其他运输服务业	13276	3229		832	2397	3246	1016	1402
运输代理服务	13276	3229		832	2397	3246	1016	1402
仓储业	131372	49466	24237	24717	391	49361	21759	16761
谷物、棉花等农产品仓储	34609	7276	4316	2960		7276	3349	3060
其他仓储	96763	42190	19921	21757	391	42085	18410	13701
信息传输、计算机服务和软件业	**829006**	**464597**	**261949**	**147168**	**31467**	**423264**	**143271**	**183127**
电信和其他信息传输服务业	535658	352453	157097	143698	30737	320193	116087	126629
互联网信息服务	36061	45878	17642	3574	16631	27777	8361	7223
广播电视传输服务	487812	296694	129574	140124	14106	286418	104065	117265
卫星传输服务	8525	2962	2962			2962	1025	1741
计算机服务业	283687	105939	99066	3447	730	97147	23839	55064
计算机系统服务	128882	34608	30530	3274	710	33183	9957	9513
数据处理	146509	69212	66569	173		61869	12311	45301
计算机维修	240	1218	1156		20	1194	856	184
其他计算机服务	8056	901	811			901	715	66
软件业	9661	6205	5786	23		5924	3345	1434
公共软件服务	9584	5458	5039	23		5206	3067	1111
其他软件服务	77	747	747			718	278	323
金融业	**2423326**	**728688**	**468318**	**24519**	**7052**	**919280**	**185739**	**291645**
银行业	2377806	661358	418617	13793	172	858277	172899	268388
中央银行	2377806	661358	418617	13793	172	858277	172899	268388
商业银行								
其他银行								
证券业	34908	20629	20242	383		17818	6487	8624
证券市场管理	34908	20629	20242	383		17818	6487	8624
证券经纪与交易								
证券投资								
证券分析与咨询								
保险业	5116	10688	10671			9309	2187	3252
人寿保险								
非人寿保险								
保险辅助服务	5116	10688	10671			9309	2187	3252
其他金融活动	5496	36013	18788	10343	6880	33876	4166	11381
金融信托与管理								
金融租赁								
财务公司								
邮政储蓄								
典当								
其他未列明的金融活动	5496	36013	18788	10343	6880	33876	4166	11381
租赁和商务服务业	**4988738**	**4350998**	**2126179**	**1071051**	**244376**	**4130864**	**961102**	**1028444**
租赁业	2549	859	859			425	265	107
机械设备租赁	2549	859	859			425	265	107
文化及日用品出租								
商务服务业	4986189	4350139	2125320	1071051	244376	4130439	960837	1028337
企业管理服务	3419260	3119001	1620191	727478	90120	3045887	656327	709456
法律服务	133755	178294	67446	53604	44435	150670	64094	54994
咨询与调查	262587	275871	225370	17775	12553	273312	78231	101185
广告业	3262	8809	127		7622	5050	1590	2027
知识产权服务	1330	7279	6171	907		7596	2118	4253
职业中介服务	265460	305003	116060	35424	17821	283070	54959	43510
市场管理	388179	120067	19876	29928	20114	101730	27392	53693

行政事业单位财务状况

单位：千元

#福利费	#劳务费	#取暖费	#差旅费	#出国费	#工会经费	#对个人和家庭补助	#助学金	#抚恤和生活补助	收支结余	经营税金(限事业单位填)	全部从业人员年平均人数(人)
1914576	**2337602**	**4206936**	**2106367**	**142900**	**827042**	**25915725**	**999797**	**2272502**	**4680700**	**404629**	**1562096**
16632	**6601**	**19302**	**11621**	**145**	**3959**	**62378**	**115**	**15977**	**282439**	**6166**	**21415**
14856	5191	16746	10543	145	3402	54234	115	15458	279608	4698	20260
194		216	76		43	210		8	6359	99	77
14662	5191	16530	10467	145	3359	54024	115	15450	273249	4599	20183
11		69			20						44
452	1167	186	194		161	327		3	2743	882	235
439	1145	138	193		141	89		3	2433	808	144
22	78	40	66								24
6		432	26		149	568			-17	40	36
6		432	26		149	568			-17	40	36
1285	165	1829	792		227	7249		516	105	546	816
120		280	80		20	867					113
1165	165	1549	712		207	6382		516	105	546	703
7461	**10139**	**11915**	**9071**	**267**	**2618**	**30085**	**8**	**1694**	**41333**	**6774**	**5035**
6806	9267	9736	4915	148	2062	23257	8	1610	32260	6764	4231
347	83	380	699		395	1296		491	18101	946	280
6456	9182	9240	4206	148	1637	21765	8	1119	10276	5818	3871
3	2	116	10		30	196					29
646	850	2084	3995	114	412	6585		84	8792	10	684
60	746	1391	219	109	142	4491		40	1425	10	295
555	104	630	3761	5	176	1892		4	7343		341
31		45	15		89	82			24		26
		18			5	120		40			22
9	22	95	161	5	144	243			281		120
9		77	119		137	126			252		111
	22	18	42	5	7	117			29		9
23806	**6939**	**18187**	**28612**	**976**	**4121**	**41623**		**14738**	**-190592**	**919**	**3018**
22442	6849	17497	26405	925	3751	40668		14607	-196919	19	2671
22442	6849	17497	26405	925	3751	40668		14607	-196919	19	2671
858	28	395	1661	51	138	435		49	2811		128
858	28	395	1661	51	138	435		49	2811		128
311	10	50	232		99	1			1379		42
311	10	50	232		99	1			1379		42
195	52	245	314		133	519		82	2137	900	177
195	52	245	314		133	519		82	2137	900	177
38953	**48553**	**74372**	**38963**	**1312**	**17921**	**580956**	**34219**	**42160**	**220134**	**24482**	**30691**
					6				434		10
					6				434		10
38953	48553	74372	38963	1312	17915	580956	34219	42160	219700	24482	30681
29095	35786	53771	25629	687	10782	373121	15869	29276	73114	8079	19303
2832	2650	2522	3282	83	1125	6998		771	27624	3250	2110
1570	4337	4984	4662	415	2512	33821	18143	1622	2559	1279	2993
250	50	20	51		73	25			3759	294	47
9	7	118	166		49	711		29	-317		58
1618	3143	2536	2722	72	1711	147233	97	7798	21933	921	1761
979	1594	4284	684		475	7789	104	912	18337	9766	1118

6-1 续表 1

行业中类	固定资产原价	本年收入总计	#财政拨款	#事业收入	#经营收入	本年支出总计	#工资福利支出	#商品和服务支出
旅行社	34077	8726	342	8071	313	1799	780	309
其他商务服务	478279	327089	69737	197864	51398	261325	75346	58910
科学研究、技术服务和地质勘查业	**8229693**	**7963814**	**4849561**	**2183843**	**667606**	**7352803**	**2340475**	**2697245**
研究与试验发展	4058448	3112387	1868734	987239	205956	2673301	626480	1154258
自然科学研究与试验发展	1167899	771163	358732	391993	15168	649219	165281	262689
工程和技术研究与试验发展	2215810	1720574	1077279	489506	147696	1431525	271438	685628
农业科学研究与试验发展	497356	476759	318926	84873	35251	447135	139722	160647
医学研究与试验发展	46985	37881	20272	10186	7418	37056	11461	13084
社会人文科学研究与试验发展	130398	106010	93525	10681	423	108366	38578	32210
专业技术服务业	2783684	3176391	1751888	1009789	296833	3004352	1148865	1059252
气象服务	251863	212019	135219	22902	33518	191526	70563	63753
地震服务	89119	87227	82175	4456	276	86639	52385	17958
海洋服务	4695	19163	2403	1551	3531	14037	2887	8305
测绘服务	158715	260628	78398	159936	11235	209906	70755	102453
技术检测	1066512	1088529	595138	389104	81147	986209	383284	351555
环境监测	469187	435077	373922	49655	6340	380089	87087	213284
工程技术与规划管理	645176	876447	320488	362104	159735	760087	295638	243384
其他专业技术服务	98417	197301	164145	20081	1051	375859	186266	58560
科技交流和推广服务业	781862	878970	669261	79028	88652	833318	319306	225144
技术推广服务	684865	727537	578213	68851	41919	702688	282880	199371
科技中介服务	51064	102772	47412	8410	43661	79044	25091	18662
其他科技服务	45933	48661	43636	1767	3072	51586	11335	7111
地质勘查业	605699	796066	559678	107787	76165	841832	245824	258591
矿产地质勘查	281068	392435	272460	70509	13751	396381	103118	118206
基础地质勘查	235606	289945	215091	14008	47126	331820	118901	81366
地质勘查技术服务	89025	113686	72127	23270	15288	113631	23805	59019
水利、环境和公共设施管理业	**10741149**	**6443935**	**4364838**	**1127384**	**781242**	**6060557**	**2254079**	**1723805**
水利管理业	6063769	846058	410758	217317	176866	828197	318544	278669
防洪管理	213687	161541	105700	16770	18465	194675	47510	94543
水资源管理	5633219	489644	171687	166611	136209	452752	192491	137100
其他水利管理	216863	194873	133371	33936	22192	180770	78543	47026
环境管理业	2307524	2514798	1880824	402051	181607	2384061	1058317	538499
自然保护	770966	364189	206714	104054	37480	288959	88992	95602
环境治理	1536558	2150609	1674110	297997	144127	2095102	969325	442897
公共设施管理业	2369856	3083079	2073256	508016	422769	2848299	877218	906637
市政公共设施管理	1272997	1780351	1120514	314126	294481	1541291	361593	510030
城市绿化管理	477572	856519	652574	97712	82618	863806	341629	293210
游览景区管理	619287	446209	300168	96178	45670	443202	173996	103397
居民服务和其他服务业	**745310**	**887317**	**182710**	**302507**	**366932**	**665495**	**177695**	**268509**
居民服务业	722585	840859	152802	294056	360738	625958	162898	254337
家庭服务	536	968	968			968	690	160
托儿所	1700	876	690	150	36	945	323	530
洗染服务								
理发及美容保健服务	40					77	72	5
洗浴服务	1649	4243		875	3368	3230	1476	1621
婚姻服务	9441	89213	44785	4914	39511	45201	2932	32556
殡葬服务	698934	670833	40952	283668	316693	513237	126648	209793
摄影扩印服务								
其他居民服务	10285	74726	65407	4449	1130	62300	30757	9672
其他服务业	22725	46458	29908	8451	6194	39537	14797	14172
修理与维护	1939	3883	2311	544	1003	4003	2625	1008
清洁服务	4196	11771	9999	1302	374	10887	4009	2029
其他未列明的服务	16590	30804	17598	6605	4817	24647	8163	11135
教育	**71054847**	**44788010**	**31274760**	**10544843**	**572447**	**43617195**	**18543475**	**10698008**
教育	71054847	44788010	31274760	10544843	572447	43617195	18543475	10698008
学前教育	541421	476622	273665	157578	30892	456351	283609	91851
初等教育	9655127	9216191	8463523	512400	11082	9196119	5474694	1209631
中等教育	20430969	14897219	12109541	2207613	86590	14669255	7785296	2844288
高等教育	37804881	18227474	8946704	7309972	364613	17391626	4219173	6074620
其他教育	2622449	1970504	1481327	357280	79270	1903844	780703	477618

单位：千元

#福利费	#劳务费	#取暖费	#差旅费	#出国费	#工会经费	#对个人和家庭补助	#助学金	#抚恤和生活补助	收支结余	经营税金(限事业单位填)	全部从业人员年平均人数(人)
23	50	42			13						
2577	936	6095	1767	55	1175	710			6927	5	45
80591	**126107**	**202988**	**194108**	**10373**	**51599**	**10548**	**6**	**1752**	**65764**	**888**	**3246**
17247	40554	102686	76241	5099	22436	1030652	18119	80919	611011	41361	68210
4831	9631	10449	16200	2879	2252	396234	17431	52233	439086	10355	15025
9949	25619	75101	50933	1174	9582	117402	14877	4997	121944	831	2457
1708	4023	12128	5033	582	9487	180203	2554	43788	289049	8933	5957
51	649	1157	495	99	426	71772		2461	29624	537	5272
708	632	3851	3580	365	689	3748		19	825	40	367
47360	65762	63084	91026	4142	20973	23109		968	-2356	14	972
2526	1479	5695	4730	190	1214	275756	85	14617	172039	23443	30355
1375	441	3129	1851	44	551	30726		1861	20493	1933	1923
	58	66	322		25	8621	8	497	588		1065
3850	8745	4474	18544	258	2092	148		14	5126	21	117
16194	14287	22805	27501	531	6885	21784	1	829	50722	4193	1621
1678	13952	4501	11599	174	966	104527	61	4241	102320	4889	11303
15200	16019	20494	20702	2798	5408	33205		779	54988	329	2460
6537	10781	1920	5777	147	3832	62884	15	6248	116360	12006	9058
7830	10340	19571	14083	565	4856	13861		148	-178558	72	2808
6745	9145	16125	12421	559	3453	102349	93	4728	45652	3837	13460
802	1026	2510	975	3	1114	87300	70	4152	24849	1847	12318
283	169	936	687	3	289	6028		199	23728	1828	826
8154	9451	17647	12758	567	3334	9021	23	377	-2925	162	316
3808	4157	9683	7781	155	1375	256313	510	9341	-45766	3726	9370
3590	2771	6417	3027	270	1631	145651	10	6843	-3946	922	4236
756	2523	1547	1950	142	328	91804	500	1851	-41875	2368	4343
74179	**140895**	**123797**	**42631**	**1193**	**41636**	**18858**		**647**	**55**	**436**	**791**
14321	12335	19586	11595	136	5605	585582	269	39190	383378	55378	91612
2851	2714	2208	2542	34	836	51208	48	6730	17861	1384	15479
9443	5871	11773	6090	40	3266	11605		1062	-33134	476	2163
2027	3750	5605	2963	62	1503	24556	44	3975	36892	645	9920
30935	54015	43174	12373	536	15992	15047	4	1693	14103	263	3396
1767	9691	6960	3538	5	1998	308688	60	21450	130737	37464	47665
29168	44324	36214	8835	531	13994	35852		1335	75230	32449	2945
28923	74545	61037	18663	521	20039	272836	60	20115	55507	5015	44720
17230	50020	35648	11340	311	9553	225686	161	11010	234780	16530	28468
7710	21788	16551	5600	189	8166	65661	161	2914	239060	9254	12092
3983	2737	8838	1723	21	2320	98235		5114	-7287	3244	10357
10911	**11692**	**13958**	**13302**	**75**	**7600**	**61790**		**2982**	**3007**	**4032**	**6019**
10632	10869	12906	12834	75	6902	38766	44	3255	221822	13535	6407
		34	1		2	32811	44	2866	214901	13483	5138
27	10	63	20		10	118		2			25
						50			-69	2	13
					5						
119	81	70	64		9				-77		4
2943	8	976	7094		54	105		49	1013	155	74
6863	9894	10143	4487	75	6026	4498			44012	1754	152
						25187	14	2263	157596	11570	4038
680	876	1620	1168		796						
279	823	1052	468		698	2853	30	552	12426	2	832
69	3	62	20		68	5955		389	6921	52	1269
20	65	348	50		32	183			-120	20	108
190	755	642	398		598	4483		134	884		863
603405	**419116**	**1529847**	**366777**	**40796**	**212843**	**1289**		**255**	**6157**	**32**	**298**
603405	419116	1529847	366777	40796	212843	8146075	859753	382881	1170815	28673	499393
7297	6284	13630	2950	41	3094	8146075	859753	382881	1170815	28673	499393
110601	39237	288103	43549	1287	47851	49308	85	4518	20271	284	9839
175645	124616	576680	82409	3540	84303	2046437	12332	136677	20072	246	165304
288507	231755	580516	217744	33332	66426	2894759	94215	144847	227964	10118	217869
21355	17224	70918	20125	2596	11169	2848388	735197	80305	835848	15459	84635

6-1 续表 2

行业中类	固定资产原价	本年收入总计	#财政拨款	#事业收入	#经营收入	本年支出总计	#工资福利支出	#商品和服务支出
卫生、社会保障和社会福利业	**29372375**	**30251394**	**5219000**	**20169929**	**3217781**	**29102659**	**7882627**	**15830315**
卫生	26569829	27485511	3003232	19854521	3186573	26414945	7440926	15278213
医院	22645649	23656060	1630432	17833139	2837936	22722020	5965723	13801978
卫生院及社区医疗活动	1645494	1726795	255163	1173150	248663	1659641	655491	761636
门诊部医疗活动	112011	114968	26469	30544	50527	101649	45308	41219
计划生育技术服务活动	132339	161546	118547	35697	1107	158070	52180	41747
妇幼保健活动	401213	465564	168383	281569	13473	436077	175640	173807
专科疾病防治活动	148859	210272	93895	93624	13196	203855	79979	79062
疾病预防控制及防疫活动	805276	801002	619888	154760	18020	800103	343241	243501
其他卫生活动	678988	349304	90455	252038	3651	333530	123364	135263
社会保障业	1285879	1064360	856284	27061	237	1046456	201343	195745
社会福利业	1516667	1701523	1359484	288347	30971	1641258	240358	356357
提供住宿的社会福利	1236553	1012104	894222	78536	22768	999558	188408	162175
不提供住宿的社会福利	280114	689419	465262	209811	8203	641700	51950	194182
文化、体育和娱乐业	**7248596**	**4775915**	**1731301**	**2252613**	**649372**	**4582778**	**1436501**	**2005675**
新闻出版业	297319	467283	38198	56861	353696	374702	102434	154137
新闻业	12622	19571	8223	2731	5623	19666	10854	7712
出版业	284697	447712	29975	54130	348073	355036	91580	146425
广播、电视、电影和音像业	2622857	2301560	334187	1706881	213199	2258825	573535	1198975
广播	462108	424266	85432	179953	156943	411950	151052	201922
电视	2076838	1844107	237805	1518886	48694	1814303	407202	990637
电影	83876	33017	10950	8042	7392	32402	15213	6340
音像制作	35	170			170	170	68	76
文化艺术业	2582460	1427346	1091505	214948	64974	1403101	557344	412695
文艺创作与表演	152226	218615	180170	27354	7542	217176	91073	65669
艺术表演场馆	49822	58897	35471	6636	16338	61242	30419	19942
图书馆与档案馆	875612	419099	357978	16632	26903	400226	149785	103723
文物及文化保护	117088	123427	79445	42036	100	120540	45847	23397
博物馆	666740	189201	110204	60766	5509	177059	62061	82766
烈士陵园、纪念馆	199544	49208	46982	1332	753	47381	16008	22395
群众文化活动	511542	320358	234831	58102	7829	331175	150431	86607
文化艺术经纪代理	1628	22853	22703	150		22853	1100	158
其他文化艺术	8258	25688	23721	1940		25449	10620	8038
体育	1408115	338332	234631	83279	7691	318332	145765	107485
体育组织	286008	196117	145135	50248	200	178511	87253	53310
体育场馆	1008816	67403	28306	24645	7035	65260	24055	28596
其他体育	113291	74812	61190	8386	456	74561	34457	25579
娱乐业	337845	241394	32780	190644	9812	227818	57423	132383
室内娱乐活动	360	2416	1847	569		2519	2215	234
游乐园	79421	62622	6026	55785		62535	30955	20892
休闲健身娱乐活动	12582	28324	17375	4257	6692	22978	5587	2105
其他娱乐活动	245482	148032	7532	130033	3120	139786	18666	109152
公共管理和社会组织	**1.07E+08**	**88251666**	**76853732**	**4512136**	**957486**	**87653178**	**20447833**	**28786033**
中国共产党机关	2744797	3923718	3556667	22130	18996	3860985	1050406	1515410
国家机构	1.02E+08	82659908	71931458	4362255	910702	82200350	18927930	26674515
国家权力机构	543622	679128	675180	1		661574	174863	272755
国家行政机构	98258514	78985319	68369769	4325131	909169	78576446	17758095	25362824
人民法院和人民检察院	3348344	2826576	2723153	31893	1523	2803240	967541	1023349
其他国家机构	236334	168885	163356	5230	10	159090	27431	15587
人民政协和民主党派	446301	547838	543859	560		542246	142675	251949
人民政协	399924	445585	442355	560		440715	111983	205519
民主党派	46377	102253	101504			101531	30692	46430
群众团体、社会团体和宗教组织	949541	1004126	752108	110879	13127	947819	288509	326058
群众团体	680439	762040	571611	80778	2161	709631	185560	251791
社会团体	255996	239007	179887	29312	10560	234762	100878	73274
宗教组织	13106	3079	610	789	406	3426	2071	993
基层群众自治组织	111484	116076	69640	16312	14661	101778	38313	18101
社区自治组织	13228	35755	34327	775	143	35758	15107	6348
村民自治组织	98256	80321	35313	15537	14518	66020	23206	11753

单位：千元

#福利费	#劳务费	#取暖费	#差旅费	#出国费	#工会经费	#对个人和家庭补助	#助学金	#抚恤和生活补助	收支结余	经营税金(限事业单位填)	全部从业人员年平均人数(人)
228534	**195910**	**497301**	**114628**	**4419**	**134044**	**2758503**	**1231**	**162012**	**1148735**	**67288**	**230208**
198202	183579	448200	103192	4172	126714	1429708	915	50011	1070566	66468	214091
141623	144392	352388	68955	3210	102678	1081162	598	27605	934040	62860	160859
30955	18813	42343	12270	388	8435	96102	207	6324	67154	2029	24920
3045	3202	4197	2337	40	1774	5669		344	13319	569	2157
1263	2798	2923	2005	275	859	26513		1214	3476	6	2102
5806	3382	10258	3102	28	3869	47048	47	1877	29487	80	5622
1251	678	6188	1474	5	993	27212	51	5794	6417	15	3074
10132	6996	23725	9434	204	5228	124609	12	6268	899	793	12303
4127	3318	6178	3615	22	2878	21393		585	15774	116	3054
12873	3857	9806	5251	97	1927	533621	10	14296	17904	13	6924
17459	8474	39295	6185	150	5403	795174	306	97705	60265	807	9193
8400	7440	31631	4161	24	4108	459699	37	42307	12546	463	7494
9059	1034	7664	2024	126	1295	335475	269	55398	47719	344	1699
69054	**79584**	**96421**	**42169**	**3898**	**18324**	**356348**	**4082**	**14006**	**193137**	**42968**	**38998**
8549	15114	5208	2798	271	1428	12746	6	959	92581	10771	3529
308	510	632	259		255	664		5	-95	498	524
8241	14604	4576	2539	271	1173	12082	6	954	92676	10273	3005
39985	27030	27032	11597	2291	5092	87402	60	2379	42735	28250	12801
5734	12648	6194	3003	290	1648	29501	9	528	12316	18763	3437
34037	14179	19548	8139	2001	3363	52798	51	1760	29804	8566	8669
211	203	1282	448		81	5103		91	615	921	692
3		8	7								3
11233	32973	46155	15563	707	9729	204519	583	9384	24245	2964	18030
1460	13960	6557	3399	373	1219	33716		1448	1439	679	3431
981	860	1849	385		1258	9626		807	-2345	753	1255
2989	3495	14937	4176	279	2281	61066	579	3008	18873	1256	4462
634	902	2292	1337	20	867	9362		619	2887	13	1323
1436	8220	5227	2251	21	1022	12125	1	893	12142		1779
253	188	2374	370		297	4588		131	1827	2	606
3248	4628	12529	3329	14	2191	47800	3	2396	-10817	261	4803
34		78	27		9	21595		3			58
198	720	312	289		585	4641		79	239		313
6831	3799	17194	9756	549	1452	29688	3191	885	20000	731	3583
5756	2104	8757	8327	544	700	17945	2296	413	17606	11	1742
449	1561	6328	704		286	5024	13	143	2143	720	834
626	134	2109	725	5	466	6719	882	329	251		1007
2456	668	832	2455	80	623	21993	242	399	13576	252	1055
21		83	7		49	28			-103		63
786	512	7	700		223	5032			87		504
785	22	257	49		29	14243	12	144	5346	252	106
864	134	485	1699	80	322	2690	230	255	8246		382
761050	**1292066**	**1618848**	**1244485**	**79446**	**332377**	**12284757**	**81957**	**1515670**	**598488**	**117085**	**567109**
33219	42447	78374	107960	2861	18759	567120	1224	59577	62733	213	27498
708949	1226351	1496720	1101065	73253	295258	11449217	80348	1439998	459558	115005	526268
11517	6268	15138	20940	2733	2478	130188	42	6988	17554		4449
673094	1194119	1403890	1000234	69015	278814	10946054	75903	1418836	408873	115005	496873
23858	25549	76142	78636	1505	13826	364850	4403	14085	23336		24275
480	415	1550	1255		140	8125		89	9795		671
7565	6169	14666	21061	799	8078	103661	37	4259	5592		3469
4065	1386	12794	14902	799	1362	85577	2	3573	4870		2796
3500	4783	1872	6159		6716	18084	35	686	722		673
8032	14000	27243	13493	2533	9725	157027	177	8963	56307	1769	7843
5375	11773	11164	9461	2432	6187	120006	149	7133	52409	674	4791
2607	2027	15755	3995	71	3515	36671	20	1501	4245	1071	2949
50	200	324	37	30	23	350	8	329	-347	24	103
3285	3099	1845	906		557	7732	171	2873	14298	98	2031
77	739	509	366		42	2702	5	155	-3		740
3208	2360	1336	540		515	5030	166	2718	14301	98	1291

6-2 按地区分组的行政事业单位财务状况

单位：千元

地 区	固定资产原 价	本年收入总 计	#财政拨款	#事业收入	#经营收入	本年支出总 计
全 省	**243865374**	**190868469**	**127907499**	**43035000**	**7877274**	**186187769**
沈 阳 市	102770237	63639503	40235573	17857029	2676345	63462113
大 连 市	54728645	40476507	25587895	9620835	1066377	38478672
鞍 山 市	13640916	11972632	7705418	2439070	730809	11693463
抚 顺 市	6691692	6344221	4611697	1217079	262603	6261847
本 溪 市	5876223	7809176	5671260	1318374	513405	7514494
丹 东 市	6278328	7218452	5188960	1398443	400079	7013589
锦 州 市	8467637	9851723	6505939	2545660	385894	9459989
营 口 市	6545410	7388966	5361783	1187700	252996	6959455
阜 新 市	4818279	5415678	3957622	890517	114853	5229842
辽 阳 市	7498264	5563444	4171001	989523	253226	5487103
盘 锦 市	6078992	5092350	3650675	673968	240174	4718101
铁 岭 市	6827587	5614175	4361825	840965	212596	5646651
朝 阳 市	6955501	8215414	6217526	1197650	520718	8043163
葫芦岛市	6687663	6266228	4680325	858187	247199	6219287

6-2 续表 1

单位：千元

地 区	#工资福利支出	#商品和服务支出	#福利费	#劳务费	#取暖费	#差旅费	#出国费	#工会经费
全 省	**54796729**	**63802190**	**1914576**	**2337602**	**4206936**	**2106367**	**142900**	**827042**
沈 阳 市	15927271	23651700	474168	670963	1369843	690718	62694	469431
大 连 市	11414886	13250548	639719	534897	665409	410351	40957	106322
鞍 山 市	3655971	3465345	69494	94590	208499	108360	3547	31364
抚 顺 市	2269277	2087854	71214	63921	229908	79380	6170	30941
本 溪 市	2222250	2377728	78586	341313	261747	74079	3264	19926
丹 东 市	2581232	2315942	46070	76821	200265	101999	5683	27764
锦 州 市	2717490	2905260	68627	61286	238624	88632	2730	12603
营 口 市	2159289	2407385	43362	58322	143610	71812	3979	11336
阜 新 市	1757649	1467457	57425	53512	142448	62255	780	16386
辽 阳 市	1762783	1601995	77535	37274	127424	76094	2733	14468
盘 锦 市	1712661	1642687	26804	36132	108154	58363	3592	18436
铁 岭 市	1975771	1962611	66839	52293	200239	108149	1736	23425
朝 阳 市	2679139	2582305	162697	95090	167592	97598	1642	32643
葫芦岛市	1961060	2083373	32036	161188	143174	78577	3393	11997

6-2 续表 2

单位：千元

地 区	#对个人和家庭补助	#助学金	#抚 恤 和生活补助	收支结余	经营税金(限事业单位填)	全部从业人员年平均人数(人)
全 省	**25915725**	**999797**	**2272502**	**4680700**	**404629**	**1562096**
沈 阳 市	8894093	384032	491116	177390	160347	349528
大 连 市	4033037	283149	397687	1997835	29376	207594
鞍 山 市	1530438	31781	177965	279169	25975	120618
抚 顺 市	1283599	43055	139714	82374	6890	79694
本 溪 市	1528275	19393	139564	294682	116670	62253
丹 东 市	867972	22757	105084	204863	9838	80349
锦 州 市	1634848	72422	111747	391734	13412	108851
营 口 市	960206	27474	95581	429511	13205	74400
阜 新 市	1296092	48850	179276	185836	6549	79708
辽 阳 市	687997	23459	53808	76341	658	57623
盘 锦 市	375998	16078	63578	374249	2724	61795
铁 岭 市	722290	8911	83280	-32476	4452	89813
朝 阳 市	1201744	9076	141382	172251	4352	108343
葫芦岛市	899136	9360	92720	46941	10181	81527

6-3 按登记注册类型分组的行政事业单位财务状况

单位：千元

登记注册类型	固定资产原 价	本年收入总 计	#财政拨款	#事业收入	#经营收入	本年支出总 计
总 计	**243865374**	**190868469**	**127907499**	**43035000**	**7877274**	**186187769**
内资企业	**243865374**	**190868469**	**127907499**	**43035000**	**7877274**	**186187769**
国有企业	236804475	186329509	125658084	41618580	7268939	182106582
集体企业	2797154	2105865	966789	667842	355170	1933549
股份合作企业	332767	79220	65614	10562	2887	59874
联营企业	1242202	163154	5175	156561	1418	157506
国有联营企业	3545	1383	277	390	716	1237
集体联营企业	623	1075	153	270	652	606
国有与集体联营企业	1576	3753	3753			3754
其他联营企业	1236458	156943	992	155901	50	151909
有限责任公司		16508		4947		16508
国有独资公司						
其他有限责任公司		16508		4947		16508
股份有限公司						
私营企业	128731	98428	10524	46789	39941	79984
私营独资企业	119366	86428	7165	41846	36243	70216
私营合伙企业	3407	4231	50	2907	1274	3127
私营有限责任公司	1794	5752	3309	19	2424	4894
私营股份有限公司	4164	2017		2017		1747
其他企业	2560045	2075785	1201313	529719	208919	1833766

6-3 续表 1

单位：千元

登记注册类型	#工资福利支出	#商品和服务支出	#福利费	#劳务费	#取暖费	#差旅费	#出国费	#工会经费
总　　计	**54796729**	**63802190**	**1914576**	**2337602**	**4206936**	**2106367**	**142900**	**827042**
内资企业	**54796729**	**63802190**	**1914576**	**2337602**	**4206936**	**2106367**	**142900**	**827042**
国有企业	53190835	62620411	1850871	2299116	4088984	2064526	136172	794051
集体企业	843253	691527	25061	19414	49147	20695	676	17125
股份合作企业	11133	2145	51	75	360	27		843
联营企业	51014	39224	7363	1519	3298	1394	10	159
国有联营企业	869	185	5	13	76	25		7
集体联营企业	338	248	49		60	15		12
国有与集体联营企业	3239	19			15	1		
其他联营企业	46568	38772	7309	1506	3147	1353	10	140
有限责任公司	5669	1426				2		21
国有独资公司								
其他有限责任公司	5669	1426				2		21
股份有限公司								
私营企业	46508	14835	1056	1203	3372	829	15	552
私营独资企业	40610	12751	808	1039	2803	655	6	486
私营合伙企业	2024	1003	74	155	71	172		57
私营有限责任公司	2993	951	172	9	498	1	9	9
私营股份有限公司	881	130	2			1		
其他企业	648317	432622	30174	16275	61775	18894	6027	14291

6-3 续表 2

单位：千元

登记注册类型	#对个人和家庭补助	#助学金	#抚恤和生活补助	收支结余	经营税金(限事业单位填)	全部从业人员年平均人数(人)
总　　计	**25915725**	**999797**	**2272502**	**4680700**	**404629**	**1562096**
内资企业	**25915725**	**999797**	**2272502**	**4680700**	**404629**	**1562096**
国有企业	25258125	973321	2230066	4222927	392761	1510123
集体企业	127734	12118	21964	172316	5971	28069
股份合作企业	1405		880	19346	20	499
联营企业	59572	1852	4469	5648	19	1044
国有联营企业	124		15	146		40
集体联营企业				469	18	18
国有与集体联营企业				-1		120
其他联营企业	59448	1852	4454	5034	1	866
有限责任公司						203
国有独资公司						
其他有限责任公司						203
股份有限公司						
私营企业	3477	732	624	18444	2139	1815
私营独资企业	2676	732	606	16212	2006	1535
私营合伙企业	15		15	1104	61	132
私营有限责任公司	786		3	858	72	82
私营股份有限公司				270		66
其他企业	465412	11774	14499	242019	3719	20343

附　　录

主要指标解释

交通运输、仓储和邮政业及其他服务业

固定资产原价　指企业在购置、自行建造、安装、改建、扩建、技术改造某项固定资产时所支出的全部支出总额。根据会计“资产负债表”中“固定资产原价”项目的期末数填列。执行2006年《企业会计准则》的企业，根据“资产负债表附表”中的“固定资产原价”项目的期末数填列。

本年折旧　指企业在报告期内提取的固定资产折旧合计数。根据会计核算中《资产减值准备、投资及固定资产情况表》内“当年计提的固定资产折旧总额”项本年增加数填列。

资产总计　指企业拥有或控制的能以货币计量的经济资源，包括各种财产、债权和其他权利。资产按其流动性（即资产的变现能力和支付能力）划分为：流动资产、长期投资、固定资产、无形资产、递延资产和其他资产。根据会计“资产负债表”中“资产总计”项的期末数填列。

所有者权益　指所有者在企业资产中享有的经济利益，它等于企业资产减去负债后的余额。包括实收资本（或股本）、资本公积、盈余公积和未分配利润等。根据“资产负债表”中的“所有者权益合计”项填列。

实收资本　指投资者按照企业章程，或合同、协议的约定，实际投入企业的资本。企业实收资本按照投资主体划分为国家资本、集体资本、法人资本、个人资本、港澳台资本和外商资本六种。根据“资产负债表”中的“实收资本”项填列。实收资本中如有以外币形式投入的资本，需折合成人民币形式填写。

营业收入　指企业（单位）在报告期内从事销售商品、提供劳务及转让资产使用权等日常活动中所形成的总收入，包括主营业务收入和其他业务收入。根据会计“利润表”中对应指标计算填列。

主营业务成本　指企业经营主要业务发生的实际成本。根据会计“利润表”中对应指标计算填列。执行2006年《企业会计准则》的企业，如果未设置该科目，则以营业成本发生额代替填列。

主营业务税金及附加　指企业经营主要业务应负担的营业税、消费税、城市维护建设税、资源税、土地增值税、教育费附加。根据会计“利润表”中对应指标“本年累计数”填列。执行2006年《企业会计准则》的企业，如未设置该项以营业税金及附加代替填列。

营业费用、管理费用和财务费用合计　指企业报告期内营业费用、管理费用、财务费用三项费用的合计。

营业费用　指企业在销售商品过程中发生的各项费用，根据“利润表”中对应项目的“本年累计数”填列。

管理费用　指企业行政管理部门和企业的董事会为组织和管理企业生产经营活动而发生的各项费用，根据“利润表”中“管理费用”项的“本年累计数”填列。

财务费用　指企业为筹集生产经营所需资金等发生的费用，包括利息净支出、汇兑净损失（已减汇兑收益）、以及相关的手续费等，根据会计“利润表”中“财务费用”项的“本年累计数”填列。

营业利润　指企业从事生产经营活动所取得的利润，即主营业务收入减主营业务成本和主营业务税金及附加，加上其他业务利润，减去营业费用、管理费用、财务费用后的金额。本指标根据会计“利润表”中对应指标的“本年累计数”填列。执行2006年《企业会计准则》的企业，同样根据会计“利润表”中对应指标的“本年累计数”直接填列。

全部从业人员年平均人数　指企业单位年内各月平均拥有的人数，其计算公式为：

$$\text{全部从业人员年平均人数}=\frac{\text{1月平均人数}+\text{2月平均人数}+\cdots+\text{12月平均人数}}{12}$$

$$\text{月平均人数}=\frac{\text{月初从业人员数}+\text{月末从业人员数}}{2}$$

批发和零售业

年末从业人员数　指在本单位工作并取得劳动报酬或收入的年末实有人员数。期末从业人员包括在各单位工作的外方人员和港澳台方人员、兼职人员、再就业的离退休人员、借用的外单位人员和第二职业者。但不包括离开本单位仍保留劳动关系的职工。

年末零售营业面积　指批发和零售业法人企业（单位）用于零售的对外营业的门店建筑面积，不包括其办公用房、仓库和加工场地。该指标按年末实有建筑面积统计。

商品购进额　指从归属法人企业（单位）以外的单位和个人购进（包括从国外直接进口）作为转卖或加工后转卖的商品金额（含增值税）。本指标反映批发和零售业从国内外市场上购进商品的总价。

进口额 指直接从国外进口或委托外贸企业代理进口的商品金额，不包括从国内有关单位购进的进口商品。对外贸易企业只统计自主经营进口的商品，不统计受托代理进口的商品。

商品销售额 指对归属法人企业（单位）以外的单位和个人出售的商品金额（包括售给本单位消费用的商品，含增值税），本指标反映批发和零售业在国内市场上销售商品以及出口商品的总量。

出口额 指直接向国（境）外出口商品和委托外贸企业代理出口的商品金额，商品出口不包括售给外贸企业出口或加工后出口的商品，以及在国内市场以外币销售的商品。外贸企业只统计自主经营出口的商品，不包括受托代理出口的商品。

年末商品库存总额 指批发和零售业企业（单位）已取得所有权的全部商品金额（含增值税）。这个指标反映批发和零售业的商品库存情况，以及对市场商品供应的保证程度。

固定资产原价 指企业在购置、自行建造、安装、改建、扩建、技术改造某项固定资产时所支出的全部支出总额。

本年折旧: 指企业在报告期内提取的固定资产折旧合计数。

资产总计 指企业拥有或控制的能以货币计量的经济资源，包括各种财产、债权和其他权利。资产按其流动性（即资产的变现能力和支付能力）划分为: 流动资产、长期投资、固定资产、无形资产、递延资产和其他资产。

所有者权益合计 所有者权益是指所有者在企业资产中享有的经济利益，它等于企业资产减去负债后的余额。包括实收资本（或股本）、资本公积、盈余公积和未分配利润等。

实收资本 指投资者按照企业章程，或合同、协议的约定，实际投入企业的资本。企业实收资本按照投资主体划分为国家资本、集体资本、法人资本、个人资本、港澳台资本和外商资本六种。

国家资本 指有权代表国家投资的政府部门或机构以国有资产投入企业形成的资本。不论企业的资本是哪个政府部门或机构投入的，只要是以国家资金进行投资的，均作为国家资本。

集体资本 指劳动群众集体所有的资产实际投人企业形成的资本。

法人资本 指我国具有法人资格的单位以其依法可以支配的资产投入企业形成的资本。

个人资本 指我国公民以其合法财产投入企业形成的资本。

港澳台资本 指我国香港、澳门和台湾地区投资者将所有的资产实际投入企业形成的资本。

外商资本 指外国投资者（不包括我国香港、澳门和台湾地区投资者）将所有的资产实际投入企业形成的资本。

主营业务收入 指企业经营主要业务所取得的收入总额。

主营业务成本 指企业经营主要业务发生的实际成本。

主营业务税金及附加 指企业经营主要业务应负担的营业税、消费税、城市维护建设税、资源税、土地增值税、教育费附加。

主营业务利润 指企业经营主要业务实现的利润。

三项费用合计 指企业报告期内营业费用、管理费用、财务费用三项费用的合计。

税金 指企业按照规定从管理费用中支付的房产税、印花税、车船使用税和土地使用税。

利息支出 指企业短期借款利息、长期借款利息、应付票据利息、票据贴现利息、应付债券利息、长期应付引进国外设备款利息等利息支出（除资本化的利息外）减去银行存款等的利息收入后的净额。

营业利润 指企业从事生产经营活动所取得的利润，即主营业务收入减主营业务成本和主营业务税金及附加，加上其他业务利润，减去营业费用、管理费用、财务费用后的金额。

职工工资和福利费 职工工资和福利费包括职工工资总额和职工福利费两部分，是企业为获得职工提供服务而给予的各种形式的报酬以及其他相关支出。其中: 工资总额是指企业在报告期内支付给本单位全部职工的劳动报酬，包括工资、奖金、津贴和补贴，它反映企业报告期内累计应付的工资总额。职工福利费是指企业在报告期内根据国家有关规定开支的各项福利支出，包括企业为职工提存的基本养老保险基金、基本医疗保险费、失业保险费、工伤保险费、生育保险费、住房公积金、补充养老保险费和补充医疗保险费，以及从成本费用中列支的集体福利补贴、职工生活困难补助、房租补贴、上下班交通补贴、冬季取暖费，以及按规定发生的其他职工福利支出，它反映企业在报告期实际发生的各项福利费用。

本年应交增值税 指企业按税法规定，从事货物销售或提供加工、修理修配劳务等增加货物价值的活动本期应交纳的税金。指企业在报告期应交增值税额。计算公式为:

本年应交增值税=销项税额－（进项税额-进项税额转出）－出口抵减内销产品应纳税额-减免税款+出口退税

全部从业人员年平均人数 指企业单位年内各月平均拥有的人数，其计算公式为:

$$全部从业人员年平均人数=\frac{1月平均人数+2月平均人数+\cdots+12月平均人数}{12}$$

$$月平均人数=\frac{月初从业人员数+月末从业人员数}{2}$$

住宿和餐饮业

年末从业人员数 指在本单位工作并取得劳动报酬或收入的年末实有人员数。期末从业人员包括在各单位工作的外方人员和港澳台方人员、兼职人员、再就业的离退休人员、借用的外单位人员和第二职业者。但不包括离开本单位仍保留劳动关系的职工。

客房数 指住宿和餐饮业企业（单位）提供住宿服务的房间数，该指标按年内正常情况下的实有数统计。

床位数 指住宿和餐饮业企业（单位）供应旅客使用的床位数，不包括临时加的床位和企业内部工作人员使用的床位。该指标按年内正常情况下的实有数统计。

餐位数 指住宿和餐饮业企业（单位）为顾客提供就餐服务时，正常可同时容纳就餐人员的餐位数量，不包括临时加的餐位。该指标按年内正常情况下的实有数统计。

年末餐饮营业面积 指住宿和餐饮业企业（单位）对外提供就餐服务的门店建筑面积和从事食品加工、烹饪、调制的厨房面积，不包括办公用房和仓库等面积。该指标按年末实有面积统计。

营业额 指住宿和餐饮业企业（单位）在经营活动中因提供服务或销售商品所取得的总收入。包括：客房收入、餐费收入、商品销售额（含增值税）和其他收入。

客房收入 指住宿和餐饮业企业（单位）在经营活动中因提供住宿服务取得的收入。

餐费收入 指住宿和餐饮业企业（单位）提供就餐服务取得的收入。包括经烹饪、调制加工后出售的各种食品，如主食、炒菜、凉拌菜等所取得的收入。

商品销售额 指住宿和餐饮业企业（单位）出售商品的总金额（含增值税）。

其他收入 指营业额中除客房收入、餐费收入、商品销售额（含增值税）以外的其他收入，包括娱乐、健身和商务服务等。

固定资产原价 指企业在购置、自行建造、安装、改建、扩建、技术改造某项固定资产时所支出的全部支出总额。

本年折旧 指企业在报告期内提取的固定资产折旧合计数。

资产总计 指企业拥有或控制的能以货币计量的经济资源，包括各种财产、债权和其他权利。资产按其流动性（即资产的变现能力和支付能力）划分为：流动资产、长期投资、固定资产、无形资产、递延资产和其他资产。

所有者权益合计 所有者权益是指所有者在企业资产中享有的经济利益，它等于企业资产减去负债后的余额。包括实收资本（或股本）、资本公积、盈余公积和未分配利润等。

实收资本 指投资者按照企业章程，或合同、协议的约定，实际投入企业的资本。企业实收资本按照投资主体划分为国家资本、集体资本、法人资本、个人资本、港澳台资本和外商资本六种。

国家资本 指有权代表国家投资的政府部门或机构以国有资产投入企业形成的资本。不论企业的资本是哪个政府部门或机构投入的，只要是以国家资金进行投资的，均作为国家资本。

集体资本 指劳动群众集体所有的资产实际投人企业形成的资本。

法人资本 指我国具有法人资格的单位以其依法可以支配的资产投入企业形成的资本。

个人资本：指我国公民以其合法财产投入企业形成的资本。

港澳台资本 指我国香港、澳门和台湾地区投资者将所有的资产实际投入企业形成的资本。

外商资本 指外国投资者（不包括我国香港、澳门和台湾地区投资者）将所有的资产实际投入企业形成的资本。

主营业务收入 指企业经营主要业务所取得的收入总额。

主营业务成本 指企业经营主要业务发生的实际成本。

主营业务税金及附加 指企业经营主要业务应负担的营业税、消费税、城市维护建设税、资源税、土地增值税、教育费附加。

主营业务利润 指企业经营主要业务实现的利润。

三项费用合计 指企业报告期内营业费用、管理费用、财务费用三项费用的合计。

税金 指企业按照规定从管理费用中支付的房产税、印花税、车船使用税和土地使用税。

利息支出 指企业短期借款利息、长期借款利息、应付票据利息、票据贴现利息、应付债券利息、长期应付引进国外设备款利息等利息支出（除资本化的利息外）减去银行存款等的利息收入后的净额。

营业利润 指企业从事生产经营活动所取得的利润，即主营业务收入减主营业务成本和主营业务税金及附加，加上其他业务利润，减去营业费用、管理费用、财务费用后的金额。

职工工资和福利费 职工工资和福利费包括职工工资总额和职工福利费两部分，是企业为获得职工提供服务而给予的各种形式的报酬以及其他相关支出。其中：工资总额是指企业在报告期内支付给本单位全部职工的劳动报酬，包括工资、奖金、津贴和补贴，它反映企业报告期内累计应付的工资总额。职工福利费是指企业在报告期内根据国家有关规定开支的各项福利支出，包括企业为职工提存的基本养老保险基金、基本医疗保险费、失业保险费、工伤保险费、生育保险费、住房公积金、补充养老保险费和补充医疗保险费，以及从成本费用中列支的集体福利补贴、职工生活困难补助、房租补贴、上下班交通补贴、冬季取暖费，以及按规定发生的其他职工福利支出，它反映企业在报告期实际发生的各项福利费用。

全部从业人员年平均人数 指企业单位年内各月平均拥有的人数，其计算公式为：

$$全部从业人员年平均人数=\frac{1月平均人数+2月平均人数+\cdots+12月平均人数}{12}$$

$$月平均人数=\frac{月初从业人员数+月末从业人员数}{2}$$

房地产业

房地产业生产经营及财务状况包括房地产开发、物业管理、中介服务以及其他房地产业四部分内容：

因调查口径存在差异，普查数据不宜于以往年度数据直接进行对比。

一、房地产开发主要统计指标解释

计划总投资 指房地产开发企业(单位)在建的房屋建设工程或正在开发的土地开发工程，按照总体设计规定的内容全部建成计划(或按设计概算或预算)需要的总投资。

没有总体设计的房地产开发企业(单位)，按报告期施工工程的计划总投资合计数填报。

自开始建设累计完成投资 指房地产开发企业(单位)在建的房屋建设工程或正在开发的土地开发工程从开始建设到本期止累计完成的全部投资。其计算范围原则上应与“计划总投资”指标包括的工程内容相一致。

报告期以前已建成投产或停、缓建工程完成的投资以及拆除、报废工程的投资，仍应包括在内。但转出的“在建工程”累计投资应予以扣除，转入的“在建工程”以前年度完成的投资应当包括。

本年完成投资 指从本年1月1日起至本年最后一天止完成的全部用于房屋建设工程、土地开发工程的投资额以及公益性建筑和土地购置费等的投资。

配套工程投资 指为供出售、出租用的商品房屋工程配套的服务设施所完成的投资额。具体是指房地产开发企业(单位)为完成楼盘总体规划而进行的小区内的道路建设，以及为提高商品房的品质而进行的绿地和其他必要设施所完成的投资。

建筑工程 指各种房屋、建筑物的建造工程，又称建筑工作量。这部分投资额必须兴工动料，通过施工活动才能实现。

安装工程 指各种设备、装置的安装工程，又称安装工作量。

设备、工器具购置 指工业企业生产的产品转化为固定资产的购置活动，包括建设单位或企、事业单位购置或自制的，达到固定资产标准的设备、工具、器具的价值。

其他费用 指在固定资产建造和购置过程中发生的，除建筑安装工程和设备、工器具购置投资完成额以外的费用，不指经营中财务上的其他费用。包括土地出让金、大市政费、四源费（煤、热、自来水、污水）、不可预见费、旧房屋购置，基本畜禽支出，林木支出，退耕退牧还林还草、土壤改良、城市绿化，办公生活用家具、器具购置，建设单位管理费，土地征用、购置及迁移补偿费，政府收费，勘察设计费，研究实验费，可行性研究费，临时设施费，施工机械转移费，设备检验费，负荷联合试车费，土地占用、使用费，建设期应付利息，包干结余，企业债券发行费，合同公证费及工程质量监测费，国外借款手续费及承诺费，汇兑损益，调整器材调拨价格折价，坏帐损失，固定资产亏损及损失等。

旧建筑物购置费 指购置已使用过的各种旧房屋及其他建筑物，即对旧房屋及其他建筑物的赔偿费。

土地购置费 指房地产开发企业通过各种方式取得土地使用权而支付的费用。土地购置费包括：（1）通过划拨方式取得的土地使用权所支付的土地补偿费、附着物和青苗补偿费、安置补偿费及土地征收管理费等；（2）通过出让方式取得土地使用权所支付的出让金；（3）通过“招、拍、挂”方式取得土地使用权所支付的资金。以划拨和“招拍挂”方式取得土地所支付的资金在房地产项目竣工后计入新增固定资产，以出让方式取得土地所有权所支付的出让金不计入新增固定资产。土地购置费按当期实际发生额计入投资。土地购置费为分期付款的，应分期计入房地产开发投资。

本年新增固定资产 指在报告期已经完成建造和开发过程并交付使用的房屋和土地开发面积的价值。指房地产开发公司进行开发经营活动的最终成果，即为社会提供的固定资产，而且是在报告期内新增加的。不是反映房地产开发企业本身固定资产的增加。

住宅 指专供居住的房屋，包括别墅、公寓、职工家属宿舍和集体宿舍(包括职工单身宿舍和学生宿舍)等。但不包括住宅楼中作为人防用、不住人的地下室等。住宅按照用途可以划分为经济适用住房和别墅、高档公寓等。

别墅、高档公寓 指建筑造价和销售价格明显高于一般商品住宅的商品住宅。别墅一般指地处郊区，独立成栋的商品住宅；高档公寓一般指地处市内高尚社区，高层或多层的商品住宅。别墅、高档公寓的确定标准：一是经有房地产投资计划审批权的主管部门审批建设的别墅、高档公寓开发项目；二是销售价格高于当地同等地段商品住宅平均销售价格一倍以上的别墅、公寓开发项目。

经济适用房　指根据地方经济适用房计划安排建设的政策性住宅。经济是指房屋建筑造价和销售价格低于一般商品住宅；适用是指适合中低收入家庭购买使用。经济适用房主要是由地方政府统一下达投资计划，房地产公司开发，对外销售；用地一般采用行政划拨或招标投标方式，免收土地出让金；对各种经批准的收费减半征收，开发利润不超过3%；销售价格实行政府指导价。

办公楼　指企业、事业、机关、团体、学校、医院等单位使用的各类办公用房(又称写字楼)。

商业营业用房　指商业、粮食、供销、饮食服务业等部门对外营业的用房，如度假村、饭店、商店、门市部、粮店、书店、供销店、饮食店、菜店、加油站、日杂等房屋。

其他　凡不属于上述各项用途的房屋建筑物，如中小学教学用房、托儿所、幼儿园、图书馆、体育馆等。

本年资金来源合计　指房地产开发企业(单位)在本年内收到的可用于房地产开发和经营的各种资金来源数之和，包括上年末结余资金、本年度内拨入、借入或以各种方式筹集的资金。

上年末结余资金　指上年资金来源中没有形成投资额而结余的资金。包括尚未用到工程上去的材料价值、未开始安装的需要安装设备价值及结存的现金和银行存款等。可根据有关财务数字填报。上年末结余资金不能出现负数，即不能把上年应付工程、材料款作为上年末结余资金的负数来处理。

本年资金来源小计　指房地产开发企业(单位)实际拨入的，用于房地产开发的各种货币资金。包括国内贷款、利用外资、自筹资金和其他资金。

国内贷款　指报告期房地产开发企业(单位)向银行及非银行金融机构借入的用于房地产开发与经营的各种国内借款，包括银行利用自有资金及吸收的存款发放的贷款、上级主管部门拨入的国内贷款、国家专项贷款(包括煤代油贷款、劳改煤矿专项贷款等)，地方财政专项资金安排的贷款、国内储备贷款、周转贷款等。

银行贷款　指向各商业银行、政策性银行借入的用于房地产开发与经营的各项贷款。

非银行金融机构贷款　指向除上述银行之外从事金融业务的机构借入的用于房地产开发与经营的各项贷款。非银行金融机构包括城市信用社、农村信用社、保险公司、金融信托投资公司、证券公司、财务公司、金融租赁公司、融资公司(中心)等。

利用外资　指报告期收到的用于房地产开发与经营的境外资金(包括外国及港澳台地区)，包括外商直接投资、对外借款(外国政府贷款、国际金融组织贷款、出口信贷、外国银行商业贷款、对外发行债券和股票)及外商其他投资(包括补偿贸易和加工装配由外商提供的设备价款、国际租赁)。不包括我国自有外汇资金(包括国家外汇、地方外汇、留成外汇、调剂外汇和中国银行自有资金发行的外汇贷款等)。各类外资按报告期的外汇牌价(中间价)折成人民币“万元”计算。

外商直接投资　指外国投资商在与中国企业(政府)合资、合作或独资中以外汇现金、设备(或实物)、技术、专利或其他方式投入的资金总量。

自筹资金　指各地区、各部门及企事业单位筹集用于房地产开发与经营的预算外资金。

自有资金　指凡属于房地产企业(单位)所有者权益范围内所包括的资金，是按财务制度规定归企业支配的各种自有资金。包括企业折旧资金、资本金、资本公积金、企业盈余公积金及其他自有资金，也包括通过发行股票筹集的资金。

其他资金来源　指在报告期收到的除以上各种资金之外其他用于房地产开发与经营的资金。包括国家预算内资金、债券、社会集资、个人资金、无偿捐赠的资金及用征地迁移补偿费、移民费等进行房地产开发的资金。

定金及预收款　定金是为使甲乙双方按约定签订正式经济合同，实现房屋交易，根据有关规定由购房者或单位在报告期交纳的押金。预收款是甲乙双方签订购销房屋合同后，在报告期由购房者或单位交付的首付款及各种手续费(包括其中的外汇)。

个人按揭贷款　又称“个人住房商业性贷款”。是指按照中国人民银行（《个人住房贷款管理办法》，银发[1998]190号）中规定，贷款人（商业银行）向借款人发放的采用分期偿还方式用于购买自用普通住房的贷款。它是银行用其信贷资金所发放的自营性贷款。具体指具有完全民事行为能力的自然人，购买商品房时以其购买的产权住房（或银行认可的其他担保方式）为抵押，作为偿还贷款的保证而向银行申请的住房商业性贷款。从 1999 年 2 月开始，个人住房贷款可扩大到借款人自用的各类型住房贷款（《关于开展个人消费信贷的指导意见》，银发[1999]73 号）。

本年各项应付款合计　指在房地产开发过程中应付未付的投资款。包括应付工程款、应付器材款、应付工资、应付有偿调入器材及工程款、其他应付款、应交税金、应交基建收入、应交投资包干结余、应交能源交通建设基金、应交预算调节基金及其他应交款。各项应付款填报本报告期实际增加数(或发生数)，不是填报开始建设以来的累计数。

工程款　指在房地产开发过程中应付未付给施工单位（乙方）的工程投资款。

房屋施工面积　指报告期内施工的全部房屋（包括地下室、半地下室以及配套房屋）建筑面积。包括本期新开工的面积和上年开工跨入本期继续施工的房屋面积，以及上期已停建在本期恢复施工的房屋面积。本期竣工和本期施工后又停建缓建的房屋面积仍包括在施工面积中。多层建筑施工面积为各层建筑面积之和。

房屋新开工面积　指在报告期内新开工建设的房屋面积。不包括上期跨入报告期继续施工的房屋面积和上期停缓建而在本期恢复施工的房屋面积。房屋的开工时间以房屋正式开始破土刨槽(地基处理或打永久桩)的日期为准。

房屋竣工面积 指报告期内房屋建筑按照设计要求已全部完工，达到住人和使用条件，经验收鉴定合格或达到竣工验收标准，可正式移交使用的各栋房屋建筑面积的总和

竣工房屋价值 指在报告期内竣工房屋本身的建造价值。竣工房屋的价值一般按房屋设计和预算规定的内容计算。包括竣工房屋本身的基础、结构、屋面、装修以及水、电、卫等附属工程的建筑价值，也包括作为房屋建筑组成部分而列入房屋建筑工程预算内的设备(如电梯、通风设备等)的购置和安装费用；不包括厂房内的工艺设备、工艺管线的购置和安装，工艺设备基础的建造；办公和生活用家具的购置等费用；购置土地的费用；迁移补偿费和场地平整的费用及城市建设配套投资。竣工房屋价值一般按结算价格计算。

房屋建筑面积竣工率 房屋竣工面积占房屋施工面积的比重。

竣工房屋造价 每平方米房屋竣工面积所分摊的竣工房屋价值。

商品房销售面积 指报告期内房地产开发企业出售商品房屋的合同总面积(即双方签署的正式买卖合同中所确定的建筑面积)。由现房销售建筑面积和期房销售建筑面积两部分组成。

期房销售面积 指在报告期内正式签订买卖合同、正在建设尚未竣工交付使用的商品房屋建筑面积。包括以一次性付款方式和分期付款方式销售的商品房屋建筑面积。期房销售建筑面积在竣工后不再结转为现房销售建筑面积。

出租房屋面积 指在报告期期末房屋开发单位出租的商品房屋的全部面积。

商品房销售额 指报告期内出售商品房屋的合同总价款(即双方签署的正式买卖合同中所确定的合同总价)。该指标与商品房销售面积同口径，由现房销售额和期房销售额两部分组成。

空置面积 指报告期末已竣工的可供销售或出租的商品房屋建筑面积中，尚未销售或出租的商品房屋建筑面积，包括以前年度竣工和本期竣工的房屋面积，但不包括报告期已竣工的拆迁还建、统建代建、公共配套建筑、房地产公司自用及周转房等不可销售或出租的房屋面积。

本年完成开发土地面积 指报告期内对土地进行开发并已完成“七通一平”等前期开发工程，具备进行房屋建筑物施工或出让条件的土地面积。

待开发土地面积 指经有关部门批准，通过各种方式获得土地使用权，但尚未进行开发的土地面积。

本年购置土地面积 指在本年内通过各种方式获得土地使用权的土地面积。

本年土地成交价款 指进行土地使用权交易活动的最终金额。在土地一级市场，是指土地最后的划拨款、“招拍挂”价格和出让价；在土地二级市场是指土地转让、出租、抵押等最后确定的合同价格。土地成交价款与土地购置面积同口径。

二、物业管理主要统计指标解释

在管物业占地面积 指报告期末物业管理单位正在进行管理的物业所占用的全部土地面积。

在管房屋建筑面积 指报告期末物业管理单位正在进行管理的已竣工交付使用的全部房屋建筑面积。

住宅 指专供居住的房屋，包括别墅、公寓、职工家属宿舍和集体宿舍(包括职工单身宿舍和学生宿舍)等。但不包括住宅楼中作为人防用、不住人的地下室等。

办公用房 指企业、事业、机关、团体、学校、医院等单位使用的各类办公用房(又称写字楼)。

商业营业用房 指商业、粮食、供销、饮食服务业等部门对外营业的用房，如度假村、饭店、商店、门市部、粮店、书店、供销店、饮食店、菜店、加油站、日杂等房屋。

厂房 指直接用于生产或为生产配套的各种房屋，包括主要车间、辅助用房及附属设施用房。凡工业、农业、建筑业、交通运输业、商业等单位中的厂房都包括在内。

三、房地产中介服务主要统计指标解释

房屋代理销售成交合同面积 指经房地产中介服务机构代理，并签订销售合同的商品房及以外的所有房屋的成交面积。

房屋代理销售成交合同数 指房地产中介服务机构代理销售商品房及以外的所有房屋，并签订销售合同的业务笔数。

房屋代理销售成交合同金额 指房地产中介服务机构对商品房及以外的所有房产进行销售，并签订销售合同的商品房成交金额。

房屋代理出租成交合同面积 指经房地产中介服务机构代理，并签订租赁合同的商品房及以外的所有出租房屋的总面积。

房屋代理出租成交合同数 指房地产中介服务机构代理出租商品房及以外的所有房屋，并签订租赁合同的业务笔数。

房屋代理出租成交合同金额 指房地产中介服务机构对商品房及以外的所有房产进行租赁，并签订租赁合同的商品房成交金额。

四、房地产开发、物业管理、中介服务及其他房地产业企业财务状况指标解释

资产总计 指企业拥有或控制的能以货币计量的经济资源，包括各种财产、债权和其他权利。资产按其流动性(即资产的变现能力和支付能力)划分为：流动资产、长期投资、固定资产、无形资产、递延资产和其他资产。

负债合计 指企业所承担的能以货币计量，将以资产或劳务偿付的债务，偿还形式包括货币、资产或提供劳务。负债一般按偿还期长短分为流动负债和长期负债。

主营业务收入 指房地产开发企业（单位）从事对外转让、销售商品房屋、代建工程结算和出租开发产品等日常主要业务活动所得到的收入总额。

土地转让收入 指房地产开发企业（单位）按国家规定在报告期转让已经开发的土地和未经开发的土地所得到的

收入。

商品房屋销售收入　指房地产开发企业（单位）在报告期售出商品房屋的收入，一次收款的，一次性全部计入销售收入，按合同规定分期收款的，可按合同规定的时间分次计入收入。

房屋出租收入　指房地产开发企业（单位）在报告期内，在不改变现有财产所有权关系的条件下，将企业的全部或部分房屋出租给其他单位或个人使用所得到的租金收入。

其他收入　指房地产开发企业（单位）在报告期内从事除以上收入外的其他业务活动所得到的收入，包括配套设施销售收入、代建工程结算收入等。

营业利润　指企业从事生产经营活动所取得的利润，即主营业务收入减主营业务成本和主营业务税金及附加，加上其他业务利润，扣除管理费用、财务费用后的净额。

利润总额　指企业在生产经营过程中各种收入扣除各种耗费后的盈余，反映企业在报告期内实现的亏盈总额，包括营业利润、补贴收入、投资净收益和营业外收支净额。

行政事业

固定资产原价　指使用年限在一年以上，单位价值在规定标准以上，并在使用过程中基本保持原来物质形态的资产。包括房屋和建筑物、专用设备、一般设备、文物和陈列品、图书、其他固定资产等。取自“资产负债表”中的固定资产原值年末数。

本年收入合计　指行政事业单位从各种渠道获得的收入，包括财政拨款、行政单位预算外资金、上级补助收入、事业收入、事业单位经营收入、附属单位上缴收入和其他收入。根据行政事业单位“收入支出决算总表”中的“本年收入合计”项目填报。

本年支出合计　指行政事业单位在业务活动中发生的各项资产耗费和损失等支出情况。根据行政事业单位“收入支出决算总表”中的“本年支出合计”项目填报。

经营支出　填列行政事业单位在专业业务活动及辅助活动之外开展非独立核算经营活动发生的支出。根据行政事业单位收入支出决算总表中的“经营支出”项目填报。

经营税金　指事业单位提供劳务或销售产品应负担的税金及附加，包括营业税、城市维护建设税、资源税和教育费附加。根据实际情况计算填列。